लिंगभाव का मानववैज्ञानिक अन्वेषण : प्रतिच्छेदी क्षेत्र

वाणी प्रकाशन
21-ए, दरियागंज, नई दिल्ली-110002
फोनः 23273167, 23275710 फैक्सः 23275710
e-mail : vani_prakashan@yahoo.com
vani_prakashan@mantraonline.com

लिंगभाव का मानववैज्ञानिक अन्वेषण : प्रतिच्छेदी क्षेत्र

लीला दुबे

अनुवाद
वंदना मिश्र

वाणी प्रकाशन

प्रकाशन के उत्कृष्टतम 60 वर्ष

सजिल्द पहला संस्करण : 2004
सजिल्द दूसरा संस्करण : 2024

vaniprakashan.com

वाणी प्रकाशन
4695, 21-ए, दरियागंज, नयी दिल्ली-110 002
फ़ोन : +91 11 23273167, 23275710
शाखाएँ
अशोक राजपथ, पटना-800 004, बिहार
कॉफ़ी हाउस कैम्पस, महात्मा गांधी मार्ग, प्रयागराज-211 001, उत्तर प्रदेश
महात्मा गांधी अन्तरराष्ट्रीय हिन्दी विश्वविद्यालय, वर्धा-442 001, महाराष्ट्र
36/ए, शेक्सपियर सरणी, रानी बिरला गर्ल्स कॉलेज के पास, कोलकाता-700 017, प. बंगाल
sales@vaniprakashan.in
vaniprakashan@gmail.com

LINGBHAV KA MANAVVAIGYANIK
ANVESHAN : PRATICHCHHEDI KSHETRA
by Leela Dube
Translated by Vandana Mishra

ISBN : 978-81-8143-164-6
Stri-Vimarsh

मूल्य : ₹ 595

आर. टेक ऑफ़सेट प्रिंटर्स, दिल्ली-110 032 में मुद्रित

वाणी प्रकाशन का लोगो मक़बूल फ़िदा हुसेन की कूची से

इरावती कर्वे तथा कैथलीन गफ
की
स्मृति को समर्पित

विषय-सूची

भूमिका

ऐंथ्रोपोलाजिकल एक्सप्लोरेशंस इन जेंडर : इंटरसेक्टिंग फील्ड्स का यह अनुवाद मूल पुस्तक के प्रकाशित होने के पूरे दो वर्ष के बाद तैयार हो रहा है। अनुवाद की योजना मूल पुस्तक छपने के पहले से ही बनी थी, वंदना मिश्र से मैंने बात भी कर रखी थी, परंतु योजना को कार्यान्वित करने में कुछ समय लगा। अनुवाद का काम प्रारंभ होने के बाद भी केवल उसी पर अपना ध्यान केंद्रित करना संभव न होने के कारण गति कुछ धीमी रही, बीच-बीच में लंबे अंतराल भी रहे। लखनऊ और दिल्ली के बीच का फासला तो था ही।

इस अनुवाद में सामाजिक विज्ञानों—विशेषकर मानवविज्ञान और समाजशास्त्र-की पारिभाषिक शब्दावलियों का उपयोग प्रचुर मात्रा में किया जाना था, जिनका मानकीकरण अभी तक नहीं हुआ है। अनुशासनों या विषयों के लिए उपयुक्त भाषा की अपनी पद्धति, ढंग तथा शैली होती है। इसके अतिरिक्त इस पुस्तक के लिए स्त्रीवादी तथा स्त्री-अध्ययन के साहित्य में विकसित हुई भाषा के हिंदी रूपांतर की भी समस्या थी। इन जुड़े हुए क्षेत्रों में अंतरराष्ट्रीय स्तर पर सैद्धांतिक तथा विषयवस्तुगत एवं भाषिक मुद्दों को लेकर जो तीव्र मतभेद रहे हैं उनका असर भारतीय अध्ययनों में भी दिखायी देता है। उदाहरणार्थ, 'वीमेन्स स्टडीज़' 'जेंडर स्टडीज़' 'फेमिनिस्ट स्टडीज़' की उपयुक्तता के संदर्भ में अनेक मतभेद हैं। किन्तु हमारे लिए कुछ-कुछ इसी संदर्भ में जो गंभीर समस्या रही वह विभिन्न भारतीय भाषाओं में इन दोनों क्षेत्रों के अंतर्गत चल रहे मौलिक या अनूदित लेखन में प्रयुक्त शब्दावली के संदर्भ में मौजूद मतभेदों की थी। जैसे, जेंडर, जेंडर रिलेशंस, जेंडर्ड इनके अनुवाद तथा प्रयोग के संदर्भ में एकमत नहीं है।

वंदना मिश्र को इन सभी बातों पर ध्यान देना पड़ा है। उनका अनुवाद के क्षेत्र में पहले का अनुभव, हिंदी साहित्य में गहरी रुचि व कुछ मौलिक लेखन, तथा पत्रकारिता का व्यवसाय इन सबका उनके इस कार्य में निश्चित योगदान रहा है। वे समय-समय पर लखनऊ से दिल्ली आती रहीं व कुछ दिन रुककर मुझसे सलाह-मशविरा करती रहीं। लंबी चर्चाएँ होतीं, अनूदित हिस्से पढ़े-सुनाये जानते, संशोधित

भी किये जाते, कभी दुबारा लिखे जाते। इस प्रकार अनुवाद का कार्य पूरा हुआ। मैं वंदना की सराहना करती हूँ तथा उन्हें हार्दिक धन्यवाद देती हूँ।

अनुवाद का संशोधन अत्यंत आवश्यक होता है; मुझे इस काम में काफ़ी समय लगा। न अनुवाद यांत्रिक होता है, न संशोधन ही। और यदि मूल पुस्तक के लेखक के ज़िम्मे ही संशोधन का काम आ जाए और वह भी ऐसे लेखक के जो अपने लेखन में अत्यंत सतर्क हो परंतु जिसने अकादमिक काम में कभी हिंदी का प्रयोग न किया हो, तो संशोधन–जिसमें काफी अंशों में पुनर्लेखन भी शामिल रहता है–एक अंतहीन सी प्रक्रिया लगने लगती है। मैंने इस काम को चुनौती के रूप में स्वीकारा और संतोष है कि कार्य पूरा हुआ।

इस अवधि में मुझे हिंदी के सामर्थ्य तथा समृद्धि का एहसास हुआ; साथ ही अनुवाद के क्षेत्र की समस्याओं तथा संभावनाओं का भी। इस विषय में कहने लायक बहुत कुछ है, परंतु यहाँ मैं केवल **विकासशील समाज अध्ययन पीठ** की हाल में छपी अनूदित पुस्तकों के संदर्भ में संपादक अभयकुमार दुबे के कथन कि 'अनुवाद मूल कृति का पुनरुत्पादन नहीं, पुनर्रचना है' से मोटे तौर पर अपनी सम्मति दर्शाती हूँ। हालाँकि समाज विज्ञान के क्षेत्र में यह अवश्य देखना होता है कि मूल पुस्तक/आलेख में जो कहा गया है वह अनुवाद के माध्यम से संप्रेषित हो रहा है अथवा नहीं। कुल मिलाकर अनुवाद तथा संशोधन दुरूह किंतु साथ ही चुनौती भरे, सृजनात्मक और उत्साहवर्धक काम हो सकते हैं।

संशोधन के काम में मुझे मेरी मित्र श्रीमती सावित्री दुबे, जो साहित्य में गहरी रुचि रखती हैं और उसके निर्माण में भी सक्रिय हैं, ने जो सहयोग दिया उसका मूल्य आँकना असंभव है। मैं उनकी अत्यंत आभारी हूँ।

पुस्तक के अंत में पाठकों की सुविधा के लिए अनुवाद के उपयोग में लाए गए कुछ महत्त्वपूर्ण शब्दों/संज्ञाओं को अंग्रेजी से हिंदी में दिया है। कुछ शब्दों/उक्तियों को सलाह-मशविरा कर तथा अपनी समझ का सहारा लेकर गढ़ा गया है।

इस बीच देश और विदेश की अनेक अकादमिक व अर्ध-अकादमिक पत्रिकाओं में मेरी मूल पुस्तक की समीक्षाएँ छपी हैं, जिनमें वस्तुनिष्ठ मूल्यांकन के साथ मुख्य स्वर सराहना का रहा है। आशा है उसका यह हिंदी रूपांतर मानवविज्ञान एवं समाजशास्त्र के अध्येताओं और स्त्री-विमर्श में तथा भारतीय समाज को समझने में रुचि व सरोकार रखनेवाले पाठकों के लिए उपयुक्त सिद्ध होगा। सामाजिक विज्ञानों के बृहत् क्षेत्र में स्त्री-विमर्श पर हिंदी में बहुत कम स्तरीय साहित्य उपलब्ध है। संभवतः 'स्त्रियों का मानवविज्ञान' अथवा अब अधिक प्रचलित संज्ञा 'स्त्रीवादी मानवविज्ञान' के क्षेत्र में हिंदी में यह पहली महत्त्वपूर्ण पुस्तक होगी।

यह अनुवाद प्रोफेसर श्यामाचरण दुबे (1922-1996) को अर्पित है जिनका हिंदी के सामर्थ्य तथा संभावनाओं में अटूट विश्वास था।

लीला दुबे

आभार

'दक्षिण तथा दक्षिणपूर्व एशिया में नातेदारी और लिंगभाव : संरूप तथा विषमताएँ' यह अभिभाषण नई दिल्ली स्थित 'सेंटर फार वीमेन'स डेवलपमेंट स्टडीज' में नौवें जे. पी. नायक स्मृति व्याख्यान के रूप में दिया गया था। 'स्त्री की दुनिया, तीन अनुभव' और 'जाति तथा स्त्रियाँ' शीर्षक आलेख क्रमशः आंद्रे बेते तथा टी. एन. मदन, और एम. एन. श्रीनिवास द्वारा संपादित पुस्तकों के लिए उनके संपादकों के अनुरोध पर लिखे गए थे। 'बीज और धरती : जैविक प्रजनन के प्रतीक और उत्पादन में स्त्री-पुरुष संबंध' आलेख 1978 में ऐंथ्रोपोलाजिकल एंड एथ्नोलाजिकल सायंसेज के नौवें विश्व सम्मेलन के दौरान आई यू ए ई एस (इंटरनेशनल यूनियन ऑफ ऐंथ्रोपोलाजिकल एंड एथ्नोलाजिकल सायंसेज) कमिशन आन वीमेन (महिला आयोग) के तत्वावधान में आयोजित संगोष्ठी में प्रस्तुत किया गया था। इस संगोष्ठी का आयोजन मैंने ही किया था। 'लिंगभाव की रचना : पितृवंशीय भारत में हिंदू लड़कियों का सामाजीकरण' शीर्षक आलेख नेहरू मेमोरियल म्यूज़ियम और पुस्तकालय, नई दिल्ली के तत्वावधान में करुणा चानना द्वारा 'सामाजीकरण, शिक्षा और स्त्रियाँ' विषय पर 1985 में आयोजित विचार-गोष्ठी में प्रस्तुत किया गया था। 'मातृवंश परंपरा से किसका लाभ है? लक्षद्वीप के एक द्वीप में पुरुष, स्त्रियाँ तथा परिवर्तन' यह आलेख नैरोबी विश्वविद्यालय में 1993 में हुए सम्मेलन 'उप-सहारा अफ्रीका तथा दक्षिण एशिया में लिंगभाव, परिवार और नातेदारी संबंधों पर राज्य और बाजार का प्रभाव' में प्रस्तुत किया गया था। इस सम्मेलन का आयोजन वेना, लाइड़न विश्वविद्यालय और आई यू ए ई एस महिला आयोग ने किया था।

अपने पूर्व प्रकाशित लेखन, जिसमें आवश्यकतानुसार संशोधन तथा बदलाव किया गया है, के पुनर्मुद्रण की अनुमति देने के लिए मैं निम्नलिखित प्रकाशकों की आभारी हूँ :

एनकाउंटर एंड एक्सपीरियंस : पर्सनल अकाउंट्स आफ फील्डवर्क, सं. आंद्रे बेते तथा टी. एन. मदन, 1975 से

'वूमन'स वर्ल्ड्स—थ्री एनकाउंटर्स' के लिए विकास पब्लिशिंग हाउस, दिल्ली।

विजिबिलिटी एंड पावर : एसेज आन वीमेन इन सोसायटी एंड डेवलपमेंट, सं. लीला दुबे, एलीनार लीकाक तथा शर्ली आर्डनर, 1986, 1989 से 'सीड एंड अर्थ : सिंबालिज्म आफ बायालाजिकल रिप्रोडक्शन एंड सेक्सुअल रिलेशंस आफ प्रोडक्शन' के लिए आक्सफर्ड युनिवर्सिटी प्रेस, दिल्ली।

'ऑन द कंस्ट्रक्शन आफ जेंडर : सोशलाइजेशन आफ हिंदू गर्ल्स इन पैट्रिलीनियल इंडिया' के लिए **इकोनामिक एंड पोलिटिकल वीकली** 30 अप्रैल 1988।

'हू गेन्स फ्राम मैट्रिलिनि? मेन, वीमेन एंड चेंज ऑन ए लक्षद्वीप आयलैंड' के लिए **'सोशियोलाजिकल बुलेटिन'**, इंडियन सोशियोलाजिकल सोसायटी, खंड 42, सं. 1 तथा 2, 1993।

कास्ट : इट्स ट्वेंटिएथ सेंचुरी अवतार, संपादन तथा आमुख एम. एन. श्रीनिवास, 1996 से 'कास्ट एंड वीमेन' के लिए वाइकिंग, पेंगुइन इंडिया, नयी दिल्ली।

नौवें जे. पी. नायक स्मृति व्याख्यान का आलेख, 1996 'किनशिप एंड जेंडर इन साउथ एंड साउथईस्ट एशिया : पैटर्न्स एंड कान्ट्रास्ट्स' के लिए सेंटर फार वीमेन'स डेवलपमेंट स्टडीज, नयी दिल्ली।

इनमें से अधिकांश आलेखों के लिए मुझे अपने सहयोगियों, मित्रों और परिवार से मदद मिली। उपयुक्त स्थानों पर उनके प्रति आभार ज्ञापित किया गया है। यहाँ मैं अपने स्वर्गीय पति श्यामाचरण दुबे के प्रति अपनी सादर कृतज्ञता व्यक्त करना चाहूँगी जिन्होंने एक पूरी जीवनावधि पर्यंत मेरे काम में सहयोग दिया, तथा वे सारी आवश्यक सुविधाएँ मुझे प्रदान कीं जो उन्हें उपलब्ध थीं, और उस सबके लिए जिसे शब्दों में अभिव्यक्त नहीं किया जा सकता।

एक छोटे से अंतराल को छोड़कर 1986 से 1994 तक मैं पहले सीनियर फेलो और फिर आई. सी. एस. एस. आर. नेशनल फेलो के रूप में नेहरू मेमोरियल म्युज़ियम और लाइब्रेरी से जुड़ी रही थी। इस अवधि का मेरा अधिकतर काम वहाँ हुई विचार-गोष्ठियों में प्रस्तुत किया गया था। मैं अपने सहयोगियों द्वारा उनमें ली गई सच्ची दिलचस्पी को तथा पुस्तकालय की उत्कृष्ट कार्यदशाओं को सराहना के भाव के साथ याद करती हूँ। विशेष रूप से मैं नेहरू मेमोरियल म्युज़ियम और लाइब्रेरी के तत्कालीन निदेशक प्रोफेसर रविन्दर कुमार के प्रति अपना आभार व्यक्त करना चाहूँगी।

यह एक सुखद संयोग था कि मूल पुस्तक को तैयार करते समय और उसके मुद्रण का आधा काम लगभग पूरा होने तक मैं जे. पी. नायक अतिविशिष्ट फेलो के रूप में सेंटर फार वीमेन'स डेवलपमेंट स्टडीज के साथ आधिकारिक रूप से जुड़ी थी। वहाँ फिर से मैं कमिटी आन स्टेटस आफ वीमेन के समय की अपनी पुरानी साथिनों—वीणा मजूमदार, लोतिका सरकार और कुमुद शर्मा के साथ थी। युवा साथियों और सी. डब्ल्यू. डी. एस. के अन्य कर्मचारियों से मिला सहयोग भी उल्लेखनीय है।

इन निबंधों को व्यवस्थित करने और आमुख को उसकी मौजूदा शक्ल देने के लिए रोवीना राबिन्सन, सौरभ दुबे, इशिता बैनर्जी तथा मुकुल दुबे की सहायता के लिए मैं स्नेहपूर्वक उनका आभार व्यक्त करती हूँ। मैं करुणा चानना, तिप्लुत नोंगब्री, रजनी पालरीवाला, कार्ला रिसेउ, सारदामणि, स्व. एम. एन. श्रीनिवास, एलिस थोर्नर और सूज़न विश्वनाथन् तथा अपनी बहनों—सुमति मुटाटकर, उषा संत और विमल पंडे—को उन तमाम छोटी-छोटी अकल्पनीय बातों के लिए धन्यवाद देना चाहती हूँ जिनसे मुझे शक्ति मिली और जिनका इस पुस्तक के निर्माण में विभिन्न तरह का योगदान रहा है।

शुरुआती आलेख के लिए मैं कमला गणेश को कृतज्ञतापूर्वक धन्यवाद देती हूँ। उन्होंने बहुत मेहनत कर बड़े सुरुचिपूर्ण ढंग से एक कठिन कार्य संपन्न किया। इससे मेरा काम बहुत आसान हो गया। कमला ने मेरे साथ एक संवाद शुरू किया है, मैं उसे जारी रखना चाहूँगी।

यह पुस्तक स्वर्गीया इरावती कर्वे और स्वर्गीया कैथलीन गफ़ को समर्पित है। इरावती कर्वे ने नातेदारी में मेरी रुचि जगायी, और स्त्रियों को देखने में इस क्षेत्र की प्रासंगिकता की कल्पना करने के सूत्र प्रदान किए। स्वर्गीया कैथलीन गफ़ का अपने लेखन और समय समय पर मेरे काम पर की गई टिप्पणियों के माध्यम से तथा बाद में एक घनिष्ठ मैत्री और जीवंत सार्थक संवाद के माध्यम से मुझसे जुड़ा रहना मेरे लिए अमूल्य सिद्ध हुआ। मेरे लिए इन दोनों की स्मृतियाँ एक धरोहर हैं।

लीला दुबे

डी-504, पूर्वाशा
दिल्ली

एक भिन्न यात्रा के मानचित्र : लीला दुबे की रचनाओं की विषयवस्तु*

–कमला गणेश

परिवार और नातेदारी के अध्ययन तथा शोध का काम उतना ही पुराना है जितने पुराने हैं समाजशास्त्र और मानवविज्ञान। चर्चाएँ चाहे सार्वजनिक हों या निजी, उनमें स्त्री के जीवन और नियति को सदैव अपरिहार्य और अविच्छिन्न ढंग से विवाह और परिवार के क्षेत्रों से गुँथा माना गया है। फिर भी लिंगभाव तथा नातेदारी के परस्पर संबंध के विधिवत् विश्लेषण का काम हाल में ही शुरू हुआ। इसे अपनी प्रारंभिक गति नारी आंदोलनों तथा पिछले तीन दशकों से स्त्री-अध्ययन पर किए जा रहे गंभीर काम से मिली। भारत में यह समान नागरिक संहिता तथा वैयक्तिक कानूनों को लेकर हुई बहसों से काफी प्रभावित हुआ है जिनमें विभिन्न धार्मिक परंपराओं के तहत स्त्री की संपत्ति के स्वरूप पर विस्तार से चर्चा की गई है। दहेज एक सामाजिक बुराई है इस मुद्दे पर भी काफी लंबे समय से सुधारोन्मुखी जनमत बनता रहा है लेकिन इस पर एक तीखी विश्लेषणात्मक रोशनी 1970 के वर्षों के बाद ही दिखती है जब नारी आंदोलन ने दहेज संबंधी हिंसा के मुद्दे को अपने कार्यक्रम में शामिल किया। दहेज पर चर्चाओं से अनिवार्यतः विवाह के स्वरूप तथा उसके मूलभूत आधारों पर भी सवाल उठते हैं।

प्रारंभ में 'स्त्री-अध्ययन' का परिवार तथा नातेदारी संबंधी परिप्रेक्ष्य मानववैज्ञानिक सामग्री अथवा दृष्टिकोणों पर आधारित नहीं था। इसके विपरीत भारत के विषय में उपलब्ध नातेदारी संबंधी विशाल साहित्य में धर्म, क्षेत्र, जातीयता, जाति, वर्ग आदि पर आधारित विविधताओं के पर्याप्त मानवजाति-विवरणात्मक दस्तावेज शामिल थे। लेकिन स्त्रियों के लिए इन विविधताओं के निहितार्थ क्या हैं इन पर चर्चा कम और

---

* प्रथम प्रारूप पर लाभकर टिप्पणियों के लिए लीला दुबे, मैत्रेयी कृष्णराज तथा रोवीना राबिन्सन के प्रति और संपादन संबंधी सुझावों के लिए एलिस थोर्नर के प्रति आभार अभिव्यक्त करती हूँ।

सरोकार के साथ तो बहुत ही कम हुई है। स्त्रियों का रोजमर्रा का जीवन उन व्यक्तियों और संस्थाओं द्वारा प्रदत्त नातेदारी के विचारों और नियमों की व्याख्याओं से प्रभावित होता है जिन्हें व्यावहारिक स्तर पर इन्हें परिभाषित करने की सत्ता प्राप्त है।

1953 में इरावती कर्वे ने विभिन्न सांस्कृतिक क्षेत्रों के नातेदारी के नियमों तथा प्रथाओं और स्त्रियों के लिए उनके अलग-अलग निहितार्थों के बीच के सहसंबंधों को संक्षिप्त किंतु तीक्ष्ण ढंग से रेखांकित किया। लेकिन यह विचार अभी हाल तक किसी विस्तृत चर्चा अथवा बहस का विषय नहीं बना था। दक्षिण भारतीय नातेदारी व्यवस्था में विवाहजन्य संबंधों के महत्त्व तथा परिवारों व नातेदारों के बीच परस्पर आदान-प्रदान के सहनियमों के परिणामों पर दुमों के प्रतिभाशाली काम से इस बात की संभावनाएँ खुलीं कि पदसोपानात्मक जाति-क्रम के एक महासागर में समानता के इस द्वीप (नातेदारी) का अर्थ संभवतः परिवार/गृहस्थी के ढाँचे में स्त्री के लिए अधिक सुरक्षित स्थिति हो सकता है। उदाहरण के लिए विवाहजन्य संबंधों को रक्त संबंधों के सममूल्य मानने का दावा (वही : 170), अर्थात् यह दावा कि पहचान/अस्मिता और विवाहजन्य संबंध स्थायी रूप से एक जैसे होते हैं। इसका अर्थ है कि इस व्यवस्था में वंशक्रम पर बल नहीं दिया जाता, वस्तुतः 'वंशक्रम का कोई स्थान ही नहीं है' (वही : 148)। इससे परिवार के भीतर स्त्री की स्थिति प्रभावित होगी ही क्योंकि पितृवंशक्रम का स्त्री के जीवन-पथ पर सुस्पष्ट प्रभाव होता है। वह मानते हैं कि नातेदारी व्यवस्था सामाजिक जीवन में स्त्रियों और पुरुषों के अलगाव को समानता के संदर्भ में लिप्यांतरित करती है (वही : 24); इस तरह वह एक प्रकार की 'अलग किंतु समान' स्थिति की ओर संकेत करते हैं। दुर्भाग्यवश, वह पड़ताल की इस दिशा में और आगे नहीं बढ़ते। वास्तव में, नातेदारी अध्ययनों का सैद्धांतिक जोर सामान्यतया एक अमूर्त स्तर पर एकीकरण तथा संश्लेषण की दिशा में रहा है। यह उस पूरी सामग्री के अर्थ और प्रभाव को नकारता है जो विभिन्न क्षेत्रों और सामाजिक खंडों में भिन्न-भिन्न प्रकार के विवाह तथा नातेदारी के संरूपों के विभेदक प्रभाव की ओर संकेत करते हैं।

शोध के दूसरे प्रासंगिक क्षेत्र, अर्थात् परिवार विषयक समाजशास्त्र में भिन्न तरह की बाध्यताएँ रहीं। ज्यादातर अध्ययन अनुमानित संयुक्तता से प्रक्षेपित एकलता की ओर परिवर्तन की विशेषताओं को समझने और उनकी पड़ताल में जुटा रहा। वह परिवार के रूपों के वर्गीकरणों को विकसित करने और गठनात्मक तथा अभिवृत्ति संबंधी परिवर्तनों के अध्ययन में उलझा रहा। लिंगगत पदक्रम (विषमता) को सैद्धांतिक संदर्भ में समस्यामूलक बनाने के काम को प्राथमिकता नहीं दी गई यद्यपि कुछ अध्ययनों में परिवार में पुरुषों और स्त्रियों के बीच पाए जाने वाले संबंधों के संवेदनशील विवरण मिलते हैं। इन दोनों अनुशासनों में से एक में भी लिंगगत भेदभाव को एक परखने योग्य प्राक्कल्पना मानकर काम प्रारंभ नहीं किया गया। न ही स्त्रियों की समस्याओं

से उनका कोई प्राथमिक सरोकार था। गत दो दशकों से स्त्री-अध्ययन में और समाजशास्त्र तथा मानवविज्ञान में लिंगभेद और नातेदारी के परस्पर संबंध विषयक अन्वेषण पर अधिकाधिक ध्यान दिया जाने लगा है। किसी अन्य व्यक्ति से ज्यादा लीला दुबे भारत में लिंगभाव व नातेदारी के अध्ययनों के विकास की प्रेरणास्रोत और उत्प्रेरक रही हैं।

II

'स्त्री की दुनिया : तीन अनुभव' में लीला दुबे अपने बारे में कहती हैं '... एक स्त्री जिसके भावनात्मक सरोकार एक बौद्धिक चुनौती में रूपांतरित हो गए'। यह बात उनके अधिकांश कृतित्व के बारे में सत्य है। इसमें इस पुस्तक के छह निबंध शामिल हैं। नातेदारी के तत्त्वों, सिद्धांतों और संस्थाओं को उनकी भौतिकता के संदर्भ में देखने के प्रति लीला दुबे की प्रतिबद्धता दीर्घकालीन और अविचलित रही है। इसी परिप्रेक्ष्य में उन्होंने रोजमर्रा के जीवन-व्यापार में स्त्री के लिए इन सिद्धांतों और संस्थाओं के निहितार्थों को देखने का प्रयास किया है। पति स्थानिक परिवेश में पलीं लीला दुबे विवाह पर वधू की विदाई के विस्तृत समारोह के प्रति एक बालिका के रूप में हुई अपनी भावनात्मक प्रतिक्रिया, और पर्दा-प्रथा, विधवाओं की दशा, बहुओं के प्रति दुर्व्यवहार तथा जाति-प्रथा के कारण होने वाले अत्याचार, इन सबके विरुद्ध आक्रोश को बड़े स्पष्ट और जीवंत रूप में याद करती हैं। इन स्मृतियों ने उनके काम पर अपनी छाप छोड़ी है, जिसके परिणामस्वरूप उनके कृतित्व में एक आक्रोश का भाव और परिवर्तन की चाह का रंग स्पष्ट है। वस्तुतः स्त्री-अध्ययन की पहली पीढ़ी के अध्येताओं में से अधिकतर पर यह बात लागू होती है। लिंगगत भेदभाव के उनके व्यक्तिगत अनुभव ने शोध के कार्यक्रमों के लिए उत्प्रेरक का काम किया है और स्त्रियों की स्थिति में बदलाव लाना हमेशा उनका सरोकार रहा है, चाहे उन्होंने इसे खुलकर कहा हो अथवा नहीं। इस तरह स्त्री-अध्ययन ने निरपेक्ष माने जाने वाले सामाजिक विज्ञानों के अकादमिक परिदृश्य में एक भिन्न प्रकार की यात्रा की है। उसे इस सफर में कुछ दोस्त मिले हैं जो स्वयं ज्ञान के अंतरात्मपरक निर्माण के मुद्दों को सुलझाने में व्यस्त हैं। इस प्रकार स्त्री-अध्ययन अनुशासनों के ढाँचों को प्रभावित कर रहा है।

लिंगभाव और नातेदारी पर लीला दुबे के काम में कुछ पक्षों का सघन विस्तार मिलता है। कुछ अन्य पक्ष हल्की रूपरेखा तक सीमित रहे हैं। लेकिन उनके संपूर्ण कृतित्व में अगली पीढ़ी के लिए एक मानचित्र के गुण हैं। दोहरी परंपरा को उनके दृष्टिकोण की विशेषता कहा जा सकता है। एक ओर उनकी गहरी जड़ें अपने प्राथमिक

विषय—मानवविज्ञान और उसकी विधियों, पद्धतिशास्त्र तथा भीतरी बहसों में हैं, दूसरी ओर लिंगभेद के मुद्दों के प्रति उनका सरोकार लगातार उन्हें प्रतिमानों व रीतिरिवाजों के ठोस परिणामों और परिवार में स्त्रियों की असुरक्षित स्थिति के वैचारिक एवं अवधारणात्मक स्रोतों को देखने तथा इन समस्याओं को हल करने के तरीकों की ओर दृष्टिपात करने के लिए प्रेरित करता है। इस अर्थ में उन्हें सक्रिय कार्यकर्ता कहा जा सकता है, हालाँकि उनका कार्यक्षेत्र उनका लेखन है। वह बार-बार आग्रह करती हैं, स्पष्ट रूप से कहती हैं कि नातेदारी कोई अध्ययन का गुह्य क्षेत्र नहीं है। वह परिवार के भौतिक तथा प्रतीकात्मक संसाधनों पर सदस्यों के विभेदक अधिकारों के लिए संगठक सिद्धांत प्रदान करता है।

मील का पत्थर बन गई रिपोर्ट **टुवर्ड्स इक्वालिटी** 'समानता की ओर' ने स्वातंत्र्योत्तर भारत में स्त्रियों की बिगड़ती परिस्थिति के बारे में खतरे की घंटी बजाने की शुरुआत की। जिस दल ने यह रिपोर्ट तैयार की लीला दुबे उसके केंद्रीय सदस्यों में से एक थीं। यह रिपोर्ट विविध अनुशासनों (विषयों) के परिप्रेक्ष्य में तथा सक्रिय कार्यकर्ताओं के सरोकारों की दृष्टि से महत्त्वपूर्ण शोधकार्य करने के लिए एक संदर्भ-बिंदु बन गई। इसका अधिकांश गृहस्थी में पाए जाने वाले लिंगगत पूर्वग्रह को उजागर करने में संलग्न था और वास्तव में, मापे जाने लायक भेदभाव की प्राथमिक जगह के रूप में लड़की के पैतृक घर पर ध्यान केंद्रित करता था। इस प्रकार यह रिपोर्ट परिवार-गृहस्थी के सिद्धांतीकरण की नई तात्कालिक आवश्यकता को इस ढंग से प्रकाश में लाई जिसका पारंपरिक विषयों में अब तक कोई प्रयास नहीं किया गया था और परोक्ष रूप से सहमति पर आधारित समरसता पूर्ण गृहस्थी के प्रतिमान को मान लिया गया था जहाँ पदक्रम तथा सत्ता के बजाय 'श्रम के असम विभाजन' को नियामक सिद्धांत के रूप में देखा जाता था। लीला दुबे देश में स्त्री-अध्ययन विषयक विद्वत्ता के विकास से घनिष्ठ रूप से जुड़ी रही हैं। स्त्री-अध्ययन को उन्होंने मानवविज्ञान की पद्धतियों तथा सैद्धांतिक अंतर्दृष्टियों के प्रति संवेदनशील बनाया है।

III

मानवजातिवर्णनकर्ता के रूप में लीला दुबे एक विस्तृत फलक के भीतर काम करती हैं। जब वह सामान्यीकरण करती हैं उस समय भी उनकी अंतर्दृष्टियों का मूल क्षेत्रकार्य के विशिष्ट अनुभवों और विवरणों में होता है। उन्होंने अपने पति के साथ कुछ समय छत्तीसगढ़ में अस्थायी खेती करने वाली कमार जनजाति के बीच गुजारा जहाँ उनके पति क्षेत्रकार्य कर रहे थे। लीला दुबे का शोध-प्रबंध दक्षिण छत्तीसगढ़ की गोंड जनजातीय स्त्रियों पर था। एक जगह बसकर खेती करने वाली गोंड जनजाति का

हिंदू जातियों के साथ घनिष्ठ परस्पर संबंध था। उन्होंने पश्चिमी उत्तर प्रदेश के एक बड़े और बहुजातीय गाँव में भी क्षेत्रकार्य किया। 1960 के दशक के अंतिम वर्षों में लीला दुबे ने लक्षद्वीप के मातृवंशीय मुसलमानों का अध्ययन किया। बाद में तुलनात्मक अध्ययन के लिए उन्होंने कुछ दक्षिण तथा दक्षिण एशियायी देशों की यात्रा की, वहाँ के विद्वानों से मिलीं और उनके साथ विचार विनिमय किया। लीला दुबे भारत के विभिन्न हिस्सों में सहयोगियों, मित्रों और परिचितों से बातचीत के जरिये उनके अपने क्षेत्रों और समुदायों के विषय में विस्तृत और सूक्ष्म सूचनाएँ आदतन् इकट्ठा कर लेती हैं। निश्चय ही, वह अन्य मानवजातिविवरणों से भी काफी कुछ लेती हैं। अपने कार्यक्षेत्र में उनकी बारीकियों के लिए सतर्क निगाह, पारिवारिक जीवन की गौण से गौण बातों, भोज और उपवास, समारोह तथा कर्मकांड, भंगिमा और आचरण–सब पर रहती है। वह भाषा और मुहावरों, बालगीतों और उनके साथ चलने वाले खेलों, आशीर्वाद देने के तरीकों, विवाह के निमंत्रणों पर लिखे जाने वाले विशेषणों, शुभ और अशुभ की द्योतक कहावतों, झिड़कियों और गालियों आदि के इस्तेमाल पर भी विशेष ध्यान देती हैं। इस प्रकार वह सामान्य, सहज बुद्धि की पूरी दुनिया–जिसे स्वाभाविक व्यवस्था का हिस्सा ही समझा जाता है–को अपने अन्वेषण के लिए ले लेती हैं। केवल कभी-कभी ही वह ग्रंथों के स्रोतों में पैठती हैं–इसका एक दृष्टांत है 'बीज और धरती' पर निबंध और उसे भी वह मानवजातिविवरणों के साथ जोड़ लेती हैं। लघु-क्षेत्र-अध्ययन में जमी हुई जड़ों का असर उनके सिद्धांतीकरण के तरीके पर साफ दिखता है। सूचनाओं से समृद्ध, घुमावदार, विस्तृत प्रस्तुति के जरिये उनका तर्क धीरे-धीरे खुलता, गति पकड़ता है, पाठक को अपने असर में तब तक लेता रहता है जब तक कि उसके निहितार्थ निर्विवाद रूप से इस तरह सामने नहीं आ जाते जिसे पीछे मुड़कर देखने पर लक्ष्यबेधक कहा जा सकता है।

आश्चर्य नहीं कि लीला दुबे का काम विभिन्नता, विभेदों और विविधताओं के प्रति संवेदनशील है लेकिन कुल मिलाकर उनका रुझान संश्लेषण करने की ओर है। वह इंगित करती हैं कि उनके निष्कर्ष उनके अध्ययन क्षेत्र से कहीं ज्यादा विस्तृत क्षेत्र पर भी लागू होते हैं। दशकों तक किए गए व्यापक अनुसंधान से प्राप्त अंतर्दृष्टियों की कुशल बुनावट उन्हें विशिष्ट तथ्यों को सामान्यीकृत स्थापनाओं में रूपांतरित करने में सहायता करती है। उनके कृतित्व से दो प्रमुख सामान्यीकरण सामने आते हैं। पहला सामान्यीकरण पूरे भारत और दक्षिण एशिया में एक प्रमुख विशाल विचारधारा के रूप में पितृवंशपरंपरा के विस्तार तथा ताकत के बारे में है और दूसरा सामान्यीकरण नातेदारी व्यवस्थाओं तथा स्त्री-पुरुष संबंधों के बीच के संधान के बारे में है कि नातेदारी व्यवस्थाओं की विविधता लिंगगत संबंधों को गुणात्मक दृष्टि से निश्चित प्रभावित करती है। इन विचारों ने महत्त्वपूर्ण बहसों और चर्चाओं को जन्म दिया है तथा शोध के इस क्षेत्र के विकास को एक आकार प्रदान किया है।

IV

इस पुस्तक में शामिल छह निबंधों में से पहले में क्षेत्रकार्य के लिंगभावगत स्वरूप पर नजर डाली गई है और इसे ज्ञान की अंतरात्मपरक संरचना तथा प्रतिवर्तिता पर मौजूदा पद्धतिशास्त्रीय बहस के पूर्वगामी के रूप में देखा जा सकता है। अन्य पाँच निबंध लिंगभाव तथा नातेदारी विषयक हैं। इनमें से तीन में पितृवंशीय भारत के संदर्भ में चर्चा की गई है—एक है सामाजीकरण की प्रक्रिया के माध्यम से स्त्रियों को लिंगभावायित प्राणी बनाए जाने के संबंध में दूसरे का विषय है लोगों के बीच बहुप्रचलित रूपक 'बीज धरती' जो पितृवंशीय नातेदारी में निहित भौतिक संबंधों को औचित्य प्रदान करता है। तीसरे निबंध का विषय जाति और स्त्रियाँ हैं। इस पुस्तक का पाँचवाँ निबंध एकमात्र ऐसा निबंध है जो पूरी तरह सूक्ष्म मानवजातिचित्रण पर आधारित है। वह दक्षिण-पश्चिमी सागर तट के निकट स्थित एक द्वीप पर मातृवंश परंपरा, इस्लाम और लिंगगत संबंधों का अन्वेषण करता है। अन्य सभी निबंध लेखिका के मानववैज्ञानिक अनुभवों के समुच्चय पर आधारित हैं। मुख्यतः प्रकाशित मानवजातिविवरणों तथा अन्य सामाजिक विज्ञानों के साहित्य पर आधारित अंतिम निबंध दक्षिण तथा दक्षिणपूर्व एशिया की व्यापक तुलना करते हुए विभिन्न नातेदारी व्यवस्थाओं तथा उनमें स्त्री-पुरुष संबंधों की गुणवत्ता के बीच के संधान का विश्लेषण करता है।

V

प्रारंभिक आलेख 'स्त्री की दुनिया : तीन अनुभव' मूलतः 1970 के दशक के प्रारंभिक वर्षों में लिखा गया था। यह क्षेत्रकार्य के वृत्तांत की प्रस्तुति के रूप में मानवजातिचित्रणात्मक प्रस्तुतियों से संबंधित आजकल के लोकप्रिय वाद-विषयों की पूर्वपीठिका है। यद्यपि मानवविज्ञान में विकसित हुई समाज विशेष के जीवन में भाग लेकर अवलोकन करने की विशेष अनुसंधान पद्धति में हमेशा कुछ आत्मविश्लेषण तथा सिद्धांतीकरण होता रहा है, पिछले कुछ दशकों में यह प्रवृत्ति बहुत बढ़ गई है तथा अब अपनाई जाने वाली मुद्राएँ पहले की स्थिति से बहुत भिन्न हैं। मानवजातिविवरणकर्ता के अपने विनिबंध द्वारा प्राप्त निर्णायक अधिकार को गंभीर चुनौती दी गई है तथा सत्य और वस्तुनिष्ठता के उसके दावों को अत्यंत मर्यादित रूप में ही स्वीकार्य माना जाता है। गर्ट्ज ने मानवजातिविवरण को मूलतः व्याख्यात्मक कहा है। मानवजातिविवरण के गर्ट्ज द्वारा किए गए इस स्थान-निरूपण से लेकर क्लिफर्ड और मार्कस के प्रतिवर्ती

लेखन के प्रयोगों तक मानवविज्ञान में उत्तर-आधुनिक मोड़ ने इस अनुशासन पर कुछ प्रभाव डाला है। लेकिन स्त्रीवादी लेखन–विशेषकर स्त्रीवादी मानवविज्ञान–लंबे समय से और लगातार ज्ञान के उत्पादन के इन मुद्दों तथा ज्ञान के आंशिक, सीमित और कामचलाऊ निकाय को प्राप्त करने के लिए मानवजातिविवरणकर्ता की विशिष्टताएँ और क्षेत्र की विशिष्टताएँ एक दूसरे को किस तरह प्रभावित करती हैं इसकी प्रस्तुति की कठिनाइयों से जूझता रहा है। जैसाकि बेल (1993 : 2, 4) संकेत करती हैं, 'स्त्री मानववैज्ञानिकों की एक काफी पुरानी परंपरा रही है जो अपने-अपने अनुसंधान के क्षेत्र के लिंगभावायित स्वरूप का सामना करती रही हैं। इस तरह के चिन्तन का उस क्षेत्र के मानचित्र बनाने की दिशा में महत्त्वपूर्ण योगदान रहा है जिस पर हम अनुभवाश्रित ज्ञान की पड़ताल करना प्रारंभ कर सकते हैं'। यह शैली अब इस बात पर तीखे सवाल उठा रही है कि स्त्रियों के इस योगदान को मानवविज्ञान के कार्यक्रम में पर्याप्त मान्यता क्यों नहीं दी गई और यह बात अकादमी के संगठन तथा इस अनुशासन की ज्ञान मीमांसा के विषय में क्या संकेत करती है (वही : 1, 3) बेल इत्यादि का संकलन लीला दुबे को समर्पित है जो उन प्रथम मानववैज्ञानिकों में से एक हैं जिन्होंने लिंगभाव और मानवजातिविवरण के बीच के संबंधों पर गंभीरतापूर्वक विचार किया। इस प्रथम आलेख में लीला दुबे शोधकार्य के क्षेत्र के संदर्भ में एक स्त्री ही नहीं बल्कि एक विशेष किस्म की स्त्री के रूप में अपनी खुद की स्थिति को तीव्र रूप से समस्यामूलक बनाती हैं। उस पर निश्चय ही उनकी जाति, वर्ग, धर्म आदि का प्रभाव पड़ा होगा लेकिन वह क्षेत्र की विशिष्टता पर भी निर्भर रहती है। इस प्रकार गोंडों के लिए, जो जटिल हिंदू विधानों, नियमों और तौर-तरीकों से बाहर थे और उच्च जाति की हिंदू स्त्री के लिए उपयुक्त आचरण के बारे में जिनके मन में केवल एक सामान्यीकृत धारणा थी, लीला दुबे उच्च जाति की स्त्री थीं। पश्चिमी उत्तर प्रदेश का खालापुर प्रमुख रूप से राजपूतों का गाँव है। वहाँ उन्हें एक ऐसी ब्राह्मण स्त्री के रूप में देखा जाता था जो अपने पति के काम में हाथ बँटाने के लिए उनके साथ आई है। उन्हें अपने दल की अमेरिकी स्त्रियों जैसी स्वतंत्रता प्राप्त नहीं थी। उनसे ब्राह्मणों के प्रतिमानों के अनुरूप आचरण की अपेक्षा की जाती थी, जैसे गाँव में कहीं जाते समय साड़ी के पल्लू से सिर ढँकना। लीला दुबे इस तरह पारिवारिक चौखटे में बँधकर रहने के लिए विवश किए जाने के प्रति आक्रोश व्यक्त करती नहीं प्रतीत होतीं बल्कि वस्तुतः वह इस स्थिति को अपने लाभ के लिए इस्तेमाल करना पसंद करती हैं। गोंडों के साथ काम करते समय भी उन्होंने ऐसा ही किया था। 1950 के दशक के प्रारंभिक वर्षों में किसी भारतीय महिला मानवशास्त्री के लिए किसी जनजातीय समुदाय के बीच क्षेत्रकार्य का उत्तरदायित्व लेना वस्तुतः एक असाधारण बात थी। उस क्षेत्र में एक प्रशासक के रूप में उनके श्वसुर की अधिकारपूर्ण सत्ता के पद ने उन्हें एक सुरक्षात्मक छत्र प्रदान किया। लेकिन निश्चय

ही इससे उनके लिए कुछ दरवाजे बंद भी हुए होंगे जबकि कुछ अन्य द्वार खुल गए होंगे। क्षेत्रकार्य की इन दो पारियों के विपरीत जब वह कल्पेनी गईं तब वह 46 वर्ष की थीं। अपनी उम्र के कारण उन्हें आजादी मिली। वह वहाँ कहीं भी आ जा सकती थीं। वहाँ द्वीपवासी, जो सब मुसलमान थे, उन्हें उत्तर भारत से आई हिंदू स्त्री के रूप में देखते थे लेकिन अपनी हिंदू पहचान को थोड़ा पृष्ठभूमि में रखने और अपने दो शोध छात्रों के जरिये एक गुरु के रूप में प्राप्त अपनी साख के चलते वह वहाँ के लोगों द्वारा स्वीकार किए जाने में सफल रहीं। उनके दोनों छात्र वहाँ के लोगों से पहले ही बहुत अच्छे संबंध स्थापित कर चुके थे। इस विवरण में जो चीज सबसे ज्यादा आकृष्ट करती है वह यह है कि लीला दुबे कहीं भी एक 'मानद पुरुष' बनने का प्रयास नहीं करतीं बल्कि इस बात को पहचानती हैं कि एक स्त्री के रूप में कुछ खास तरह की सूचनाएँ उन्हें आसानी से मिल जाती हैं। वह स्वयं को एक स्त्री, पत्नी तथा माता के रूप में—उन भूमिकाओं में जिनमें वह सहज महसूस करती हैं—प्रस्तुत करती हैं। वह इन्हें तोड़ने-मरोड़ने का कोई प्रयास नहीं करती हैं और शायद इसी में उनके द्वारा आजकल की नई उभरी लेखन-शैली अपनाए जाने की प्रत्याशा के बावजूद उनके वृत्तांत का वैशिष्ट्य अलग दिखाई पड़ता है।

दूसरे निबंध 'लिंगभाव की रचना' में हम लीला दुबे को पहले उद्धृत किए गए स्रोतों से अनेक प्रकार की सामग्री को क्रमबद्ध करते पाते हैं जो हिंदू गृहस्थी के रोजमर्रा के पारिवारिक जीवन का हिस्सा है। वह उन्हें पितृवंशपरंपरा के अंतर्निहित मूल सिद्धांतों के साथ जोड़कर सामने रखती हैं—विवाह स्त्री की नियति है, अपरिहार्य है तथा स्त्री के लिए सौभाग्य और मंगल से जुड़ा है, मायके में स्त्रियों की अस्थायी सदस्यता, विवाह होते ही इस सदस्यता का समाप्त होना तथा फलस्वरूप ससुराल में शामिल कर लिया जाना (अर्थात् स्त्री की समूह सदस्यता की दोहरी प्रकृति); इसके साथ जुड़ा उसके मायके से उसके ससुराल की ओर उपहारों, नकदी आदि का इकतरफा प्रवाह जिसकी वापसी का पुत्री पर कोई दायित्व नहीं होता, व जिस कारण वह वित्तीय जिम्मेदारी बन जाती है। हिंदू स्त्री के महान् आदर्शों को प्राथमिक सामाजीकरण के अंतरंग के परिवेश में ठोस आकार दिया जाता है जहाँ वे आत्मसात किए जाते हैं। परिवार के संसाधनों में स्त्रियों के हीन अधिकारों में इन नियमों का योगदान होता है। इस आलेख में लड़कियों के लालन-पालन के वातावरण को इस प्रकार प्रचुर मात्रा में दिए दृष्टांतों तथा उदाहरणों के साथ बारीकी से उभारा गया है कि उसे ग्रामीण-शहरी और जाति-वर्ग के भेदों से ऊपर उठकर पहचाना जा सकता है—विशेषकर पाठकों की वरिष्ठ पीढ़ी में, किंतु फिर भी स्त्री को अभिकर्ता तथा व्यक्ति के रूप में पहचानने की आवश्यकता और संभावना पर जारी मौजूदा बहसों की रोशनी में यह विचार मन में आता ही है कि कर्ताओं द्वारा पितृवंशीय ढाँचों के आत्मसातीकरण और उनके पुनर्निर्माण को हम अवधारणात्मक दृष्टि से किस तरह समझें। बोर्डियु की 'हैबिटस'

की अवधारणा यहाँ प्रासंगिक है—'आत्मसातीकृत' ढाँचों की एक ऐसी व्यवस्था जो आत्मनिष्ठ तो है लेकिन वैयक्तिक नहीं; अवबोधन और क्रिया की योजनाएँ जो एक विशिष्ट समूह या वर्ग के सदस्यों पर समान रूप से लागू होती हैं और व्यवहार के संयोजन एवं विश्वदृष्टि को संभव बनाती हैं (1977 : 86)। ढाँचों और व्यवहार के बीच मध्यस्थ के रूप में तथा यह समझने के एक तरीके के रूप में कि प्रवृत्तियों के विन्यास के माध्यम से अभिकर्ता ढाँचों के प्रति किस तरह की प्रतिक्रिया करते हैं, हैबिटस की अवधारणा संभवतः लीला दुबे द्वारा यहाँ इस्तेमाल किए गए स्रोतों को सार्थक ढंग से समझा सकती है। देह (वही : 82, 87) की सहवर्ती अवधारणा भी यहाँ उपयोगी है, अर्थात्—भावभंगिमाओं और मुद्राओं का पूरा विस्तार, चलने के तरीके, सिर को एक ओर झटकना आदि, जिन्हें आसपास के परिवेश से आत्मसात किया जाता है तथा याद किए बिना ही एक समान संहिता के रूप में उन पर अधिकार प्राप्त कर लिया जाता है।

तीसरे निबंध 'बीज और धरती' में पूर्ववर्ती अध्याय में स्थापित किए विचारों का विस्तार है यद्यपि यह दिलचस्प बात है कि यह लेख कुछ वर्ष पूर्व लिखा गया था। पितृवंशीय नातेदारी के सारभूत सिद्धांत और उनकी ठोस अभिव्यक्तियों का मूल प्रजनन के विषय में प्रचलित जातीय विश्वासों तथा गर्भधारण एवं संतानोत्पत्ति की अवधारणाओं में गहराई तक जाकर तलाशा गया है। बच्चे के सृजन में पिता और माता के योगदान के लिए क्रमशः बीज और खेत/धरती/मिट्टी-भूमि का रूपक भारत में व्यापक रूप से प्रचलित है तथा इसकी जड़ें गहरी हैं। यह रूपक रोजमर्रा की भाषा में, मुहावरों में, तथा पारिवारिक संकटों—मृत्यु, तलाक, संपत्ति का बँटवारा—के समय में, जो निर्णय करने के अर्धकानूनी अवसर भी बन जाते हैं, अक्सर सामने आता है। स्त्री और खेत अथवा मिट्टी/भूमि के बीच समानता है : दोनों केवल पोषणकर्ता हैं जबकि फसल की किस्म का निर्धारण बीज द्वारा होता है और बच्चे की पहचान उसके पिता से होती है। जैसे फसल बीज के स्वामी की होती है उसी तरह बच्चा अपने पिता का होता है। वास्तव में बीज के स्वामी का खेत पर भी अधिकार होता है। इस प्रकार, अपनी पत्नियों की मेहनत के साथ-साथ संतानों पर भी पुरुषों का स्वाभाविक अधिकार होता है। विभिन्न समुदायों से ली गई मानवजातिविवरणात्मक सामग्री के अतिरिक्त लीला दुबे शास्त्रीय स्रोतों पर भी काफी विस्तार से चर्चा करती हैं। ये बीज-क्षेत्र न्याय को स्पष्ट करते हैं जो पितृवंशीय परंपरा की व्याख्या करता है। ऐसा नहीं है कि माताओं का—जैविक तथा जननिक योगदान अज्ञात है—उदाहरणार्थ आयुर्वेदिक ग्रंथों ने इस तथ्य का संज्ञान लिया है। एक गंभीर अंतर्दृष्टि को ठोस तर्क में विकसित कर लीला दुबे इस प्रतीकात्मक विषमता में पुरुषों और स्त्रियों के बीच उत्पादन संबंधों में विषमता का दर्पण देखती हैं, जो रहने की जगह, संपत्ति, बच्चों जैसे संसाधनों पर विभेदक अधिकारों के जरिये अभिव्यक्त होते हैं। इस प्रकार

वह नातेदारी की भौतिकता के विषय में अपनी विचारधारा को पुनः दोहराती हैं। यह रूपक स्त्रियों को अत्यंत महत्त्वपूर्ण मानव संसाधनों पर स्वाभाविक अधिकारों से वंचित किए जाने को उचित ठहराता है। यह पोषण में माता की भूमिका से इनकार नहीं करता। लेकिन एकदम पलटी मार कर माता के अविवादित योगदान को परिवार के लिए बलिदान के कर्तव्य में बदल दिया जाता है। यह योगदान का दावा नैतिक दावा है जो ठोस, भौतिक अधिकारों में रूपांतरित नहीं होता। यहाँ यह स्पष्ट है कि लीला दुबे प्रतीकात्मक क्षेत्र को भौतिक ढाँचों के विचारधारात्मक औचित्य के रूप में देखती हैं। इस ढाँचे, जो मार्क्सवादी रुझान के करीब है, के भीतर वह नातेदारी के तीनों स्तरों—संज्ञानात्मक स्तर, नियम और संस्थाएँ तथा व्यवहार और आचार के क्षेत्र—को शामिल कर लेती हैं। वह नातेदारीसंबंध-संज्ञाप्रणाली पर विचार नहीं करतीं किंतु, यह रूपक संज्ञानात्मक क्षेत्र का ही है। हाल के दशकों में नारी संगठनों के कार्यकर्ताओं ने पुत्रियों और पत्नियों तथा विधवाओं के रूप में स्त्रियों के संपत्ति में अधिकारों को मान्यता देने के लिए वैयक्तिक कानूनों को संशोधित करवाने के लिए संघर्ष किया है, यद्यपि यह क्षेत्र विशेष रूप से परिवर्तनरोधी है। इस रूपक के जाति, क्षेत्र और धर्म की सीमाओं को तोड़ते हुए प्रचलन के आधार पर लीला दुबे बुनियादी पितृवंशीय अभिमुखता को अभिव्यक्त करती हैं। वह संकेत करती हैं कि जनजातीय सामाजिक ढाँचे यद्यपि स्त्री यौनत्व पर नियंत्रण जैसे अनेक मामलों में अधिक लचीले हैं—जैसाकि स्त्रियों के विवाह-विच्छेद तथा पुनर्विवाह संबंधी प्रतिमानों के कम कठोर होने में प्रतिबिंबित होता है—तथापि जब बच्चों पर अधिकारों की बात आती है तब वे किसी जातिगत समाज की तरह ही पितृवंशीय हैं, जिस संदर्भ में पितृवंशक्रम तथा रक्तपरंपरा पर्यायवाची हैं।

चौथा निबंध 'जाति और स्त्रियाँ' अधिक हाल का है। यह 'स्त्रियों को सचेतन जागरूक तथा सक्रिय कर्ताओं' के रूप में रखता है तथा दो पूर्ववर्ती निबंधों के समान सरोकारों में हिस्सेदार है। लीला दुबे जाति-व्यवस्था के भौतिक आधार तथा संसाधनों के असमान वितरण को नातेदारी के साथ परस्पर जुड़ा हुआ मानती हैं। वह तीन परस्पर अतिव्याप्त क्षेत्रों को लेकर पड़ताल करती हैं कि स्त्रियाँ इन क्षेत्रों में किस तरह लिपटी, उलझी हैं : व्यवसायगत निरंतरता तथा जाति का पुनरुत्पादन, भोजन और कर्मकांडों के साथ जाति का जुड़ाव, तथा विवाह और यौनत्व पर उसका प्रभाव। उनका पहला मुद्दा है कि जाति से जुड़े परंपरागत व्यवसाय स्त्रियों की संलग्नता तथा उनके योगदान पर निर्भर रहे हैं और व्यवसायों के जाति-निर्धारित संरूपों में परिवर्तन आने पर उन्हें बनाए रखने का उत्तरदायित्व भी स्त्रियों पर डाल दिया गया है। लीला दुबे ने जाति के स्वायत्त पक्षों पर भी चर्चा की है जहाँ प्रत्येक जाति एक सुस्पष्ट अलग सांस्कृतिक धरोहर की उत्तराधिकारी है जो सदस्यों को एक पहचान प्रदान करती है। जाति-व्यवस्था में सीमाएँ बनाए रखने के लिए भोजन बहुत महत्त्वपूर्ण है,

तथा यह उल्लेखनीय है कि भोजन की प्रभारी स्त्रियाँ हैं जिनके यौनत्व तथा प्रजनन पर नियंत्रण जाति की सीमाएँ बनाए रखने का एक अन्य महत्त्वपूर्ण तत्त्व है। लीला दुबे यहाँ एक जटिल क्षेत्र खोल देती हैं जिसे सावधानीपूर्वक सुलझाने की जरूरत है—विशेषकर भोजन के बँटवारे के संबंध में गृहस्थी में लिंग-गत पूर्वग्रह पर हाल में हुई बहसों के संदर्भ में भोजन के संबंध में लागू होने वाली पवित्र-अपवित्र संबंधी वर्जनाएँ स्त्रियों पर बोझ, नियंत्रण तथा जिम्मेदारियाँ डालती हैं। इसके अतिरिक्त उन पर खान-पान संबंधी सामान्य नियम भी अधिक कठोरतापूर्वक लागू किए जाते हैं। लेकिन भोजन के क्षेत्र में शासन की नियंता तथा उसे बनाए रखने वाली भी वे ही हैं। लीला दुबे इंगित करती हैं कि उन पर लगाई गई सीमाएँ किस प्रकार 'उनके अधीनस्थ स्थान को रेखांकित करती हैं'; इस क्षेत्र में स्त्रियों के नियंत्रण और अधीनता की एक साथ उपस्थिति का और अधिक विश्लेषण किया जा सकता है। प्रमुख पात्र के रूप में वरिष्ठ स्त्रियों की भूमिका इस क्षेत्र में महत्त्वपूर्ण है जो समूह की विशिष्टता तथा पहचान के भाव के साथ जुड़ी होने के कारण संभवतः भेदभाव की कड़वी गोली के लिए क्षतिपूर्ति का काम करती है। खाद्य सामग्री खरीदने, तैयार करने तथा परोसने-वितरित करने के कार्यकलाप—जो प्रेम व ध्यान की अभिव्यक्ति के साधन के साथ मान्य सदस्यता और प्रभारी की भूमिका के प्रतीक भी हैं—को लेकर विवाहजन्य रिश्ते से जुड़ी वरिष्ठ और कनिष्ठ स्त्रियों के बीच होने वाली जटिल अंतःक्रिया कहीं अधिक जाँच-पड़ताल की माँग करती है।

तीसरा पक्ष विवाह और यौनत्व के विषय में है जहाँ जाति में पवित्रता-अपवित्रता के विचार स्त्रियों को एक खास ढंग से महत्त्वपूर्ण बनाते हैं। वस्तुतः जाति के लिए यौनत्व पर नियंत्रण केंद्रीय है। प्रत्येक जाति उभयवर्ती समूह है यालमन के प्रसिद्ध लेख (यालमन : 1963) से आरंभ इस मुद्दे पर वर्षों से ध्यान आकृष्ट किया जाता रहा है। लीला दुबे यद्यपि यह मानती हैं कि ये नियंत्रण जाति पदक्रम में हर स्तर पर एक जैसे नहीं हैं, फिर भी उनका तर्क है कि वे एक समान विचारधारात्मक ढाँचे के भीतर सक्रिय रहते हैं तथा लड़कियों के बड़े होने की प्रक्रिया को एक विशिष्ट स्वरूप प्रदान करते हैं। वह इस धारणा को कुछ ऐसे क्षेत्रों में विकसित करती हैं जिन पर अब तक केवल आंशिक रूप से चर्चा होती रही है। जैसे कौमार्य को प्रदत्त विशेष प्रस्थिति, वयःसंधि का अनुष्ठानीकरण तथा मातृत्व का महिमामंडन। उन्होंने लड़कियों के यौनत्व के संस्कारीकरण की अवधारणा के तहत इन सब पर विचार किया है। यद्यपि इस विषय पर बिखरा हुआ लेखन उपलब्ध है लेकिन लीला दुबे ने इन सबकी स्पष्ट विवेचना की है और उन्हें जाति के संदर्भ में व्यवस्थित किया है।

लीला दुबे स्त्रियों के प्राथमिक तथा द्वितीयक विवाह के भेद पर चर्चा करती हैं। इस प्रक्रिया में वह जिस प्रकार की दलील पर पहुँचती हैं वह दुमों से अलग है जिन्होंने पुरुषों और स्त्रियों के लिए प्रमुख/प्राथमिक तथा उप्रमुख/द्वितीयक विवाहों

(समागमों) पर चर्चा की है। (1983 : 108-11)। उनकी चर्चा मुख्यतः नायर विवाह के संदर्भ में है जो दो भिन्न तरह के विवाहों के संदर्भ में स्त्रियों और पुरुषों के बीच के गंभीर भेदों को रेखांकित नहीं कर पाती। पुरुष का दूसरा विवाह उसके पहले विवाह की तुलना में हीन उसी स्थिति में होता है यदि वह किसी विधवा अथवा विच्छन्न-विवाह अथवा किसी नीची जाति की स्त्री—यह मानते हुए कि उसका पहला विवाह उपयुक्त जाति की स्त्री से हुआ था—से विवाह करता है। लीला दुबे इस बात की ओर संकेत करती हैं कि स्त्री के लिए दूसरा विवाह उसके पहले विवाह के मुकाबले द्वितीयक ही रहता है चाहे उसका दूसरा विवाह उपयुक्त जाति के पुरुष अथवा उसके अपने विवाहजन्य नातेदार से ही क्यों न हुआ हो। दोनों विवाहों के लिए प्रयुक्त शब्द भिन्न हैं। स्त्री का द्वितीयक विवाह संतान, संपत्ति के उत्तराधिकार आदि के लिए कानूनी है और इसे सामाजिक स्वीकृति प्राप्त है किंतु अनुष्ठानों का संपूर्ण समुच्चय एक बार ही, उसके प्रथम विवाह पर ही संभव है। इसके विपरीत, पुरुष कई बार सानुष्ठान विवाह कर सकता है, यदि वधू का वह पहला विवाह हो और वह उपयुक्त जाति की हो। लीला दुबे के अनुसार लड़की के यौनत्व का विवाह के माध्यम से संस्कारीकरण प्रतीकात्मक है, जिसका अर्थ है समूह ने अपनी जिम्मेदारी पूरी कर दी। स्त्रियों की आजीवन यौन शुचिता के विषय में ऊँची जातियाँ अधिक कठोर हैं जबकि नीची जातियों में स्त्रियों के कट्टर यौन प्रतिमानों से विचलनों को व्यवहार में स्वीकार या सहन किया जा सकता है अथवा इस संबंध में अनुशासन के प्रतिमान अपने आप में लचीले हो सकते हैं। किंतु संस्कारीकरण (जैसा कि प्रथम विवाह द्वारा अभिव्यक्त किया जाता है) को तब भी महत्त्व दिया जाता है जो वास्तविक नियंत्रण के बजाय अवधारणात्मक होता है। स्त्रियों के लिए प्राथमिक-द्वितीयक विवाह का यह भेद स्पष्ट और सजीव ढंग से उपयुक्त जातियों के बीच विवाह किए जाने की बाध्यताओं को परिलक्षित करता है जो अनुलोम विवाह की पक्षधर हैं तथा प्रतिलोम विवाह के विरुद्ध हैं। इस तर्क से यह निष्कर्ष निकाला जा सकता है कि नारी यौनत्व पर नियंत्रण संबंधी सामूहिक (परिवार/वंशपरंपरा/जाति की) चिंता को उस पर जाति सुलभ उचित नियंत्रण से अलग करके नहीं देखा जा सकता। (किसी पुरुष विशेष (पति/प्रेमी) के नारी-देह पर अधिकार के दावों की अलग स्थापनाएँ हैं जिन पर अलग से विचार किया जाना चाहिए)। जाति का यह पक्ष पितृवंशपरंपरा को अनुमानित तो करता है किंतु सहज भाव से उसे अंतर्भूत समझ कर नहीं। भारतीय संदर्भ में विश्लेषण की यह दिशा जाति तथा वंशपरंपरा के संबंध को समझने में उपयोगी सिद्ध होगी।

पाँचवाँ निबंध मातृवंशपरंपरा से किसका लाभ है, अपनी मानवजातिविवरणात्मक गहराई के चलते लक्षद्वीप समाज में इस्लामी और मातृवंशीय सिद्धांतों की अंतःबुनावट का दस्तावेज है। साथ ही मानवविज्ञानी साहित्य में जिसे प्रायः मातृवंशीय 'पहेली'

कहा गया है उसके विषय में भी अनेक सवाल खड़े करता है। श्रम के लिंगगत विभाजन, मातृवंशीय पुरुष नातेदारों द्वारा संपत्ति के प्रबंधन तथा द्वीप के बाहर स्त्रियों की गतिविधियों में स्वतंत्रता के आपेक्षिक अभाव के बावजूद पितृवंशपरंपरा के मुकाबले लक्षद्वीप समाज स्त्रियों को अधिक सुरक्षा प्रदान करता है। 'तावज़ी' अथवा वंश की जननी के रूप में स्त्रियों को विशेष सम्मान की स्थिति प्राप्त है और वहाँ स्त्रियों के लिए रहने की जगह बिना शर्त सुरक्षित है। यह पितृवंशीय उत्तर भारत में स्त्रियों की पराश्रित निर्भरता की स्थिति से एकदम विपरीत है। फिर, इस्लाम एकलवंशीयता की तीव्रता को कुछ लचीलापन तथा संतुलन प्रदान करता है। लीला दुबे द्वारा उठाया गया एक महत्त्वपूर्ण मुद्दा यह है कि सत्ता तथा अधिकार किसी एक पद या प्रस्थिति में केंद्रित नहीं होते बल्कि वह स्त्रियों, उनके मातृवंशीय नातेदारों तथा कहीं-कहीं उनके पतियों/पिताओं में वितरित रहते हैं। 'पितृवंशीय पितृस्थानिक व्यवस्था में संपत्ति पर तथा स्त्रियों के यौनत्व और प्रजनन शक्ति (अर्थात् बच्चों) पर पति जिस तरह का संकेंद्रित अधिकार प्राप्त कर सकता है...वह मातृवंशीय नातेदार को उपलब्ध ही नहीं हो सकता है।' रूढ़ तर्क यह दिया जाता है कि प्राधिकार और वंशक्रम के बीच समायोजन के अभाव के कारण मातृवंशीय व्यवस्थाओं में एक प्रकार की अस्थिरता निहित रहती है। लीला दुबे बताती हैं कि हाल में आए अनेक बदलावों के संदर्भ में भी कैसे लक्षद्वीप के पुरुषों—जिनमें युवक शामिल थे—ने घनिष्ठ रूप से जुड़े विस्तारित मातृवंशीय नातेदारी समूह के जरिये मिलने वाले लाभों को देखते हुए मातृवंशीय उत्तराधिकार की व्यवस्था को ही चुनना पसंद किया। 'हमें इस धारणा को पुनः जाँचना पड़ेगा कि इस तरह की व्यवस्था में स्त्रियाँ हर दृष्टि से लाभ की स्थिति में रहती हैं और पुरुष हानि में रहते हैं और इसलिए अवसर पाते ही पुरुष मातृवंशपरंपरा को छोड़ना चाहेंगे।' वह इस बात की ओर ध्यान आकृष्ट करती है कि पितृवंशपरंपरा में भी अनेक अंतर्विरोध अंतर्निहित हैं तथा वह संघर्ष से घिरी रहती है—जिसकी कीमत प्रायः स्त्रियों को ही चुकानी पड़ती है। यह निबंध प्रदर्शित करता है कि पितृवंशपरंपरा तथा मातृवंशपरंपरा को दर्पण छायाओं के रूप में देखा जाना असंभव है तथा इस तथ्य पर रोशनी डालता है कि दुनिया में मातृवंशपरंपरा का एक ही नमूना नहीं है।

अंतिम निबंध 'दक्षिण तथा दक्षिणपूर्व एशिया में नातेदारी तथा लिंगभाव' में बांग्लादेश, भारत, इंडोनेशिया, मलेशिया, पाकिस्तान, फिलिपींस और थाईलैंड की कुछ आबादियों को एक व्यापक तुलनात्मक परिप्रेक्ष्य में देखा गया है जिनमें मुस्लिम, हिंदू, कैथोलिक और बौद्ध धर्मों के अनुयायी शामिल हैं। तुलना गुणात्मक प्रवृत्तियों के आधार पर है। जो मुद्दा बहुत प्रभावशाली ढंग से उठाया गया है वह यह है कि भिन्न-भिन्न नातेदारी व्यवस्थाओं में स्त्रियों की स्थिति तथा स्त्री-पुरुष संबंधों की गुणवत्ता में अंतर होता है। दक्षिण तथा दक्षिणपूर्व एशिया इन दो क्षेत्रों में उन्होंने तीन मुख्य नातेदारी व्यवस्थाओं—पितृवंशीय, मातृवंशीय तथा द्विवर्तीय—में तुलनात्मक

विषमता निम्नलिखित आधारों पर दिखाई है : वंशक्रम और सामाजिक पहचान, निवासस्थान तथा रहने के स्थान पर अधिकार, स्त्रियों की आर्थिक, व्यवसायगत भूमिकाएँ तथा संपत्ति पर नियंत्रण, नारी यौनत्व के प्रति रुख, वैवाहिक संबंध तथा विवाह का स्वरूप। वह पाती हैं कि पितृवंशपरंपरा के कठोर ढाँचों के विपरीत अन्य दो व्यवस्थाओं में स्त्रियाँ लाभप्रद स्थिति में होती हैं। मातृवंशपरंपरा में स्त्रियों को सुस्थापित अधिकार तथा महत्तर स्वायत्तता प्राप्त है। इस प्रणाली के तहत पुरुषों के अधिकार यद्यपि स्त्रियों की तुलना में कुछ कम हैं तथापि उनकी स्थिति पितृवंशपरंपरा में स्त्रियों की स्थिति जैसी कतई नहीं है। द्विवर्तीय समाजों में अपेक्षतया अधिक लचीलापन, समानता तथा चयन की गुंजायश होती है। संपूर्ण क्षेत्र में नातेदारी की महत्ता के संदर्भ में परिवार एक महत्त्वपूर्ण अवधारणा है और वह लोगों के जीवन का एक जीवंत यथार्थ है। किंतु नातेदारी व्यवस्थाओं में भिन्नता के कारण जीवन में मिलने वाले अवसरों और जीवन-पथों में भिन्नता होती है। यहाँ लीला दुबे संकेत करती हैं, जैसा कि उन्होंने अन्यत्र भी किया है, कि गृहस्थी समाजविशेष की नातेदारी व्यवस्था तथा उससे संबद्ध विचारधारा के कुल संदर्भ में ही काम करती है इसलिए इन तीनों व्यवस्थाओं की एकल गृहस्थियाँ एक दूसरे से तथा पश्चिम की एकल गृहस्थी से भी भिन्न होंगी।

VI

लीला दुबे का काम लिंगभेद तथा नातेदारी के क्षेत्र में काम कर रहे लोगों के लिए गवेषणा तथा विश्लेषण करने की अनेक दिशाएँ खोलता है। इसमें से कुछ उनके संपूर्ण कृतित्व में सुझाव के रूप में दिखती हैं तथा कुछ इसके विस्तार तथा पड़ताल के माध्यम से सामने आती हैं। मैं स्वयं उनके काम से प्रेरित और प्रोत्साहित रही हूँ और इसी संदर्भ में जिन कुछ कार्यों पर अधिक ध्यान दिए जाने की जरूरत महसूस करती हूँ उन्हें प्रस्तुत कर रही हूँ (विस्तार के लिए देखें गणेश 1997)। वे हैं : पहला, लिंगगत पूर्वग्रह के स्थल तथा स्रोत के रूप में परिवार-गृहस्थी की गुत्थी सुलझाना; यह देखना कि लिंगगत पूर्वग्रह किस गहराई तक सांस्कृतिक मूल्यों और लोकाचार में समाहित है; जिन तरीकों से लिंग, वर्ग और जाति जैसी स्तरीकरण की अन्य महत्त्वपूर्ण धुरियाँ एक दूसरे को काटती हैं उनके परिप्रेक्ष्य में आँकना कि कहाँ तक लिंगगत पूर्वग्रह के लिए केवल पितृवंशपरंपरा को ही जिम्मेदार ठहराया जा सकता है। इस कार्य के साथ ही जुड़ा हुआ दूसरा काम है—पितृवंशीय नातेदारी को एकदम संपृक्त कर उसके और जाति के बीच के संबंध की अवधारणात्मक दृष्टि से जाँच कर उसका सिद्धांतीकरण करना। तीसरा, पितृवंशीय ढाँचों के भीतर ही स्त्रियों द्वारा कार्यान्वित

अभिकर्ता की भूमिका, प्रतिरोध तथा मंत्रणा, इन धारणाओं पर विचार करना, अर्थात् परिवार में स्त्री को व्यक्ति के रूप में परिकल्पित करना। चौथा, लिंगभाव और नातेदारी को प्रभावित करने वाले, तेजी से बदलते व्यापक सामाजिक, राजनीतिक तथा आर्थिक विन्यासों का सूक्ष्म विश्लेषण करना।

स्त्री-अध्ययन के परिप्रेक्ष्य में गृहस्थी में व्याप्त लिंगगत पूर्वग्रह के स्त्रियों पर होने वाले मापे जाने लायक नकारात्मक परिणामों का गत दो दशकों में पर्याप्त अभिलेखीकरण हुआ है। भारत के बड़े हिस्से में पितृवंशीय नातेदारी के प्रभुत्व को देखते हुए बेटियों के अवमूल्यन तथा पुत्रों की वरीयता जो समकालीन भारतीय परिवारों की विशेषता है—के लिए इसे ही जिम्मेदार ठहराया जाना स्वाभाविक है। लेकिन उसकी सूक्ष्मताओं को पकड़ने तथा एक निर्धारक बिंदु तक पहुँचाने की दृष्टि से यह सामान्यीकरण जरूरत से ज्यादा व्यापक है। परिवार-गृहस्थी किस-किस तरीके से और किस सीमा तक इन नियमों और सिद्धांतों को अमल में लाने की जगह है जिनका मूल न वंशक्रम है न ही नातेदारी में, इसे देखने की दृष्टि से परिवार-गृहस्थी की पड़ताल की जानी जरूरी है। गृहस्थी जो लिंगगत पूर्वग्रह की स्थली है, परिवार जो अपने सदस्यों का सामाजीकरण करता है—इस तरह कि वे इस पूर्वग्रह को स्वीकार करें तथा आगे संचारित करें, जो प्रबोधन व निर्देशन का काम करता है और जिसके ऊपर दंडात्मक कार्रवाई का उत्तरदायित्व रहता है। और, स्त्रियों के अवमूल्यन के स्रोत के रूप में देखना होगा वंशपरंपरा की विचारधारा को—जहाँ तक वह परिवार-गृहस्थी में परिव्याप्त है। गृहस्थी के एक मूर्त संस्था का रूप प्राप्त करने में पितृवंशीय नातेदारी का केवल आंशिक योगदान रहता है। पितृसत्ता के मुखर होने में अन्य पारंपरिक तथा आधुनिक संस्थाओं का योगदान रहता है। इनमें शामिल हैं—जाति-आधारित संस्थाएँ और उनकी विचारधारा, राज्य और उसकी नीतियाँ, धार्मिक संस्थाएँ, अर्थ-व्यवस्था, मीडिया—मतलब, व्यापक पैमाने पर संस्कृति और समाज। इनके द्वारा नर-नारी संबंधी जिन धारणाओं को अपनाया जाता है तथा प्रक्षेपित किया जाता है वे धारणाएँ परिवार-गृहस्थी के साँचे के भीतर अपरिहार्य रूप से पैठ जाती हैं। आवश्यक नहीं कि इन धारणाओं का स्रोत वंशपरंपरा की व्यवस्था ही हो। पितृसत्ता की अवधारणा का इस्तेमाल बहुधा ऐसे समाज का वर्णन करने के लिए किया जाता है जो विविध प्रमुख संस्थात्मक स्तरों पर पुरुष-प्रभुत्व को संहिताबद्ध तथा अभिव्यक्त करता है। इस प्रकार के समाज में नातेदारी प्रायः पितृवंशीय होती है यद्यपि ऐसा होना आवश्यक नहीं है। जैसा कि उबेराय (1995 : 195-96, 200) ने तर्क दिया है, उन समाजों में, जो पितृसत्तात्मक तथा पितृवंशीय दोनों हैं, उनके बारे में यह धारणा कि ये दोनों एक दूसरे से उपजे हैं सिद्ध नहीं हो पाती है।

इस बात में कोई संदेह नहीं कि पारिवारिक संसाधनों पर अधिकार व्यापक रूप से नातेदारी नियमों पर आधारित होते हैं तथा इस संबंध में पितृवंशपरंपरा संतुलित

नहीं है और उसकी कार्य प्रणाली के फलस्वरूप स्त्रियाँ घाटे में रहती हैं। लेकिन भारत में पितृवंशपरंपरा के विशिष्ट चरित्र में वह भी प्रतिबिंबित होता है जिसे सांस्कृतिक अवधारणाएँ तथा मूल्य कहा जा सकता है, जैसे विवाह को नियति मानने का विचार, दान, विशेषकर कन्यादान का आध्यात्मिक महत्त्व, विवाहिता स्त्री का सुमंगली तथा विधवा का अमंगली होना, अंतरजातीय विवाह के अनुलोम-प्रतिलोम नियम, विवाह पर किसी स्त्री के शरीर के रूपांतरण (शरीर का सार-तत्व ही बदल जाने) का विचार तथा ससुराल में उसके आनुष्ठानिक प्रवेश का सांस्कारिक स्वरूप। ये सब पितृवंशीय व्यवस्था में अंतर्निहित नहीं हैं बल्कि ये हिंदू भारत की विशेषताएँ हैं तथा उपमहाद्वीप में स्त्रियों के जीवन की विशिष्ट दिशा या गतिमार्ग के लिए इनके निश्चित निहितार्थ हैं। अधिक विवेचनात्मक ढंग से कहें तो गृहस्थी के कार्य-संचालन के अनेक पक्ष—जिन्हें पारिवारिक विचारधारा कहा जा सकता है उनके सहित—जातिगत आवश्यकताओं तथा अपेक्षाओं से व्युत्पन्न हैं।

स्वयं जाति अन्य चीजों के अतिरिक्त स्त्री-पुरुष के बीच के जीव वैज्ञानिक अंतर की धारणाओं पर आधारित है और यह अंतर एक विस्तृत तर्कशास्त्र के माध्यम से गैरजैविक क्षेत्रों तक विस्तारित है। ये धारणाएँ पितृवंशीयता से मेल खाती हैं। जाति-व्यवस्था के भीतर मातृवंशीय समुदायों के अस्तित्व के बावजूद कोई यह तर्क दे सकता है कि जाति पितृवंशीयता को मानकर चलती हैं। लेकिन नारीत्व और स्त्रैणता के अपने सुस्पष्ट मूल्यांकनों सहित जाति का संपूर्ण ढाँचा किसी भी तरह से पितृवंश-परंपरा से समवाय नहीं है। पितृवंशपरंपरा एकलवंशीय है। जाति उभयवर्ती समूह है। लेकिन संतान की सदस्यता के निर्धारण में पिता के रक्त को ज्यादा महत्त्व दिया जाता है। यहाँ पितृवंशीयता के साथ समायोजन दिखता है। अनुलोम-प्रतिलोम नियम भी पितृवंशीयता तथा जाति के संयुक्त कार्य संचालन को प्रतिबिंबित करता है। नारी यौनत्व पर नियंत्रण का बुनियादी तथा सर्वत्र व्याप्त विचार, जिसका यह नियम उदाहरण है, जाति से व्युत्पन्न है लेकिन यह स्त्री के बारे में उस सांस्कृतिक अवधारणा को भी प्रतिबिंबित करता है जिसके अनुसार स्त्रियाँ पुरुषों के लिए खतरनाक सम्मोहनी है, विशेषकर गृहस्थी में पितृवंशीय पुरुष नातेदारों की भ्रात्रीय एकता के लिए। पर्दा, अलगाव, उपयुक्त नारी सुलभ व्यवहार आदि जो नारी यौनत्व पर संस्थात्मक नियंत्रण के उदाहरण हैं—परिवार में कार्यान्वित होते हैं। उपयुक्त समय पर तथा उपयुक्त जातियों के बीच (या जाति के अंतर्गत) विवाह ऐसे मामले हैं जो बातचीत तथा इंतजामों के जरिये पारिवारिक क्षेत्र के भीतर ही तय किए जाते हैं। इस प्रकार, जातियों के बीच सीमा बनाए रखने की बाध्यता परिवार-गृहस्थी के सीमा-क्षेत्र में ही निपटा ली जाती है। पितृवंशपरंपरा का सरोकार नए सदस्यों की भर्ती और इसलिए प्रजनन से रहता है। नारी यौनत्व पर नियंत्रण जातियों के बीच सीमा बनाए रखने से जुड़ा होता है न कि पितृवंशपरंपरा से।

जाति और नातेदारी के अंतःसंबंध का एक और उदाहरण है—दहेज जो वस्तुतः भारत में विवाह का एक अनिवार्य अंग बन गया है। यह अनुलोम विवाह के सिद्धांत का विस्तृत रूप है जो अंततः जातिगत विचारधारा से उपजता है। इसे कन्यादान की धार्मिक-सांस्कृतिक अवधारणा के साथ जोड़ दिया गया है। यह केवल पितृवंश-परंपरा के भीतर ही हो सकता है। हाँ, इसके कुछ अपवाद हो सकते हैं जहाँ आवास का संरूप वंशक्रम के संरूप का अनुसरण न करता हो। लेकिन पितृवंशपरंपरा के भीतर ही वधू-मूल्य एक अन्य संभावना है। दहेज-प्रथा के साथ वधुओं और युवा पत्नियों के प्रति जिस प्रकार की प्रताड़ना और हिंसा की घटनाएँ देखी जाती हैं, वधू-मूल्य के रिवाज के साथ वैसी घटनाओं का प्रमाण नहीं मिलता। अनेक अध्ययनों ने यह सिद्ध किया है कि मौजूदा पुत्री-अवमूल्यन/पुत्र-वरीयता की मनोग्रंथि का एक महत्त्वपूर्ण कारक दहेज है। पितृवंशपरंपरा का अपरिवर्तनशील मूल-तत्त्व है स्त्रियों की सदस्यता का अंतरण तथा बच्चों का पितृवंश में समावेश; वधू देने वालों और वधू लेने वालों की प्रस्थिति में अंतर—जो दहेज से जुड़ा है—इस नातेदारी व्यवस्था में अंतर्भूत नहीं है। पितृवंशपरंपरा के भीतर के इन सूक्ष्म किंतु महत्त्वपूर्ण विशेषताओं—जैसे दक्षिण एशिया के संदर्भ में सीमाएँ बनाए रखना तथा अनुलोम विवाह—को सुलझाकर अलग से स्पष्ट रूप से देखने के लिए उप-सहारा अफ्रीका का उदाहरण दिया जा सकता है। इस क्षेत्र के संदर्भ में (बेरेंड्स : 1998) पितृवंशीय तथा मातृवंशीय दोनों समुदायों में पारंपरिक स्त्री-पुरुष संबंधों के विशिष्ट स्वरूप को बड़े जीवंत ढंग से उद्‍घाटित करती है। वह तर्क देती है कि अन्य चीजों के अतिरिक्त उनकी विशेषता है बच्चों और स्त्रियों का उच्च मूल्यांकन, नारी यौनत्व के संस्थागत नियंत्रण पर कम जोर तथा पुरुष और स्त्री की भूमिकाओं की संपूरकता। इस संदर्भ में उप-सहारा का दक्षिण एशिया से अंतर, जैसा कि उसी पुस्तक में लीला दुबे के आलेख से स्पष्ट है, पितृवंशपरंपराओं के बीच के भेद मात्र इंगित नहीं करता बल्कि स्त्रियों की अच्छी स्थिति के लिए इसके ठोस निहितार्थ हैं। सरसरी स्थूल सूचनाओं के अनुसार दक्षिण एशिया के विपरीत उप-सहारा अफ्रीका में स्वास्थ्य और शिक्षा संबंधी विविध मानदंडों पर स्त्री और पुरुष के बीच अंतर अनुपस्थित से लेकर बहुत कम तक है (गणेश 1997 : 17-18)। इस उदाहरण से जिस बात का संकेत मिलता है वह यह है कि संस्कृतियों से परे पितृवंशपरंपरा की बहुमुखी अभिव्यक्ति एक ऐसा क्षेत्र है जिस पर विस्तृत और गंभीर शोध की जरूरत है। लीला दुबे ने दिखाया है कि मातृवंशीय और उभयवर्तीय समुदायों में लिंगभाव तथा नातेदारी की वैकल्पिक अवधारणाएँ उपलब्ध हैं। संभवतः अब समय आ गया है कि न केवल इस बात का सिद्धांतीकरण हो कि भारत में किस तरह जाति और वंशपरंपरा ने एक दूसरे का संघटन या गठन किया है बल्कि यह भी देखा जाए कि पितृवंशपरंपरा से भिन्न अन्य नातेदारी व्यवस्थाओं के साथ जुड़ी वैकल्पिक अवधारणाओं ने पितृवंशीय तथा जातिगत नियमों के कार्य

संचालन पर किस प्रकार का और कैसे संशोधनकारी प्रभाव डाला होगा।

पितृवंशपरंपरा का प्रतिमान, पितृवंशीय समुदायों के व्यवहार, तथा व्यवहार और प्रतिमान के बीच के अंतःसंबंध, इनकी अधिक सूक्ष्म समझ की दिशा में मानव अभिकर्ताओं की भूमिका पर गंभीर ध्यान देने की जरूरत है। हाल की स्त्रीवादी विदुषियों ने स्त्रियों की अभिकर्ता की भूमिका का प्रश्न उठाया है; तथापि यह विश्लेषण का विवादास्पद क्षेत्र है। पितृवंशीय व्यवस्था के भीतर स्त्रियों के कार्यकलाप को केवल उनकी मौन, निश्चेष्ट स्वीकृति के रूप में नहीं देखा जा सकता। यह सच है कि स्त्री-अध्ययन के प्रारंभिक चरण में ऐसा करने की प्रवृत्ति थी। कुछ हद तक यह प्रवृत्ति पारंपरिक नातेदारी सिद्धांत की दोनों—गठजोड़ तथा वंशक्रम—धाराओं से मिलती थी। इस सिद्धांत-द्वय में स्त्रियों को निष्क्रिय वस्तुएँ मानने की ओर संकेत निहित था दूसरी ओर, जैसाकि कुछ हाल के अध्ययनों में किया गया है, भेदभावमूलक व्यवस्थाओं के प्रति स्त्रियों के असंतोष और प्रतिरोध को स्पष्ट करने के लिए विशिष्ट स्थितियों पर तो प्रकाश डाला जाता है किंतु इन रीतिरिवाजों और व्यवस्थाओं में स्त्रियों की सहभागिता तथा स्वीकृति के आम तथ्य को अनदेखा कर दिया जाता है। 'मोलतोल' का प्रतिमान गृहस्थी के क्षेत्र में विवेक संगत निजी, वैयक्तिक हित को परिलक्षित करता है। यह आवश्यक भी है। पारिवारिक गतिकी को धुँधला कर देने वाले पारस्परिक संबंध विषयक सम्मोहक कल्पनाओं के आवरण को हटाने के लिए 'निजी हित' की उपस्थिति को स्वीकार करना ही उचित होगा। हालाँकि परिवार के सदस्यों की गतिविधियों को केवल व्यक्तियों के रूप में किए जाने वाले कामों की तरह देखने से परिवार-गृहस्थी का परस्पर संबंधात्मक चरित्र उपेक्षित हो जाता है। संभवतः परिवार-गृहस्थी के क्षेत्र में बातचीत-मंत्रणा को एक केंद्रीय तत्त्व के रूप में देखा जा सकता है, क्योंकि इस क्षेत्र में पुरुष तथा स्त्रियाँ दोनों महसूस करते हैं कि वे संबंधों के माध्यम से तथा संबंधों के लिए कार्य कर रहे हैं और व्यवस्था में मौजूद संरचनात्मक रिक्तियों, अंतरालों, अवकाशों तथा अस्पष्टताओं का इस्तेमाल करते हुए, सीमाओं को पीछे ढकेलते हुए, उपलब्ध वैकल्पिक धारणाओं का सहारा लेते हुए स्त्रियाँ अपना रास्ता खुद बनाती हैं—उन्हीं नातेदारी-ढाँचों के जरिये, जो दमनात्मक तो हैं ही किंतु विशेषकर सामाजिक सुरक्षा देने में राज्य के उत्तरदायित्व के अभाव में उन्हें उनका प्राथमिक सुरक्षा संजाल प्रदान करने में सहायक भी हैं (गणेश तथा रिसेउ 1998 : 15-18)।

कुल मिलाकर लिंगभाव एवं नातेदारी संबंधी अध्ययनों में परिवर्तन के विषय में सिद्धांतीकरण पर कम काम हुआ है, यद्यपि विगत दो शताब्दियों में परिवार की विशिष्टता के रूप में परिवर्तन की प्रक्रिया के वर्णन-विवरण पर कुछ ज्यादा ही ध्यान दिया गया है। परिवार संबंधी अध्ययनों की विडंबना है परिवार पर परिवर्तन के प्रभाव की जाँच-पड़ताल तो होती रही किंतु वह अधिकतर आधुनिक परिवार के रूप तथा

संगठन पर उद्योगीकरण एवं शहरीकरण के प्रभाव तक ही सीमित रही तथा इसके साथ ही उसने अतीत के संदर्भ में परिवार की निरंतरता तथा अखंडता की धारणा को भी प्रक्षेपित किया। इसके निहितार्थ थे कि पूर्व-आधुनिक समयातीत समाजों को प्रमुख संगठनकारी तत्त्व का कार्य करने वाले नातेदारी संबंधों के संदर्भ में देखा जा सकता है। ये उन आधुनिक समाजों के विपरीत हैं जिनकी विशेषता है गत्यात्मक परिवर्तन तथा सामाजिक जटिलता जो लोगों को नातेदारी समूहों के सदस्यों की तरह नहीं बल्कि व्यक्तियों की तरह प्रभावित करते हैं। निश्चय ही दीर्घकालीन परिप्रेक्ष्य में परिवर्तन को देखने-समझने का काम बहुत जटिल रहा है। नातेदारी की विचारधारा महत्त्वपूर्ण ढंग से स्त्री-पुरुष संबंधों को प्रभावित करती है। संभवतः वह उन पर परिवार के गठन की पद्धति तथा गृहस्थी के रूप और संयोजन के मुकाबले अधिक प्रभाव डालते हैं। इस क्षेत्र में विशाल प्रक्रियाओं के प्रभाव का ठीक-ठीक आकलन कर पाना कठिन है, विशेषकर इसलिए कि व्यवहार के ढंग तथा अभिव्यक्ति के तरीके बने रह सकते हैं जबकि संस्थाओं और संबंधों का जाल क्रांतिकारी बदलावों की प्रक्रियाओं में से गुजर रहा हो सकता है। फिर, परिवर्तन को समझने के ये जो नमूने गत दो शताब्दियों की सामाजिक प्रक्रियाओं के संदर्भ में उभरे हैं, वे समकालीन सामाजिक बदलावों को समझने के लिए पर्याप्त नहीं हैं। सामाजिक प्रक्रियाएँ वैश्विक पुनःसंरचना की प्रक्रिया के तहत चल रही हैं तथा गति और पैमाने के संदर्भ में अभूतपूर्व प्रतीत होती हैं। ये प्रक्रियाएँ स्त्रियों के लिए भी नए सामाजिक विस्तार तथा आर्थिक अवसर प्रस्तुत कर रही हैं, और वयःसंधि तथा वृद्धावस्था जैसे पहले अपरिभाषित रहे जीवन-चरणों को एवं आर्थिक रूप से आत्मनिर्भर अकेली स्त्रियों/माताओं जैसी नई सामाजिक श्रेणियों को प्रकाश में ला रही हैं। ये सभी परिवर्तन एक दिशा में नहीं हैं। नए अवसरों के साथ नए बंधन, नई सीमाएँ भी उभर रही हैं। इनमें से कुछ के निहितार्थ रहे हैं स्त्रियों तथा परिवार के अन्य कमजोर सदस्यों के लिए सहारों का कमजोर होना (वही : 11-15)। समाज के इन तथाकथित विशाल तथा सूक्ष्म क्षेत्रों को जोड़ने और 'परिवर्तन तथा निरंतरता' के सुलभ जल्दबाजी में किए सामान्यीकरणों से आगे जाने का काम महत्त्वपूर्ण और अनिवार्य है।

परिवार और नातेदारी में प्राथमिक स्तर पर पारस्परिक संबंध आत्मीयतापूर्ण देखभाल तथा स्नेह के रूप में व्यक्त होते हैं। अध्येतागणों के लिए मौजूदा विवरणों, जिनमें परिवार की गुणगाथा गाई जाती है, से एकदम अलग खड़े होना आसान नहीं है। लीला दुबे का काम इसके लिए एक मूल्यवान प्रतिबिंदु प्रदान करता है। अनेक परवर्ती विद्वानों ने उनका दृष्टिकोण अपनाया है। काम जारी है।

संदर्भ

बेरेंड्स, एल्स, 1998, 'चेंजिंग किनशिप, फैमिली एंड जेंडर रिलेशंस इन सब-सहारन

अफ्रीका' **निगोसिएशन एंड सोशल स्पेस : ए जेंडर्ड अनालिसिस आफ चेंजिंग किन एंड सिक्यूरिटी नेटवर्क्स इन साउथ एशिया एंड सब-सहारन अफ्रीका में,** सं. सी. रिसेउ तथा के. गणेश, नई दिल्ली : सेज।

बेल, डायन, 1993, 'इंट्रोडक्शन 1 : द कांटेक्स्ट' **जेंडर्ड फील्ड्स : वीमेन, मेन एंड एथ्नोग्राफी में,** सं. बेल डी, पी. कैप्लन तथा डब्ल्यू जे. करीम, लंदन तथा न्यूयार्क : रटलिज।

बोर्दियु, पियरे, 1977, **आउटलाइन आफ ए थियरी आफ प्रैक्टिस,** केंब्रिज : केंब्रिज युनिवर्सिटी प्रेस।

क्लिफर्ड, जेम्स तथा जार्ज ई. मारकस, सं. 1988, **राइटिंग कल्चर : द पोएटिक्स एंड पॉलिटिक्स आफ एथ्नोग्राफी,** बर्कली, युनिवर्सिटी आफ कैलिफोर्निया प्रेस।

दुबे, लीला, 1988, 'ट्रेंड्स इन किनशिप एंड जेंडर रिलेशंस इन साउथ एशिया' **निगोसिएशन एंड सोशल स्पेस : ए जेंडर्ड अनालिसिस आफ चेंजिंग किन एंड सिक्यूरिटी नेटवर्क्स इन साउथ एशिया एंड सब-सहारन अफ्रीका** में, सं. सी. रिसेउ तथा के. गणेश, नई दिल्ली : सेज।

दुमों लुइ, 1983, **एफिनिटी ऐज ए वैल्यू : मैरिज अलायंस इन साउथ इंडिया विथ कंपेरेटिव एसेज ऑन आस्ट्रेलिया,** शिकागो : युनिवर्सिटी आफ शिकागो प्रेस।

गणेश, कमला, 1997, 'हाइरार्की, जेंडर रिलेशंस एंड फैमिली ट्रांसफार्मेशंस इन इंडिया : टुवर्ड्स डेवलपिंग ए कंसेप्चुअल फ्रेमवर्क,' भारतीय सामाजिक विज्ञान अनुसंधान परिषद को प्रेषित सीनियर फेलोशिप रिपोर्ट, नई दिल्ली।

—तथा कार्ला रिसेउ, 1998, 'इंट्रोडक्शन : जेंडर्ड चेंज इन मैरिज एंड फैमिली : ए पालिसी कंसर्न' **निगोसिएशन एंड सोशल स्पेस : ए जेंडर्ड अनालिसिस आफ चेंजिंग किन एंड सिक्यूरिटी नेटवर्क्स इन साउथ एशिया एंड सब-सहारन अफ्रीका** में, सं. सी. रिसेउ तथा के. गणेश, नई दिल्ली : सेज।

गर्ट्ज, क्लिफर्ड, 1973, द **इंटरप्रेटेशन आफ कल्चर्स,** न्यूयार्क : बेसिक बुक्स।

गवर्नमेंट आफ इंडिया, मिनिस्ट्री आफ एजुकेशन एंड सोशल वेलफेयर, डिपार्टमेंट आफ सोशल वेलफेयर, 1974, **टुवर्ड्स इक्वालिटी : रिपोर्ट आफ द कमिटी आन द स्टेटस आफ वीमेन इन इंडिया।**

कर्वे, इरावती, 1953, किनशिप आर्गनाइजेशन इन इंडिया, पूना : डेक्कन कालिज पोस्टग्रेज्युएट एंड रिसर्च इंस्टीट्यूट।

उबेराय, पैट्रिशिया, 'प्राब्लेम्स विथ पैट्रिआर्की : कंसेप्चुअल इश्यूज इन ऐंथ्रोपोलाजी एंड फेमिनिज्म', **सोशियोलाजिकल बुलेटिन,** सं. 44, सं. 2, पृ. 195-221।

यालमन, नूर, 1963, 'आन द प्युरिटी एंड सेक्सुआलिटी आफ वीमेन इन द कास्ट्स आफ सीलोन एंड मलाबार', **जर्नल आफ द रायल ऐंथ्रोपोलाजिकल इंस्टीट्यूट,** खं. 13, सं. 1, पृ. 25-58।

आमुख

इस पुस्तक के अध्यायों का एक इतिहास है। वे संचित होते तथा बदलते विश्लेषणात्मक संदर्भों, लंबे मानवशास्त्रीय प्रशिक्षण तथा उससे भी दीर्घ अवधि के लिंगभावायित जीवन का सम्मिश्रण है। यहाँ मैं यह बताना चाहती हूँ कि इन घटकों ने पचास वर्षों से अधिक की मेरी नृजातिविवरणात्मक व्यावसायिक गतिविधियों के संदर्भ में एक दूसरे को किस तरह प्रभावित किया है।

लिंगभाव का मानववैज्ञानिक अन्वेषण के अंतर्गत संस्कृति और सत्ता संरचनाओं की व्यापकतर प्रक्रियाओं के हिस्सों के रूप में परिवार, नातेदारी, जाति, जनजाति, धर्म और समुदाय के परस्पर जुड़े क्षेत्रों पर विस्तार से विचार किया गया है। विविध प्रकार की सामग्री और प्रभावों ने इसके अध्यायों को आकार दिया है : मानवजाति-विवरणात्मक प्रयासों के मेरे अपने अनुभव और इस कार्य के फलस्वरूप मिली सामग्री; औरों के शोध-कार्य में मार्गदर्शन करने से प्राप्त की गईं अंतर्दृष्टियाँ; तथा एक विपुल मानवशास्त्रीय लेखन-संग्रह का पठन-मनन जिसमें शामिल हैं, पारंपरिक विनिबंध, अपरंपरागत लेखन, लोकवार्ता व लोकसाहित्य और आत्मकथाएँ तथा जीवनियाँ जो मौखिक और लिखित इतिहासों का हिस्सा हैं; विभिन्न भाषाओं का साहित्य; तथा विविध अनुभवों, अनुष्ठानों, मिथकों, विश्वासों और रोजमर्रा के आचार-व्यवहार को लेकर समय-समय पर की गई मेरी छोटी-बड़ी मानवजातिविवरणात्मक रचनाएँ। मेरी कल्पना के इन स्रोतों की एक व्यवस्थित व्याख्या प्रस्तुत करने का प्रयास कठिन होने के साथ-साथ यहाँ अनावश्यक भी है। इसके बजाय यह पुस्तक अतीत में एक भिन्न तरह की यात्रा करती है।[1] यह निबंध पुस्तक के अध्यायों को जीवन के अनुभवों के भीतर स्थापित करने का प्रयास करता है। इसके लिए मुख्यतः प्रारम्भिक वर्षों से 1960 के दशक के मध्य तक के कुछ टुकड़ों को प्रस्तुत करते हुए, उसके बाद की उन घटनाओं का एक संक्षिप्त विवरण देता है जिन्होंने नई चुनौतियाँ पेश कीं, नई राहों के द्वार खोले और जिनके परिणामस्वरूप लिंगभाव के क्षेत्र की ओर मैं सुनिश्चित रूप से आगे बढ़ी।

2

अठारहवीं सदी के पूर्वार्ध में भारतीय उपमहाद्वीप पर मराठा प्रभुत्व स्थापित करने के प्रयास में पेशवा जब मध्यवर्ती भारत आए तो उनके साथ अनेक ब्राह्मण परिवार भी पश्चिमी भारत (महाराष्ट्र) से आकर मध्यवर्ती भारत (आजकल के मध्यप्रदेश तथा उत्तरप्रदेश के कुछ हिस्से) में बस गए। इनमें से अधिकतर परिवार गाँवों के भूस्वामी (मालगुजार) के रूप में वहाँ बसाए गए जबकि कुछ अन्य लोग मराठों के नियंत्रण वाले क्षेत्रों में छोटे-छोटे राज्यों के शासक अथवा सूबेदार बना दिए गए। औपनिवेशिक शासन के दौरान इन परिवारों के पुरुषों ने पश्चिमी शिक्षा द्वारा खोली गई नई राहों पर कदम रखा। इन खानदानों के कुछ लोग प्रायः स्थानीय नौकरियाँ लेकर अपनी जमीन पर बने रहे, जबकि बहुत से लोग कानून और प्रशासन, शिक्षा तथा चिकित्सा के पेशों में चले गए। काफी लोग निम्न स्तरों से लेकर उच्चतर श्रेणियों के पदों पर ब्रिटिश-भारतीय सरकार की सेवा में शामिल हो गए। मेरा जन्म एक ऐसे ही ब्राह्मण परिवार में हुआ।

मेरे पिता (काका) मध्यप्रांत (सेंट्रल प्राविंसेज) की राज्य न्यायिक सेवा में थे और उनकी नौकरी स्थानांतरण वाली थी। हम चार बहनें और एक भाई थे। मैं चौथी संतान थी। मेरा जन्म 1923 में हुआ था। मेरे बड़े भाई बहनों को संयुक्त परिवार में रहने का कुछ अनुभव था। जब काका अपनी स्नातक कक्षा की पढ़ाई पूरी कर रहे थे और विधि की उपाधि के लिए अध्ययनरत थे उस समय मेरी माँ तथा मेरे भाई-बहन मध्यप्रांत के एक उपनगरीय कस्बे में मेरे दादा जी के साथ या फिर काका के बड़े भाई के परिवार के साथ रहते थे। हमारे यह ताऊ जी मध्यप्रांत की न्यायिक सेवा में ऊँचे पद पर थे। जब काका न्यायिक सेवा में शामिल हुए तब हमारा परिवार नाभिकीय (पति, पत्नी तथा बच्चे) परिवार बन गया हालाँकि तब भी हमारे परिवार में नजदीकी रिश्तेदार प्रायः काफी लंबी अवधि के लिए आते रहते थे, और हमारा परिवार ताऊ जी के परिवार और पैतृक घर से घनिष्ठ रूप से जुड़ा रहा था।

ऐसे घर में जहाँ एक बहुत स्नेही और असाधारण रूप से दयालु हृदय वाली माँ (आई) तथा विवेकशील, सबका ध्यान रखने वाले पिता हों वहाँ इस बात की गुंजाइश कहाँ थी कि हममें से कोई कभी भी अवांछित महसूस करता। फिर भी आई की कही दो बातें मेरे मन में निरपवाद रूप से एक अस्पष्ट, अनिश्चित भविष्य की तस्वीर उभारती थीं। दूसरी स्त्रियों के साथ बातचीत में जब कभी बेटियों को गृहकार्य में प्रशिक्षण देने का विषय उठता तो आई इस बात को तो स्वीकार करती थीं कि लड़कियों को विवाह के बाद के उनके भविष्य के लिए समुचित प्रशिक्षण दिया जाना चाहिए लेकिन इसके साथ ही बहुत मुलायमियत और करुणापूर्ण ढंग से वह इस बात पर भी जोर देती थीं कि वह अपनी बेटियों से ज्यादा कड़ी मेहनत नहीं करवाना

चाहतीं क्योंकि कौन जानता है विवाह के बाद उनकी जिंदगी कैसी होगी। दूसरी बात वह तब कहती थीं जब हम बहनें आपस में झगड़ती थीं। जब हम (मेरी बहनें और मैं) आपस में एक-दूसरे को निर्ममतापूर्वक चिढ़ाते थे और एक-दूसरे से झगड़ते थे तो आई कहती थीं, 'लड़कियो, तुम लोग क्यों झगड़ती हो? कौन जानता है तुममें से कौन कहाँ जाएगा, तब तुम्हारा मिलना कितना कठिन और कम होगा? हो सकता है एक-दूसरे की झलक भर पाने के लिए तुम तरस जाओ।'

हमारे सामाजिक, आर्थिक और सांस्कृतिक स्तर पर लड़कियों को स्कूली शिक्षा तो दी ही जाती थी और कालेज तथा विश्वविद्यालय में भी प्रवेश एक जीवंत संभावना था जो लड़की की व्यक्तिगत रुचि और रुझान पर निर्भर था। लेकिन लड़कियों के लिए स्वतंत्र रूप से कोई व्यवसाय अपनाना वस्तुतः उनकी भावी कार्यसूची में शामिल न था और अविवाहित जीवन बिताने को तो अत्यंत असामान्य और बहुत चिंता और सोच-विचार की बात माना जाता था।[2] बहुत ही कम लड़कियाँ बीस वर्ष पार करने के बाद भी अविवाहित रहती थीं। ऐसी लड़कियाँ बहुत ही बिरली थीं जो विवाह न करने का अपना इरादा घोषित कर देती थीं—जैसे राष्ट्रवादी अथवा क्रांतिकारी आंदोलनों के प्रति राजनीतिक प्रतिबद्धताओं के कारण अथवा अपना स्वतंत्र व्यवसाय चुनने हेतु मुक्त रहने के लिए--और उन्हें कुछ अनोखी, विचित्र माना जाता था। मैं ऐसी स्त्रियों को बहादुर मानते हुए आदर की दृष्टि से देखती थी लेकिन चरम विद्रोह के उनके रास्ते पर चलने की ओर मेरा रुझान कभी नहीं रहा था।[3] ऐसे आपवादिक उदाहरण भावी भूमिकाओं की सुदृढ़ धारणाओं को विस्थापित नहीं करते थे, मेरे अपने मामले में ये भूमिकाएँ चाहे कितनी ही अस्पष्ट क्यों न रही हों।

अपने छुटपन में मैं स्कूल की अध्यापिका बनने की कल्पना करती थी। कुर्सियों को छात्र मानकर उन्हें उचित सजा भी देती थी लेकिन भविष्य के बारे में मेरे विचार वस्तुतः बहुत अस्पष्ट थे। आदर्श पत्नियों के बारे में कही जाने वाली पौराणिक कथाएँ ऐसी स्त्रियों को अनुकरणीय बनाती थीं, सती के आख्यानिक विवरण सती होने को वीरतापूर्ण ऐच्छिक कार्रवाई बताते थे और जौहर (अपने सतीत्व की रक्षा के लिए राजपूत स्त्रियों द्वारा सामूहिक आत्महत्या) के गौरवान्वित वर्णन इन स्त्रियों को प्रशंसा के स्रोतों तथा सर्वोच्च बलिदान, पूर्ण समर्पण एवं स्त्री सुलभ साहस के उदाहरणों के रूप में प्रस्तुत करते थे। फिर भी परंपराओं का एक मौन स्वीकार तथा प्रथागत आचार के साथ निर्विवाद समझौता मुझे काफी बेचैन करते थे। एक आधे-अधूरे तरीके से ही सही, मुझे विरासत में मिले रीति-रिवाजों और प्राप्त परंपराओं के आलोचनात्मक मूल्यांकन की जरूरत महसूस होती थी। यद्यपि मैं वाचाल अथवा बहस करने वाली नहीं थी फिर भी जो कुछ देखती, सुनती और पढ़ती थी उसे अस्पष्ट आलोचनात्मक छन्नी से छानने की ओर प्रवृत्त रहती थी। लीक से अलग हटने की धारा मेरे अपने अंतर्विरोधों को एक शक्ल प्रदान कर रही थी और यह प्रक्रिया मेरी कम उम्र में ही शुरू हो गई थी।

घर में तुलसीदास के 'रामचरित मानस' का पाठ नियमित रूप से होता था और इस ग्रंथ के प्रमुख चरित्रों के विशिष्ट गुणों को विशेष महत्त्व देने में उसके अपने अंतर्विरोधों को भी प्रकट करता था। सीता का सद्‌गुण था राम के वनवास में उनका अनुगमन करना लेकिन उर्मिला को अपने पति लक्ष्मण का विरह मौन रहकर सहना था। इससे भी ज्यादा परेशानीतलब बातें थीं सीता की अग्निपरीक्षा तथा उस समय उन्हें घर से निकाला जाना जब वह गर्भवती थीं, और वह भी वन दिखा लाने की उनकी उत्कट इच्छा को पूरी करने के बहाने (परवर्ती घटना तुलसीदास की रामायण में नहीं है किंतु वाल्मीकि रामायण में है)। राम का एकपत्नीव्रत प्रशंसनीय था लेकिन वह कितना कठिन व्रत था, यह मराठी की अनेक कथाओं के माध्यम से अभिव्यक्त होता था। इन कथाओं में, जब कभी कोई सुंदरी राम के प्रति आकृष्ट होती थी और उनसे विवाह करना चाहती थी तो राम उससे कहते थे कि इस जन्म में तो वह एकपत्नीव्रत पर अडिग रहेंगे किंतु अगले जन्म में वह उससे विवाह कर लेंगे। पुरुष-प्रवृत्ति को लेकर होने वाली मेरी बेचैनी कृष्ण भगवान संबंधी रचनाओं—जिनमें उनके हजारों स्त्रियों से विवाह रचाने का वर्णन रहता था—पढ़-सुन कर और बढ़ जाती थी। मुझे यह सोचकर हँसी आती थी कि इनमें से कितनी स्त्रियाँ कृष्ण के साथ इसलिए हैं क्योंकि राम के रूप में अपने पूर्वजन्म में उन्होंने उन्हें विवाह का वचन दिया था और इस जन्म में अब वह वचन पूरा हो रहा है। संस्कृत काव्य तथा नाटकों के अनुवाद पढ़ना, सुनना और उनका मंचन देखना आनंदकर था। उनमें दांपतिक प्रेम, विवाहपूर्व प्रणय और करुण विछोहों का वर्णन रहता था। उनके सौंदर्य तथा गीतात्मक गुणों का आनंद लेते हुए इस बात को अनदेखा करने का प्रयास करना पड़ता था कि अधिकतर प्रसंगों में पुरुष नायक अनेक पत्नी वाले होते थे।

मराठी, और मराठी में अनूदित बंगला उपन्यासों तथा लघु कथाओं में न केवल वैवाहिक सुख और परिवार के स्नेह संबंधों का चित्रण होता था बल्कि उनमें विधवाओं, बहुओं तथा निर्दयी, निष्ठुर या बहुपत्नी वाले पतियों की पत्नियों के रूप में स्त्रियों की दुर्दशा का भी चित्रण होता था। वे स्त्रियों की चारित्रिक दृढ़ता तथा आत्मत्याग, स्नेह और सेवा की उनकी क्षमता का भी चित्रण करते थे। इस साहित्य के विषय में मेरी प्रतिक्रिया मिलीजुली होती थी : मैं निष्ठुर रीति-रिवाजों और स्त्रियों के कष्टों को लेकर क्षुब्ध होती थी और साथ ही उन स्त्रियों के प्रति मेरे मन में अवर्णनीय प्रशंसा और सहानुभूति का भाव भी उत्पन्न होता था जिनके चरित्र में दृढ़ता तथा त्याग की मनोवृत्ति जैसे गुणों का निदर्शन रहता था।

घर में स्त्रियों—सहेलियों और नातेदारों—के बीच अनौपचारिक वार्तालापों के जरिये हम बेचैन करने वाली घटनाओं के बारे में सुनते थे : जैसे एक शालीन और सुंदर मौसी जिनकी राज्यक्ष्मा से मृत्यु हो गई, क्योंकि उनका दिल इस कारण टूट

गया था कि प्रतिष्ठित परिवार में जन्मे उनके पति एक आकर्षक और सदाबहार जिंदादिल विधवा रिश्तेदार से जुड़े थे; एक संपन्न विधवा नानी जिन्होंने अपने घर के एक हिस्से में एक आदमी को उसके परिवार के साथ इस बहाने की आड़ में 'रखा' हुआ था कि वह उनके दिवंगत पति की जमीन जायदाद की देखभाल करने में सहायक है जबकि वह वस्तुतः उनका यौन साथी था—यह एक ऐसा यथार्थ था जिसका विरोध करना उस बड़े विस्तारित खानदान में किसी को भी अक्लमंदी का काम नहीं लगता था; और इस बारे में कि हमारे नाना जब छोटे थे तब कैसे उनकी विमाता ने उन्हें इसलिए जहर दे दिया था ताकि उनका अपना पुत्र विशाल सूबेदारी विरासत की जायदाद के एक हिस्से का एकमात्र वारिस बन सके। इसके अतिरिक्त, विवाहजन्य संबंधियों के बीच परस्पर दोषारोपण तथा साझी गलतफहमियों की कहानियाँ थीं। इन मनमुटावों के कारण स्त्रियाँ प्रताड़ित होती थीं। यदि मायके से निमंत्रण न आए और कोई साथ में लिवाने न आए तो स्त्रियाँ मायके नहीं जा सकती थीं। इन कहानियों से मिलने वाला संदेश यह था कि मानदंडों तथा व्यवहार के बीच एक अंतर होता है, औपचारिक प्रस्थिति के अपने फायदे हैं और अनौपचारिक सत्ता व प्रभुत्व के अपने लाभ हैं, तथा इन दायरों के बाहर रहने वाले स्त्रियों व पुरुषों को कष्ट झेलने पड़ते हैं। वर्षों की अवधि में मैं इस बात के प्रति सचेत हो गई कि अनुष्ठानों, नातेदारी-रिश्तेदारी के नियमों तथा प्रतिदिन के जीवन में स्त्रियों को अपनी पहचान व प्रस्थिति दूसरों से अपने संबंधों के जरिये ही प्राप्त होती है। लेकिन इस अवधि में मुझे यह भी समझ में आ गया कि स्त्रियों के दैनंदिन के जीवन को गढ़ने में व्यक्तिगत समीकरण, सूक्ष्म रणनीतियाँ तथा व्यक्तियों की सुस्पष्ट योजनाएँ भी प्रायः समान रूप से महत्त्वपूर्ण होती हैं।

विभिन्न भूमिकाओं—जिनमें अनेक प्रतिमान और आचार-व्यवहार समाहित थे—का निर्वाह करने वाली तथा भोजन बनाने और खिलाने के जरिये भी अभिव्यक्त होने वाले स्नेह और देखभाल का साकार रूप प्रस्तुत करने वाली माँ की छवि ने मेरे मन पर गहरी छाप छोड़ी। वह मेरे व्यक्तित्व में समा गई थी। इसका बहुत बड़ा कारण मेरी माँ—आई—के संबंध में मेरा अनुभव था। हमें, हमारे मेहमानों को और हमारे यहाँ काम करने वालों को भोजन परोसते वक्त आई के चेहरे पर जो आभा होती थी वह मैं कभी नहीं भूलूँगी। प्रथा के अनुसार विवाह के बाद उन्हें एक नया नाम दिया गया था—अन्नपूर्णा, जिसके भंडार में अन्न हमेशा भरा रहता है। सब लोग कहा करते थे कि वह अपने नाम के सर्वथा योग्य ही हैं। आई अनुशासन लागू करने के प्रति अनिच्छुक सी थीं। अपने बच्चों की खुशी के लिए वह कुछ भी करने को तैयार रहती थीं, हमारी मुश्किल से मुश्किल माँगों को मानने की ओर प्रवृत्त, वह हमारी अलग-अलग जरूरतों और विशिष्ट संवेदनाओं के प्रति सचेत रहकर हमारी देखभाल करती थीं।[4]

आई का ध्यान काका पर केंद्रित रहता था। वह अनेक प्रकार से उनका ख्याल रखती थीं, उनकी छोटी से छोटी जरूरतों का ध्यान रखती थीं। काका का वेतन आई के पास जमा हो जाता। परस्पर विश्वास और स्नेह का वातावरण था। यहाँ तक कि जब हमारे यहाँ मेहमान आते थे, विशेषकर हमारी मौसियाँ और उनके बच्चे, जिनका आना हमारे सगे-संबंधियों में कुछ असामान्य और परंपरा से हटकर माना जाता था, तब भी आई इस बात के प्रति सावधान रहती थीं कि काका उपेक्षित न महसूस करें और उनकी नियमित दिनचर्या गड़बड़ाए नहीं। यह अपनी मातृहीना बहनों को एक 'मायका' सुलभ कराने की उनकी उत्कट इच्छा को उचित ठहराने के लिए अपने पति को प्रसन्न करने की रणनीतियाँ नहीं थीं बल्कि यह सिर्फ इस सरोकार के चलते था कि काका का हमेशा ध्यान रखा जाए। आई की निष्कपटता वास्तव में विलक्षण थी। उनका मुझ पर असाधारण प्रभाव पड़ा और घनिष्ठ संबंधों में समझौते तथा त्याग की प्रवृत्ति के साथ ही साथ मुझमें फैसले लेने व उन पर पूरी तरह अमल करने की शक्ति भी विकसित हुई। इन्हीं विशेषताओं ने मेरे संस्कृति के पठन-पाठन व व्याख्या एवं मानवजातिविवरणात्मक लेखन तथा उससे जुड़ी गतिविधियों को प्रभावित किया और मेरे जीवन तथा व्यवसाय को एक निश्चित रूप प्रदान किया।

3

मैंने पढ़ना जल्दी ही शुरू कर दिया था। किशोरावस्था शुरू होते होते मैं मराठी साहित्य और बंगाली उपन्यास हजम करने लगी थी और कुछ समय बाद ही विश्व के गौरवग्रंथ मूल रूप में या उनके अनुवाद पढ़ने लगी थी। इसके परिणामस्वरूप मुझमें रूमानी प्रेम और क्रांति व विरोध की कहानियों के प्रति आकर्षण, आत्मबलिदान करने वाली स्त्री के लिए प्रशंसा और स्त्रियों की असुरक्षितता, अभाव तथा दमन के प्रति क्षोभ और रोष उत्पन्न हुआ। इसके अतिरिक्त उस समय की मराठी पत्रिकाएँ स्त्रियों को उत्तराधिकार न दिए जाने और उनमें शिक्षा के अभाव की समस्याओं, दहेज, बाल विवाह, विधवाओं की दशा, आर्थिक असमानताओं और जाति व्यवस्था के अत्याचारों पर केंद्रित लेख प्रकाशित करती थीं। उपन्यासों और कथाओं में भी इन मुद्दों का प्रभावपूर्ण चित्रण होता था। अंततः राष्ट्रवाद, समाजवाद, और मार्क्सवाद के साथ-साथ गांधीवादी जीवनदर्शन की समीक्षाओं—जिनमें प्रभावपूर्ण कथा साहित्य शामिल था—ने भी मुझ पर एक छाप छोड़ी। लेखन के ये भिन्न-भिन्न निकाय एक दूसरे से अलग थे फिर भी इन्होंने मेरी भीतरी दुनिया को व्यस्त रखा। किसी दिन मुझे अपने भविष्य के बारे में सोच विचार कर फैसला करना होगा।

एक समय बिंदु पर—ठीक-ठीक कब, मुझे याद नहीं—मैंने खुद से कहा कि यदि हमारे समाज की यही रीति है कि पति को पत्नी से श्रेष्ठ समझा जाए और पत्नी उसका सम्मान करे तो मैं कम से कम इतना तो कर ही सकती हूँ कि किसी ऐसे व्यक्ति से विवाह करूँ जो बौद्धिकता में मुझसे श्रेष्ठ हो और लक्ष्यों के प्रति मुझसे अधिक स्पष्ट हो। अविवाहित रहकर एक पूर्णकालिक व्यवसाय की बात तो अकल्पनीय थी, लेकिन कालेज पहुँचने तक मैं विवाह के साथ-साथ शिक्षिका, वकील अथवा सामाजिक कार्यकर्ता के रूप में काम करने की बात सोचने लगी थी।

उपनिवेशविरोधी राष्ट्रवादी आंदोलन के प्रति सम्मान की भावना, जो मेरे मन में उथल-पुथल का एक अन्य स्रोत थी, स्कूल में ही उत्पन्न हो गई थी। नातेदारी संकुल में हमारे अधिकतर निकट संबंधी सरकारी सेवा में थे, लेकिन हमारे माता-पिता के कुछ विवाह जन्य संबंधी तथा कुछ दूर के भाई भतीजे राष्ट्रवादी आंदोलन में सक्रिय रूप से भाग ले रहे थे। मेरे माता-पिता उनके संपर्क में थे हालाँकि इस बात के प्रति सतर्क भी थे कि उनके राजनीतिक विचारों के प्रति सहानुभूति प्रकट न होने पाए। एक ओर जहाँ मैं अपने उन परिचितों और नाते-रिश्तेदारों की प्रशंसक थी जो राष्ट्रवादी राजनीति से अपने लगाव के चलते खादी के कपड़े पहनते थे वहीं दूसरी ओर मेरे मन में अपने पिता के प्रति भी बहुत प्रशंसा का भाव था जो कचहरी या क्लब जाते समय और खासकर अंग्रेज अधिकारियों से मिलने जाते समय बहुत बढ़िया पश्चिमी वेशभूषा धारण करते थे। उनका सिगार, टेनिस का खेल, कार चलाना और सितार बजाना मुझे मुग्ध करता था। वह हमारे घावों और चोटों की मरहम-पट्टी करने में कुशल थे और हमारी बीमारी के दौरान हमारी देखभाल करते थे। जब मेरी छोटी बहन और मैं छोटे थे, काका परिवार को अपने न्याय क्षेत्र के मुफस्सिल कस्बों में ले जाते। एक अस्थायी कचहरी लग जाती और काका अपने सामने लाए गए मामले निपटाते। अदालत की एक बेंच पर बैठना, कचहरी की कार्यवाही और काका को काम करते देखना तथा न्यायाधीश की बेटियों के रूप में विशेष आवभगत पाना एक रोमांचक अनुभव था। मुझे काका पर गर्व होता था जब वह रात में बैठकर मुकदमों की फाइलें निपटाते और फैसले लिखते थे। फिर भी, मुझे इस बात का संकोच था कि मेरे पिता औपनिवेशिक सरकार की सेवा में हैं।

मुझे अपनी माता की गौरवपूर्ण, राजसी वंशपरंपरा पर गर्व था लेकिन एक असमान समाज में उसकी संपन्नता और उच्च प्रस्थिति के बारे में सोचकर मैं संकुचित भी हो जाती थी। यह समस्या इस तथ्य से और कई गुना बढ़ गई थी कि मेरी नानी के परिवार ने, जो राजा-रजवाड़ों वाले भारत में एक छोटे राज्य का शासक था, 1857 के व्यापक भारतीय संग्राम के दौरान अंग्रेजों की मदद की थी। इस परिवार के केवल एक पुत्र की मैं प्रशंसक थी जिन्होंने औपनिवेशिक शासन के विरुद्ध विद्रोह किया था। अंत में उन्हें अंग्रेजों ने उनके परिवार के किले पर ही, उनके माता-पिता के

सामने फाँसी पर चढ़ा दिया था।

जहाँ एक ओर मेरे मन में अपने पिता के अंग्रेजों की सेवा में होने के कारण उपजने वाले संकोच को लेकर अपराध भावना थी वहीं दूसरी ओर मैं विशेष प्रकार की आदर्श भूमिका निभाने वाले व्यक्तित्वों के प्रति भी आकृष्ट थी। मेरे ताऊ जी के दामाद शाही परिवार के थे। वह सुशिक्षित थे। उनसे अपेक्षा की गई थी कि वह अंग्रेज सरकार में कोई प्रतिष्ठित पद लेंगे लेकिन इसके बजाय वह गांधीवादी बन गए थे और इस राष्ट्रवादी लक्ष्य में उनका साथ देने के लिए उनकी पत्नी ने भी उनका अनुसरण किया था। इससे मेरे ताऊ जी और ताई जी बहुत निराश हुए थे। इस राष्ट्रवादी दंपती की बेटियाँ हमारी मित्र थीं। उन्हें अपने पिता पर गर्व था जो उस समय उनके कस्बे के प्रमुख राजनीतिज्ञ थे। हमारी ये सहेलियाँ खादी पहनती थीं। हम बहनें भारत निर्मित प्रसाधन सामग्री और खादी के ब्लाउज तक सीमित थीं।

बड़े होने के साथ उपनिवेश विरोधी राजनीति की विविध धाराओं में मेरी रुचि बढ़ी। राष्ट्रवादी, क्रांतिकारी गतिविधियों ने प्रशंसा और गर्व की भावना जगाई वहीं मुख्य धारा की राष्ट्रवादी राजनीति को लेकर भ्रम थे, जिनमें से कुछ भारतीय राष्ट्रीय कांग्रेस[5] के भीतरी मतभेदों और तनावों से उपजे थे। परिवार के भीतर राजनीति पर कोई चर्चा मुश्किल से होती थी। इस आवेशित क्षेत्र की जो भी जानकारी मुझे मिलती उसमें से अधिकांश पढ़कर या सहेलियों के साथ चर्चा से मिलती थी। नेहरू की 'आत्मकथा' का अकेले बैठकर-पढ़कर आनंद उठाया जा सकता था लेकिन मार्क्स की 'पूँजी' को बिना चर्चा के पचा पाना आसान नहीं था (अंत में **पूँजी** ने ही मुख्यतः एक असमान विश्व के बारे में बेचैनी की भावनाएँ उभारीं)। 1942 के भारत छोड़ो आंदोलन में मैंने प्रत्यक्ष तौर पर तो भाग नहीं लिया लेकिन मेरी बहन और मैंने भारतीय राष्ट्रीय कांग्रेस और भारत की कम्युनिस्ट पार्टी दोनों द्वारा आयोजित सभाओं में हिस्सा लिया था। संभ्रांति गहरी थी, लेकिन जहाँ तक मेरे अपने जीवन का प्रश्न था कुछ बातें मेरे सामने स्पष्ट थीं।

4

इस समय तक मेरी सभी बहनों का विवाह हो चुका था। मैं दहेज की प्रथा तथा आनुष्ठानिक विवाह के तामझाम के विरुद्ध थी। मैं संभावित वरों और उनके परिवारों के सामने नुमाइशी चीज बनने को भी तैयार नहीं थी (यह एक ऐसी प्रक्रिया थी जो एक अंतहीन प्रदर्शन में बदल सकती थी)। इसके अतिरिक्त, मैं किस व्यक्ति से विवाह करना चाहती हूँ और किस तरह के व्यक्ति को साथी नहीं बनाना चाहती इसको लेकर भी मेरे मन में अधिकांश अस्पष्ट किंतु कुछ निश्चित विचार थे। मैंने

अपने माता-पिता को बता दिया कि उन्हें मेरे लिए उपयुक्त वर तलाशने की जरूरत नहीं है और मैं स्वयं अपनी पसंद का व्यक्ति ढूँढ़ने का प्रयास करूँगी। उस समय को देखते हुए यह एक साहसिक कदम था किंतु मेरे माता-पिता खामोश हो गए। वस्तुतः मैंने जो कहा था उसका मोटा उद्देश्य विवाह करने के लिए परिवार के दबाव से बचना था। मुझे यह तो मालूम था कि मैं सरकारी सेवारत किसी व्यक्ति से विवाह नहीं करना चाहती थी लेकिन इस बात को लेकर मेरे मन में कोई स्पष्ट विचार नहीं था कि राष्ट्रवादी रुझानों वाला कोई बुद्धिमान पुरुष मैं किस तरह ढूँढ़ूँगी। मैं शर्मीली और संकोची थी, युवकों से खुलकर बात नहीं करती थी। इसके अतिरिक्त, उस समय अपने पुरुष सहपाठियों के साथ दोस्ती करना अथवा बातचीत करना प्रचलित नहीं था।

मैं नागपुर विश्वविद्यालय में राजनीतिशास्त्र में एम. ए. की छात्रा थी, इस भोली सी आशा के साथ कि यह विषय मेरे जीवन को कोई दिशा देगा। स्नातक उपाधि (नागपुर में ही) के लिए मैंने संस्कृत, दर्शनशास्त्र और अंग्रेजी साहित्य का अध्ययन किया था। उस समय मैं बाद में विधिशास्त्र का अध्ययन करने की संभावना पर भी विचार कर रही थी। कानून छोड़कर राजनीतिशास्त्र में एम. ए. करने के लिए मुझे नागपुर के एक दूसरे महाविद्यालय में प्रवेश लेना पड़ा जहाँ एक युवक ने केवल दो वर्ष पूर्व ही राजनीतिशास्त्र में प्रथम श्रेणी पाकर अपनी एक जगह बना ली थी। लेकिन उसके अध्यापक और मित्र तब चकित रह गए थे जब वह मानववैज्ञानिक शोध- कार्य की ओर मुड़ गया–यह विषय नागपुर विश्वविद्यालय में पढ़ाया भी नहीं जाता था। मध्यप्रांत की एक खाद्य संग्राहक और अस्थायी खेती करने वाली जनजाति के बीच एक वर्ष से कुछ कम समय का क्षेत्रकार्य करने के बाद यह युवक 1945 के प्रारंभ में कुछ समय के लिए–संभवतः अपनी छात्रवृत्ति का पैसा लेने के लिए–नागपुर आया था।

श्यामाचरण दुबे अपनी मेधा-प्रतिभा के लिए जाने जाते थे। मैंने सुना था कि वह जानते हैं उन्हें क्या करना है। मुझे मालूम था कि उनमें एक अनजानी राह पर चल पड़ने का साहस है। जब मैंने उन्हें खादी के कपड़े पहने देखा तो मैंने अपनी बहन के पति से उनके बारे में कुछ और जानकारियाँ माँगीं। मेरे बहनोई उनसे परिचित थे। श्यामाचरण दुबे इकलौती संतान थे। यद्यपि वह हिंदीभाषी ब्राह्मण उपजाति के थे लेकिन अपनी बिरादरी के भीतर ही विवाह करना जरूरी नहीं समझते थे। वह भी दहेज, कर्मकांड और तड़क-भड़क के विरोधी थे। वह अकादमिक व्यवसाय अपनाना चाहते थे लेकिन किसी सरकारी संस्था में नहीं पढ़ाना चाहते थे। श्यामाचरण दुबे के पिता एक ऐसे प्रबुद्ध और उदार व्यक्ति थे जिनसे मुझे तुरंत लगाव हो गया। मेरे माता-पिता ने हमारी पसंद स्वीकार कर ली। एक सादे समारोह में हमारा विवाह संपन्न हो गया।

तब तक मैं मानवशास्त्र/मानवविज्ञान विषय के बारे में कुछ नहीं जानती थी। यह विषय बहुत कम विश्वविद्यालयों में पढ़ाया जाता था। मध्यप्रांत में मानवशास्त्र वेरियर एलविन का पर्याय बन गया था। एलविन एक मिशनरी थे जो बाद में मानवशास्त्री बन गए थे।[6] राजनीतिशास्त्र में एम. ए. पूरा करने के बाद जब मैंने मानवशास्त्र में शोधकार्य प्रारंभ किया तो मध्यप्रांत में गोंड स्त्रियों का अध्ययन करने के विचार से मैं रोमांचित थी।

विवाह के पहले और बाद में हमारे साथ की प्रारंभिक अवधि में श्यामाचरण दुबे ने कुछ शंका और उद्वेग के साथ स्त्रियों के विषय में मेरी अनगढ़ धारणाएँ—कि उन्हें उनका प्राप्य नहीं मिलता—और आदर्श पति-पत्नी संबंध के बारे में मेरी कुछ असंगत बातें सुनी थीं[7]। जब वह शायद आठ वर्ष के भी नहीं थे तभी उनकी माता का निधन हो गया था। वह और उनके पिता दोनों को एक उत्सुकता भरी प्रतीक्षा थी कि उनकी गृहस्थी को एक नारीसुलभ स्पर्श प्रदान करने के लिए परिवार में एक स्त्री आ जाए। हमारे विवाह के बाद, मेरी गतिविधियों पर ध्यान देने से मेरे पति ने यह देख लिया कि स्त्रियों की उचित स्थिति और उसके लिए लड़ने की जरूरत की बातें करने के बावजूद मैं एक गृहिणी, पत्नी और बहू के रूप में अपनी भूमिकाओं के प्रति बहुत सचेत हूँ। पीछे मुड़कर देखने पर अब मैं यह महसूस करती हूँ कि मुझे गोंड स्त्रियों का अध्ययन करने की सलाह देकर श्यामाचरण दुबे संभवतः चाहते थे कि मैं दूसरी दुनिया भी देखूँ और अपने सुरक्षापूर्ण अस्तित्व से परे जाकर तथ्यों का सामना करूँ ताकि अपने मतिभ्रमों और अंतर्विरोधों से बाहर निकलकर बेहतर चिंतन कर सकूँ।

5

तब मानवशास्त्र में मेरा औपचारिक प्रवेश मध्यवर्ती भारत के छत्तीसगढ़ क्षेत्र में, अधिकतर हिंदू जातियों के साथ रहने वाले आदिवासी गोंड समूहों की स्त्रियों के जीवन की पड़ताल के साथ शुरू हुआ (अध्याय एक)। तब तक मैं शहरी परिवेश के अलावा किसी और तरह के परिवेश से लगभग अपरिचित थी। ग्रामीण क्षेत्रों के मेरे बचपन के अनुभव संक्षिप्त अवधि के लिए सगे-संबंधियों के यहाँ जाने तक सीमित थे और ये नातेदार गाँवों में मालगुजार थे। जब मैं कालेज में थी तब मैं जानबूझकर गाँव देखने के लिए अपनी मौसी के गाँव गई थी लेकिन वहाँ के जीवन का कोई अनुभव नहीं हो पाया था। हिंदी भाषी क्षेत्र में एक संस्था और विचारधारा के रूप में जाति कैसे काम करती है इस बात से मैं एकदम अपरिचित थी। आदिवासी स्त्रियों के बीच काम करना वास्तव में एक शिक्षाप्रद अनुभव रहा।

गोंडों के बीच लिंगगत विषमता के स्वरूप, गोंड स्त्रियों की आपेक्षिक स्वतंत्रता की माप और गुणवत्ता, उनकी निर्भरता की बारीकियों तथा असमर्थताओं के सूक्ष्म भेदों, और अपने लिए जीवन जीने की जगह बनाने के लिए इन स्त्रियों द्वारा अपनाई गई रणनीतियों और तरकीबों ने मुझ पर गहरी छाप छोड़ी। स्त्रियाँ अपने लिए इस तरह की जगह बना लेती हैं इस तथ्य का आभास मुझे अपने प्रारंभिक वर्षों में ही हो गया था यद्यपि उन जगहों के संदर्भ और स्वरूप कुछ भिन्न थे और उनके बारे में मेरे विचार धुँधले और अस्पष्ट थे। इसके अलावा जिस भाषा में ये नियम, प्रक्रियाएँ और रणनीतियाँ गोंडों में अभिव्यक्त की जाती थीं वह बहुत प्रबोधक, उद्‌घाटक थीं : बीज और धरती के रूपक से लेकर, स्त्री को मिट्टी के बर्तन और पुरुष को पीतल के बर्तन के समान बताने, विवाह से पूर्व गोदना न गुदवाने के लिए सास के बहू को ताने देने (कि तुम्हें खरीदने—वधू मूल्य—के लिए तो पैसा दिया ही अब क्या गोदना गुदवाने के लिए भी पैसा दें?) से लेकर प्रतिदिन की दो अभिव्यक्तियों—'आदमी तो गाड़ी भर कमाता है और स्त्री गोद भर ही कमाती है'; तथा 'औरत की कमाई तो नमक और भाजी भर की होती है'—तक। इन अवधारणाओं और भाषायी रूढ़ियों के मेरे अपने चिंतन के लिए गंभीर निहितार्थ थे जो विचारधारा की ताकत और वास्तविकताओं के तोड़-मरोड़ की ओर संकेत करते थे। विधवाओं और औपचारिक अथवा अनौपचारिक ढंग से विच्छिन्न विवाह स्त्रियों के पुनर्विवाह के प्रचलन—जो मेरे अब तक के अनुभव के माहौल के एकदम विपरीत था—के अतिरिक्त मेरा सामना प्राथमिक विवाहों के भीतर रह रही स्त्रियों और द्वितीयक समागमों में प्रवेश की हुई स्त्रियों के बीच के सुस्पष्ट भेद से भी हुआ। पुरुषों और स्त्रियों की नियति विपरीत होती है, इस साक्ष्य की चोट से बच पाना असंभव था। साथ ही यह बात भी सामने आती थी कि पुरुषों के संदर्भ में स्त्रियों का भाग्य काफी हद तक उनके व्यक्तिगत संबंधों पर निर्भर रहता है।

गोंड स्त्रियों के लोकगीत बहुत कुछ अभिव्यक्त करते थे—रूमानी और अश्लील अभिव्यक्तियों द्वारा यौन संबंधों की स्वच्छंदता और उत्तेजक प्रेम; सामाजिक व्यवस्था और उसमें मौजूद खलनायकों के प्रति विक्षोभ, स्त्रियों की दैहिक सीमाओं का उल्लेख जिनके फलस्वरूप वे असहाय होती हैं, विवाहेतर यौन शोषण के विवरण, स्त्री और उसके देवर के प्रणय संबंधों की चर्चा, तथा वैवाहिक कर्मकांडों के दौरान विवाह जन्य संबंधियों की काल्पनिक मूर्खता और चरित्रहीनता के उद्‌घाटक संदर्भ। इन गीतों को सुनते हुए मुझे हलका धक्का-सा भी लगता था और मज़ा भी आता था। अपनी निर्भरता के विषय में एक वृद्धा का कथन आँखें खोल देने वाला था—'इस पोते की देखभाल कर मैं अपना भात कमाती हूँ'; प्रत्येक व्यक्ति का उपयोगी होना जरूरी था, विशेषकर उन स्त्रियों का जिनके पास जमीन नहीं थी क्योंकि सार्थक श्रम का योगदान नहीं करने पर वे आदर अथवा पर्याप्त भोजन पाने की अपेक्षा नहीं कर

सकती थीं। बुजुर्गों का सम्मान करने और वृद्ध माता-पिता—चाहे वे उपयोगी हों अथवा नहीं—की देखभाल करने के जो मूल्य मुझे विरासत में मिले थे उन्हें गहरा धक्का लगा। इससे मेरी वे स्मृतियाँ भी जाग उठीं जहाँ मेरे अपने कुछ नातेदारों का व्यवहार बुजुर्गों के प्रति उदासीन था यद्यपि वे ऊपर से उनके प्रति सम्मान प्रकट करते थे।

ऐसे पति, जिसकी पत्नी को समुदाय का ही कोई एक अपेक्षतया अधिक धनवान और प्रभावशाली व्यक्ति फुसला ले गया था और उससे उपयुक्त मुआवजा भी नहीं दिलवाया गया था, के दुखी चेहरे में पंचायत के फैसलों में सत्ता और ताकत की भूमिका की सूक्ष्म समझ के संकेत देखे जा सकते थे। इससे यह बात सामने आई कि किस बात पर ध्यान दिया जाए या कौन-सी बात यों ही दरगुजर हो (या बिना कहे छोड़ दी जाए), और किसी पुरुष का खाना बनाने का बरतन तोड़ दिया गया हो—अर्थात् उसकी पत्नी को कोई ले गया हो तो उसे दूसरा बरतन खरीदने के लिए—अर्थात् दूसरी औरत लाने के लिए क्या मुआवजा मिल सकता है, ये सब समुदाय के मानदंडों में मध्यस्तता करने वाली सत्ता और ताकत की कार्यप्रणाली और चतुर जोड़-तोड़ के जटिल मामले थे। विशेष प्रकरणों से संबंधित ऐसे मुद्दे स्त्रियों की जानकार मुस्कराहटों या कानाफूसियों में अभिव्यक्त हो जाते थे।

मेरा पी-एच. डी. का शोधप्रबंध 1953-54 में पूरा हुआ। इसमें क्षेत्र विशेष में रहने वाले तीन विशिष्ट गोंड समुदायों का मानवजातिविवरणात्मक लेखा जोखा था। मेरा शोधप्रबंध स्त्रियों पर केंद्रित था जिसमें मैंने उच्च जाति की स्त्रियों के साथ परोक्ष रूप से उनकी विपरीत स्थिति दिखाते हुए गोंड स्त्रियों की स्थिति का तुलनात्मक अध्ययन किया था। शोधप्रबंध लिखते हुए निश्चय ही मैंने क्षेत्र में जो कुछ देखा और दर्ज किया था उसका इस्तेमाल तो किया था लेकिन तब मैं इनमें से अनेक तथ्यों और आंकड़ों का पूरा निहितार्थ नहीं समझ सकी थी, यद्यपि अपने ही समाज की 'एक दूसरी संस्कृति' के साथ अपनी मुठभेड़ से मैंने जो कुछ ग्रहण किया था उसका मुझ पर गहरा असर हुआ था। समय बीतने के साथ गोंडों के बीच जो कुछ जाना-सीखा था उसकी प्रासंगिकता के व्यापकतर निहितार्थों को जैसे-जैसे मैं स्थान और समय के संदर्भ में समझती गई वैसे-वैसे मेरे लिए यह मानवजातिविवरणात्मक दस्तावेज व्यक्तिगत और मानवशास्त्रीय दोनों स्तरों पर रहस्योद्घाटन का स्रोत सिद्ध होता गया। यह एक व्यक्ति और मानवजातिविवरणकर्ता के रूप में मेरे परिपक्व होने का सूचक था। इसमें लिंगभाव के अध्ययन से मेरा जुड़ाव शामिल था; उसकी कहानी बाद में।

यहाँ मैं इस बात का उल्लेख करना चाहूँगी कि अपने विवाह के बाद मैंने हिंदी साहित्य और अन्य भारतीय भाषाओं से अनूदित साहित्य खूब पढ़ा। इससे भारतीय सामाजिक यथार्थ की विविधता और जटिलता से मेरा परिचय हुआ। सही या गलत यह तो मैं नहीं जानती किंतु यह सब पढ़ते हुए मेरे भीतर का मानवजातिविवरणकर्ता

और मेरे भीतर की स्त्री दोनों सक्रिय रहते थे और पढ़ी हुई सामग्री के संदर्भ में न सिर्फ अपने लिए बल्कि दूसरों के व्यवहार तथा कार्रवाइयों के लिए भी मार्गदर्शन, दिशा और सहानुभूति तथा औचित्य ढूँढ़ने का प्रयास करते थे। और अच्छी कविता निजी जीवन में घुल-मिल जा रही थी। संभवतः यहाँ यह उल्लेख करना उचित होगा कि अपने जीवन में किसी भी समय मैंने एक वर्ग के रूप में पुरुषों से घृणा नहीं की, न ही मैंने कभी पुरुष श्रेष्ठता की धारणा को स्वीकार किया।

6

अपने शोधप्रबंध के बाद कुछ वर्षों तक मेरा काम बाधित रहा। फिर भी मानवशास्त्र से मेरा संपर्क कभी टूटा नहीं। इस समय मेरी नियति मेरे पति की गतिविधियों के साथ बँधी थी। एक तरह से मैं श्यामाचरण दुबे की अभिन्न सहायक बन गई थी, अस्थायी रूप से उनके स्थान पर पढ़ाना, उनके क्षेत्रकार्य और उसके विश्लेषण में उनकी सहायता करना, उनकी शोध सहायिका होना और सागर विश्वविद्यालय में मानवशास्त्र-विभाग में स्थायी पद मिलने तक मानद शिक्षक की हैसियत से काम करना। लेकिन हम जहाँ कहीं भी रहे, हमारा घर एक खुला घर था जहाँ मानवशास्त्र और संबंधित विषयों पर चर्चा एक स्थायी भाव था। हमारे घर में काफी अच्छा पुस्तकालय था और विभागीय तथा विश्वविद्यालय के पुस्तकालयों का भी मैं आसानी से उपयोग कर सकती थी। मानवशास्त्र के व्यवसाय को अपने बेटे की देखभाल के साथ जोड़ लेना कठिन न था।

इन वर्षों में मैं उन क्षेत्रों की ओर आकृष्ट हो रही थी जिन्हें मानवशास्त्र का अभिन्न अंग माना जाता है। धीरे-धीरे परिवार और नातेदारी के अध्ययन में मेरी रुचि बढ़ने लगी। इस अवधारणात्मक क्षेत्र की ओर मेरा रुझान जहाँ स्त्रियों के जीवन के साथ इसके आत्मीय जुड़ाव पर आधारित था (संभवतः सचेतन रूप से नहीं) वहीं मानवशास्त्री इरावती कर्वे के साथ मेरी मुलाकातें भी इस क्षेत्र में मेरी बढ़ती रुचि के लिए काफी जिम्मेदार रहीं।

इरावती कर्वे से मेरी पहली मुलाकात मेरे विवाह के तुरंत बाद हुई थी जब वह भारत में नातेदारी संगठन पर अपनी महत्त्वाकांक्षी और उत्तेजना भरी परियोजना के संबंध में नागपुर आई थीं। उन्होंने मेरे पति से 'कमार' (अस्थायी खेती करने वाली एक जनजाति) पर चल रहे उनके काम के बारे में बातचीत की और फिर उन्होंने नातेदारी पर अपनी खुद की विशाल तुलनात्मक परियोजना पर चर्चा की। कर्वे आत्मविश्वास से भरी थीं फिर भी उनमें अपने काम के लिए प्रासंगिक सिद्ध हो सकने वाली हर बात जान लेने की अपरिमित उत्सुकता थी। अत्यंत वाक्पटु,

लम्बी, गोरी और सुगठित देहयष्टि वाली इस स्त्रीमानवशास्त्री के असीमित उत्साह ने मुझ पर गहरी छाप छोड़ी। विशेषकर मेरे शर्मीलेपन और ठिठकने वाले आत्मविश्वास के विपरीत इरावर्ती कर्वे एक बुलंद शख्सियत के रूप में उभरीं। जब मैं उनसे पुनः 1958-59 में कलकत्ता में हुई इंडियन सोशियोलाजिकल कानफरेंस में मिली, उस समय नातेदारी संगठन पर इरावती कर्वे की पुस्तक इस विषय पर अपनी महत्त्वपूर्ण छाप छोड़ चुकी थी। नाश्ते की मेज पर और सम्मेलन में उन्हें सुनते हुए मैं उनकी कल्पनाशील बौद्धिकता, मौलिकता, शास्त्रीय ग्रंथों के उनके व्यापक ज्ञान और स्थापनाएँ प्रस्तुत करने में एक तरह की निर्भीकता से अभिभूत हो गई। उनके ये सभी गुण नातेदारी, परिवार, जाति और हिंदू समाज पर उनके काम में प्रभूत मात्रा में मौजूद हैं। (देखें संदर्भ)[8]

ऊपर बताए गए सभी क्षेत्रों में किए गए उनके काम ने मुझे प्रेरणा दी। इरावती कर्वे से पुणे में हुई मुलाकातें अविस्मरणीय अनुभव हैं। यद्यपि मैं पूरी तरह उनके कदमों पर नहीं चली और उनके कुछ कामों में कसाव के अभाव को जानती थी लेकिन नातेदारी और विवाह के संदर्भ में स्त्रियों की स्थिति पर इरावती कर्वे की मार्गदर्शक चर्चा, जो उत्तर और दक्षिण भारत की तुलना करते हुए की गई है, महाराष्ट्र और कर्नाटक में बसने वाली विशिष्ट जातियों और नातेदारी पर केंद्रित उनके अध्ययन, 'मध्यवर्ती क्षेत्र' की उनकी अवधारणा और चल रहे काम और विचारों पर उनकी मुक्त बहसें, परिवार और नातेदारी के क्षेत्र में मेरी पड़तालों को एक आकार देने में और बाद में नातेदारी और लिंगभाव के बीच की गतिशीलता को स्पष्ट करने में मेरे लिए महत्त्वपूर्ण सिद्ध हुईं। मराठी में उनके लेखन, जिसमें लोकसाहित्य शामिल है, ने भी मुझे प्रभावित किया है।

विविध नातेदारी व्यवस्थाओं के प्रति मेरे उत्कट आकर्षण की जड़ें मालिनोव्स्की के लेखन में भी रही हैं। मालिनोव्स्की उन मानवशास्त्रियों में थे जिन्हें मैंने सबसे पहले पढ़ा था। मातृवंशीय नातेदारी अनेक प्रकार की पहेलियाँ और चुनौतियाँ देती प्रतीत होती थीं।[9] और मैंने 1950 के दशक के उत्तरार्ध में जब नातेदारी पर कक्षाएँ लेने की शुरुआत की उसके तुरंत बाद ही भारत और विदेश में हुए पहले के अध्ययनों के अतिरिक्त अफ्रीका से मातृवंशीय व्यवस्थाओं पर हुए नए अध्ययन (उदाहरणार्थ कोल्सन 1958, मिशेल 1956, टर्नर 1957) भारत में उपलब्ध हो गए। अब मैं भारत की सामाजिक व्यवस्थाओं से भिन्न अन्य सामाजिक व्यवस्थाओं के बारे में और अधिक जानने की दिशा में आकृष्ट हुई। विभिन्न रीति-रिवाजों और आचार-व्यवहारों पर व्याख्यान देने से मुझमें एक मुक्ति का भाव जागा। मातृवंशीय नातेदारी के बारे में पढ़ना एक आनंदकारी, उत्साहवर्धक अनुभव था। इसके साथ ही मातृवंश के ये विभिन्न मानवजातिवर्णन तथा चुनिंदा निबंधों के संग्रह और पाठ्य-पुस्तकें इस व्यवस्था के भीतर अंतर्भूत अंतर्विरोधों और संघर्षों की विस्तृत चर्चा भी करते थे। वे व्यापक

रूप से इस बात पर जोर देते थे कि उनका अस्तित्व राजनीतिक अर्थव्यवस्था के 'सरलतर' स्तरों पर ही संभव है। वे अंततोगत्वा उनके खात्मे की भविष्यवाणी करते थे। ये बातें मानवजातिचित्रणों में दिए रोजमर्रा के जीवन के वर्णनों; संस्थागत विन्यास, और व्यक्तिगत संबंधों से मेल नहीं खाती थीं। मुझे लगता था कि ये स्थापनाएँ मातृवंशीय समाजों के बारे में कुछ अलग ही संदेश देती हैं। बेचैनी महसूस करने से बच पाना कठिन था, विशेषकर इसलिए कि दक्षिणपूर्व एशिया में उभयवर्तीय समाजों के मानवजातिचित्रणों ने नातेदारी व्यवस्थाओं के भिन्न आयाम खोले थे (उदाहरणार्थ जमूर 1959, फ्रीमन 1958, मर्डक 1960)। इस बेचैनी से और इन विवरणों को पढ़ने से मुझे नए परिप्रेक्ष्य में और कुछ नए सवालों को लेकर देश के मातृवंशीय समाजों में ताजा मानवजातिचित्रणात्मक शोधकार्य शुरू करने की आवश्यकता महसूस हुई।

मैं तब देश के केंद्र में स्थित सागर विश्वविद्यालय में अध्यापन कार्य कर रही थी, एक गृहिणी भी थी और 1960 के दशक के प्रारंभिक वर्षों तक दो बच्चों की माँ बन गई थी। इस स्थिति में मेरे लिए कहीं दूर जाकर क्षेत्रकार्य करने की बात सोचना भी कठिन था। मेरे जो विद्यार्थी विभिन्न विषयों पर भारत के भीतर ही सुदूर क्षेत्रों में क्षेत्रकार्य कर रहे थे उनके काम को निर्देशित करना ही काफी चुनौतीपूर्ण लग रहा था। 1950 के दशक के परवर्ती वर्षों और 1960 के दशक के प्रारंभिक वर्षों में सागर विश्वविद्यालय का मानवशास्त्र विभाग 'लघु भारत' के रूप में जाना जाता था क्योंकि देश भर के विद्यार्थी आकृष्ट होकर यहाँ आते थे। अब्दुल रहमान कुट्टी केरल से आया था। सागर में मानवशास्त्र में एम. ए. पूरा करने के बाद उसने मुझसे अपने पी-एच. डी. के शोधकार्य का मार्गदर्शन करने का अनुरोध किया। उसने अरब सागर में स्थित लक्षद्वीप द्वीपसमूहों के दस बसे हुए द्वीपों में से एक प्रवाल द्वीप पर काम करने का प्रस्ताव रखा। ये द्वीप कुट्टी के प्रांत केरल से लगभग 225 से 450 किलोमीटर की दूरी पर हैं। कुट्टी के वर्णन के अनुसार वहाँ के लोग मातृवंशपरंपरा को मानते थे व साथ ही इस्लाम के अनुयायी भी थे। अतिथि पतियों की उनकी प्रथा मध्य केरल के नायरों में प्रचलित पारंपरिक प्रथा के समान ही थी। कुट्टी के पास लक्षद्वीप के एक द्वीप पर नातेदारी व्यवस्था और विवाह पर काम करने के लिए स्वीकार्य शोध प्रस्ताव का प्रारूप तैयार करने के लिए बस जरूरत भर की जानकारी थी।

कुट्टी बहुत ऊँचे-ऊँचे सैद्धांतिक दावे नहीं करता था और हमेशा सीधे-सादे ढंग से बात करता था। उसका उत्साह देखकर तथा उत्तेजना को महसूस कर मुझे समझ में आ गया कि इस्लाम और मातृवंशपरंपरा के दुर्लभ संयोग से अधिक साहसिकता की भावना थी जिसके कारण कुट्टी इस छोटे प्रवाल द्वीप की ओर आकृष्ट हुआ था। बारिश के मौसम में ये द्वीप मुख्यभूमि से पूरी तरह कट जाते थे और अच्छे मौसम में भी वहाँ पहुँचने का एकमात्र साधन वे देशी नौकाएँ थीं जिन्हें द्वीपवासी मुख्यभूमि

के साथ व्यापार के लिए इस्तेमाल करते थे। उस समय इन द्वीपों और मुख्य भूमि के बीच कोई स्टीमर सेवा नहीं थी। जल्दी ही कुट्टी इस साहसिक कारनामे में कूद पड़ा और कुछ महीनों बाद एक सर्वाधिक असामान्य सामाजिक व्यवस्था पर अत्यंत उत्तेजनापूर्ण सामग्री से लदा-फदा वापस आया। यह उसी तरह की समाज व्यवस्था थी जो मध्य केरल के नायरों में बहुपति प्रथा के साथ-साथ नाभिकीय परिवार की सार्वभौमिकता की धारणा (मर्डक 1949, रैडक्लिफ-ब्राउन 1950, गफ 1955, 1961) और विवाह की परिभाषाओं पर गंभीर बहसों (गफ 1959, लीच 1955, प्रिंस पीटर 1955, 1956) का आधार बनी थी।

कुट्टी ने बहुत मेहनत कर कल्पेनी (उसके अध्ययन के द्वीप) में आवासीय इकाइयों की जनगणना की थी। इस जनगणना के अनुसार विवाहित पुरुषों में से 76 प्रतिशत से अधिक अतिथि पति थे। वहाँ गृहस्थी के आदर्श गठन के तहत नाभिकीय परिवार की कोई गुंजाइश नहीं थी। संपत्ति दो तरह की थी, मातृवंशीय तथा निजी, और कानून की भी दो व्यवस्थाएँ थीं—मातृवंशीय तथा इस्लामी। वहाँ की एक अन्य उल्लेखनीय विशेषता थी द्वीपवासियों की गहन धार्मिक प्रवृत्ति। उत्पादन और आर्थिक गतिविधियों, संपत्ति के वितरण तथा बँटवारों और गृहस्थियों के संघटन पर कुट्टी द्वारा प्राप्त की गई सामग्री उत्कृष्ट थी। वस्तुतः कल्पेनी की सामाजिक व्यवस्था इतनी असाधारण थी कि संग्रहीत सामग्री के विश्लेषण तथा वर्गीकरण के लिए नई उपयुक्त श्रेणियाँ तथा अवधारणाएँ ईजाद करने की जरूरत थी।

लेकिन यह भी स्पष्ट हो रहा था कि सामग्री में कई कमियाँ थीं जिन्हें पूरा किया जाना जरूरी था। श्नाइडर तथा गफ की महत्त्वपूर्ण पुस्तक **मैट्रिलीनियल किनशिप** (1961) में माप्पिला और नायरों पर गफ द्वारा लिखित अध्याय विशेष रूप से उपयोगी सिद्ध हुए। पश्चिमी सुमात्रा के मिनांगकबाऊ पर लिखे कुछ आलेख भी सुझावपरक थे। फलस्वरूप, यह स्पष्ट हुआ कि इस द्वीप समाज की अधिक गहरी समझ के लिए विशिष्ट वंशावलियों, खास-खास मस्जिदों के इतिहास, जीवन-चक्र संबंधी अनुष्ठानों के विवरण, तरावाड़ के भीतर तथा मातृवंशीय नातेदारों और विवाह जन्य संबंधियों के बीच अंतर्वैयक्तिक संबंधों का निरूपण और इस्लाम के कार्यान्वयन की प्रक्रियाओं का लेखांकन, इन सबकी आवश्यकता है। लंबी चर्चाओं के बाद दूसरी शोध यात्रा की योजना सावधानीपूर्वक बनाई गई और यह यात्रा कुट्टी ने (काफी कुछ सफलतापूर्वक) संपन्न की।[10]

कुट्टी द्वारा संग्रहीत सामग्री पर गंभीर विचार करने और विश्लेषण की नई श्रेणियाँ तथा तरीके खोजने की प्रक्रिया चुनौतीपूर्ण थी। पहली बार में द्विस्थानिक आवास वाले असली मातृवंशीय समाज, केवल मातृवंशीय नातेदारों की वैध सदस्यता वाली गृहस्थियों और भंगुर विवाह से रूबरू थी। गहरे पैठे हुए मातृवंशीय सिद्धांतों व नियमों के साथ इस्लामी आस्थाओं तथा व्यादेशों का संयोग माँग करता था कि

कल्पेनी समाज की इन संयुक्त धुरियों के बीच की व्यापक गतिकी का अध्ययन किया जाए। कुट्टी के शोधप्रबंध से पितृवंशीयता तथा पितृसत्ता पर जोर देने वाले इस्लाम और मातृवंशपरंपरा के बीच रचनात्मक परस्पर क्रिया के विविध पहलुओं पर विश्लेषण पूरा नहीं हो पाया था। मैंने इस्लाम का आवश्यक परिचय पाने का विशेष प्रयास किया और फिर हमने विभिन्न नातेदारी व्यवस्थाओं में बद्धमूल मुसलमान समुदायों तथा विभिन्न मातृवंशीय समाजों के तुलनात्मक खाँचे के भीतर कुट्टी की सामग्री की और गहरी पड़ताल की। इसके परिणामस्वरूप **मैट्रिलिनि एंड इस्लाम** पुस्तक लिखी गई (दुबे तथा कुट्टी 1969)।

7

मैं संतुष्ट नहीं थी। मुझे लगता था कि द्वीप के मानवजातिविवरण के विभिन्न पक्षों की इससे अधिक पड़ताल किए जाने की अत्यधिक संभावनाएँ मौजूद हैं। मानवविज्ञान में नई दिशा में हुए महत्त्वपूर्ण कार्य, चल रही केंद्रीय बहसों तथा नए उभरे परिप्रेक्ष्य के व्यापकतर संदर्भ में कल्पेनी की संस्कृति तथा सामाजिक व्यवस्था के विषय में मैंने जो चिंतन-मनन किया था, उसी से अन्वेषण की नई राहों की संभावनाएँ व्युत्पन्न हुई थीं। मुझे महसूस हुआ कि मातृवंशीय और इस्लामी कानून के क्रियान्वयन के विषय में कुट्टी के विचार अस्पष्ट थे और संपत्ति संबंधी विवादों पर उसके पास जो सामग्री थी वह पर्याप्त नहीं थी। कहीं ऐसा तो नहीं था कि अपने स्नेहशील तथा मिलनसार स्वभाव के कारण वह विवादों के मामलों से दूर रहना चाहता हो; अथवा जानकारियाँ देने के लिए वह जिन सूचनादाताओं पर मुख्यतः निर्भर रहा वे विवादों के बारे में अनायास बातचीत करना न चाहते रहे हैं? या संभवतः कुट्टी को विधिक मानवविज्ञान में हुए विकास के विषय में सचेत नहीं किया गया था। जो भी हो, हर हाल में कल्पेनी समाज में दो किस्म की संपत्ति की शिनाख्त और प्रबंधन, उनके हस्तांतरण तथा निपटारे को लेकर होने वाले संभावित विवाद, दो प्रकार की विधि-व्यवस्थाओं के क्रियान्वयन और इन क्षेत्रों में स्वार्थ, मनोभाव तथा सत्ता के खेल–जिनमें प्रथागत मातृवंशीय कानून और इस्लामी कानून की औपनिवेशिक व्याख्या का हस्तक्षेप भी शामिल था–से जुड़े सवाल एक तरह के धुँधलके से घिरे थे (दुबे 1994)।

मैं इस द्वीपीय संस्कृति में मौजूद विवाह के अर्थ और सार की भी और अधिक पड़ताल करना चाहती थी। कुट्टी ने विवाह पर अच्छी और प्रभूत सामग्री एकत्र की थी फिर भी कुछ और भिन्न-भिन्न प्रकार के प्रश्न पूछने की विपुल संभावना शेष थी। एक बार फिर यहाँ मेरी व्यवसायगत और व्यक्तिगत रुचियाँ मिलकर एक साथ हो गईं। यह बात सुज्ञात है कि अपने विभिन्न आयामों में विवाह को मानव-

जातिविवरणात्मक अन्वेषण और मानववैज्ञानिक बहसों में एक महत्त्वपूर्ण स्थान प्राप्त है—विवाह की परिभाषाओं, बहुपति विवाह और बहुपत्नी विवाह के मुद्दों से ले कर दांपतिक अधिकारों तथा बच्चों पर अधिकारों, वधू-मूल्य और वधू संपत्ति तथा वैवाहिक स्थायित्व के प्रश्नों तक। इसके साथ ही व्यक्तिगत और सामाजिक अनुभव के साथ अनवरत आत्मपरीक्षण के स्तर पर मुझे विवाह सदैव एक जटिल तथा अबूझ पहेली सा लगा है। विवाह को बनाए रखना मुश्किल रहता है, वह इतनी अधिक मानसिक पीड़ा पहुँचाता है, बातचीत, मंत्रणा तथा समझौतों की माँग करता है, हिंसक प्रतिक्रियाओं और आहत कर देनेवाली अंतःक्रियाओं को जन्म देता है, पर फिर भी इतनी अधिक परितुष्टि भी प्रदान करता है। इस प्रकार कुट्टी की साहसिकता के साथ जिसकी शुरुआत हुई थी, वह मेरे लिए मानवविज्ञान के अंतर्गत मुख्य रुचि का विषय बन गया। 1969 में इस द्वीप समूह के लिए पानी के जहाज की सेवा उपलब्ध थी, मेरा छोटा बेटा नौ वर्ष का था और अब मैंने कल्पेनी की क्षेत्र यात्रा पर जाने की योजना बनाई (अध्याय एक तथा पाँच)।

द्वीप के समाज को समझने के लिए किए गए मेरे प्रारंभिक प्रयासों ने यह संकेत दे दिया था कि वहाँ स्त्रियों की स्थिति दक्षिण एशिया की मुख्यभूमि से एक अलग, भिन्न तस्वीर प्रस्तुत करती है। मैं इस बात के प्रति जागरूक थी कि वहाँ मातृवंशीय परंपरा को निरंतरता प्रदान करने में उसकी भूमिका तथा आदरणीय माता के रूप में उसकी छवि, केवल ये ही स्त्री की प्रस्थिति निर्धारित नहीं करते थे। मातृवंश और इस्लाम की परस्पर क्रिया स्त्रियों के लिए एक विशेष रूप से लाभप्रद स्थिति की संकेतक थी। अब द्वीप के लोगों के बीच रहने, वैवाहिक झगड़ों और संपत्ति विवादों से संबंधित बैठकों में हिस्सा लेने और परस्पर विरोधी तर्कों और पूरक व्याख्याओं को सुनने से मुझे लिंगगत संबंधों के एक भिन्न स्वरूप का अकाट्य साक्ष्य प्राप्त हुआ। वास्तव में लिंगभाव के मुद्दों की पड़ताल के लिए संपत्ति और विवाह दोनों महत्त्वपूर्ण माध्यम सिद्ध हुए हैं। पीछे पलटकर देखने पर लगता है कि दांपतिक संबंधों और संसाधनों, बच्चों तथा निवास स्थान पर अधिकार संबंधी जिन सवालों ने मुझे बाद में घेरा (अध्याय तीन से छह, तथा दुबे 1991, 1997) वे वस्तुतः उसी समय आकार ले रहे थे जब मैं इस द्वीप समाज में काम कर रही थी।

यहाँ एक विषयांतर है। यद्यपि गोंड स्त्रियों की स्थिति पर मेरा शोधप्रबंध अप्रकाशित रहा था लेकिन मानवशास्त्र-समाजशास्त्र जगत् को आदिवासी स्त्रियों पर मेरे काम की तथा उत्तर प्रदेश में निर्दिष्ट परिवर्तनों के प्रति ग्रामीण स्त्रियों की अनुक्रिया के मेरे अध्ययन की भी जानकारी थी (देखें श्यामाचरण दुबे 1958)। जब 1960 के दशक के आसपास समाजशास्त्र और मानवशास्त्र में स्त्रियों से संबंधित विषयों पर शोध का काम शुरू हुआ तो मैं अन्य विश्वविद्यालयों से इस क्षेत्र में तैयार किए गए शोधप्रबंधों के लिए परीक्षक बनाई जाने लगी और अपने विभाग में एम. ए.

तथा पी-एच. डी. के शोधप्रबंधों के लिए स्त्रियों पर काम करने वाले छात्रों का मार्गदर्शन भी करने लगी। यह काम व्यापक रूप से इस तरह के विषयों पर था, जैसे कामकाजी स्त्रियों की दोहरी भूमिका विषयक संघर्ष की समस्याएँ, स्त्रियाँ तथा उच्च शिक्षा, स्त्रियों में स्वास्थ्य के प्रति जागरूकता और निर्दिष्ट परिवर्तन के प्रति स्त्रियों की अनुक्रिया। यद्यपि अपने छात्रों के शोधकार्य में मैं कुछ हद तक मानवजातिचित्रणात्मक पद्धति के प्रयोग का प्रयास करती थी लेकिन सच्चे अर्थों में अवधारणात्मक दृष्टि से अथवा अन्वेषण विषयक पद्धति की दृष्टि से कुल मिलाकर स्त्री-विषयक अध्ययन चुनौतीपूर्ण नहीं थे, न ही उन्हें मानवविज्ञान के स्वभाव के तहत अभिकल्पित किया जाता था। कुछ पश्चिमी विद्वान स्त्री-जीवन से संबंधित क्षेत्रों—जिनमें पर्दा भी था—की पड़ताल करने में व्यस्त थे और उनमें से कुछ के साथ मैं जुड़ी भी थी (देखें जेकब्सन 1970)। इन अध्ययनों में मेरी रुचि थी लेकिन इतनी नहीं कि मैं जिन विषयों पर काम कर रही थी उन्हें तथा अपनी मौजूदा रुचियों को छोड़ देती जिनमें समकालीन बहसें, अवधारणात्मक तथा अन्वेषण पद्धति संबंधी मुद्दे और भारतीय समाज तथा संस्कृति पर किए जा रहे नए मानवजातिविवरणात्मक अध्ययन शामिल थे। यह सच है कि स्त्रियों के जीवन से संबंधित मामले और स्त्री-पुरुष संबंधों की पेचीदगियाँ मेरे मन में जीवंत रही थीं और मेरे अध्ययन-अध्यापन में मौजूद थीं, लेकिन स्त्रियों से संबंधित मुद्दों के साथ मेरा कोई गंभीर मानवशास्त्रीय जुड़ाव नहीं था, यहाँ तक कि भारतीय सामाजिक संस्थाओं पर निगाह डालते समय भी।

अनेक परिस्थितियों के कारण मैं कल्पेनी में क्षेत्रकार्य के दौरान संग्रहीत की गई सामग्री पर तुरंत कार्रवाई नहीं कर सकी, उसे लेकर ज्यादा कुछ लिख नहीं सकी और संभवतः यह अच्छा ही हुआ।[11] जिनमें मातृवंशीय और इस्लामी कानून और मूल्यों का चयनात्मक इस्तेमाल किया गया था ऐसे कुछ संपत्ति विवादों पर मैंने संक्षिप्त रूप में थोड़ा बहुत (दुबे 1969 ब) और द्वीपों पर जाति-सदृश समूहों की उपस्थिति, उनकी संभावित शुरुआतों, इस्लाम के तहत उनमें आये परिष्कार तथा औपनिवेशिक हस्तक्षेप के जरिये हुए परिवर्तनों के बारे में विस्तार से लिखा था (दुबे 1973 तथा 1978)। फिर भी, कल्पेनी में हुई घटनाओं तथा प्रसंगों, लोगों तथा उनकी बातों और वृत्तांतों, वंशावलियों और दस्तावेज—जो राजनीति, कानून, संपत्ति, विवाह एवं लिंगभाव व स्त्री-पुरुष संबंधों से घनिष्ठ रूप से जुड़े थे—के ख़याल मेरे मन में मँडराते रहते थे। इस सामग्री का बड़ा हिस्सा अभिलेखों और टिप्पणियों के ढेरों में सुरक्षित पड़ा हुआ था। सामग्री को कुछ व्यवस्थित करने के साथ मैंने उपमहाद्वीप तथा अन्य क्षेत्रों के मातृवंशीय समुदायों का गहन अध्ययन प्रारंभ किया। वस्तुतः मैं मातृवंशीय समाजों के बारे में पहले की प्रभावशाली स्थापनाओं (उदाहरणार्थ, रिचर्ड्स 1950, श्नाइडर 1961), उन धारणाओं जिन पर बाद में प्रश्नचिह्न लगाए गए, के आतंक से पीछा नहीं छुड़ा पाई थी। एक ओर पितृवंशीय समाजों में अंतर्निहित अंतर्विरोधों से

अधिकाधिक अवगत होने का नतीजा था कि मातृवंशपरंपरा में उसके विशिष्ट लक्षणों के रूप में अंतर्भूत संघर्षों तथा अंतर्विरोधों का दावा करने वाले तर्क अब मुझे बहुत प्रभावित नहीं करते थे। दूसरी ओर मुझे इस बात की केवल धुँधली चेतना थी कि विभिन्न मातृवंशीय व्यवस्थाओं की बारीकियों तथा स्त्रियों की स्थिति के संदर्भ में उनके निहितार्थों को ठीक तरह से समझने के लिए ताजे सुसंगत मुद्दों व प्रश्नों को परिकल्पित करने के नए कारगर तरीके ईजाद करने की तथा और अधिक अन्वेषण की जरूरत होगी। वस्तुतः तब तक मानवविज्ञान में व्यक्ति के रूप में स्त्रियों की अहमियत को पहचाना नहीं गया था और इस संदर्भ में पुरुष केंद्रित पूर्वग्रह के प्रति सचेत होने तथा उससे उबरने के प्रयास अभी होने थे। मातृवंशीय समाजों पर पहले के लेखन में स्त्रियों पर चर्चा बहुत प्रभावशाली, कल्पक ढंग से नहीं की गई थी। भारतीय सामाजिक विज्ञान अनुसंधान परिषद् के लिए 1970-72 में किए भारत में तब तक हुए नातेदारी और परिवार विषयक अध्ययनों के मेरे सर्वेक्षण में स्त्रियाँ केवल प्रसंगवश आई थीं; स्त्रियों से संबंधित मुद्दों व उनकी समस्याओं पर शोधकार्य के लिए मैंने विशेष केंद्रबिंदु भी सुझाए नहीं थे। निश्चय ही मातृवंशीय समाजों के अध्ययन में मेरी निमग्नता से स्त्रियों की स्थिति तथा पुरुष-स्त्री संबंधों पर गंभीर चिंतन करने की एक बड़ी चुनौती उभर रही थी, लेकिन संभवतः वैध व्यवसायगत अध्ययन संबंधी धारणाओं और नवोदित विश्लेषणात्मक खाँचों में दिलचस्पी के कारण द्वीप में संपत्ति संबंधित कार्रवाइयाँ, सत्ता और राजनीति के खेल के साथ विधि-व्यवस्थाओं का चुनिंदा इस्तेमाल तथा विवाह की अवधि, इन विषयों पर अपने पास मौजूद प्रचुर, अर्थपूर्ण सामग्री पर काम करने की ओर मेरा रुझान बढ़ रहा था।

8

भारत में सरकार द्वारा गठित स्त्रियों की प्रस्थिति संबंधी समिति के सदस्य के रूप में भारत की स्त्रियों की स्थिति का लेखा-जोखा करने के लिए मैंने पहली बार अपनी विषयानुशासनगत पूँजी का सहारा लिया। मुझे एक ऐसी मानववैज्ञानिक की हैसियत से इस समिति में शामिल किया गया था जिसने जनजातीय समुदायों तथा एक मातृवंशीय समाज में स्त्रियों की प्रस्थिति पर काम किया था। चूँकि ताजा क्षेत्र-अध्ययन करवाने के लिए समय नहीं था अतः हम लोगों को ज्यादातर उपलब्ध सामग्री का ही इस्तेमाल करना पड़ा, लेकिन पूरे समय हम यह कोशिश करते रहे कि उसमें निहित पूर्वग्रह तथा सीमाबद्ध दृष्टि या कहीं-कहीं पूरी दृष्टिहीनता, इन सबसे बचने का ध्यान रखा जाए। कमिटी ने धार्मिक परंपराओं में स्त्रियों की छवियाँ, विभिन्न नातेदारी व्यवस्थाएँ, विवाह और विवाहविच्छेद, विवाह-भुगतान (दहेज तथा वधू-मूल्य) के अर्थ,

वेश्यावृत्ति, कामकाजी स्त्रियों की समस्याएँ और समाचार पत्रों तथा पत्र-पत्रिकाओं में स्त्रियों के मुद्दों पर ऐतिहासिक बहसें, इत्यादि विषयों पर हर तरह के मानवजातिविवरणों तथा शास्त्रीय स्रोतों पर आधारित अध्ययनों की एक शृंखला की योजना बनाई थी जिसे युवा और स्थापित अध्येताओं-विद्वानों ने साकार रूप दिया। ये विस्तृत निबंध जनजातियों, जातियों तथा समुदायों पर, स्त्रियों के अलगाव व पर्दे की प्रथाओं पर तथा लिंगभेद और स्त्रियों की स्थिति-प्रस्थिति को प्रभावित करने वाले अन्य अनेक विषयों पर उपलब्ध प्रचुर साहित्य को काफी हद तक आधार बना कर लिखे गए थे। विविध शोध-केंद्रों, ऐंथ्रोपोलाजिकल सर्वे आफ इंडिया की विभिन्न शाखाओं, अनेक विश्वविद्यालयों व उच्च शिक्षा के अन्य संस्थानों ने यह सामग्री उपलब्ध कराने में सहायता की। ये निबंध तथा भिन्न-भिन्न प्रकार की अन्य सामग्री सामने रख कर रिपोर्ट के जिस हिस्से की जिम्मेदारी मेरी थी उस पर काम करने के लिए मैंने अपनी मानवशास्त्रीय समझ तथा पद्धतिशास्त्रीय दक्षता का उपयोग किया। कमिटी के अन्य सदस्यों द्वारा लिखे गए अध्यायों, विशेषकर शिक्षा, कानून और अर्थव्यवस्था (तथा जनांकिकी) विषयक खंडों को पढ़ने और समिति की बैठकों में उन पर बहस से भारतीय समाज में स्त्री की स्थिति की मेरी समझ के आयाम विस्तारित हुए। चिंतन करना, विभिन्न स्तारों और सामाजिक खंडों तथा वर्गों की स्त्रियों के जीवन के विभिन्न आयामों पर सामग्री का और आंकड़ों का संश्लेषण करना यह सब अत्यंत शिक्षाप्रद तथा आत्ममंथन करने वाला अनुभव सिद्ध हुआ। मुझे बहुत तीव्रता से महसूस हुआ कि चिंतन तथा कार्य दोनों के माध्यम से स्त्रियों के मुद्दों तथा उनकी बहुआयामी समस्याओं पर शीघ्रातिशीघ्र ध्यान दिया जाना चाहिए और इनमें से बहुत सारे विषयों पर अन्वेषण गंभीर मानवजातिविवरणात्मक अनुसंधान के जरिये सफलतापूर्वक किया जा सकता है। यदि अपनी रिपोर्ट के लिए हमें उपलब्ध मौजूद मानवजातिविवरणात्मक और समाजशास्त्रीय लेखन से इतनी अधिक सामग्री मिल सकी तो मानवशास्त्रीय शैली में स्त्रियों तथा लिंगगत संबंधों पर नए सिरे से सुविचारित अध्ययनों से सार्थक परिणाम निकलने चाहिए और इसे पेशागत मान्यता भी मिल सकती है। हममें से कुछ के लिए मानवशास्त्र में स्त्रियों संबंधी प्रश्नों पर ध्यान केंद्रित करना वैध ही नहीं अपितु अनिवार्य भी है। संभवतः यह विचार कुछ अस्पष्ट रूप से प्रकारांतर से नई चेतना की प्रतिध्वनियों और पश्चिम में स्त्रियों के मानवशास्त्र की ओर उठाए गए कदमों, स्त्रियाँ और विकास विषयक कुछ लेखों तथा नारीवादी सिद्धांतीकरण से प्रभावित था।

इस समय तीसरी दुनिया के देशों में हो रही बौद्धिक चर्चाओं पर मानवशास्त्र और उपनिवेशवाद के बीच के संबंध-सूत्रों संबंधी चल रही बहसों का महत्त्वपूर्ण प्रभाव पड़ा था।[12] इसी तरह विकास के सवालों और सामाजिक परिवर्तन के मुद्दों के प्रति सरोकार के कारण सामाजिक विज्ञानों के भीतर आधुनिकीकरण की प्रक्रियाओं और

उनसे उद्भूत दुर्दशाओं के आलोचनात्मक मूल्यांकनों का प्रारंभ हुआ। निश्चित ही विद्वानों में इन प्रश्नों को परिकल्पित करने या अवधारणात्मक रूप देने को लेकर असहमति थी किंतु साथ ही, विशेषकर मार्क्सवादी और समाजवादी तथा गाँधीवादी चिंतन की विविध धाराओं के प्रभाव के तहत, यह स्पष्ट हुआ कि सामाजिक विज्ञानों को गरीबी, असमानता, सामाजिक अन्याय, शोषणमूलक संरचनाओं तथा वंचित, अभावग्रस्त लोगों, विशेषकर अनुसूचित जातियों तथा जनजातियों की नियति की ओर भी मुखातिब होना चाहिए। अंततः स्त्रियों के व्यापकतर आंदोलन ने यह सुझाया कि स्त्रियों की असमर्थताओं और दुर्दशा संबंधी मामलों तथा लिंगभाव के क्षेत्र में संस्कृति की भूमिका पर चर्चा समाजविज्ञानों के भीतर होनी ही चाहिए। ये सभी प्रभाव धीरे-धीरे एक साथ आ गए और स्त्रियों की प्रस्थिति संबंधी समिति की रिपोर्ट के साथ भी जुड़ गए। हालाँकि मैंने मानविकी और समाजविज्ञानों में मूल्यनिरपेक्षता के मिथक पर सवालिया निशान लगाना काफी पहले शुरू कर दिया था।[13]

9

स्त्रियों की प्रस्थिति संबंधी समिति की रिपोर्ट 'समानता की ओर' **टुवर्ड्स इक्वालिटी** 1974 में भारत सरकार के शिक्षा तथा समाज कल्याण विभाग को सौंप दी गई थी। लगभग तभी 'स्त्रियों के मानवशास्त्र/मानवविज्ञान' के क्षेत्र में महत्त्वपूर्ण प्रकाशन आने शुरू हो गए थे (रोज़ाल्डो तथा लैंफेर, सं. 1974; राइटर, सं. 1975, देखें संदभ)। इन रचनाओं में मानवजातिविवरणात्मक अनुसंधान के एक वैध क्षेत्र के रूप में स्त्रियों के जीवन और स्थितियों को पहचानने व स्वीकारने की तात्कालिक जरूरत की वकालत की गई थी। इनमें मानवशास्त्र के भीतर और बाहर स्त्रियों के संबंध में फैली भ्रांतियों और दिए जाने वाले गलत विवरणों के बारे में भी सवाल खड़े किए गए थे। मानवशास्त्र में मौजूद पुरुष केंद्रित पक्षपात की कड़ी आलोचना की गई थी, जिसमें इस तथ्य को रेखांकित किया गया था कि मानवजातिविवरणात्मक वर्णनों तथा सिद्धांतों के अनेक क्षेत्रों में स्त्रियाँ लगभग अदृश्य रहती हैं तथा कुछ अन्य क्षेत्रों में विकृत रूप में दिखाई देती हैं जिनके परिणामस्वरूप संस्कृतियों और समाजों के खंडित और विकृत चित्र सामने आते हैं। वस्तुतः स्त्रियों के मानवशास्त्र ने पूर्ववर्ती अध्ययनों और सिद्धांतों के आलोचनात्मक मूल्यांकनों, विश्लेषणात्मक खांचों तथा परिप्रेक्ष्यों की पुनर्व्याख्याओं, मानवजातिचित्रण में प्रमुखता तथा मान्यता प्राप्त समस्याओं एवं समुदायों की दुबारा पड़ताल, तथा सचेतन रूप से परिकल्पित, सुस्पष्ट लक्ष्य को लेकर नए ढंग से सुनियोजित अध्ययनों द्वारा अपनी अलग पहचान बनाई (देखें दुबे 1986)। इन विभिन्न प्रकार

के अध्ययनों तथा गतिविधियों ने अनगिनत बहसों को जन्म दिया जो अब भी जारी हैं।[14]

एक व्यापक अर्थ में नातेदारी में गहरी और स्थायी दिलचस्पी, 'कमिटी आन द स्टेटस आफ वीमेन' से तथा कुछ ही समय बाद 'आइ यू ए ई एस कमिशन आन वीमेन' के साथ मेरा जुड़ाव और 'स्त्रियों के मानवशास्त्र' व 'नारीवादी मानवशास्त्र'[15] में लगभग डूब जाना, इन सब ने नातेदारी और लिंगभाव को पिछले 25 वर्षों में मेरे शोध और लेखन के केंद्रीय क्षेत्र के रूप में परिभाषित करने का काम किया है।[16]

मानवशास्त्रीय तथा मानवचित्रणात्मक विज्ञानों का अंतर्राष्ट्रीय संघ—आइ.यू.ए.ई.एस.—के महिला आयोग की अध्यक्षता (1976-93) के दौरान मुझे विश्व के विभिन्न भागों में उन अध्येताओं के निकट संपर्क में आने के अवसर मिले जो लिंगभाव तथा स्त्रियों के जीवन पर काम कर रहे थे। 1978 में प्रारंभ हुए आयोग के तत्वावधान में हर पाँच वर्ष पर होने वाले अंतरराष्ट्रीय सम्मेलन के दौरान विविध विषयों पर संगोष्ठियों तथा विशेष चर्चाओं का आयोजन किया गया। इसके अतिरिक्त आयोग ने क्षेत्रीय सम्मेलन और बैठकें भी आयोजित कीं। इन कार्यवाहियों से निकलीं अनेक पुस्तकें प्रकाशित हुई हैं। सम्मेलनों तथा विचारगोष्ठियों के लिए आयोग ने अन्य संस्थाओं के साथ भी सहयोग किया।[17] इन बहसों तथा परस्परक्रियाओं से मेरे अपने काम का क्षेत्र भी अधिक विस्तृत हुआ।

यहाँ स्त्री-विषयक अध्ययनों के विस्तृत क्षेत्र के आविर्भाव ने अति महत्त्वपूर्ण भूमिका निभाई है। लगभग उसी समय जब **टुवर्ड्स इक्वालिटी** (समता की ओर) रिपोर्ट तैयार की जा रही थी और 'स्त्रियों का मानवशास्त्र/मानवविज्ञान' उदित हो रहा था तभी लिंगभाव/स्त्री-पुरुष संबंध/स्त्रियों के जीवन पर अंतरानुशासनीय अध्ययनों, तथा स्त्री-आंदोलनों के व्यापकतर संदर्भ में भारत में स्त्री-अध्ययन का प्रादुर्भाव हुआ। समयांतराल में भारत में स्त्री-अध्ययन विभिन्न विषयों के बीच एक क्रांतिक संवाद तथा रचनात्मक आदान-प्रदान का साक्षी रहा है—जिनमें अकादमिक अध्येता, अकादमिक अध्ययन तथा सक्रिय कार्य दोनों करने वाले, और केवल सक्रिय कार्यकर्ता इन सब का योगदान रहा है।

अंतरराष्ट्रीय क्षेत्र की तरह भारत में भी अध्येताओं ने कोई समान विषय-वस्तु लेकर उसकी पड़ताल के लिए विभिन्न विषयानुशासनों की विशेषता का सहारा लिया है। परिणामस्वरूप कुछ उत्कृष्ट कार्य सामने आया (उदाहरणार्थ देखें चानना, सं. 1988, सांगारी तथा वैद, सं. 1989, पापानेक तथा मिनाल्ट, सं. 1982, भसीन, मेनन तथा खान, सं. 1994)[18]। मैं प्रारंभ से ही इस क्षेत्र से घनिष्ठ रूप से जुड़ गई थी और इससे बहुत लाभान्वित भी हुई हूँ। लेकिन, इसके साथ ही, मेरा अपना काम मुख्य रूप से मानवविज्ञान में ही बद्धमूल रहा है। हालाँकि मैंने ज्ञान के अन्य निकायों से

भी बहुत कुछ लिया है। जो एक बात उल्लेखनीय है वह यह है कि लिंगभाव/लिंगभेद संबंधी अध्ययन के साथ जुड़ाव से ही मेरे लिए दक्षिणपूर्व एशिया का पटल खुला।[19]

एक पूरे जीवन के अनुभव, लगभग पचास वर्ष पूर्व प्रारंभ की गई यात्राएँ, 1950-60 तथा 1960-70 के दशकों में रेखांकित मानवजातिचित्रण के रास्ते और 1970 के दशक से 1990 के दशक तक जिन मानववैज्ञानिक पथों पर मैं चली वे सब अब भी मेरे लेखन में प्रतिबिंबित हो रहे हैं। इस पुस्तक के लिए एकत्र किए गए चुनिंदा निबंधों के मानवजातिचित्रण को मेरा एक छोटा-सा योगदान मानना ही उचित होगा। इसके माध्यम से मैंने मानववैज्ञानिक जाँच के आंशिक व अधूरे दृष्टिकोण को संशोधित कर उसे पुनर्व्यवस्थित करने का तथा भारतीय समाज की सीमित व दोषपूर्ण समझ को विचार-विनिमय से परिमार्जित करने का प्रयास किया है। अंतिम निबंध में दक्षिण व दक्षिणपूर्व एशिया के कुछ चुने हुए जनसमुदायों की तुलना कर नातेदारी और लिंगभाव के बीच के संबंध के कुछ पक्षों को उत्कीर्ण करने का प्रयास किया गया है।[20]

टिप्पणियाँ

1. आत्मकथात्मक वृत्तांत, जीवन इतिहास तथा किसी संस्कृति के सदस्यों की जीवनियाँ मानवजाति-वर्णन का समृद्ध स्रोत रही हैं। इसके साथ ही, हाल के वर्षों में यह अधिकाधिक महसूस किया गया है कि किसी मानवजातिवर्णनकर्ता का पीछे मुड़कर अपने स्वयं के अनुभवों, परस्परक्रियाओं, प्रतिक्रियाओं तथा ईमानदार आत्मकथात्मक गवेषणाओं पर दृष्टिपात करना निश्चय ही संप्रेषणीय सिद्ध हो सकता है क्योंकि उनमें मानवजातिवर्णन की आनुभविक रंगत को प्रभावपूर्ण ढंग से संप्रेषित करने की क्षमता होती है। (देखें ओकली तथा कैलवे, सं. 1992)
2. धीरे-धीरे हम सब बहनों का विवाह हो गया, किंतु हम चारों ने अलग-अलग क्षेत्रों में अपना-अपना व्यवसाय भी चुना और उनमें अलग-अलग अंशों में अपनी जगह बनाई।
3. मध्यप्रांत व बरार के अमरावती शहर में स्थित जिस आवासी स्कूल में मेरी बहनें और मैं पढ़ती थीं, वहाँ की कुछ शिक्षिकाएँ अपने छोटे भाई-बहनों की शिक्षा की जिम्मेदारी के कारण अविवाहित रही थीं। हमारे मन में उनके प्रति सहानुभूति और प्रशंसा की मिली-जुली भावना थी। हमारी शिक्षिकाओं में कई विधवाएँ थीं तथा कुछ ऐसी स्त्रियाँ भी थीं जो अपने पति अथवा परिवारों द्वारा परित्यक्ता थीं तथा अपना और अपने बच्चों का भरण-पोषण कर रही थीं। इसे निरपवाद रूप से ऐसी परिस्थिति के रूप में देखा जाता था जैसे इन स्त्रियों पर दुर्भाग्य टूट पड़ा हो। ये उदाहरण इस तर्क को ताकत देते थे कि लड़कियों के लिए शिक्षा जरूरी है ताकि किसी आपदा की स्थिति में उसका इस्तेमाल किया जा सके।
4. मेरे लिए इस बात का फैसला कर पाना कठिन है कि क्या माँ के रूप में मैं जरूरत से ज्यादा नर्म थी, मुझमें पर्याप्त दृढ़ता का अभाव था, मैं सही समय पर सख्त कदम नहीं उठाती थी तथा बच्चों को सही ढंग का प्रशिक्षण नहीं दे रही थी? लेकिन सही ढंग के प्रशिक्षण का अर्थ क्या है? अपने बच्चों पर किस-किस प्रकार के प्रभाव पड़े हैं इसका अंदाज लगाना शायद असंभव होता है? वस्तुतः कोई माँ अपने सभी बच्चों के संदर्भ में एक जैसा व्यवहार नहीं कर सकती—उसे स्वयं विकास की प्रक्रिया से गुजरना होता है। लेकिन मुझमें धीरे-धीरे यह भावना पनपी है कि

मातृत्व को इस तरह विस्तारित करना संभव है कि इसकी छाँह में वे भी शामिल हो सकें जो उस माँ के शरीर से उपजे अथवा उसके द्वारा गोद लिये बच्चे नहीं हैं। मैंने यह बात अपने छात्रों के संदर्भ में विशेष रूप से महसूस की है। वस्तुतः माँ में निहित माने जाने वाले गुण किसी पुरुष में भी विकसित किए जा सकते हैं।

5. राष्ट्रवादी राजनीति के व्यापक विवरण के लिए देखें सरकार, 1983।
6. शहरी सुशिक्षित पुरुषों के बीच वेरियर एलविन वन जनजातियों के अनोखे रीति-रिवाजों के अपने विवरण के कारण तथा घास से बना छोटा घाघरा पहने, खुली छाती वाली स्त्रियों के कथित रूप से अश्लील चित्रों के लिए जाने जाते थे। मेरे ताऊजी के बेटे राज्य न्यायिक सेवा में थे। जब हम विवाह के बाद उनसे पहली बार मिले तो उन्होंने मेरे पति से मजाक में कहा, 'अच्छा तो आप वही कर रहे हैं जो एलविन करते रहे हैं। अगर मुझे मालूम होता कि आप मानवशास्त्री हैं तो मैं अपनी बहन की शादी आपके साथ कतई न होने देता'।
7. नागपुर में हमारे विवाह के फैसले के बाद श्यामाचरण दुबे अपना क्षेत्रकार्य करने वापस लौट गए। मुझे क्षेत्रकार्य के बारे में कोई जानकारी नहीं थी, न ही मुझे यह पता था कि घने जंगलों के बीच बसे पुरवों में रहना कैसा होता है। इस अवधि के दौरान मैंने उन्हें लंबे-लंबे पत्र लिखे। इन पत्रों में मैंने स्त्रियों की दुर्दशा, उनके उचित स्थान, स्त्रियों द्वारा अपने अधिकारों का दावा करने की जरूरत आदि के बारे में भी लिखा। मैंने जो कुछ लिखा उसका अधिकांश जो कुछ भी मैंने पत्रिकाओं और उपन्यासों में पढ़ा था उस पर आधारित था। अत्यधिक दबाव के तहत काग कर रहे श्यामाचरण दुबे मेरे कुछ पत्रों से इतना अधिक परेशान हो उठे कि एक बार उन्होंने मुझे बहुत क्षोभ भरा जवाब भेजा। उसमें लिखा था 'मेरे विचार से सुधारने की कोशिश से बेहतर है खत्म करना'। मैं धक से रह गई। सौभाग्य से यह गुत्थी जल्दी ही सुलझा ली गई थी।
8. इरावती कर्वे ने अपने अध्ययनों में स्त्रियों और नातेदारी के बीच संबंधों के बारे में व्यापक संकेत दिए थे। इससे लोगों को इन सवालों में गहरे पैठने के लिए दिशानिर्देश मिल सकते थे लेकिन इस पर कोई विस्तृत अध्ययन नहीं किया गया तथा उत्तर के और दक्षिण के नातेदारी क्षेत्र के भीतर के आंतरिक विभेदों पर ध्यान नहीं दिया गया। यह दुर्भाग्यपूर्ण भी है कि नातेदारी संगठन के 'मध्यवर्ती क्षेत्र' संबंधी कर्वे के विचारों को गंभीरतापूर्वक नहीं लिया गया तथा उनके महत्त्व को पहचाना नहीं गया। हमारे लिए इन मुद्दों पर ध्यान देना जरूरी है। भारत में मानवशास्त्र तथा समाजशास्त्र की मुख्यधारा में कर्वे के काम को सुविधापूर्वक अनदेखा कर देने की प्रवृत्ति रही है। यद्यपि 'उत्तरी' और 'दक्षिणी' नातेदारी की तुलना करने में कर्वे ने जिन विशेषताओं पर जोर दिया था उनमें से कुछ में बदलाव आ रहा है, उदाहरणार्थ भाई-बहन की संतानों के बीच अथवा मामा और भांजी के बीच विवाह की प्रथा अब पहले जितनी प्रबल तथा सर्वसामान्य नहीं रह गई है, तथापि यह अब भी सत्य है कि कर्वे को वह श्रेय नहीं मिला है जिसकी वह हकदार थीं। यह बात विशेषकर भारत के संदर्भ में कही जा रही है। वास्तव में, महाराष्ट्र क्षेत्र की उनकी समझ से अनेक लोग, जिनमें इतिहासकार शामिल हैं, लाभान्वित हुए हैं (देखें, उदाहरणार्थ कुमार 1968)।
9. एक अन्य मानवशास्त्री हैं कैथलीन गफ जिनके काम ने मेरा ध्यान आकृष्ट किया है : विशेषकर तंजौर के एक ब्राह्मण ग्राम (1956) पर उनका लेखन तथा नायरों पर उनका काम जिसने इस अनुशासन में कुछ सुस्थापित धारणाओं को चुनौती दी।
10. मानवजातिवर्णनात्मक सामग्री की दृष्टि से समृद्ध तथा प्रवाहपूर्ण शैली में लिखे गए कुट्टी के 'शोधप्रबंध' की बहुत सराहना हुई थी। 'इसमें कितनी बार और कितने ज्यादा' को 'सघन विवरणों' (यह अभिव्यक्ति तब प्रचलित नहीं हुई थी) के साथ कुशलतापूर्वक संयोजित किया गया था।

1972 में प्रकाशित होने पर इसकी बहुत अच्छी समीक्षाएँ लिखी गईं।

11. 1970 के दशक के उत्तरार्ध से इस तरह के अनेक प्रकाशन सामने आए जिनमें मातृवंशीय व्यवस्थाओं में स्त्रियों की स्थिति तथा स्त्री-पुरुष संबंधों का पुनर्मूल्यांकन किया गया था। इन प्रकाशनों से, जिनमें से कुछ को संदर्भों में उद्धृत किया गया है, मुझे एक ताजा परिप्रेक्ष्य में कल्पेनी में लिंगभाव और नातेदारी की पड़ताल करने में मदद मिली (अध्याय पाँच)। मैं मातृवंशपरंपरा के लिए किसी आदर्श स्थिति का दावा नहीं करती (दुबे 1991, 1997)। मेरा तर्क है कि हमें मातृवंशीय व्यवस्थाओं की बहुलता को मान्यता देनी चाहिए। इन समाजों में संपत्ति प्रबंधों, सत्ता, राजनीति, आवास, वैवाहिक प्रथाओं और सांस्कृतिक मूल्यों की दृष्टि से भिन्नताएँ हैं जो स्त्री-पुरुष संबंधों को प्रभावित करती हैं। एक अतिवादी प्रसंग लें तो पर्याप्त सैद्धांतिक, प्रायोगिक तथा राजनीतिक खतरा उठाकर ही हम 'को–वाइव्स एंड कैलाबाशेस' (प्राइस 1984) जैसी कृति को अनदेखा कर सकते हैं जो एक ऐसी मातृवंशीय व्यवस्था की ओर संकेत करती है जिसकी विशेषता है बहुपत्नी विवाह का सामान्य प्रचलन तथा असमान उपहार भेंट की प्रथाएँ जो पुरुष को स्पष्ट रूप से श्रेष्ठ स्थिति प्रदान करती हैं।

12. देखें असद, सं. 1973; बेरेमन 1968; गफ 1968।

13. यहाँ मैं अपने चिंतन पर श्यामाचरण दुबे के प्रभाव को ज्ञापित करना चाहूँगी (देखें, उदाहरणार्थ, एस. सी. दुबे 1973)।

14. घरेलू/सार्वजनिक तथा प्रकृति/संस्कृति जैसे विभाजनों और सार्वभौमिक यौनविषमता तथा 'स्त्री–एक सार्वभौमिक श्रेणी' जैसे आधार वाक्यों पर बहसें शुरू हो गईं। विद्वानों ने तर्क दिया कि इनमें से अधिकतर अवधारणाओं का मूल यूरो-अमेरिकी इतिहास तथा संस्कृति में है जो अन्य संस्कृतियों में मौजूद स्त्री-पुरुष संबंधों की समझ को विकृत करती है तथा अन्य समयों और स्थानों में विद्यमान विचार एवं अनुभव का गलत निरूपण करती है (देखें ऐटकिंसन 1982)। इन विवादों के फलस्वरूप विश्व के विभिन्न हिस्सों में विशिष्ट मुद्दों की पड़ताल करने के लिए नए ढंग से नियोजित मानवजातिचित्रण किए गए। विभिन्न संस्कृतियों में प्रतिष्ठा, आध्यात्मिक शक्ति, प्रस्थिति तथा असमानता की धारणाएँ अपने निहितार्थ तथा प्रभाव में भिन्न हो सकती हैं। यह संभव है कि ये विभिन्न अर्थ पश्चिमी धारणाओं से पूरी तरह भिन्न हों (देखें स्ट्रैदर्न, सं. 1987; मूर 1988; ऐटकिंसन तथा एरिंग्टन, सं. 1990)। इसके साथ ही गैर-पश्चिमी क्षेत्रों के मानवशास्त्रियों और अन्य समाजवैज्ञानिकों ने दूसरी संस्कृतियों के उनके अध्ययनों तथा स्पष्टीकरणों व व्याख्याओं में पश्चिमी विद्वानों के संजाति केंद्रित पक्षपात के लिए उनकी कड़ी आलोचना की है। कुछ ने इस बात पर जोर दिया है कि नारीवादी मानवशास्त्र में भी सत्ता की असमान संरचनाएँ होती हैं जो शोध संबंधी गतिविधियों को अपने आदेशानुसार चलाती हैं। जिनका अध्ययन किया जाता है वे अधिकतर दूसरी संस्कृतियों की होती हैं और जो उनका अध्ययन करतीं तथा उन पर लिखती हैं उनमें से अधिकतर पश्चिमी स्त्रियाँ हैं (अबु-लुघोद 1990)। इसी तरह कुछ गैर-पश्चिमी नारीवादी अपनी स्वयं की संस्कृति के अध्ययन में और स्त्रियों के जीवन तथा स्त्री-पुरुष संबंधों के विषय में अन्य लोगों द्वारा उनकी अपनी समझ के अनुसार रची गई अवधारणाओं और व्याख्याओं को परखने के लिए देशज शोधकर्ताओं का गहरा तथा समर्पित जुड़ाव कितने क्रांतिक महत्त्व का होता है इस बारे में काफी सचेत हो रहे हैं। लेकिन इस संदर्भ में यह भी अत्यंत आवश्यक है कि इन देशज शोधकर्ताओं में अपने समाजों और संस्कृतियों में मौजूद विविधताओं और जटिलताओं के बारे में एहसास, तथा साथ ही इस संबंध में अपनी सीमित समझ के बारे में भी पर्याप्त चेतना हो। इससे उन पर अंकुश रहेगा और वे आसान, जल्दबाजी का रास्ता अपनाने और उथले लेखन से बचने के बारे में जागरूक रहेंगे। सत्ता की संरचनाओं–जिसमें धनसत्ता

भी शामिल है—के संदर्भ में यह एक शुभ संकेत है कि हाल की कुछ सहयोगात्मक परियोजनाओं में पश्चिमी और गैर-पश्चिमी देशों के विद्वान समानता के आधार पर काम करते दिखाई पड़ते हैं। फिर भी इस बात के प्रति बहुत सतर्क रहने की जरूरत है कि जिन्हें पश्चिमी विद्वान सामग्री इकट्ठा करने के लिए नियुक्त करते हैं, उन स्थानीय या देशज लोगों को भी सोचने के लिए प्रोत्साहित किया जाए और अपने विचारों को अभिव्यक्त करने की आजादी दी जाए।

15. नारीवादी मानवशास्त्र 1970-80 के दशक के 'स्त्रियों के मानवशास्त्र' से विकसित हुआ है। यह केवल स्त्री पर बल देने के बजाय स्त्री-पुरुष संबंधों पर बल देता है (मूर 1988)। 'नारीवाद' तथा 'नारीवादी' शब्दों की तरह ही अपने अर्थ, विषयवस्तु तथा लक्ष्यों के संदर्भ में 'नारीवादी मानवशास्त्र' अभिधान में भी एकरूपता का अभाव है और इसको लेकर अब भी कुछ आपत्तियाँ हैं। हालाँकि व्यापक रूप से 'नारीवादी मानवशास्त्र' का प्रयोग प्रचलित हो गया है।

एक महत्त्वपूर्ण प्रवृत्ति उभरी है पुरानी स्त्री मानवजातिविवरणकर्ताओं के काम को सामने लाना। उदाहरण के लिए विश्वेश्वरन (1997) ने नारीवादी मानवजातिविवरण के अस्तित्व को तलाशा है। उन्होंने इसे स्त्री विषयक मानवजातिविवरण के उत्पाद के रूप में परिभाषित किया है (लैंफेर 1989 भी देखें)। आईनर (1992) ने रिचर्ड्स, काबेरी तथा वार्ड के काम का उत्सव मनाया है।

अब दो शब्द स्त्री-पुरुष (लिंग-द्वय) संबंध के विषय में। यह आम धारणा है कि 'लिगभाव-अध्ययन' एक भाषिक अभिव्यक्ति के रूप में ही सही अपने कार्यक्षेत्र में स्त्रियों के साथ पुरुषों का भी समावेश कर संतुलन तथा सहकारिता का भाव प्रदर्शित करता है, हालाँकि उसका असली उद्देश्य विविध तरीकों से स्त्रियों पर ध्यान कोंद्रेत करने का ही रहा है। लेकिन धीरे-धीरे पुरुषत्व का अध्ययन भी अपनी जगह बना रहा है। स्त्रियों के समान पुरुष भी लिंगभावायित व्यक्ति होते हैं और इसलिए स्त्रियों को समझने के लिए तथा सामाजिक यथार्थ की समुचित समझ के लिए पुरुषों को समझना आवश्यक है। पुरुषत्व के अध्ययन की वकालत करने के साथ-साथ इस बात की भी चेतना उभरी है कि लिंगभाव के अध्ययन को केवल स्त्री अध्येताओं तक सीमित नहीं रखना चाहिए (देखें, उदाहरणार्थ, बेल आदि, सं. 1993; हर्ज़फेल्ड 1985, 1991; गटमन 1997)। निश्चित ही, यहाँ सरोकार की गहराई, नई तरह से सोचने की चाह व क्षमता की संभावना, तथा अध्ययन में सत्ता के विभाजन के जटिल मुद्दे खड़े होते हैं। जैसा कि काली तथा तीसरी दुनिया की नारीवादियों ने दावा किया है, अपने ही समाज की स्त्रियों का अध्ययन कर रही स्त्री-शोधकर्ताओं के मामले में इन दो श्रेणियों के बीच वर्ग, प्रजाति तथा जातीयता की भिन्नताओं के संदर्भ में इसी तरह की समस्याएँ सामने आती हैं।

16. यह उल्लेखनीय है कि इस विषय में पुरुष केंद्रित पूर्वग्रह की आलोचना करते हुए 'स्त्रियों का मानवशास्त्र' इस बात के प्रति भी सचेत हुआ है कि स्त्रियों पर ही ऐकांतिक रूप से ध्यान केंद्रित करने से सामाजिक विज्ञानों में असंतुलन की समस्या हल नहीं होगी। अध्येताओं ने सामाजिक विश्लेषणों में द्विकेंद्रित, यहाँ तक कि बहुकेंद्रित दृष्टिकोण की भी मांग की है (देखें ऐटकिंसन 1982), जिनमें से कुछ ने बाद में इस बात पर भी जोर दिया है कि यह क्षेत्र केवल स्त्री अध्येताओं के लिए ही सीमित नहीं रखना चाहिए। एक और अनुकूल बात : लिंगभाव और नातेदारी को एक साथ लाने की प्रवृत्ति के परिणामस्वरूप कुछ महत्त्वपूर्ण काम सामने आया है (देखें उदाहरणस्वरूप, कोलियर तथा यानागिसाको, सं. 1987; लोहजोल तथा पायाटैक्सिआर्कस, सं. 1991; कैप्लन 1993; हर्शन, सं. 1984; व्हाइटहेड 1984)। यहाँ मैं अबु-लुघोद 1986-88, अलतोर्की 1982, कर्न्स 1989, पालरीवाला तथा रिसेउ, सं. 1996, रिसेउ तथा गणेश, सं. 1998, रिसेउ 1988, और दुबे 1997 को भी शामिल करना चाहूँगी।

17. उदाहरणार्थ दुबे आदि, सं. 1986; वीमेन एंड द आउसहोल्ड इन एशिया के पाँच खंड (1) सिंह तथा केलेस-वीतनन, सं. 1987; (2) अगरवाल, सं. 1988; (3) दुबे तथा पालरीवाला, सं. 1990; (4) कृष्णराज तथा चानना, सं. 1989; (5) सारदामणि, सं. 1992; पालरीवाला तथा रिसेउ, सं. 1996; रिसेउ तथा गणेश, सं. 1998।

18. 'स्त्री-अध्ययन' 'लिंगभाव-अध्ययन' इन नए संघटित हुए विषयों के अंतर्गत इतिहास, कानून, समाजशास्त्र, मानवशास्त्र, राजनीतिशास्त्र जैसे अनुशासनों के तहत और प्रतिरोध तथा सामूहिक कार्रवाई, सांप्रदायिकता तथा धर्म, शिक्षा, यौनत्व, साहित्य, जीवनियाँ एवं आत्मकथाएँ और अनेक रूपों एवं क्षेत्रों में लिंगभाव तथा स्त्रियों से संबंधित मुद्दों पर हो रहे प्रकाशनों के प्राचुर्य के कारण सही स्थिति बता पाना असंभव हो गया है। मैं केवल यही सुझाव दे सकती हूँ कि जिनकी इस विषय में दिलचस्पी है वे काली फार वीमेन, सेज. ओ. यू. पी., मनोहर, स्त्री तथा सी. डब्ल्यू. डी. एस. और एस. एन. डी. टी. जैसे संस्थानों तथा प्रकाशकों से इंटरनेट पर संपर्क कर सकते हैं। (यह सूची केवल संकेतात्मक है।)

19. लक्षद्वीप द्वीपसमूह के मातृवंशीय मुसलमानों के विषय में मेरे अनुभवों के बाद से ही मैं लक्षद्वीप के समाजों से मिलते-जुलते पश्चिमी सुमात्रा और नेग्री सेम्बिलन में स्थित अन्य मातृवंशीय समाजों के बारे में तथा दक्षिणपूर्व एशिया में उभयवर्ती समुदायों की 'कम अतिवादी' लिंगगत व्यवस्थाओं के बारे में जानने को उत्सुक रही थी। 'दक्षिण और दक्षिणपूर्व एशिया में स्त्रियों का काम और पारिवारिक रणनीतियाँ' इस अंतरविषयी परियोजना में मेरे सहयोग की मांग की गयी, जिसका परिणाम रहा एक तुलनात्मक काम (दुबे 1997)। स्त्रियों की स्थिति के संदर्भ में दक्षिण और दक्षिणपूर्व एशिया की तुलना करने का यह पहला सिलसिलेवार प्रयास था। 1987 के बाद की सामग्री उपलब्ध न रहने के कारण इसकी अपनी सीमाएँ हैं (क्योंकि सामग्री इकट्ठा करने के लिए मैंने इस क्षेत्र की यात्रा 1987 में की थी); फिर भी यह पुस्तक लिंगभाव तथा नातेदारी संबंधी अध्ययनों में मौजूद कमियों के अंतराल को भरने का प्रयास करती है तथा सरल सामान्यीकरणों को चुनौती भी देती है।

20. हर अध्याय अपने आप में पूर्ण है, उतना ही जितने की स्थान संबंधी सीमाएँ छूट देती हैं। आलेख एक दूसरे के पूरक और संपूरक हैं। कुछ पुनरावृत्ति अपरिहार्य थी क्योंकि इसके बिना तर्क पूर्ण व प्रभावी न बन पाते। मैं इस आस्था के साथ काम करती हूँ कि स्त्रियों की सामूहिक कार्रवाई के लिए सामाजिक यथार्थ, लोगों के विश्वासों और उनके आचार-व्यवहार के पीछे के तर्क की समझ में गहरी पैठ होनी जरूरी है। पर्याप्त मानवजातिविवरणात्मक समझ के बिना प्रतिरोध और विरोध, तथा परिवर्तन लाने की कोशिशें प्रायः प्रतिउत्पादक होने की संभावना रहती है।

संदर्भ

अबु–लुघोद, 1986, **वेल्ड सेंटिमेंट्स : आनर एंड पोएट्री इन ए बेदोइन सोसायटी,** बर्कली तथा लास एंजिलस : यूनिवर्सिटी आफ कैलिफोर्निया प्रेस।

—, 1990, 'कैन देयर बी ए फेमिनिस्ट एथ्नोग्राफी?' **वीमेन एंड पर्फार्मंस : ए जर्नल आफ फेमिनिस्ट थियरी,** खंड 5, पृ. 5-27।

अगरवाल बीना, सं. 1988, **स्ट्रक्चर्स आफ पैट्रिआर्की : स्टेट, कम्युनिटी एंड हाउसहोल्ड इन माडर्नाइजिंग एशिया,** नई दिल्ली : काली फार वीमेन।

अलतोर्की, सुरैया, 1982, 'द ऐंथ्रोपोलाजिस्ट इन द फील्ड, ए केस आफ' 'इंडीजिनस

ऐंथ्रोपोलाजी फ्राम सऊदी अरेबिया' **इंडीजिनस ऐंथ्रोपोलाजी** में, सं. हुसेन फहीम, डरहम, नार्थ कैरोलिना : एकेडेमिक प्रेस।

आर्डनर, शर्ली, सं. 1975, **परसीविंग वीमेन,** लंदन : डेन्ट तथा न्यूयार्क : जॉन वाइली।

—, 1978, **डिफाइनिंग फीमेल्स,** लंदन : क्रूम हेल्म।

—, 1981, **वीमेन एंड स्पेस,** लंदन : क्रूम हेल्म।

—, 1985, 'द सोशल ऐंथ्रोपोलाजी आफ वीमेन एंड फेमिनिस्ट ऐंथ्रोपोलाजी' **ऐंथ्रोपोलाजी टुडे,** खं. 1, सं. 5, पृ. 24।

—, सं. 1992, **परसन्स एंड पावर आफ वीमेन इन डाइवर्स कल्चर्स : एसेज़ इन कममोरेशन आफ आड्री आई. रिचर्ड्स, फिलिस काबेरी एंड बारबरा ई. वार्ड,** न्यूयार्क, आक्सफर्ड : बर्ग पब्लिशर्स।

असद, तलाल, सं. 1973, **ऐंथ्रोपोलाजी एंड द कलोनियल एनकाउंटर,** लंदन : इथाका प्रेस।

ऐटकिंसन, जेन, एम, 1982, 'रिव्यू एसे ऐंथ्रोपोलाजी', **साइंस : जर्नल आफ वीमेन इन कल्चर एंड सोसायटी,** खं. 8, सं. 2, पृ. 236-58।

ऐटकिंसन, जेन एम. तथा एरिंगटन, एस., सं. 1990, **पावर एंड डिफरंस : जेंडर इन आयलंड साउथ ईस्टएशिया,** स्टैनफर्ड : स्टैनफर्ड युनिवर्सिटी प्रेस।

बेल, डायन, पी. कैप्लन तथा डब्ल्यू. जे. करीम, सं. 1993, **जेंडर्ड फील्ड्स : वीमेन, मेन एंड एथ्नोग्राफी,** लंदन : रटलिज।

बेरेमन, जी. डी., 1968, 'इज ऐंथ्रोपोलाजी अलाइव? सोशल रिस्पांसिबिलिटी आफ सोशल ऐंथ्रोपोलाजी' **करंट ऐंथ्रोपोलाजी,** खं. 9, पृ. 391-396।

भसीन, कमला, आर. मेनन तथा एन. एस. खान, सं. 1994, **अगेंस्ट आल आड्स : एसेज ऑन वीमेन, रिलिजन, एंड डेवलपमेंट फ्राम इंडिया एंड पाकिस्तान,** नई दिल्ली : काली फार वीमेन।

कैप्लन, पैट, 1993, 'लर्निंग जेंडर : फील्डवर्क इन ए तंजानियन कोस्टल विलेज, 1965-85' **जेंडर्ड फील्ड्स : वीमेन, मेन एंड एथ्नोग्राफी** में, सं. डी. बेल., पी. कैप्लन तथा डब्ल्यू. जे. करीम, लंदन : रटलिज।

कैप्लन पैट्रिशिया तथा जेनेट बुजरा, सं. 1978, **वीमेन यूनाइटेड, वीमेन डिवाइडेड : क्रास-कल्चरल पर्स्पेक्टिव्ज आन फीमेल सालिडैरिटी,** लंदन : टैविस्टॉक।

चानना, करुणा, सं. 1988, **सोशलाइजेशन, एजुकेशन, एंड वीमेन : एक्सप्लोरेशंस इन जेंडर आइडेंटिटी,** नई दिल्ली : ओरिएंट लांगमन तथा नेहरू मेमोरियल म्यूज़ियम एंड लाइब्रेरी।

कोलियर, जेन एफ, तथा सिल्विया जे. यानागिसाको, सं. 1987, **जेंडर एंड किनशिप : एसेज टुवर्ड्स ए युनीफाइड अनालिसिस,** स्टैनफर्ड : स्टैनफर्ड युनिवर्सिटी प्रेस।

कोल्सन, ई., 1958, **मैरिज एंड द फैमिली अमंग द प्लैटो टोंगा आफ नादर्न रोडेशिया,**

मैंचेस्टर : मैंचेस्टर युनिवर्सिटी प्रेस।

—, 1980, 'द रेसिलिअंस आफ मैट्रिलीनियालिटी : ग्वेम्बे एंड प्लैटो टोंगा ऐडैप्टेशंस,' **द वर्सटैलिटी आफ किनशिप** में, सं. एल. एस. कोर्डेल तथा एस. बेकरमन, न्यूयार्क : एकेडेमिक प्रेस।

जमूर, जूडिथ, 1959, **मलय किनशिप एंड मैरिज इन सिंगापुर,** युनिवर्सिटी आफ लंदन : एथलान प्रेस।

दुबे, लीला, (ए. आर. कुट्टी के साथ), **1969 अ, मैट्रिलिनि एंड इस्लाम : रिलिजन एंड सोसायटी इन लैकदीव्ज,** दिल्ली : नेशनल पब्लिशिंग हाउस।

दुबे, लीला, 1969 ब, 'इनहेरिटंस आफ प्रापर्टी इन ए मैट्रिलीनियल मुस्लिम सोसाइटी, आल इंडिया सोशियोलाजिकल कान्फ्रेंस, दिल्ली, मिमियोग्राफ्ड।

—, 1973, 1978, 'कास्ट अनालोगूज अमंग द लैकदिव (लक्षद्वीप) मुस्लिम्स' **कास्ट एंड सोशल स्ट्रैटिफिकेशन अमंग मुस्लिम्स इन इंडिया में,** सं. इम्तियाज़ अहमद, दिल्ली : मनोहर।

—, 1974, **सोशियोलाजी आफ किनशिप : ऐन एनालिटिकल सर्वे आफ लिटरेचर,** बॉम्बे : पापुलर प्रकाशन।

—, 1980, **स्टडीज आन वीमेन इन साउथ-ईस्ट एशिया,** यूनेस्को।

—, 1986, 1989 अ, 'इंट्रोडक्शन', **विजिबिलिटी एंड पावर : एसेज आन वीमेन इन सोसाइटी एंड डेवलपमेंट** में, सं. लीला दुबे, ई. लीकॉक, तथा एस. आर्डेनर, दिल्ली : आक्सफर्ड युनिवर्सिटी प्रेस।

—, 1991, 'इन द मदर्स लाइन : आस्पेक्ट्स आफ स्ट्रक्चर एंड चेंज इन लक्षद्वीप,' अप्रकाशित।

—, 1994, 'कान्फ्लिक्ट एंड काम्प्रोमाइज : डिवाल्यूशन एंड डिस्पोज़ल आफ प्रापर्टी इन ए मैट्रिलीनियल मुस्लिम सोसाइटी,' **इकोनामिक एंड पोलिटिकल वीकली,** खं. 29, सं. 21, पृ. 1273-84; ए. एम. शाह, बी. एस. बविस्कर तथा ई. ए. रामस्वामी में, सं. 1998, **सोशल स्ट्रक्चर एंड चेंज,** खं. 5 (एसेज इन आनर आफ एम. एन. श्रीनिवास), नई दिल्ली : सेज।

—, 1995 'मैट्रिलिनि एंड इस्लाम इन लक्षद्वीप,' **इंडिया इंटरनेशनल सेंटर क्वार्टर्ली,** समर-मानसून, पृ. 169-80।

—, 1997, **वीमेन एंड किनशिप : कम्पेरेटिव पर्सपेक्टिव्ज आन जेंडर इन साउथ एंड साउथ-ईस्ट एशिया,** तोक्यो : यूनाइटेड युनिवर्सिटी प्रेस तथा नई दिल्ली : विस्तार।

दुबे, लीला, ई. लीकॉक तथा एस. आर्डनर, सं. 1986, 1989 ब, **विजिबिलिटी एंड पावर : एसेज आन वीमेन इन सोसाइटी एंड डेवलपमेंट,** दिल्ली : आक्सफर्ड युनिवर्सिटी प्रेस।

दुबे, लीला, तथा आर. पालरीवाला, सं. 1990, **स्ट्रक्चर्स एंड स्ट्रैटेजीज : वीमेन, वर्क एंड फैमिली,** नई दिल्ली : सेज।

दुबे, एस. सी., 1958, **इंडिया'ज चेंजिंग विलेजेस,** लंदन : रटलिज एड केगन पाल।

—, 1973, **सोशल सायंसेस इन चेंजिंग सोसाइटी : डी. एन. मजूमदार लेक्चर्स,** 1972, लखनऊ : एथ्नोग्राफिक एंड फोक कल्चर सोसायटी आफ यू. पी., मानवशास्त्र विभाग, लखनऊ विश्वविद्यालय।

फ्रीमन, जे. डी., 1958, 'द फैमिली सिस्टम आफ द इबान आफ बोर्नियो, **द डेवलपमेंटल साइकल इन डोमेस्टिक ग्रुप्स में,** सं. जैक ग्रूडी, कैंब्रिज : कैंब्रिज युनिवर्सिटी प्रेस।

गफ, कैथलीन, 1952, 'चेंजिंग किनशिप यूसेजेस इन द सेटिंग आफ पोलिटिकल एंड इकोनामिक चेंज अमंग द नायर्'स आफ मलाबार,' **जर्नल आफ द रायल ऐंथ्रोपोलाजिकल इंस्टिट्यूट,** खं. 82, भा. 1, पृ. 71-88।

—, 1955, 'फीमेल इनीसिएशन राइट्स आन द मलाबार कोस्ट,' **जर्नल आफ द रायल ऐंथ्रोपोलाजिकल इंस्टिट्यूट,** खं. 85, पृ. 45-80।

—, 1956, 'ब्राह्मण किनशिप इन ए तमिल विलेज,' **अमेरिकन ऐंथ्रोपोलाजिस्ट,** खं. 58, (5), पृ. 826-53।

— 1959, 'द नायर एंड द डेफिनिशन आफ मैरिज,' **जर्नल आफ द रायल ऐंथ्रोपोलाजिकल इंस्टिट्यूट,** खं. 89, सं. 11, भा. 1, पृ. 23-24।

—, 1961, 'नायर : सेंट्रल केरल,' 'नायर : नार्थ केरल,' 'माप्पिला : नार्थ केरल' **मैट्रिलीनियल किनशिप** में, सं. डी. एम. श्नाइडर तथा के. गफ, बर्कली तथा लास एंजिलस : युनिवर्सिटी आफ कैलिफोर्निया प्रेस।

—, 1968, 'न्यू प्रपोजल्स फार ऐंथ्रोपोलाजिस्ट्स,' **करंट ऐंथ्रोपोलाजी,** खं. 9, पृ. 402-07।

गटमन, मैथ्यू सी., 1997, 'ट्रैफिकिंग इन मेन : द ऐंथ्रोपोलाजी आफ मैस्क्युलिनिटी,' **ऐनुअल रिव्यू आफ ऐंथ्रोपोलाजी,** खं. 26, पृ. 385-409।

हर्जफेल्ड, एम., 1985, द **पोएटिक्स आफ मैनहुड : कान्टेस्ट एंड आइडेंटिटी इन ए क्रेटन माउंटन विलेज,** प्रिंसटन : प्रिंसटन युनिवर्सिटी प्रेस।

—, 1991, 'साइलेंस, सबमिशन, एंड सबूवर्शन : टुवर्ड ए पोएटिक्स आफ वुमनहुड,' **कान्टेस्टेड आइडेंटिटीज : जेंडर एंड किनशिप इन माडर्न ग्रीस** में, सं. पी. लोइजास तथा ई. पापाटैक्सिआर्किस, प्रिंसटन : प्रिंसटन युनिवर्सिटी प्रेस।

हर्शन, रेनी, सं. 1984, **वीमेन एंड प्रापर्टी–वीमेन ऐज प्रापर्टी,** लंदन तथा कैनबेरा : क्रूम हेल्म।

जैकब्सन डोरेन, 1970, 'हिडन फेसेस : हिंदू एंड मुस्लिम पर्दा इन ए सेंट्रल इंडियन विलेज,' कोलंबिया युनिवर्सिटी का पी-एच. डी. शोधप्रबंध।

कर्वे, आई, 1953, 1965, **किनशिप आर्गनाइजेशन इन इंडिया**, पूना : डेक्कन कालेज रिसर्च इंस्टिट्यूट, बॉम्बे : एशिया पब्लिशिंग हाउस।

—, 1959, 'व्हाट इज कास्ट? कास्ट ऐज एक्स्टेंडेड किन,' **द इकोनामिक वीकली**, खं. 10, ऐनुअल नंबर, पृ. 123-39।

—, 1963, 'फैमिली थ्रू सिक्स जनरेशंस' **ऐंथ्रोपोलाजी आन द मार्च** में, सं. बालरत्नम, मद्रास : द बुक सेंटर तथा सोशल सायंस एसोसिएशन।

—, 1967, 'अनालिसिस आफ ज्वाइंटनेस एंड नॉन-ज्वाइंटनेस आफ फैमिली,' **द ऐंथ्रोपोलाजिस्ट**, खं. 14, सं. 1।

—, 1968, **हिंदू सोसाइटी : ऐन इंटरप्रेटेशन**, पूना : देशमुख प्रकाशन।

कर्न्स, वर्जीनिया, 1989, **वीमेन एंड द ऐन्सेस्टर्स**, अर्बाना तथा शिकागो : युनिवर्सिटी आफ इलिनोय प्रेस।

कृष्णराज, एम. तथा के. चानना, सं. 1989, **जेंडर एंड द हाउसहोल्ड डोमेन : सोशल एंड कल्चरल डाइमेंशस**, नई दिल्ली : सेज।

कुमार, रवीन्दर, 1968, **वेस्टर्न इंडिया इन द नाइंटींथ सेंचुरी : ए स्टडी आफ सोशल हिस्टरी आफ महाराष्ट्र**, लंदन : रटलिज एंड केगन पाल और टोरंटो : युनिवर्सिटी आफ टोरंटो प्रेस।

कुट्टी, ए. आर., 1972, **मैरिज एंड किनशिप इन ऐन आयलंड सोसाइटी**, दिल्ली : नेशनल पब्लिशिंग हाउस।

लैंफेर एल., 1989, 'फेमिनिस्ट ऐंथ्रोपोलाजी : द लीगसी आफ एल्सी क्लूज पार्सन्स', **अमेरिकन एथ्नोलाजिस्ट**, खं. 16, पृ. 518-33।

लीच, ई. आर., 1955, 'पालिएंड्री, इनहेरिटंस एंड द डेफिनिशन आफ मैरिज', **मैन**, खं. 54, पृ. 182-86।

लोइजोस पी. तथा ई. पापाटक्सिआर्किस, सं. 1991, **कांटेस्टेड आइडेंटिटीज : जेंडर एंड किनशिप इन माडर्न ग्रीस**, प्रिंसटन : प्रिसंटन युनिवर्सिटी प्रेस।

मैक्कार्मेक, कैरल तथा मरिलीन स्ट्रैदर्न, सं. 1980 **नेचर, कल्चर एंड जेंडर**, केंब्रिज : केंब्रिज युनिवर्सिटी प्रेस।

मिशेल, जे. सी., 1956, **द याओ विलेज**, मैंचेस्टर : मैंचेस्टर युनिवर्सिटी प्रेस।

मूर, हेनरीटा एल., 1988, **फेमिनिज्म एंड ऐंथ्रोपोलाजी**, मिनिआपोलिस : युनिवर्सिटी आफ मिनेसोटा प्रेस।

मर्डक, जी. पी., 1949, सोशल स्ट्रक्चर, न्यूयार्क : मैक्मिलन।

—, 1960, 'काग्नैटिक फॉर्म्स आफ सोशल आर्गनाइजेशन' **सोशल स्ट्रक्चर इन साउथ ईस्ट एशिया में**, सं. जी. पी. मर्डक, क्वाड्रैंगल बुक्स।

ओकली, जूडिथ तथा हेलेन कैलवे, सं. 1992, **ऐंथ्रोपोलाजी एंड ऑटोबायोग्राफी**, लंदन : रटलिज।

आर्टनर, एस., 1995, 'रेज़िस्टन्स एंड द प्राब्लेम आफ एथ्नोग्राफिक रिफ्यूजल,' **कंपेरेटिव स्टडीज इन सोसाइटी एंड हिस्टरी,** खं. 37, सं. 1, पृ. 173-93।

पालरीवाला, रजनी, 1994, **चेंज एंड कंटिन्युइटी इन जेंडर, फैमिली एंड किनशिप रिलेशंस,** खं. 1 तथा 11, लाइडन : वीमेन एंड ऑटोनामी सेंटर (वी ई एन ए)

पालरीवाला, आर तथा कार्ला रिसेउ, सं. 1996, **शिफ्टिंग सर्कल्स आफ सपोर्ट : कंटेक्स्चुअलाइजिंग किनशिप एंड जेंडर इन साउथ एशिया एंड सब-सहारन अफ्रीका,** नई दिल्ली, सेज।

पापानेक, एच. तथा जी. मिनाल्ट, सं. 1982, **सेपरेट वर्ल्ड्स : स्टडीज आफ परदा इन साउथ एशिया,** दिल्ली : चाणक्य पब्लिकेशंस।

पोवे, के., 1979, 'वीमेन, हार्टिकल्चर एंड सोसाइटी इन सब-सहारन अफ्रीका : सम कमेंट्स,' **अमेरिकन एथ्नोलाजिस्ट,** खं. 81, सं. 1, पृ. 115-17।

प्राइस सैली, 1984, **को-वाइब्ज एंड कैलाबाशेस,** ऐन आरबर : द युनिवर्सिटी आफ मिशिगन प्रेस।

प्रिंस पीटर आफ ग्रीस एंड डेनमार्क, 1955, 'पालिएंड्री एंड द किनशिप ग्रुप,' **मैन,** खं. 55, 179-81।

—, 1956, 'फार ए न्यू डेफिनिशन आफ मैरिज,' **मैन,** खं. 56, पृ. 35।

रैडक्लिफ-ब्राउन, ए. आर., 1950, 'इंट्रोडक्शन,' **अफ्रीकन सिस्टम्स आफ किनशिप एंड मैरिज,** सं. ए. आर. रैडक्लिफ ब्राउन तथा सी. डी. फोर्ड, लंदन : आक्सफर्ड युनिवर्सिटी प्रेस।

रहेजा, ग्लोरिया, गुडविन, 1994, 'वीमेन'स स्पीच : जेंडर्स, किनशिप एंड कांट्रैडिक्शन' **वीमेन ऐज सब्जेक्ट्स : साउथ एशियन हिस्टरीज में,** सं. एन. कुमार, कलकत्ता : स्त्री।

राइटर, रायना आर., सं. 1975, **टुवर्ड्स ऐन ऐंथ्रोपोलाजी आफ वीमेन,** न्यूयार्क : मंथली रिव्यू प्रेस।

रिचर्ड्स, ए. आई., 1950, 'सम टाइप्स आफ फैमिली स्ट्रक्चर अमंग द सेंट्रल बांटू' **अफ्रकिन सिस्टम्स आफ किनशिप एंड मैरिज में,** सं. ए. आर. रैडक्लिफ-ब्राउन तथा सी. डी. फोर्ड, लंदन : ओ. यू. पी.।

रिसेउ, कार्ला, 1988, **द फिश डू नाट टॉक अबाउट द वाटर : जेंडर ट्रांसफार्मेशन, पावर एंड रेजिस्टंस अमंग वीमेन इन श्रीलंका,** लाइडन : ई. जे. ब्रिल।

रिसेउ, सी. तथा के. गणेश, सं. 1988, **निगोसिएशन एंड सोशल स्पेस : ए जेंडर्ड अनालिसिस आफ चेंजिंग किन एंड सिक्यूरिटी नेटवर्क्स इन साउथ एशिया एंड सब-सहारन अफ्रीका,** नई दिल्ली : सेज।

रोजाल्डो, एम. जेड. तथा एल. लैंफेर, सं. 1974, **वीमेन, कल्चर एंड सोसाइटी,** स्टैनफर्ड : स्टैनफर्ड युनिवर्सिटी प्रेस।

सारदामणि, के., स. 1972, **फाइंडिंग द हाउसहोल्ड : कंसेप्चुअल एंड मेथडोलाजिकल इशूज,** नई दिल्ली : सेज।

सांगारी, कुमकुम तथा एस. वैद, सं. 1989, **रिकास्टिंग वीमेन : एसेज इन कलोनियल हिस्टरी,** नई दिल्ली : काली फॉर वीमेन।

सरकार, सुमित, 1983, **माडर्न इंडिया,** दिल्ली : मैक्मिलन।

श्नाइडर, डी. एम. तथा के. गफ, सं. 1961, **मैट्रिलीनियल किनशिप,** बर्कली तथा लॉस एंजिलस : युनिवर्सिटी आफ कैलिफोर्निया प्रेस।

सिंह, ए. एम., तथा केलेस वीतनन, सं. 1987, **इनविजिबल हैंड्स : वीमेन इन होम-बेस्ड प्रोडक्शन,** नई दिल्ली : सेज।

स्ट्रैदर्न, मरिलीन, सं. 1987, **डीलिंग विद इनइक्वालिटी : अनलाइजिंग जेंडर रिलेशंस इन मेलानेशिया एंड बियांड,** केंब्रिज : केंब्रिज युनिवर्सिटी प्रेस।

थामस, बी., 1980, 'द निमोन्युइटो साल्यूशन टु द मैट्रिलीनियल पज़ल,' **अमेरिकन एथ्नोलाजिस्ट,** खं. 7, सं. 1, पृ. 172-77।

टर्नर, विक्टर, 1957, **शिज्म एंड कंटिन्युइटी इन ऐन अफ्रीकन सोसाइटी,** मैंचेस्टर : मैंचेस्टर युनिवर्सिटी प्रेस।

विश्वेशरन, कमला, 1997, 'हिस्टरीज आफ फेमिनिस्ट एथ्नोग्राफी,' **ऐनुअल रिव्यू आफ ऐंथ्रोपोलाजी,** खं. 26, पृ. 591-621।

वाइनर, एनेट बी., 1976, **वीमेन आफ वैल्यू, मेन आफ रिनाउन : न्यू पर्स्पेक्टिव्ज इन टोब्रिएंड एक्सचेंज,** आस्टिन : युनिवर्सिटी आफ टेक्सस प्रेस।

—, 1979, 'टोब्रिएंड किनशिप फ्राम अनादर व्यू : रिप्रोडक्टिव पावर आफ वीमेन एंड मेन,' **मैन,** खं. 14, सं. 2, पृ. 328-48।

—, 1980, स्टैबिलिटी इन बनाना लीव्स : कोलनाइजेशन एंड वीमेन इन किरीवीना टोब्रिएंड आयलंड्स **'वीमेन एंड कोलनाइजेशन : ऐंथ्रोपोलाजिकल पर्स्पेक्टिव्ज'** में, सं. एम. इटिएनी तथा ई. लीकॉक, न्यूयार्क : प्रेजर।

व्हाइटहेड, ऐन., 1984, 'वीमेन एंड मेन : किनशिप एंड प्रापर्टी : सम जेंडर इशूज,' **वीमेन एंड प्रापर्टी–वीमेन ऐज प्रापर्टी में**, सं. आर. हर्शन, लंदन तथा कैनबरा : क्रूम हेल्म।

1

स्त्री की दुनिया : तीन अनुभव

पच्चीस वर्षों की लंबी समयावधि को पीछे पलट कर देखते हुए मैं क्षेत्रकार्य के अपने तीन अनुभवों के कुछ चित्र प्रस्तुत कर रही हूँ। इनमें से प्रत्येक मेरे जीवन के एक विशिष्ट तथा स्मरणीय अध्याय का प्रतिनिधित्व करता है। सर्वप्रथम मुझे याद आता है पी-एच.डी. के शोधप्रबंध के लिए मध्यवर्ती भारत में गोंड स्त्रियों के बीच किया गया अपना काम। यह एक युवती की कहानी है जो एक संक्षिप्त अवधि की दीक्षा—जिसमें अधिकतर खामोश रहकर निरीक्षण करना तथा क्षेत्रकार्य में थोड़ा हाथ बँटाना भर शामिल था—के बाद ही स्वतंत्र क्षेत्रकार्य में अपने पैर जमाने की कोशिश कर रही थी। उसके बाद मैं उत्तर भारत में एक वर्ष के क्षेत्रकार्य के अपने अनुभव पर आती हूँ जहाँ मेरी भूमिका सीमित तथा एक सहयोगी की थी, लेकिन जहाँ मैंने एक अलग तरह की समस्याओं का सामना किया। अंत में मैं दक्षिण-पश्चिम सागर तट के निकट स्थित लक्षद्वीप के मातृवंशीय मुसलमानों के बीच अपने क्षेत्रकार्य की चर्चा करूँगी। यह काम मेरा खुद का चुना हुआ था, जिसने मुझे सृजनात्मकता तथा व्यक्तिगत पूर्णता का संतोष प्रदान किया।

दीक्षा और प्रशिक्षण

मेरे लिए मानवविज्ञान विवाह का एक सुखद परिणाम था। 1945 में मैंने श्यामाचरण दुबे से विवाह किया जो उस समय सामाजिक मानवविज्ञान में अपनी पी-एच. डी. के लिए काम कर रहे थे। अपने विवाह के कुछ महीने बाद ही मैं उनके साथ उनकी दूसरी क्षेत्रकार्य यात्रा पर मध्यवर्ती प्रदेश में अस्थायी खेती करने वाली जनजाति 'कमार' के बीच गई (श्यामाचरण दुबे, 1951)।

मेरे पति ने हमारी शादी से पहले किए गए अपने पहले क्षेत्रकार्य के दौरान मध्यप्रांत और उड़ीसा में कमार जनजाति के भीतरी बस्तियों में काम किया था। हम अधिकतर तंबुओं में, और कभी-कभी टूटी-फूटी 'गुडी' अथवा गाँव के विश्रामगृहों में रहते थे। मेरे पति अपनी पूर्व क्षेत्र यात्राओं में इनमें से अधिकतर गाँवों में ठहरे थे तथा वहाँ के लोगों से घनिष्ठ संबंध बनाए थे। वे लोग बड़ी गर्मजोशी से उनका

और मेरा स्वागत करते थे। मुझे अजनबी नहीं माना गया था और कमारों से स्वीकृति पाने के लिए मुझे कोई विशेष प्रयास नहीं करने पड़े थे। एक ऐसे दोस्ताना बाहरी व्यक्ति की पत्नी के रूप में मेरा स्वागत होता था जिसने लोगों के दिल में अपने लिए जगह बना ली थी। क्षेत्रकार्य के साथ इस पहले परिचय में मैंने उसके एक महत्त्वपूर्ण पक्ष के बारे में कुछ उत्तेजना के साथ यह अनुमान लगाया कि अन्वेषक जिन लोगों का अध्ययन करता है उन लोगों के साथ उसे व्यक्तिगत संबंध बनाने चाहिए।

मुझे यह समझने में ज्यादा समय नहीं लगा कि मानवविज्ञान मेरे विवाहोत्तर जीवन का एक अभिन्न अंग होने वाला है। एक मानवजातिचित्रणकर्ता की पत्नी के रूप में मेरा पहला काम मूलतः स्त्रियों के मामलों पर कमार स्त्रियों से कुछ जानकारियाँ प्राप्त करना था। मैं लड़खड़ायी और वापस लौटना चाहा। लेकिन मैं ऐसा कैसे कर सकती थी? अपने पति के साथ समायोजन करने की यह निर्णायक अवधि थी। इस काम में एक तरह की चुनौती भी थी क्योंकि आम लोगों के करीब जाने और उन्हें समझने की मेरी आदर्शवादी अंतःप्रेरणा इससे साकार हो रही थी।

विवाह के पहले कुछ महीनों के दौरान और मानववैज्ञानिक क्षेत्रकार्य में इस दीक्षा से पूर्व मैंने अपने पति को अपनी क्षेत्रसामग्री का विश्लेषण करते हुए देखा था। वह रिक्तियों की पहचान कर रहे थे ताकि उन्हें दूसरी क्षेत्रयात्रा के दौरान भर सकें। उनके एकमात्र शिष्य के रूप में मैंने अजीबोगरीब रीति-रिवाजों के बारे में उनके विवरण तथा मानवविज्ञान से प्राप्त मानव-मूल्य की अवधारणा पर उनके प्रवचन सुने। वह प्रायः मुझसे उन भारतीय और विदेशी विद्वानों के विषय में चर्चा करते रहते थे, जिन्होंने उन्हें प्रभावित किया था। लगभग 1946 की सर्दियों में मैं उनमें से एक विद्वान डी. एन. मजूमदार से मिली। वह वाठोडकर मेमोरियल लेक्चर देने के लिए नागपुर आए थे। खासा बहुपति विवाह[1] पर उनका भाषण सुनकर मुझे हल्का सांस्कृतिक झटका लगा। पांडव भाइयों की पत्नी द्रौपदी[2] के अतिरिक्त मैंने और ऐसी किसी स्त्री के बारे में नहीं सुना था जिसके एक समय में एक से अधिक पति रहे हों फिर ऐसे समाज की तो बात ही क्या जो इस प्रथा को स्वीकृति देता है। इस प्रकार मानववैज्ञानिकों और तथाकथित 'असभ्य' (प्रिमिटिव) लोगों से अपने संपर्क के जरिये मैंने सांस्कृतिक विविधता की उस दुनिया में प्रवेश किया जिसका मैंने कभी सपना भी नहीं देखा था।

गोंड स्त्रियों के बीच

1946 में मैंने नागपुर विश्वविद्यालय से राजनीतिशास्त्र में एम. ए. किया। इसके तुरंत बाद ही मैंने मानवविज्ञान में पी-एच. डी. करने की योजना बनानी शुरू कर दी। मेरे पति और श्वसुर दोनों ने सुझाव दिया कि मैं गोंडों के बीच काम करूँ जो छत्तीसगढ़

के दक्षिणी भाग में रहते थे। उनकी इस सलाह के पीछे था मेरा स्त्री होना। कमार और भुंजिया (अपने दूसरे क्षेत्र अध्ययन के लिए मेरे पति ने भुंजिया लोगों को चुना था) के विपरीत गोंड एक जगह बसकर खेती करते थे तथा उनके गाँवों में पहुँचना अपेक्षतया आसान था। इन गाँवों में हिंदू जातियाँ भी रहती थीं। जनजाति के भीतर तथा बाहर संप्रेषण की भाषा छत्तीसगढ़ी थी जो मैं सीख ही रही थी। मेरे श्वसुर ने एक लोकसेवक (प्रबंधक, कोर्ट आफ वार्ड्स) की हैसियत से उस क्षेत्र का प्रभार सँभाल लिया था। उन्होंने मुझे आश्वस्त किया कि यदि मैं बिंद्रानवागढ़ जमींदारी के गोंडों के बीच काम करूँ तो वह मेरी देखभाल कर सकेंगे। उन्होंने मुझे एक बैलगाड़ी और एक भरोसेमंद गाड़ीवान देने का तथा और विविध प्रकार की सहायता का प्रबंध करने का वादा किया। मुझे एक स्त्री समाजशास्त्री का हाल बताया गया जो कुछ ही वर्ष पूर्व लोकगीत संगृहीत करने के लिए छत्तीसगढ़ आई थीं लेकिन छोटे अधिकारियों के व्यवहार तथा लोगों के उदासीन रवैये और उनमें समझदारी के अभाव के कारण असुरक्षा महसूस होने पर उन्हें अपना लक्ष्य हासिल किए बिना ही वापस लौटना पड़ा था। वहाँ के लोगों के लिए यह अकल्पनीय था कि कोई अविवाहित स्त्री उन क्षेत्रों में अकेले यात्रा कर सकती है। इसलिए मैंने क्षेत्र में अन्वेषण का काम अपने श्वसुर की सुरक्षा भरी छत्रछाया[3] में करने का फैसला किया।

उस समय की बिंद्रानवागढ़ जमींदारी में तीन जनजातीय समूह थे जो स्वयं को गोंड कहते थे : धुर गोंड, अमात गोंड तथा उड़िया गोंड। इनमें से उड़िया गोंड उड़ीसा की सीमाओं पर संकेंद्रित थे और उड़िया बोलते थे, यद्यपि उनमें से अनेक छत्तीसगढ़ी भी जानते थे। इन तीनों समूहों में से कोई भी ऐकांतिक रूप से बिंद्रानवागढ़ जमींदारी के भीतर सीमित नहीं था। लेकिन मैंने अपनी पड़ताल उस क्षेत्र तक सीमित रखने का निश्चय किया जो प्रशासनिक दृष्टि से मेरे श्वसुर के प्रभार के तहत था। इस क्षेत्र के भीतर मैंने अपना ध्यान पाँच गाँवों पर केंद्रित किया किंतु तथ्यों की पुष्टि व तुलनात्मक अध्ययन तथा किसी व्यक्ति अथवा घटना के अतिरिक्त अध्ययन के लिए मैं अन्य गाँवों में भी जाती थी।

1947 और 1950 के बीच कई बार मैं इस क्षेत्र में गई और कुल मिलाकर मैंने दस महीने क्षेत्र में बिताए। मेरी व्यापक शोध योजना गोंड समाज में स्त्रियों की प्रस्थिति और भूमिका का अध्ययन करने की थी। इसके लिए मुख्यतः स्त्रियों की दृष्टि से गोंड संस्कृति और समाज की एक तस्वीर पाना तथा उनका दृष्टिकोण समझना जरूरी था। मुझे आशा थी कि स्त्री होने के नाते मैं गोंड स्त्रियों के साथ घनिष्ठ अपनापा कायम कर सकूँगी। मेरे पति ने मुझे आश्वस्त किया कि क्षेत्र में कार्यरत पुरुषों के मुकाबले मैं लाभ की स्थिति में रहूँगी क्योंकि उनके लिए स्त्रियों की भीतरी दुनिया सामान्यतया एक बंद किताब होती है।[4]

एक भलीभाँति सुरक्षित बहू की तरह मैंने गोंड देश की यात्रा एक बैलगाड़ी

में की। मेरे साथ एक नौकरानी रहती थी और एक चपरासी मेरे साथ-साथ चलता था। नौकरानी खास तौर पर इसीलिए रखी गई थी कि वह क्षेत्र में मेरे साथ रहेगी। वह चरवाहों तथा पानी भरनेवालों की जाति की थी। वह मेरे लिए खाना पकाती थी और निजी सहायिका की तरह काम करती थी। मेरे बारे में किए जाने वाले अपरिहार्य सवालों का जवाब वही देती थी कि मैं मैनेजर (प्रबंधक) के इकलौते बेटे की पत्नी हूँ, कि मेरे पति के बचपन में ही मेरी सास का निधन हो गया था, आदि, इत्यादि। मेरा एक गर्भपात हो गया था यह बात मेरे भावी मातृत्व की पुष्टि करता था। मैं जब 1950 के प्रारंभ में उस क्षेत्र में अंतिम बार गई तो उस समय मुझे दो माह का गर्भ था। ये दोनों अनुभव–असफल प्रसव तथा पुनः गर्भधारण–मुझे स्त्रियों के और करीब ले आए। इससे नारी जीवन के अनेक क्षेत्रों के संबंध में संवाद का रास्ता खुला। मैंने गाँव के विश्रामगृहों का इस्तेमाल बहुत ही कम किया। यथासंभव मैं गाँव में किसी गोंड के घर के एक हिस्से में रहना पसंद करती थी। इससे घर की गतिविधियों और व्यक्तियों के आपसी व्यवहार को निरंतर देखना और वहाँ मुक्त रूप से चलने वाली हर तरह की बातचीत को सुनना या उसमें भाग लेना संभव हुआ। मुझे इस तरह का निवास आरामदेह और सुरक्षित लगा क्योंकि उस पर गोंडों की लगातार निगाह रहती थी। सुबह दिशा के लिए स्त्रियों के साथ बाहर जाने अथवा जब वे पानी लाने बाहर जाती थीं उनके साथ जाने से आसान संवाद के बढ़िया अवसर मिलते थे। कभी-कभी रात में भोजन के बाद बैठक लगती थी जिसमें गपशप के साथ-साथ पहेलियाँ बुझाई जाती थीं और लोककथाएँ कही जाती थीं। कभी अवसर मिलने पर व्यक्तियों के साथ अंतरंग वार्तालाप भी होता था।

यद्यपि मेरे आचरण का फैसला पूरी तरह उनके व्यवहार संबंधी प्रतिमानों के आधार पर नहीं होना था तथापि गोंड स्त्रियाँ यह देख सकती थीं कि मूलतः मैं एक स्त्री ही थी। जब मुझसे मेरे पति के बारे में कोई सवाल करता तो मैं लजा जाती थी। जब भी कोई लड़की अपने पतिगृह के लिए विदा की जाती मैं अपने आँसू रोक नहीं पाती थी क्योंकि यह प्रतिक्रिया मैंने एक पतिस्थानिक परिवेश में पली लड़की के रूप में ग्रहण की थी। परिवार में किसी विपदा के बाद जब स्त्रियाँ एक दूसरे से मिलती थीं और विलाप शुरू करती थीं तब मेरा विचलित होना उन्हें दिखता था। उनके विभिन्न कार्यक्षेत्रों के विवरणों, उनकी भावनाओं, विभिन्न प्रकार की स्थितियों में उनके समायोजनों और भूमिका के संबंधों में मेरी रुचि किसी तरह की शंका अथवा असंतोष जगाती नहीं लगती थी। मुझे ऐसा महसूस होता है कि स्त्रियाँ अपने मामलों में दूसरों को दिलचस्पी लेने देने के लिए ज्यादा आसानी से तैयार हो जाती हैं। बाहरी दुनिया के अल्प ज्ञान के चलते वे अपने मन में दूसरों के बारे में शंका नहीं पालतीं, जब तक कि उनका पुरुष समुदाय उन्हें खास तौर पर इसके लिए चेतावनी न दे अथवा दिलचस्पी लेने वाली स्त्री बहुत अलग ढंग की न हो।

अनेक गोंड स्त्रियों को अपने तथा औरों के बारे में मुझसे बात करके खुशी होती थी। वे मेरे जीवन के बारे में भी जिज्ञासु थीं। 'क्या मेरे पति ने कभी मेरी पिटाई की है'? 'उसकी पिटाई क्यों हो? वह अपने पति के लिए खाना नहीं पकाती, तो उसके खाना बिगाड़ देने का कोई प्रश्न ही नहीं उठता'। मैंने स्पष्ट किया कि यद्यपि नियमित रूप से नहीं लेकिन मैं भी अपने पति के लिए भोजन तैयार करती हूँ। मेरा सवाल था 'निश्चय ही ऐसे तमाम मामले होंगे जिनके कारण पुरुष गुस्सा होता है?' 'हाँ, हाँ—बिसूरना, जबान लड़ाना, या किसी बिसूरते बच्चे की उपेक्षा कर उसे रोता छोड़ देना जिससे आदमी चिढ़े'। अपने पतियों को चिढ़ाने के लिए वे जो तरकीबें काम में लाती थीं उनके बारे में बात करने में उन्हें मजा आता था। एक मुद्दा कई बार उभरता था कि 'यदि स्त्री साथ न रहना चाहे तो कोई पुरुष उसे अपने साथ बाँधे नहीं रख सकता,' या एक और कि 'स्त्री बच्चे को अपने मांस से बनाती है लेकिन पति कहता है यह बच्चा तुम्हारा नहीं है'। हमारी बातचीत के दौरान अनेक समस्याएँ सामने आती थीं। हम स्त्रियों की कष्टप्रद नियति और पुरुषों पर उनके प्रभाव, उनकी वास्तविक ताकत पर भी चर्चा करते थे। स्त्रियों की भीतरी दुनिया तक इस पहुँच से मुझे जानकारियों का एक खजाना मिला। मैं नहीं जानती कि मुझे यह सारी जानकारी इसलिए मिल सकी कि मैं स्त्रियों के करीब थी अथवा इसलिए कि मैं स्वयं एक स्त्री थी जिसके भावनात्मक सरोकार एक बौद्धिक चुनौती में रूपांतरित हो गए थे।

बाहरी लोगों द्वारा उनके बारे में प्रायः जिस तरह की बातें की जाती थीं उनके अनुसार छत्तीसगढ़ की स्त्रियों में मर्यादा का अभाव था क्योंकि वे चोली अथवा ब्लाउज नहीं पहनती थीं और अपने वक्ष केवल साड़ी के पल्लू से ढके रहतीं। उनके तौर-तरीके भी उत्तेजक और बहकाने वाले थे और उनमें से कई काले जादू में माहिर समझी जाती थीं। इन विचारों के लिए संभवतः उन्हें प्राप्त स्वतंत्रता को जिम्मेदार ठहराया जा सकता है क्योंकि इस बात में कोई संदेह नहीं है कि छत्तीसगढ़ के गोंडों और मध्य तथा निम्न जाति के हिंदुओं ने अपनी स्त्रियों को कहीं आने-जाने की काफी आजादी दे रखी थी। किसी के साथ भाग जाने, या उसके घर में घुस जाने और पुनर्विवाह के मामले आम थे। लेकिन अपने पूर्व पति से अलग होने के लिए मिलने वाला अर्थदंड और मुआवजा भरने के लिए स्त्री दूसरे पुरुष पर आश्रित थी। स्त्री के लिए प्राथमिक और द्वितीयक विवाह के बीच स्पष्ट भेद था। पुरुषों के मुकाबले स्त्रियाँ आसानी से कलंकित होती हैं इस धारणा के कारण स्त्रियों पर प्रतिबंध थे। स्त्री को अकेले यात्रा करने की अनुमति नहीं थी, स्त्री किसी मान्यताप्राप्त समूह के अतिरिक्त किसी के साथ घर से बाहर कहीं और रात नहीं बिता सकती थी। वह किसी और जाति अथवा जनजाति के हाथ का भात नहीं खा सकती थी। खान-पान संबंधी प्रतिबंध स्त्रियों के लिए अधिक कठोर थे। लेकिन वे बाजारों में मुक्त रूप

से घूम सकती थीं। वास्तव में, बाजार में ही अनेक संबंध शुरू होते थे और पनपने का अवसर पाते थे।

अतः इस क्षेत्र के प्रतिमानों के तहत मुझसे अलग-थलग रहने की अपेक्षा नहीं की जाती थी, लेकिन मैं यदि अपनी प्रतिष्ठा बेदाग बनाए रखना चाहती थी तो मुझे बिना किसी को साथ लिए कहीं आना-जाना नहीं चाहिए था। साझे निवास-क्षेत्र में और बहुधा संयुक्त गाँवों में रहने के कारण गोंडों को इस बात की थोड़ी बहुत जानकारी थी कि उच्च जाति की हिंदू स्त्री के लिए कैसा व्यवहार करना उचित है लेकिन यह जानकारी इतनी स्पष्ट नहीं थी कि वे हर कदम पर मेरे व्यवहार का मूल्यांकन कर सकते। न ही संभवतः वे इसे अपनी चिंता का विषय मानते थे। जो हो, वे मुझे किसी निश्चित श्रेणी में नहीं रख पाए। यह मेरे लिए लाभप्रद सिद्ध हुआ, पुरुषों के साथ मेरी लंबी बातचीत के दौर उन्हें अशालीन नहीं लगे।

क्षेत्र में जाने के बाद जल्दी ही मैंने अनुभव किया कि गोंड पुरुषों के साथ पर्याप्त संवाद स्थापित किए बिना मैं उनके समाज में स्त्रियों की स्थिति को समझ नहीं सकूँगी। सारी विशेषज्ञता तो पुरुषों के पास थी। कुल के संगठन, कर्मकांड और आस्थाएँ, आर्थिक गतिविधियाँ, संपत्ति का प्रबंधन तथा सर्वाधिक महत्त्वूपर्ण, पंचायत—जिसमें स्त्रियों का कोई हिस्सा नहीं था—के संगठन और कार्यपद्धति के बारे में स्त्रियाँ कोई व्यवस्थित जानकारी नहीं दे पाती थीं। इनको तथा गोंड जीवन के अन्य अनेक पक्षों को समझना गोंड समाज की एक संपूर्ण तस्वीर पाने के लिए ही नहीं बल्कि स्त्रियों की असमर्थताओं और सीमाओं के बारे में जानने तथा उस समाज में कुल मिलाकर उनका क्या स्थान है यह समझने के लिए भी जरूरी था। मुझे लगा कि स्त्री और पुरुष सूचनादाताओं का एक विवेकसम्मत तालमेल सर्वाधिक सार्थक होगा। इस प्रकार मैंने पूरे समय यह प्रयत्न किया कि स्त्रियों और पुरुषों दोनों से प्राप्त सामग्री को संतुलित कर सकूँ और उनमें सहसंबंध स्थापित कर सकूँ।

पुरुष सूचनादाताओं से काम लेने में मैनेजर की बहू की मेरी प्रस्थिति बहुत उपयोगी सिद्ध हुई। मुझे इस बात में कोई संदेह नहीं है कि यदि वह संबंध न होता तो पुरुष मुझे गंभीरता से न लेते और मुझसे बचने, मुझे टालने का प्रयास करते। मैं युवती थी, अभी पचीस की भी नहीं हुई थी और ऐसी जानकारी पाना चाहती थी जो पुरुषों के क्षेत्र की थी। उन्होंने दृढ़तापूर्वक अपना दृष्टिकोण व्यक्त किया कि उनकी स्त्रियाँ इन मामलों को नहीं समझतीं। मुझे शक है कि प्रारंभ में वे मेरे बारे में भी यही सोचते थे लेकिन उनमें से कुछ पुरुषों की उपहास भरी मुस्कानों को अनदेखा कर मैं अविचलित भाव से अपना काम करती रही। लेकिन परवर्ती संवादों और चर्चाओं में उनकी रुचि बनाए रखने में मैं सफल रही। यदि मेरे लिए पुरुषों के साथ सरल संवादात्मक मैत्री स्थापित कर पाने की कोई संभावना नहीं थी तो मुझ पर खुद को मासूम और हानिरहित सिद्ध करने की भी कोई बाध्यता नहीं

थी। मेरी प्रस्थिति ने उनसे थोड़े सम्मान और सहयोग की माँग की थी, लेकिन इससे आगे उसका और कोई निहितार्थ नहीं था जिससे वे मेरे बारे में शंकालु होते।

सबसे कठिन क्षेत्र, जिसमें मुझे पुरुष सूचनादाताओं पर ही निर्भर करना था, यौन प्रतिमानों के उल्लंघन का और उनके बंदोबस्त का था। इनके बारे में मुझे स्त्रियों के साथ अनौपचारिक चर्चाओं तथा जीवन-इतिहास सत्रों से जानकारी मिलती थी, और मैं पुरुषों का सामना तथ्यों की जानकारी के साथ करती थी। लेकिन ऐसे बहुत से पूरक प्रश्न थे जो मैं नहीं पूछ पाती थी, विशेष प्रकरणों और सामान्य कार्यवाही संबंधी ऐसे अनेक स्पष्टीकरण थे जो मैं नहीं माँग पाती थी क्योंकि मैं यह सब करने का सही ढंग नहीं जानती थी। मेरी आयु तथा मेरा स्त्री होना मुक्त होकर उनसे अनावश्यक प्रश्न पूछने की मेरी स्वतंत्रता को प्रतिबंधित करता था। किसी के साथ भाग जाने, विवाहेतर संबंध, पूर्वपति को मुआवजा, अपराध का प्रायश्चित्त तथा समुदाय में पुनः प्रवेश जैसे मामले धुँधलके और शंका से घिरे थे। निश्चय ही, प्रत्येक संबंध अपराध नहीं बन जाता था। चलताऊ मामलों और संबंधों को कितनी बार और किन स्थितियों में अनदेखा किया जाता होगा? चूँकि स्त्री अधिक आसानी से अपवित्र हो जाती थी तथा गंभीर मामलों में उसे स्थायी रूप से समाज से बाहर कर दिया जाता था क्या ऐसे मामलों में कभी तथ्यों को दबाया भी जाता था? यौन संबंधों का होना कैसे सिद्ध किया जाता था? जब तक व्यवस्थित ढंग से यह सिद्ध न हो तब तक इस तरह का संबंध अपराध नहीं माना जा सकता था। मैं ये प्रश्न खुलकर नहीं उठा पाती थी, न ही मैं दिखने में एक जैसे लगने वाले अपराध के लिए पुरुषों और स्त्रियों के लिए भिन्न-भिन्न प्रकार के दंडविधान में अंतर्निहित मूलभूत अवधारणाओं के निहितार्थों पर गहराई से चर्चा कर पाती थी। इस संबंध में दो सर्वाधिक महत्त्वपूर्ण अवधारणाएँ ये थीं : 'पुरुष पीतल का बर्तन है जबकि स्त्री मिट्टी का घड़ा है'—अर्थात् पुरुष की तुलना में स्त्री अधिक आसानी से तथा स्थायी रूप से दूषित हो जाती है; तथा 'पुरुष बीज प्रदान करता है जबकि स्त्री केवल खेत प्रदान करती है'। यदि मेरी आयु इतनी कम न होती तो संभव है मैं इन मुद्दों पर अधिक मुक्त रूप से चर्चा करती क्योंकि यौन संबंधों के मामलों में गोंडों का दृष्टिकोण ऐसी चर्चाओं की निश्चय ही इजाजत दे देता।

बहुत कम भारतीय स्त्रियों ने सुदूरवर्ती जनजातीय क्षेत्रों में मानववैज्ञानिक क्षेत्रकार्य का काम हाथ में लिया है। (यह बात कुछ दशक पूर्व की है)। मैं इस संबंध में अपने को सौभाग्यशाली मानती हूँ। मेरी स्थिति विशेष रूप से सुखद थी। मैं विवाहित थी, हैसियतदार थी तथा मेरे कहीं आने-जाने और ठहरने का संतोषजनक प्रबंध था। गोंडों के बीच क्षेत्रकार्य करने में समर्थ होने के लिए यह सब आवश्यक था। एक स्त्री और एक क्षेत्रकार्यकर्ता के रूप में भी मेरी अनुभवहीनता तथा अपरिपक्वता दरकिनार कर दें तो अपने स्त्री होने के साथ अपनी उम्र के कारण ही मैं कुछ जानकारियाँ

गहराई में जाकर प्राप्त नहीं कर सकी। लेकिन कुल मिलाकर मैं कह सकती हूँ कि स्त्री होने का मेरे काम पर कोई बाधक प्रभाव नहीं पड़ा। मुझे अपने नारीत्व को नकारना अथवा कम नहीं करना पड़ा बल्कि मैंने स्वयं को मूलतः एक स्त्री के रूप में ही प्रस्तुत किया। पुरुषों के लिए भी मैं स्त्री ही थी जिसकी रुचि उनकी स्त्रियों में थी। गोंडों की अपेक्षतया गैरदमनात्मक सामाजिक संरचना भी इसमें सहायक सिद्ध हुई।[5]

एक राजपूत गाँव में

क्षेत्रकार्य में मेरा अगला उल्लेखनीय पड़ाव रणखंडी में था। पश्चिमी उत्तर प्रदेश के इस बड़े बहुजातीय गाँव में मैंने अपने पति की शोधसंगिनी के रूप में अगस्त 1954 से जून 1955 तक काम किया। मेरा काम था यह जाँचना कि इस गाँव की स्त्रियाँ सरकार द्वारा प्रायोजित सामुदायिक विकास कार्यक्रम के बारे में कितना जानती हैं तथा उसके प्रति उनकी प्रतिक्रिया कैसी है (एस. सी. दुबे 1958)। मेरे पति की परियोजना कार्नेल विश्वविद्यालय के 'भारत कार्यक्रम' (इंडिया प्रोगाम) का एक हिस्सा थी जिसमें अमेरिका से आए समाजवैज्ञानिक तथा एक भाषाशास्त्री भी उसी गाँव में काम कर रहे थे (देखें मिंटर्न और हिचकाक 1963)।

इस क्षेत्रकार्य का अनुभव कई तरह से मेरे उस क्षेत्रकार्य के अुनभव से फर्क था जो मैंने गोंडों के बीच प्राप्त किए थे। यहाँ मेरा काम सीमित था। मुख्यतः एक साक्षात्कार-दिग्दर्शिका की सहायता से मैं आवश्यक सूचनाएँ इकट्ठा करती थी। इसके अतिरिक्त मैं विशिष्ट व्यक्तियों और घटनाओं का खास अध्ययन करती थी जो कमोबेश सुपरिभाषित योजना पर आधारित था। मैं पाँच लोगों के उस दल की एक सदस्य मात्र थी जो श्यामाचरण दुबे को उस गाँव में सामुदायिक विकास कार्यक्रम के प्रभाव के उनके अध्ययन में सहायता दे रहे थे। इस कारण इस परियोजना में मेरा काम सीमित था। मेरा संपर्क सिर्फ स्त्रियों से था। और मैंने एक भी पुरुष से अपने काम को लेकर बातचीत नहीं की।

इस गाँव में मुझे मूलतः एक ब्राह्मण स्त्री ही माना जाता था जो अपने पति के काम की वजह से अपने छोटे बेटे के साथ गाँव चली आई है। यह स्पष्ट था कि यदि मुझे उस समुदाय में कुछ स्वीकृति पानी थी तो जरूरी था कि मैं उस व्यवहार प्रतिमान का अनुसरण करूँ जो मेरी आयु और जाति की स्त्री से वहाँ अपेक्षित था। इस गाँव के ब्राह्मण, ठाकुरों के संरक्षण में रहते थे। उनकी सामाजिक हैसियत ठाकुरों जितनी ऊँची नहीं थी लेकिन वे कर्मकांडीय शुचिता के अभिरक्षक थे। अंतरजातीय संबंधों तथा स्त्रियों और पुरुषों के आचरण के प्रतिमानों के मानक ठाकुर ही तय करते थे।

देश के विभिन्न क्षेत्रों में ग्रामीण जीवन के अध्येताओं ने पुरुषों और स्त्रियों

के कार्यक्षेत्रों के स्पष्ट अलगाव/विभाजन, परदा करने की प्रथा, गृहस्थी के भीतर भी स्त्री-पुरुष के बीच अलगाव तथा उत्तर भारत में ग्राम-बहिर्विवाह (गाँव से बाहर विवाह-संबंध करना) के चलन पर जोर दिया है (कर्वे 1953, मेंडलबाम 1970)। मिंटर्न और हिचकाक (1963 : 233-35) ने स्त्रियों और पुरुषों के बीच एक संरचित दरार तथा खालापुर (असली नाम नहीं)—जहाँ हमने शोधकार्य किया—की स्त्रियों के जीवन का विस्तृत विवरण दिया है। उन्होंने इन तमाम प्रतिबंधों की ओर विशेष रूप से ध्यान आकृष्ट कराया है जिनके तहत वयस्क स्त्रियों को रहना पड़ता है, विशेषकर जब वे अपने ससुराल में होती हैं।

स्पष्टतः, इनमें से अनेक प्रतिबंध मुझ पर लागू नहीं होते थे : मैं न तो गाँव की बेटी थी, न बहू। मैं शिक्षित थी, शहरी थी और नौकरी करती थी। लेकिन मैं ब्राह्मण थी और स्त्री थी, यह बात गाँव के लोग कभी नहीं भूल पाते थे। मैं जहाँ कहीं भी जाती, मुझसे पूछा जाता था कि क्या मैं वही भोजन करती हूँ जो फिरंगी करते हैं या कि मैं अपने परिवार के लिए अलग से भोजन पकाती हूँ। उनके लिए मैं पैट, पाउलीन और ली से फर्क थी।[6] जहाँ पाउलीन को साड़ी और चांदी का हार पहनने पर सराहा जाता था और ली अधिकतर समय अपनी जींस में ही इधर-उधर घूम लेती थी वहीं मुझे गाँव के अंदर कहीं आते-जाते समय साड़ी के पल्लू से अपना सिर ढकना पड़ता था। प्रथाओं का तकाज़ा था कि मैं शालीन और विनम्र दिखूँ। ग्रामवासी, विशेषकर राजपूत और ब्राह्मण, अपेक्षा करते थे कि मैं विभिन्न जाति-स्तरों से अलग-अलग कर्मकाण्डीय शुचिता वाले भोज्य पदार्थ स्वीकार करने में 'विवेक' का इस्तेमाल करूँ। मुझसे उनकी यह न्यूनतम अपेक्षा थी। उनके मन में स्त्री की एक छवि थी कि वह घेरलू शुचिता की संरक्षक होती है तथा घर के बाहर सहभोजिता व छुआछूत के विनियमों का कठोरतापूर्वक पालन करती है। मन में स्त्री की इस छवि के कारण उन्हें मेरी गतिविधियों के गुण-दोष विवेचन का एक आधार मिल गया था और स्त्री के व्यवहार (जाति और आयु के संदर्भ में) से संबंधित मर्यादा के बारे में उनके विचार मुझ पर और अधिक प्रतिबंध लगाते थे।

रणखंडी में हमारे निवास की प्रारंभिक अवधि में जब भी कभी गाँव वाले मुझे हमारे दल के सदस्यों (भारतीय तथा अमेरिकी) के साथ भोजन की मेज पर देख लेते थे तब मुझे बहुत अटपटा लगता था, क्योंकि मैंने उन्हें यह बता रखा था कि यद्यपि मैं अपना भोजन स्वयं नहीं पकाती हूँ लेकिन मैं अपने पति और पुत्र के साथ एक अलग मेज पर भोजन करती हूँ। इसके साथ मैं यह भी जोड़ देती थी कि जब कोई किसी समूह के साथ काम करने के लिए घर से बाहर आता है तो उसे कुछ समझौते तो करने ही पड़ते हैं। बाद में मैंने निश्चय किया कि मैं ऐसा कुछ नहीं करूँगी जिसके कारण ग़लतफहमी होने की आशंका हो और मुझ पर थोड़ा ही सही धोखा करने का आरोप लगे। मैंने गाँववालों को सच ही बताया था कि हम किसी

तरह का मांस नहीं खाते किंतु मैंने यह स्वीकार नहीं किया था कि मैं अंडा खाती हूँ। मैं नहीं जानती कि सत्य को जानबूझकर इस तरह छिपाने से कोई बहुत लाभ हुआ या नहीं लेकिन निश्चय ही हर दिन सुबह के नाश्ते के समय यह मेरी बड़ी परेशानी का सबब तो था ही।

अनेक महिला मानववैज्ञानिकों ने प्रमाणित किया है कि जिस समाज का हम अध्ययन करते हैं उसमें स्त्रियों की निम्न प्रस्थिति की सांस्कृतिक धारणाएँ तथा समाज में पत्नी की ओर से समर्पणपूर्ण व्यवहार की अपेक्षा क्षेत्रकार्यकर्ता के समायोजन को किस तरह प्रभावित कर सकती है (फिशर 1970 : 267, 89 तथा मीड 1970 : 293-331)। मैं समझती हूँ कि किसी स्त्री क्षेत्रकार्यकर्ता के अपने पति के साथ 'असाधारण' व्यवहार को लोगों द्वारा स्वीकार किए जाने की संभावना तब तो रहती है यदि वह किसी विदेशी संस्कृति की है, किंतु जहाँ कहीं उसे भीतरी व्यक्ति माना जाता है उसके व्यवहार के प्रति उनकी तीखी प्रतिक्रिया स्त्री पर निश्चित सीमाएँ लगा देती है। इस मुद्दे को समझाने के लिए मैं एक घटना का उदाहरण दूँगी। यह घटना तब हुई थी जब मैं रणखंडी में थी।

जिस दिन बारिश नहीं होती थी उस दिन की शाम (अगस्त और सितंबर में) अत्यधिक उमस भरी तथा आर्द्र होती थी। दिन भर के काम के बाद हममें से जो खुले में आराम करना चाहते थे वे 'प्रोजेक्ट हाउस' (परियोजना गृह, जहाँ क्षेत्रकार्य करने वाला दल रहता था) के आँगन में कुछ चारपाइयाँ बिछा देते थे। ऐसी ही एक शाम को आँगन में चल रही गपशप सभा में मेरे पति और मैं भी शामिल हो गए। मैं उस बिस्तर की पाटी पर बैठी थी जिस पर मेरे पति आराम कर रहे थे। तभी गाँव की स्त्रियों और लड़कियों का एक झुंड हमसे मिलने आ गया। अगले कुछ दिनों तक मुझे काफी सफाई देनी पड़ी। क्या मेरे अपने प्रदेश में यही रिवाज था? क्या अन्य लोगों की मौजूदगी में किसी स्त्री का अपने पति की बगल में बैठना, उसके बिस्तर पर उसके साथ बैठना उचित है? उनकी नजर में मेरा व्यवहार पूरी तरह से अशोभनीय था। और उन्होंने अपनी प्रतिक्रिया मुझे चिढ़ाकर, छेड़कर अभिव्यक्त की। अपने पति के बुजुर्ग अथवा उम्र में हमसे बड़े नाते-रिश्तेदारों की उपस्थिति में मैं अधिक सावधान रही होती किंतु इन स्त्रियों, जिनका मुझसे कोई संबंध नहीं था, की तीखी प्रतिक्रिया मेरे विचार से स्त्री-पुरुषों के बीच अलगाव के स्थापित संरूपों के कारण थी जिनके तहत स्त्री और पुरुषों के क्षेत्र एकदम अलग थे और अन्य लोगों की उपस्थिति में पति और पत्नी के बीच यौन संबंध का कोई संकेत नहीं मिलना चाहिए था, चाहे वह कितना ही सूक्ष्म क्यों न हो।

ग्रामवासियों द्वारा मुझ पर ब्राह्मणी (ब्राह्मण स्त्री तथा ब्राह्मण की पत्नी) की जो छवि आरोपित कर दी गई थी निस्संदेह वह कभी-कभी उबाऊ हो जाती थी। एक और बात जो मुझे काफी परेशान करती थी वह थी परियोजना दल के अन्य

सदस्यों विशेषकर महिलाओं के बारे में पूछे जाने वाले सवाल। रोचक बात यह थी कि वे अमेरिकियों की तुलना में भारतीयों के विषय में और विशेषकर उन तीन भारतीय लड़कियों के बारे में बहुत जिज्ञासु थीं जो दुभाषिए के रूप में काम कर रही थीं। उनकी जाति और वैवाहिक स्थिति के बारे में बार-बार सवाल पूछे जाते थे। ऐसा कैसे है कि इन लड़कियों का अभी तक विवाह नहीं हुआ? क्या ये अपने माता-पिता की अनुमति लेकर यहाँ आई हैं? यह स्पष्ट था कि स्त्रियों को सबसे ज्यादा फिक्र उन लोगों के बारे में थी जिनके व्यवहार को वे मोटे तौर पर अपने प्रतिमानों के संदर्भ में माप रही थीं और उनका मूल्यांकन कर रही थीं।[7] संभवतः वे इस बात को समझ गई थीं कि जातिविहीन अमेरिकियों की जीवन-शैली भिन्न है अतः वे अपने मानदंड उन पर लागू नहीं कर सकतीं।

उत्तर प्रदेश के इस गाँव में हुए मेरे अनुभव इस बात का संकेत करते हैं कि क्षेत्र में शोधकार्य करने वाले व्यक्ति को वहाँ के समुदाय में प्रचलित शिष्टाचार के नियमों का किस सीमा तक पालन करना चाहिए यह प्रायः उसके स्वयं के चुनाव का मामला नहीं होता। एक बार हम पर ब्राह्मण होने की मोहर लगा दी गई उसके बाद हमारे व्यवहार के संबंध में निश्चित अपेक्षाएँ की जाने लगीं और इस गाँव में, जहाँ स्त्रियाँ अपनी एक अलग दुनिया में रहती थीं तथा पारंपरिक रूप से उनका दर्जा काफी नीचा था[8], वहाँ एक स्त्री होने के नाते मैं कहीं अधिक प्रतिबंधों के तहत काम करने को विवश थी। गाँव के लोगों की मुझसे संयमित व्यवहार करने की अपेक्षाओं के पीछे निश्चय ही मेरी आयु का भी योगदान था।

परिचित अजनबी

1969 की गर्मियों की शुरुआत में मैं दो महीने की क्षेत्र-यात्रा पर कल्पेनी गई। कल्पेनी कैलिकट (कोज़ीकोड) से लगभग 230 किलोमीटर दूर, लक्षद्वीप संघशासित क्षेत्र के अंतर्गत लॅक्कदिव द्वीपसमूह का एक द्वीप है। मेरे साथ एक चालीस वर्षीय हिंदू मलयालम भाषी सज्जन थे जो महालेखाकार के कार्यालय में कार्यरत थे। इस व्यक्ति को मेरे दुभाषिए का काम करना था। वह 1961 की जनगणना के संबंध में पहले इन द्वीपों की यात्रा कर चुके थे। मैंने इस यात्रा के दौरान द्वीपवासियों में विवाह की अवधि, मातृवंशपरंपरा और उत्तराधिकार के इस्लामी कानून के बीच की परस्पर-क्रिया तथा परंपरागत राजनीतिक संगठन पर अपना ध्यान केंद्रित करने की योजना बनाई थी।[9]

स्वयं वहाँ जाने के काफी पहले से मैंने कल्पेनी द्वीप के संबंध में घनी जानकारी इकट्ठी कर ली थी और द्वीपसमूह से भी कुछ परिचय प्राप्त कर लिया था। मैंने अब्दुल रहमान कुट्टी के कल्पेनी पर लिखे शोधप्रबंध का मार्गदर्शन किया था। इस शोधप्रबंध में मानवजातिविवरण के विविध पक्षों को लिया गया था किंतु इसमें नातेदारी और

विवाह पर विशेष ध्यान दिया गया था। कुट्टी ने अपना क्षेत्रकार्य 1961-63 में किया था तथा 1964-65 में उन्होंने अपना शोधप्रबंध पूरा कर लिया था। इस बात को पहचान कर कि कुट्टी की सामग्री को लेकर मातृवंशीय नातेदारी संगठन तथा इस्लाम के तत्त्व एक-दूसरे को कैसे प्रभावित करते हैं इसका और अधिक विश्लेषण किया जा सकता है, हमने एक विश्लेषणपरक अध्ययन का प्रयास किया और एक छोटी पुस्तक लिखी। मेरे यात्रा पर रवाना होने के समय वह पुस्तक प्रकाशित होने ही वाली थी (दुबे-कुट्टी के साथ–1969)। अपनी कल्पेनी यात्रा से एक या दो महीने पहले मैंने कुट्टी की पांडुलिपि (कुट्टी 1972) को प्रेस में भेजने के लिए उस पर काम किया था। मेरा एक और शोधछात्र अमिनी द्वीप पर शोधप्रबंध तैयार कर रहा था (इत्तमन 1974)। उसका भली प्रकार मार्गदर्शन करने के लिए मैंने संबंधित साहित्य पढ़ा था तथा अध्ययन के सार्थक क्षेत्रों पर व्यापक और गहन रूप से चिंतन किया था।

मैं न केवल कल्पेनी से संबंधित प्रासंगिक व उपयोगी तथ्य तथा आँकड़े जानती थी बल्कि वंशावलियों तथा प्रकरण सामग्री में उल्लिखित अनेक व्यक्तियों से भी एक तरह से परिचित थी। द्वीपसंबंधी सामग्री पर मैंने काफी चिंतन-मनन किया था और उन अस्पष्टताओं को, जिन्हें दूर किया जाना था, उन सूचनाओं को जिनके पुष्टीकरण या विस्तारीकरण की जरूरत थी, तथा उन मुद्दों को जिन्हें और अर्थपूर्ण बनाया जाना था, जानती थी। मैं बहुत सारे लोगों को उनके वैयक्तिक तथा तरावाड़ के नामों, विशिष्ट पदों और अन्य व्यक्तिगत तथ्यों के माध्यम से पहचान सकती थी। इसके साथ ही, कुट्टी के संकलन में से कुछ छायाचित्र भी मेरे पास थे। एक तरह से मैं परिचित अजनबियों से मिलने जा रही थी। इस प्रकार मेरी कल्पेनी यात्रा किसी मानवशास्त्री की अपने कार्यक्षेत्र की दूसरी या तीसरी यात्रा जैसी थी जिसमें वह प्रायः किसी विशेष समस्या अथवा समस्याओं पर अपना ध्यान केंद्रित करता है तथा कुछ सुपरिभाषित परिकल्पनाओं का परीक्षण करने की योजना बना सकता है।

मैं द्वीप से परिचित थी किंतु द्वीप मुझे नहीं जानता था। लोगों को अपना परिचय देने और उनकी स्वीकृति पाने की समस्या तो थी ही। पहली बार मुझे एक दुभाषिए के माध्यम से काम करना था।

मैं इस बात के प्रति सचेत थी कि द्वीप के लोगों के लिए मैं एक अजनबी होऊँगी और वहाँ अपने निवास की पूरी अवधि के दौरान मेरे साथ एक ऐसा व्यक्ति होगा जिससे मेरा कोई संबंध नहीं है। अतः मैं इस बात के लिए सावधान रहना चाहती थी कि लोग यह जानें कि मेरी आयु चालीस से ऊपर है, ताकि मेरी सामाजिक हैसियत बेहतर हो और मुझे पुरुषों और स्त्रियों के बीच आने-जाने, उनसे मिलने-जुलने की अधिक आजादी मिल सके। मैं अपने पति तथा अपने दोनों बेटों के चित्र भी अपने साथ ले गई थी। लेकिन बहुत जल्दी मुझे यह मानना पड़ा कि मुझे पहले से यह अंदाजा लगा लेना चाहिए था कि एक ऐसे समुदाय में जहाँ लड़कियों का विवाह

जल्दी ही हो जाता हो और उनमें से अनेक बीस वर्ष की उम्र तक आते-आते दो या तीन बच्चों की माँ बन जाती हों वहाँ मुझे 19 वर्षीय लड़के की माँ होने से अपनी वास्तविक उम्र संप्रेषित कर सकने में कोई सहायता नहीं मिलनी थी। इसके अतिरिक्त चूंकि स्त्रियाँ अक्सर तलाक ले लेती थीं और पुनर्विवाह कर लेती थीं इसलिए बड़े-बड़े बच्चों वाली स्त्रियों से भी यौन सुस्थिरता की निश्चित अपेक्षा नहीं की जानी थी। फिर भी इस तथ्य का व्यापक प्रचार आवश्यक था कि मैं एक विवाहित स्त्री थी और दो बच्चों की माँ थी। छायाचित्रों ने यह काम भली प्रकार किया। उन्होंने उन तमाम प्रश्नों का जवाब दे दिया जो अपने बीच आने वाली किसी भी अजनबी स्त्री के बारे में लोगों द्वारा पूछे ही जाते हैं।

लोगों द्वारा मुझे तुरंत स्वीकार्य बनाने में जिस बात ने मेरी सबसे ज्यादा मदद की वह थी कुट्टी, और हैरिड से मेरा संपर्क! हैरिड भी सागर विश्वविद्यालय का छात्र था। उसने जनगणना-अन्वेषक के रूप में कल्पेनी में लगभग एक वर्ष गुजारा था। वे दोनों मुसलमान थे। वे अन्वेषक वहाँ के लोगों के साथ रहे थे, उनके साथ मिल-बैठकर भोजन किया था तथा उनकी गतिविधियों में हिस्सा लिया था। जिन लोगों के साथ वे रहे थे वे उनकी बहुत प्रशंसा करते थे। पूरा द्वीप कुट्टी को याद करता था तथा अधिकतर लोगों को हैरिड भी याद था।

कुट्टी ने मुझे अपने कुछ द्वीपवासी मित्रों के लिए पत्र दिए थे जिनमें उन्होंने मेरा परिचय देते हुए मुझे एक विदुषी और अपनी गुरु बताया था। कुट्टी ने कल्पेनी के कुछ युवकों को जो मुख्य भूभाग में अपनी कालेज की पढ़ाई पूरी कर घर वापस लौट रहे थे तथा कुछ अन्य पुरुषों और स्त्रियों को भी मेरा परिचय दिया था। कुट्टी ने यह काम कैलिकट में, मेरे कल्पेनी रवाना होने से एक दिन पहले किया था। हम सबने एक ही पानी के जहाज में यात्रा की थी।

मुझे ऐसा लगता है कि जहाँ लोग सचेतन रूप से शोधकर्ता को एक ऐसे व्यक्ति के रूप में स्वीकार करते हैं जो उनके बारे में जानना चाहता है वहाँ उन लोगों से विभिन्न प्रकार की जानकारी पाने में और उस सामग्री को ठंडे विश्लेषण का विषय बनाने में कोई अपराध बोध नहीं होता। लेकिन तब क्या हो यदि आप जिस समुदाय का अध्ययन कर रहे हैं उसका कोई व्यक्ति आपके साथ गहरा भावनात्मक संबंध स्थापित कर ले? क्या आप ऐसे व्यक्ति को अपने प्रेक्षण का विषय बना सकते हैं और अपने मुख्य सूचनादाता के रूप में उसका इस्तेमाल कर सकते हैं? संभवतः ऐसा करना उस व्यक्ति की भावनाओं का अपने स्वार्थ के लिए इस्तेमाल करना होगा। मैं सारा (छद्म नाम) के साथ अपने संबंध को लेकर ऐसा ही सोचती हूँ। सारा दस वर्ष की एक छोटी-सी बालिका थी जो मुझे बहुत चाहने लगी थी और जिस विश्रामगृह में मैं ठहरी थी वहाँ नियमित रूप से आने लगी थी।

कल्पेनी में मेरे प्रवास के प्रथम सप्ताह में ऐसा हुआ था। एक शाम जब मैं

एक घर से दूसरे घर जा रही थी मेरी निगाह एक दस वर्षीया बालिका पर गई जो एक वयस्क आदमी को खींचती हुई चल रही थी और मैं जहाँ जा रही थी मेरा पीछा कर रही थी। द्वीप पर मैं अब भी एक अपरिचित दृश्य थी और मेरे पीछे एक छोटी भीड़ के चलने में कुछ भी अनपेक्षित नहीं था। लेकिन भीड़ के लोग हमेशा एक ही नहीं होते थे। उस शर्मीली बालिका ने मेरा ध्यान दो कारणों से आकृष्ट किया। पूरी शाम वह मेरे पीछे लगी रही थी और उसकी निगाहें मुझ पर टिकी रही थीं। एक जगह आकर मैं उसकी ओर गई और उस शाम के अपने दुभाषिये के जरिए उससे बात करनी शुरू की। यह दुभाषिया एक स्थानीय स्कूल के अधेड़ शिक्षक थे। वह बहुत सहानुभूतिपूर्वक मुस्कुराए और बोले : 'आपको मालूम है कि यह लड़की क्यों आपके पीछे आ रही है और आपको इतनी एकाग्रता से निहार रही है? वह अपनी दिवंगत माँ के बारे में सोच रही है। उसकी माँ एकदम आपकी तरह दिखती थीं। वह भी आपकी तरह ही गोरी थीं।' फिर उसने यही बात स्थानीय भाषा में कही। आसपास के लोगों ने शोकपूर्ण सहमति में अपने सिर हिलाए। मैंने धीरे से कहा कि मेरे भी उसकी उम्र का एक बेटा है। इस पल मेरी आँखों में उस मातृविहीना बच्ची के लिए आँसू आ गए। मेरी इस प्रतिक्रिया से उन्हें यह बात संप्रेषित हुई कि उन्हीं की तरह मैं भी बचपन में ही किसी से माँ का स्नेह और देखभाल छिन जाने को अपूरणीय क्षति मानती हूँ।

सारा और उसका छोटा भाई अपनी नानी के साथ रहते थे जिसने अपने पत्नीस्थानिक पति के साथ घर बसा रखा था। दोनों बच्चे अपने पिता को बहुत प्यार करते थे जो अपनी बहनों और उनके बच्चों के साथ रहते थे। दोनों बच्चे स्कूल के बाद का अपना खाली समय पिता के साथ ही गुजारते थे। अपनी पत्नी की मृत्यु के बाद उन्होंने दुबारा विवाह नहीं किया था और उन्हें अपने बच्चों से बहुत लगाव था।

नन्ही सारा मुझसे मिलने अक्सर विश्रामगृह आती थी। वह अपने पिता के साथ आती और मेरे लिए केले तथा अन्य खाद्य पदार्थों का उपहार लाती। मैं भी उनका अतिथि सत्कार करती थी। उसे अंग्रेजी नहीं आती थी इसलिए मैं उससे अपने दुभाषिये के जरिये बातचीत करने की कोशिश करती थी किंतु उसने शायद ही कभी कुछ कहा हो।

सारा के पिता की प्रतिष्ठा एक ईमानदार आदमी के रूप में थी। वह 'मुसलियार' अर्थात् धार्मिक विद्वान थे। उनके मामा तथा श्वसुर दोनों कचहरी कार्णवर ('बुजुर्गों' की परिषद के सदस्य) थे। इस प्रकार संपत्ति के उत्तराधिकार को शासित करने वाले इस्लामी तथा मातृवंशीय कानूनों के वास्तविक अमल तथा कचहरी कार्णवर के पद के उत्तराधिकार की प्रक्रिया के संचालन के संबंध में दो कार्णवरों का साक्षात्कार करने में वह मुझे बहुत लाभप्रद सहायता कर सकते थे। अधिक महत्त्वपूर्ण यह था कि मैं उनके साथ इस्लामी शिक्षा के केंद्रों से बहुत दूर स्थित द्वीपों में रहने वाले मुसलमानों

की अवधारणाओं को समझने के लिए धार्मिक आस्था तथा आचार-व्यवहार संबंधी अनेक महत्त्वूपर्ण मामलों पर चर्चा कर सकती थी।

लेकिन मैंने इस अवसर को हाथ से निकल जाने दिया। केवल कुछ अनौपचारिक वार्तालापों के अतिरिक्त मैंने उस सूचना और ज्ञान के भंडार का कोई उपयोग नहीं किया जो मुझे सारा के पिता के रूप में उपलब्ध था। मैं जानती थी कि वह नन्ही बालिका मेरी ओर इसलिए आकृष्ट हुई थी क्योंकि उसे मुझमें अपनी दिवंगत माँ की झलक दिखी थी और वह अपने पिता को भी अपने साथ मेरे आवास खींच लाई थी। एक सूचनादाता के रूप में उनका इस्तेमाल करना अपने उद्देश्य के लिए उनकी भावनाओं का इस्तेमाल करना होता। मैंने सारा के नाना व उसके पिता के मामा के साथ लंबी बैठकें कीं लेकिन उसके पिता के साथ नहीं जो मेरे आवास पर अक्सर आ जाया करते थे।[10]

सारा के साथ मेरे भावनात्मक बंधन से कोई सामग्री प्राप्त नहीं हुई। लेकिन वे मेरे क्षेत्रकार्य के लिए एक अनुकूल वातावरण बनाने में अप्रत्यक्ष रूप से सहायक हुए। नन्ही बालिका द्वारा मेरे लिए निर्मित माँ की छवि मेरे और द्वीपवासियों के बीच की मानसिक दूरी कम करने में मेरी मददगार हुई। बालिका तथा उसके पिता के तरावाड़ों के लोगों तथा उनके अन्य संबंधियों तथा मित्रों के साथ भी मेरा अच्छा संपर्क बन गया। द्वीपवासियों की दृष्टि में कुट्टी तथा हैरिड की शिक्षिका होने के अतिरिक्त मुझमें द्वीप की एक ऐसी युवती की प्रतिच्छाया दिखती थी जिसकी मृत्यु हो गई थी और जो अपने पीछे दो अभागे बच्चों को छोड़ गई थी, और मेरे सीने में एक माँ का दिल था। मेरे एक भिन्न भाषा बोलने तथा उनके क्षेत्र की न होने से कोई फर्क नहीं पड़ता था। मुझे एक इंसान, विशेषकर एक स्त्री के रूप में स्वीकार किया गया।

मैंने धर्म के अंतर को कम करने की ईमानदार कोशिश की थी। मेरा गैर-धार्मिक मिजाज़ भी इसमें सहायक हुआ होगा। मैं प्रार्थना अथवा पूजा नहीं करती थी, न ही कोई उपवास रखती थी। कुट्टी के हिचकिचाहट भरे इस सुझाव को कि द्वीप पर रहते समय मैं अपने माथे पर कुंकुम का टीका न लगाऊँ, मैंने मान लिया था और इसका वांछित प्रभाव भी हुआ था। इससे मेरे और द्वीपवासियों के बीच मौजूद धर्म का भेद प्रथम दृष्टि में उजागर नहीं होता था।[11]

द्वीप के जीवन के कुछ क्षेत्रों में मैं जो पड़तालें करना चाहती थी उन्हें द्वीपवासियों द्वारा तीव्र संवेदनशीलता की दृष्टि से देखे जाने की संभावना थी क्योंकि उनमें से अनेक इस बात के प्रति सचेत थे कि उनके बहुत सारे सामाजिक रीति-रिवाजों, विशेषकर अतिथि पतियों सहित द्विस्थानिक आवास के संरूप और तलाक की बारंबारता के कारण मुख्य भूभाग के लोगों में उनकी काफी हँसी होती थी। यहाँ तक कि उनके सहधर्मी भी उनके इस रिवाज पर प्रतिकूल टिप्पणियाँ करते थे। वे श्रद्धावान मुसलमान

थे लेकिन साथ ही वे मातृवंशीय व्यवस्था को बहुत मूल्यवान समझते थे और उसकी जगह शरीयत कानून लागू नहीं करना चाहते थे। उन्हें अपनी परंपराएँ सार्थक लगती थीं; स्वाभाविक था कि बाहरी लोगों द्वारा उपहास किए जाने के प्रति वे संवेदनशील थे। यह स्पष्ट था कि इन नाजुक विषयों पर उनसे सवाल पूछने में मुझे अत्यधिक सतर्क रहना होगा। मुझे अपने दुभाषिये को निर्देश देना पड़ा कि वह सूचनादाताओं से ऐसा कोई सवाल न पूछे जिससे उनके रिवाजों को विवेकपूर्ण और युक्तियुक्त ठहराने की जरूरत पड़े, न ही वह प्राप्त जानकारी पर कोई आश्चर्य व्यक्त करें अथवा मूल्यांकनात्मक टिप्पणियाँ करें। जब मैंने पूरे द्वीप पर विवाह की अवधि संबंधी सारणियाँ स्वयं भरीं तो लोगों को यह देख पाने में अधिक समय नहीं लगा कि मैं उनके तौर तरीकों से परिचित थी। मैं उनके नातेदारी सूचक शब्दों की सहायता से जिस आसानी से मातृवंशीय कड़ियों के जरिये संबंधों का पता लगा लेती थी वह इस बात का सबूत था कि मैं उनकी व्यवस्था को जीवन के एक यथार्थ के रूप में लेती थी।

परदा प्रथा की अनुपस्थिति तथा किसी से मिलने-जुलने, कहीं आने-जाने की स्त्रियों की अपेक्षाकृत स्वतंत्रता के कारण मुझे कहीं आने जाने और किसी से मिलने-जुलने की अपनी स्वतंत्रता के बारे में चिंता नहीं करनी थी। मैं देर शाम तक घर-घर जाती थी और वापसी में मुझे विश्रामगृह तक पहुँचाने कोई-न-कोई मेरे साथ आता था। सामान्यतया मैं पुरुषों को विश्रामगृह में मिलने के लिए सुबह अथवा देर शाम का समय देती थी। मेरा प्रवास जब समाप्त हो रहा था तब मेरे दुभाषिए ने मुझे मुख्यतः उपहार, पत्रों, दस्तावेजों, अदालत की अपीलों, संपत्ति विषयक लिखित निर्णयों आदि को पढ़ने और उनका अनुवाद करने तथा मुझसे मिलने आने वाले लोगों का साक्षात्कार लेने में मदद दी। उसे हर समय मेरे साथ नहीं रहना होता था। द्वीप के लगभग आठ लोगों ने मेरी सहायता की। इनमें से चार अंग्रेजी जानते थे, जब मैं किसी का साक्षात्कार लेने बाहर जाती थी तो उनमें से एक अनिवार्य रूप से मेरे साथ रहता था।

मुझे ऐसा प्रतीत होता है कि द्वीप की मातृवंशीय व्यवस्था के कारण संपत्ति विषयक कार्रवाइयों में मेरी रुचि को अस्वाभाविक नहीं माना गया था। स्त्रियों के सुनिश्चित अधिकार थे और मातृवंशीय संपत्ति संबंधी सभी कार्रवाइयों में उनके हस्ताक्षर होने जरूरी थे। हालाँकि अदालती अपीलों में प्रायः उनका उल्लेख बच्चों के साथ 'असहाय और मासूम' के रूप में होता था लेकिन उनके अधिकार असंदिग्ध थे तथा वे संपत्ति विषयक मामलों में काफी रुचि तथा जानकारी रखती थीं। स्थानीय हाई स्कूल की एक शिक्षिका मेरी अच्छी दोस्त बन गई थीं। उनके ही साथ मैं दस्तावेजों की तलाश में अनेक घरों में गई। वह उन दस्तावेजों को मुझे पढ़कर सुनाती थीं तथा उनका मेरे लिए अनुवाद करती थीं। यह खेदजनक था कि मेरे पास केवल एक स्त्री सहायक थी और वह भी हमेशा उपलब्ध नहीं थी। परिणामस्वरूप, द्वीप की स्त्रियों

के साथ मैं और अधिक अंतरंग चर्चाएँ नहीं कर सकी।

कल्पेनी में मेरा क्षेत्रकार्य संक्षिप्त होने के बावजूद काफी मूल्यवान एवं लाभप्रद था। एक मातृवंशीय माहौल में, जो स्त्रियों को पर्याप्त स्वतंत्रता देता है, मैं उन तमाम बंधनों व प्रतिबंधों से मुक्त थी जिनके तहत रहते हुए मुझे गोंडों के बीच और रणखंडी में काम करना पड़ा था। मेरी विश्वसनीयता संतोषजनक थी : मैं दो बाहरी व्यक्तियों की–जिन्हें द्वीपवासी जानते और पसंद करते थे–शिक्षिका थी; मैं विवाहिता थी, दो बच्चों की माँ थी तथा अधेड़ थी; मैं उनकी संस्थाओं और रीति-रिवाजों से सुपरिचित थी और उनके संबंध में एक तटस्थ भाव रखती थी, और सबसे बढ़कर, अपने रवैयों और व्यवहार में मैंने खुद को पसंद किए जाने लायक तथा हमदर्द व्यक्ति सिद्ध किया था। मैं बाहरी व्यक्ति थी और बाहरी ही बनी रही लेकिन एक भले व्यक्ति तथा एक मेहमान के रूप में उनके द्वारा स्वीकारे जाने से मुझे उनके जीवन के कुछ सर्वाधिक अंतरंग पहलुओं को नजदीक से देख सकना संभव हुआ। अश्रुपूर्ण विदाई तथा मेरी वापसी के बाद पत्रों की बाढ़ से अंदाजा होता था कि जिस हद तक किसी बाहरी व्यक्ति को वे स्वीकार कर सकते थे उन्होंने मुझे स्वीकार किया था।

यह एक व्यक्ति अथवा क्षेत्रकार्य करनेवाले एक मानववैज्ञानिक के रूप में मेरे विकास का लेखा जोखा नहीं है। जानबूझ कर मैंने मानवजातिचित्रणात्मक सामग्री पर पकड़ बनाने के लिए किए गए अपने संघर्षों की कहानी को इस विवरण से बाहर रखा है। सैद्धांतिक तथा अनुसंधान पद्धति के मुद्दों को कैसे हल किया इस पर भी शायद ही कुछ कहा है। इस निबंध में मेरा लक्ष्य रहा है अपने समाज के तीन भिन्न-भिन्न सांस्कृतिक क्षेत्रों में एक स्त्री क्षेत्रकार्यकर्ता के रूप में अपने अनुभवों की समीक्षा करना। मैंने अपना ध्यान अपने तथा अपने नारीत्व के प्रति होने वाली लोगों की प्रतिक्रियाओं एवं अनुक्रियाओं पर केंद्रित किया है। जिनके बीच मैंने काम किया उन्होंने कैसे मुझे अपने सामाजिक और सांस्कृतिक परिवेशों में जगह देने की कोशिश की, तथा उनके द्वारा की गई मेरे व्यवहार के संदर्भ में न्यूनतम माँगें क्या थीं? अतः क्षेत्रकार्य में हुए अपने अनुभवों का वर्णन करनेवाली अन्य स्त्रियों की तुलना में मेरा लक्ष्य कुछ सीमित रहा है।[12]

अगर कोई मानववैज्ञानिक किसी समुदाय का निरीक्षण कर रहा होता है तो उसी समय वह समुदाय भी उस मानववैज्ञानिक का अवलोकन करता है। यह परीक्षण उस स्थिति में और अधिक सूक्ष्म तथा आलोचनात्मक होता है यदि क्षेत्र में कार्य कर रहा व्यक्ति स्त्री हो; लेकिन जैसा कि पेगी गोल्ड का कथन है : 'जैविक लिंग (स्त्रीत्व) को भी अलग करके नहीं बल्कि आयु, वैवाहिक प्रस्थिति आदि अन्य विशेषताओं के साथ जोड़कर ही देखा जाता है...' (1970 c : 88)। मेरे अपने मामले

में मेरा स्त्रीत्व एक स्थायी तथ्य था लेकिन मेरी अन्य स्थितियाँ–जैसे युवा विवाहिता स्त्री, एक प्रभावशाली अधिकारी की बहू, शिक्षित तथा अच्छी नौकरी करती हुई, अधेड़ उम्र की माँ तथा एक शिक्षिका–अर्थपूर्ण अंतर पैदा करती थीं। अंशतः वे विभिन्न समुदायों को मुझे अपने पारंपरिक ढाँचे में कहीं किसी उपयुक्त कोटि में रखने या उचित 'जगह' में बैठाने में सहायक हुईं तथा विभिन्न तरीकों से मुझे सुरक्षा कवच प्रदान करती रहीं। हर हाल में मेरी इन स्थितियों या हैसियतों ने संस्कृति विशेष के विभिन्न पक्षों तक मेरी पहुँच को विस्तार भी दिया और उसे सीमित भी किया।

मानवविज्ञान के पेशे में स्त्रियों की सफलता पर टिप्पणी करते हुए लारा नाडर कहती हैं '...स्त्रियाँ क्षेत्रकार्य सफलतापूर्वक करती हैं क्योंकि स्त्रियाँ अधिक व्यक्ति-अभिमुख होती हैं। इस विचार में संभवतः कुछ सत्यता है कि स्त्रियाँ–कम से कम पश्चिमी संस्कृतियों में–लोगों से नाता जोड़ने में पुरुषों की तुलना में बेहतर होती हैं' (1970 : 113-14)। भारतीय स्त्रियों के–विशेषकर, जो भारत में ही काम कर रही होती हैं उनके–संदर्भ में इस विचार को सावधानीपूर्वक ही ग्रहण करना चाहिए, क्योंकि जैसी सामाजिक संरचना के तहत वे बड़ी हुई हैं और जिसके अंतर्गत रहकर कार्य करती हैं उसमें निहित प्रतिबंधों के कारण औसत भारतीय स्त्री का नजरिया कुछ संकुचित तथा व्यवहार कुछ गैर-लचीला हो सकता है। लेकिन एक बार अपने पालन-पोषण की इन सीमाओं पर विजय पा लेने के बाद वह क्षेत्रकार्य में अपनी कुछ स्वाभाविक लाभप्रद विशेषताओं का उपयोग कर सकती है। उसमें रोजमर्रा के जीवन की छोटी-छोटी बातों–आप चाहें तो उन्हें नगण्य या क्षुद्र मान सकते हैं–के लिए बहुत सहनशक्ति होती है और स्थितियों के अनुरूप समायोजन की क्षमता भी उसमें अधिक होती है। ये 'स्वाभाविक' गुण उसे अपने अनुभवों से मिलते हैं और क्षेत्रकार्य करते समय वह अपने इन गुणों का पूरा लाभ उठा सकती है।

टिप्पणियाँ

1. मजूमदार के अध्ययन का विषय खासा लोग हिमालय की इस पार की पट्टी पर स्थित जौंसर बावर क्षेत्र के निवासी हैं। उनमें परंपरागत रूप से एक पत्नी अथवा पत्नियों के संदर्भ में सब भाई साझेदार पति होते हैं। उनकी भूमि का बँटवारा नहीं होता तथा यदि कुछ भाइयों को बाहर भी रहना पड़े, तो कोई न कोई भाई स्त्रियों की देखभाल करता है। वे हिंदू उच्च जातियों के हैं किंतु बहुपति विवाह की वैधता बनाए रखने के कारण ही उन्हें अनुसूचित जनजातियों की प्रस्थिति प्रदान की गई है क्योंकि हिंदू कानून के तहत बहुपति विवाह वर्जित है। अनुसूचित जातियों को प्राप्त विशेषाधिकारों के कारण ये लोग इस प्रथा के अनुसरण के घटने तथा एकल विवाह के प्रतिमान के प्रबल होने के बावजूद इस प्रथा की मौजूदगी पर जोर देते हैं (दुबे : 1997 : 120)। विस्तृत विवरण के लिए देखें मजूमदार (1962) तथा भट्ट (1991)।
2. द्रौपदी महाभारत का एक केंद्रीय चरित्र है। असाधारण परिस्थितियों में उसे पाँचों पांडव भाइयों के साथ विवाह करना पड़ा था जो क्षत्रिय राजकुमार की अपनी पहचान को विशेषकर अपनी

ही वंशपरंपरा के अपने पक्के प्रतिद्वंद्वी कौरवों से छिपाने के लिए ब्राह्मण वेश में रह रहे थे। जब द्रौपदी के पिता राजा द्रुपद ने स्वयंवर रचाया तो क्षत्रिय राजाओं की विशिष्ट मंडली की उपस्थिति में पांडवों में तीसरे भाई अर्जुन ने, जो निपुण धनुर्धर था, अपेक्षित परीक्षा उत्तीर्ण कर ली और इस प्रकार सुंदरी द्रौपदी को जीत लिया। द्रौपदी का हाथ थामे अर्जुन सहित पाँचों भाई अपने घर के द्वार पर पहुँचे। एक भाई ने माँ को पुकारा जो रसोईगृह में थी, 'माँ, बाहर आओ और देखो, हम लोग आज क्या लाए हैं'। चूँकि ब्राह्मण भिक्षुकों के रूप में ये भाई सदैव भिक्षा लेकर लौटते थे अतः माँ ने जवाब दिया : 'ठीक है, सदैव की भाँति उसे आपस में बाँट लो।' जब वह बाहर आयीं और अर्जुन के पार्श्व में द्रौपदी को देखा उन्हें अपनी भूल महसूस हुई। लेकिन कोई पुत्र अपनी माँ के मुँह से निकली बात के विरुद्ध कैसे जा सकता था? इस प्रकार द्रौपदी का विवाह पाँचों पांडवों से हो गया। वह उनके साथ बारी-बारी से रहती थी। द्रौपदी के पूर्वजन्म के संबंध में भी एक मिथक है जो उसके बहुपति संबंध को वैधता प्रदान करता है। द्रौपदी ने ईश्वर को प्रसन्न करने के लिए कठोर तप किया था। जब ईश्वर वरदान देने के लिए उसके समक्ष प्रकट हुए तो उसने-उन्हें बताया कि मुझे पति चाहिए। चूँकि उसने पाँच बार पति शब्द कहा था अतः ईश्वर ने उसे वरदान दिया कि अगले जन्म में उसके पाँच पति होंगे (देखे नारायण 1987 : कर्वे 1974)।

3. मेरे श्वसुर ने मुझे सभी सुविधाएँ उपलब्ध करा दी थीं किंतु वे मेरे साथ क्षेत्र में कभी नहीं गए। इस प्रकार उनकी सत्ता और अधिकार का प्रभामंडल मेरे इर्दगिर्द कभी नहीं रहा। चूँकि मेरा पालन-पोषण छोटे कस्बों और शहरों में हुआ था तथा मैं न्यायाधीशों के परिवार से थी, अतः मुझे फसल कैसे उगती है, उत्पादन की प्रक्रिया तथा खेती की लयात्मकता अथवा भूमि पट्टेदारी व्यवस्था विषयक किसी बात की कोई समझ नहीं थी। यद्यपि परिवार तथा नातेदारी समूह के भीतर मैं पवित्रता और अपवित्रता तथा सामाजिक दूरी व जातियों के बीच स्तरीकरण संबंधी कुछ नियमों से परिचित हो गई थी लेकिन ग्रामीण जाति-व्यवस्था अथवा जजमानी संबंधों का मुझे कोई अनुभव नहीं था। क्षेत्र से घर वापस जाते ही इन विषयों में अपनी जिज्ञासा, भ्रम तथा गुत्थियाँ लेकर मैं अपने श्वसुर के पास मदद लेने पहुँचती थी।
4. जिसने समुदाय विशेष पर आधारित विनिबंध पढ़े हों तथा स्त्रियों से सूचनाएँ इकट्ठी करने के काम में अपने पति को मदद दी हो उस स्त्री के लिए मानवजातिविवरणात्मक क्षेत्रकार्य में पति-पत्नी युगल के क्या फायदे हैं यह बात समझने में कठिनाई नहीं हो सकती थी। हमारे सामने पति-पत्नी दल का एक सर्वाधिक प्रभावशाली उदाहरण सी. वान फ्यूरर हैमंडार्फ तथा एलिजाबेथ हैमंडार्फ का था। श्यामाचरण दुबे जब कमारों के बीच अपना क्षेत्रकार्य कर रहे थे उस समय दक्खन के जनजातीय समूहों पर हैमंडार्फ के विनिबंध उपलब्ध होने शुरू हो गए थे। गाँवों की जनगणना के उनके तरीके ने तथ्य इकट्ठा करने के लिए एक अत्यंत उपयोगी उपकरण प्रदान किया था जिसे श्यामाचरण दुबे ने कमारों में क्षेत्रकार्य करते समय इस्तेमाल किया था। बाद में मैंने भी उसका उपयोग किया। जब मेरे पति अपना शोधप्रबंध लिख रहे थे तब उनका हाथ बँटाने के अतिरिक्त मैंने जनजातीय विनिबंध और मानवविज्ञान की पाठ्यपुस्तकें तथा आलेखों के संकलन भी पढ़ने शुरू कर दिए थे। इस विषय में औपचारिक प्रशिक्षण न होने के प्रति सजग होने के कारण मैं काफी समय पढ़ने और अपने शोध की तैयारी करने में लगाती रही थी। मैंने स्त्रियों पर मानवजातिवर्णनविषयक सामग्री पढ़ने का विशेष प्रयास किया। इसमें मीड (1929, 1931) तथा कावेरी (1939) की पुस्तकें शामिल थीं।
5. यहाँ मैं उल्लेख करना चाहती हूँ कि मेरे बचपन के अनुभव और एक महाराष्ट्रीय ब्राह्मण परिवार में पालन-पोषण में बहुभाषीय संपर्क, आवास में प्रायः परिवर्तन (मेरे पिता की नौकरी स्थानांतरण

वाली थी), अपने रूढ़िवादी नाते-रिश्तेदारों के यहाँ आना-जाना तथा स्कूली शिक्षा के दौरान छात्रावास में रहना यह सब शामिल था। इस तरह रीति-रिवाजों और आचरण-पद्धतियों में पाए जाने वाले अंतर के प्रति मैंने एक तरह का सापेक्षतावादी दृष्टिकोण अपना लिया था। इसके अतिरिक्त आदर्श और यथार्थ के बीच अंतर का सामना होने पर बेचैनी की भावना तथा समाज में सामाजिक और राजनीतिक अन्याय के प्रति मेरी सजगता ने भी मुझे एक हाशिये पर की व्यक्ति बनाने में सहयोग दिया था। और फिर मेरा विवाह भी अपरंपरागत, लीक से हट कर—अंतर-उपजातीय तथा अंतर्भाषायी—हुआ था जो काफी समायोजन की माँग करता था।

6. यहाँ यह संदर्भ परियोजना की छायाकार पैट्रीशिया हिचकाक, गाँवों के अस्पृश्य सफाईकर्मियों का अध्ययन कर रही पाउलीन महार कोलेंदा; तथा राजपूतों में बच्चों के पालन-पोषण के तरीकों के अध्ययन में लगी ली मिंटर्न का है।
7. श्रीनिवास (1966 : 155-57) ने किसी पराये समाज के अध्ययन के विकल्प के रूप में अपने ही समाज के किसी भिन्न खंड के अध्ययन की अनुशंसा की है। मैं उनसे सहमत हूँ। मैं तदनुभूति पर उनके द्वारा बल दिए जाने की बात पर भी सहमत हूँ। क्षेत्रकर्मी जिस समुदाय का सदस्य होता है उस समुदाय के अध्ययन पर तो यह बात लागू होती ही है इसके साथ ही यह किसी अजनबी समाज के अध्ययन पर भी लागू होती है। मैं जब छोटी थी तभी से पर्दा, विधवाओं की दशा, बहुओं के साथ दुर्व्यवहार, अस्पृश्यता की प्रथा तथा यह धारणा कि किसी की जाति उसके पूर्वजन्म के कर्मों का फल होती है, इन सबके बहुत विरुद्ध रही थी। उत्तर प्रदेश में अपने क्षेत्रकार्य के दौरान मेरा सामना एक ऐसे समुदाय से हुआ जिसमें ये सारे लक्षण साफ दिखाई देते थे। अपने को संतुलित बनाए रखने की क्षमता अर्जित करने में तथा गाँव की स्त्रियों के साथ तदनुभूति स्थापित करने में मुझे कुछ समय लगा। संस्कृति के उनके अवबोध तथा उनकी निजी सामाजिक परिस्थितियों—संक्षेप में, उनके जीवनानुभवों को भली प्रकार समझने के लिए यह जरूरी था। वस्तुतः जिस चीज की जरूरत है वह है असंपृक्तता और तदनुभूति, 'एक अन्य व्यक्ति के मन से सोचने तथा उसकी आँखों से देखने की अतिसूक्ष्म क्षमता' (नाडेल 1951 : 19)।
8. ऐसा प्रतीत होता है कि अधिकतर समाजों में स्त्रियों पर अधिक प्रतिबंध रहते हैं तथा रीति-रिवाजों और शिष्टाचार के मामलों में उनसे अधिक परंपरा पालन की अपेक्षा की जाती है। जब कभी ऐसी स्थिति आती है कि क्षेत्रकार्यकर्ता उसी समाज की है अथवा मानी जाती है, जिसका वह अध्ययन कर रही है और जिसके नियमों का पालन करने की उससे अपेक्षा की जाती है तो ऐसे में स्त्री को अधिक समायोजन करना पड़ता है—चाहे वह मानववैज्ञानिक की भूमिका में वहाँ हो अथवा मानववैज्ञानिक की पत्नी की भूमिका में।
9. ग्लकमन (1967) ने किसी सामाजिक व्यवस्था अथवा संस्कृति की तस्वीर बनाने के लिए उपयुक्त उदाहरणों, और अंतःसंबंधित प्रकरणों का उपयोग करने वाली विस्तारित प्रकरण पद्धति के बीच उपयोगी अंतर किया है। कल्पेनी में मैंने संपत्ति के उत्तराधिकार तथा राजनीतिक संगठनों के अध्ययन के लिए अंतःसंबंधित प्रकरण हासिल करने का प्रयास किया था (एप्स्टीन 1967 : 209-230)।
10. मेरे कुछ सहयोगी तथा मित्र मेरी प्रतिक्रिया को समझ पाने और महसूस करने में असमर्थ रहे हैं। कोई मानवजातिचित्रणकर्ता इससे अधिक क्या चाह सकता है? और मुझे यह बिना माँगे मिल गया था। लेकिन सारा के साथ मेरे संबंध का सहज स्वतःस्फूर्त चरित्र ही वस्तुतः वह चीज थी जिसने इसे एक अनूठापन प्रदान किया था और मुझमें उसके स्नेह को अपने उद्देश्य के लिए इस्तेमाल कर इसे नष्ट करने का साहस नहीं था। मैं यही कह सकती हूँ कि जीवन की कुछ घटनाएँ समझ से परे होती हैं।

11. कोचिन से मेरी रवानगी के कुछ ही घंटे पहले कुट्टी ने मेरे माथे पर लगे कुंकुम की ओर संकेत करते हुए बहुत संकोचपूर्वक कहा, 'क्या यह लाल टीका लगाना आपके लिए एकदम जरूरी है? इससे आप पहली नजर में ही हिंदू के रूप में पहचानी जाती हैं। ऐसा नहीं है कि वहाँ लोग आपको हिंदू के अतिरिक्त कुछ और समझेंगे, लेकिन यदि आप यह नहीं लगाएँगी तो धर्म की भिन्नता उनकी आँखों में चुभेगी नहीं। इससे आपको लोगों का विश्वास जीतने में मदद मिल सकती है।'

सात या आठ वर्ष की आयु से ही मैं अपने माथे पर कुंकुम लगाती आई थी। यद्यपि यह ठीक-ठीक विवाहित प्रस्थिति का सूचक तो नहीं है किंतु इसकी अनुपस्थिति को वैधव्य की स्थिति से जोड़ा जाता है, विशेषकर महाराष्ट्र में। विवाह के बाद मैंने अपने लोगों या अपने पति के लोगों के बीच के कोई ऐसे प्रतीक अंगीकार नहीं किए थे जो विवाहित स्त्रियों की प्रस्थिति के सूचक होते हैं। लोगों को मैं हमेशा अपना कुंकुम और काँच की चूड़ियाँ दिखा देती थी—यह कहते हुए कि मैं सुहाग चिह्न या अपनी विवाहित प्रस्थिति सूचित करने के लिए इनका इस्तेमाल करती हूँ। इसलिए कुंकुम लगाना छोड़ना होगा इस विचार से मुझे कुछ बेचैनी, घबराहट हुई लेकिन अपनी रवानगी से ठीक पहले मैंने अपना माथा रूमाल से पोंछ दिया। बहुत स्पष्ट दिखाई देने वाला लाल टीका चला गया था और मुझे याद आया कि मैंने समाज में विशेषक चिह्नों की भूमिका के बारे में पढ़ा था।

12. पेगी गोल्ड (1970 अ) ने बारह अमेरिकी स्त्री मानवशास्त्रियों के अनुभवों के अत्यंत अवबोधात्मक विवरण प्रस्तुत किए हैं। अपने इस पुस्तक की उत्कृष्ट प्रस्तावना (1970 ब) में गोल्ड ने इन विषयों पर चर्चा की है : सुरक्षा, प्रारंभिक संदेह, अनुरूपता, पारस्परिकता तथा सांस्कृतिक झटका। मुझे अर्नेस्टीन फ्रीडल, पेगी गोल्ड तथा लारा नाडर के लेख विशेष रूप से अच्छे लगे।

संदर्भ

भट्ट, जी. एस., 1991, **वीमेन एंड पालिऐंड्री इन रवाईं, जौनपुर,** जयपुर : रावत पब्लिकेशंस।

दुबे, लीला, 1956, 'द गोंड वूमन' अप्रकाशित शोधप्रबंध, नागपुर विश्वविद्यालय।

—ए.आर.कुट्टी के साथ, 1969, **मैट्रिलिनि एंड इस्लाम,** दिल्ली : नेशनल पब्लिशिंग हाउस।

दुबे, एस. सी., 1951, **द कमार**, लखनऊ : युनिवर्सल पब्लिशर्स।

—, 1958, **इंडिया'ज चेंजिंग विलेजेस**, लंदन : रटलिज एंड केगन पाल।

एप्स्टीन, ए. एल., 1967, 'द केस मेथड इन द फील्ड आफ लॉ', **द क्राफ्ट आफ सोशल ऐंथ्रोपोलाजी** में, सं. ए. एल. एप्स्टीन, लंदन : टेविस्टाक।

फिशर, ए., 1970, 'फील्ड वर्क इन फाइव कल्चर्स,' **वीमेन इन द फील्ड : ऐंथ्रोपोलाजिकल एक्सपीरियंसेस** में, सं. पी. गोल्ड, शिकागो : एल्डीन पब्लिशिंग कंपनी।

फ्रीडल, ई. 1970, 'फील्ड वर्क इन ए ग्रीक विलेज,' **वीमेन इन द फील्ड : ऐंथ्रोपोलाजिकल एक्सपीरियंसेस** में, सं. पी. गोल्ड, शिकागो : एल्डीन पब्लिशिंग कंपनी।

ग्लकमन मैक्स, 1967, 'इंट्रोडक्शन', **द क्राफ्ट आफ सोशल ऐंथ्रोपोलाजी** में, सं. ए. एल. एप्स्टीन, लंदन : टेविस्टाक।

गोल्ड, पी., सं. 1970अ, **वीमेन इन द फील्ड : ऐंथ्रोपोलाजिकल एक्सपीरियंसेस,** शिकागो : एल्डीन पब्लिशिंग कंपनी।

—, 1970 ब, 'इंट्रोडक्शन', **वीमेन इन द फील्ड : ऐंथ्रोपोलाजिकल एक्सपीरियंसेस** में, सं. पी. गोल्ड, शिकागो : एल्डीन पब्लिशिंग कंपनी।

—, 1970 स., 'ओडिसी ऑफ एन्काउंटर', **वीमेन इन द फील्ड : ऐंथ्रोपोलाजिकल एक्सपीरियंसेस** में, सं. पी. गोल्ड, शिकागो : एल्डीन पब्लिशिंग कंपनी।

इत्तमन, के. पी., 1974, सोशल स्ट्रक्चर एंड चेंज आन अमिनि आयलंड, अप्रकाशित शोधप्रबंध, मानवशास्त्र तथा समाजशास्त्र विभाग, सागर विश्वविद्यालय।

कावेरी, फिलिस एम., 1939, **ऐबोरिजिनल वूमन, सेक्रेड एंड प्रोफेन,** लंदन : जार्ज रटलिज एंड संस।

कर्वे, आई., 1953, **किनशिप आर्गनाइजेशन इन इंडिया,** पूना : डेक्कन कालेज पोस्ट ग्रेजुएट एंड रिसर्च इंस्टीट्यूट।

—, 1974, **युगान्त : द एंड आफ ऐन इपक, दिल्ली :** ओरिएंट लांगमन।

कुट्टी, ए. आर., 1972, **मैरिज एंड किनशिप इन ऐन आयलंड सोसाइटी,** दिल्ली : नेशनल पब्लिशिंग हाउस।

मजूमदार, डी. एन., 1962, **हिमालयन पालिऐंड्री, स्ट्रक्चर, फंक्शनिंग एंड कल्चर चेंज : ए फील्ड स्टडी आफ जौनसर बावर,** बांबे : एशिया पब्लिशिंग हाउस।

मेंडलबाम, डी. जी., 1970, **सोसाइटी इन इंडिया,** खं. 1 और 2, बर्कली एंड लास एंजिलस : युनिवर्सिटी आफ कैलिफोर्निया प्रेस।

मीड, मार्गरेट, 1929, **कमिंग आफ एज इन समोआ : ए साइकोलाजिकल स्टडी आफ प्रिमिटिव यूथ फार वेस्टर्न सिविलिजेशन,** लंदन : जोनाथन केप।

—, 1930, **ग्रोइंग अप इन द न्यू गिनी,** न्यूयार्क : विलियम मॉरो।

—, 1970, 'फील्ड वर्क इन द पैसिफिक आयलंड्स, 1925-67', **वीमेन इन द फील्ड : ऐंथ्रोपोलाजिकल एक्सपीरियंसेस** में, सं. पी. गोल्ड, शिकागो : एल्डीन पब्लिशिंग कंपनी।

मिंटर्न, ली तथा जे. टी. हिचकॉक, 1963, 'द राजपूत्स आफ खालापुर, इंडिया,' **सिक्स कल्चर्स : स्टडीज आफ चाइल्ड रियरिंग** में, सं. बी. व्हाइटिंग, लंदन तथा न्यूयार्क : जान वाइली एंड संस।

नाडेल, एस. एफ., 1951, **द फाउंडेशंस आफ सोशल ऐंथ्रोपोलाजी,** लंदन : कोहेन एंड वेस्ट।

नाडर, लॉरा, 1970, 'फ्राम ऐंग्युइश टु एक्सल्टेशन,' **वीमेन इन द फील्ड : ऐंथ्रोपोलाजिकल एक्सपीरियंसेस** में, सं. पी. गोल्ड, शिकागो : एल्डीन पब्लिशिंग कंपनी।

नारायण, आर. के., 1987 **द महाभारत,** नई दिल्ली : विजन बुक्स।

श्रीनिवास, एम. एन., 1974, **सोशल चेंज इन माडर्न इंडिया,** बर्कली तथा लास एंजिलस : युनिवर्सिटी आफ कैलिफोर्निया प्रेस।

2

लिंगभाव की रचना : पितृवंशीय भारत में हिंदू लड़कियों का सामाजीकरण*

भारतीय समाज के पितृवंशीय पितृस्थानिक माहौल में स्त्रीत्व के विकास की प्रक्रिया पर समाजवैज्ञानिकों ने पर्याप्त ध्यान नहीं दिया है। इस प्रक्रिया की अनेक बारीकियों तथा जटिलताओं को अनदेखा कर दिया गया है। लड़की होने का अर्थ क्या होता है? किस उम्र में कोई लड़की उन सीमाओं के प्रति सचेत होती है जिनके तहत अब उसे रहना होगा? कब वह परिवार में लड़कियों की तुलना में लड़कों को दिए जाने वाले विशेष महत्त्व और उसके औचित्य की धारणा के प्रति सचेत होती है? कब और कैसे वह अपने लिए उपयुक्त भूमिकाओं के सार को हृदयंगम करती है? वे कौन सी प्रक्रिया हैं जिनके माध्यम से स्त्रियाँ उन सांस्कृतिक विचारों और मूल्यों को आत्मसात करती हैं जो उनकी अपनी छवियों को रूपायित करते हैं तथा उनकी अपने भविष्य के प्रति कल्पनाओं को प्रभावित करते हैं? कैसे वे उन्हें दिए गए मूल्यों और मानदंडों में छिपे अंतर्विरोधों तथा उन सीमाओं, जिनके भीतर रहकर ही उन्हें काम करना होता है, के प्रति संवेदनशीलता अर्जित करती हैं जो उन्हें खास तरह की रणनीतियाँ अपनाने के लिए बाध्य करती हैं? दूसरे शब्दों में किस तरह स्त्रियों का लिंगभावायित व्यक्तियों के रूप में निर्माण होता है।

इस निबंध[1] में मैंने इनमें से कुछ सवालों का जवाब देने का प्रयास किया है। इसके लिए मैं अनुष्ठानों/कर्मकांडों एवं समारोहों, भाषा के प्रयोग तथा परिवार के भीतर व परिवार के संदर्भ में चलने वाले आचार-व्यवहार के जरिये होने वाले

---

* यह करुणा चानना द्वारा संपादित (1988) **सोशलाइज़ेशन, एजुकेशन एंड वीमेन : एक्सप्लोरेशंस इन जेंडर आइडेंटिटी** पुस्तक में समाविष्ट आलेख का कुछ कुछ बदला हुआ रूप है। इसका प्रथम प्रारूप नेहरू मेमोरियल लाइब्रेरी में इसी विपय पर हुई विचार-गोष्ठी में प्रस्तुत किया गया था। मेरी प्रस्तुति के प्रति संवेदनशील अनुक्रिया के लिए मैं प्रो. रवींदर कुमार की आभारी हूँ। करुणा का मुझमें विश्वास सराहना योग्य था। इस आलेख के निर्माण के दौरान सौरभ दुबे से मिला सहयोग अमूल्य सिद्ध हुआ।

हिंदू लड़कियों के सामाजीकरण की प्रक्रिया के पहलुओं पर ध्यान आकृष्ट कराऊँगी।[2] इस निबंध की सामग्री भारत के विविध क्षेत्रों से ली गई है। उदाहरण प्रस्तुत करते हुए मैंने मानववैज्ञानिक परंपरा में उस क्षेत्र और प्रायः उस समूह को भी रेखांकित किया है जिसमें वह कर्मकांड/प्रथा/व्यवहार प्रचलित है। लेकिन भौगोलिक तथा सामाजिक विस्तार की दृष्टि से उन कर्मकांडों, प्रथाओं और रीति-रिवाजों का विस्तार अधिक व्यापक है। उनसे निकाले गए अनुमान तथा सामान्य निष्कर्ष कहीं अधिक व्यापक क्षेत्र पर लागू होते हैं।

यह बात ध्यान में रखनी चाहिए कि संस्कृतिजन्य लिंगगत भेदों के विषय में लगभग निरपवाद रूप से यह माना जाता है कि उनका मूल जीवविज्ञान में है। उन्हें प्राकृतिक व्यवस्था का हिस्सा समझा जाता है। एक प्रासंगिक उदाहरण देखें : पितृवंशीय भारत में प्रजनन में पिता और माता की भूमिकाओं के बारे में आम धारणा है कि पुरुष बीज, सार-तत्व प्रदान करता है, जबकि स्त्री भूमि प्रदान करती है जो बीज को ग्रहण कर उसे पोषण प्रदान करती है। बच्चे में पिता का रक्त होता है। इस प्रकार, जबकि मायके में वंशपरंपरा और परिवार की निरंतरता की दृष्टि से बेटी को हस्तांतरणीय तथा अनुपयोगी माना जाता है, वहीं ससुराल में बहू के रूप में उसे वंशपरंपरा तथा परिवार की निरंतरता बनाए रखने का साधन समझा जाता है तथा गर्भ के वाहक व पात्र के रूप में उसकी उपकरणीयता पर बल दिया जाता है। इस सामाजिक व्यवस्था को, जिसमें पुरुषों और स्त्रियों—चाहे वे भाई-बहन के रूप में हों अथवा पति-पत्नी के रूप में—के अधिकार स्थितियाँ तथा भूमिकाएँ असमान रहती हैं, प्रकृति की व्यवस्था के अनुरूप माना जाता है जिसने प्रजनन में स्त्री और पुरुष को असमान भूमिकाएँ सौंपी हैं।[3]

स्त्री-पुरुष की भूमिकाएँ संबंधों के समुच्चय के भीतर कल्पित व अभिनीत होती हैं तथा सीखी जाती हैं। इस प्रक्रिया को समझने के लिए परिवार की संरचना तथा नातेदारी—जिसमें परिवार सन्निहित रहता है—के व्यापकतर संदर्भ के निहितार्थों को ध्यान में रखना आवश्यक है। परिवार की संरचना के निहितार्थों के दो मुख्य पहलू हैं : पारिवारिक संरचना किसी विशिष्ट समय बिंदु पर जनसांख्यिकी का परिणाम मात्र नहीं होती, बल्कि वह नए सदस्यों की भर्ती और वैवाहिक आवास के नियमों को तथा नई पीढ़ी द्वारा पुरानी पीढ़ी की जगह लेने की प्रक्रिया में परिवार के पुनःसंयोजन के आदर्श और वास्तविक संरूपों को भी प्रतिबिंबित करती है। दूसरे, पारिवारिक इकाई के वास्तविक संयोजन—उसमें मौजूद भूमिकागत संबंधों के विन्यासों तथा 'जीवन व्यापार' में 'सदस्यों के विशिष्ट और वस्तुनिष्ठ' योगदान—से परे कुछ होता है जो परिवार के संसाधनों के आबंटन, लिंग तथा उम्र के आधार पर कार्य-विभाजन और लड़के व लड़कियों की भावी भूमिकाओं के अवधारण तथा उनके योग्य प्रशिक्षण के लिए महत्त्वपूर्ण रहता है।

नातेदारी एक नैतिक संहिता मात्र नहीं है, बल्कि यह वे सांगठनिक तत्त्व प्रदान करती है जो सामाजिक समूहों में व्यक्तियों की भर्ती तथा स्थान-निर्धारण, परिवार तथा गृहस्थी का निर्माण, वैवाहिक आवास, संसाधनों का वितरण—जिसमें उत्तराधिकार शामिल है—और जीवन व्यापार में समूह विशेष के विभिन्न सदस्यों के कर्तव्य तथा उत्तरदायित्व, इन सबका विनियमन करते हैं। इन पक्षों पर ध्यान दिए बिना परिवार की सदस्यता, भोजन तथा पोषण, स्वास्थ्य की देखभाल, शिक्षा, अधिकार तथा निर्णय लेने की गुंजायश, इनके संबंध में हकदारी की धारणा को समझा नहीं जा सकता; न ही परिवार संबंधी विचारधारा का समुचित विश्लेषण ही हो सकता है। संभव है इनमें से अनेक का स्वरूप बहुत स्पष्ट न हो, अतः लोगों के विचारों और व्यवहार में अंतर्भूत धारणाओं को जाँचना परखना जरूरी है। इन धारणाओं के धर्म—जिस रूप में लोग उसे मानते हैं तथा उसके अनुसार आचरण करते हैं—के साथ के घनिष्ठ संबंध को स्पष्ट करना आवश्यक नहीं है। सामाजीकरण की प्रक्रिया को समझने के लिए समाज/समुदाय विशेष की नातेदारी-व्यवस्था की विशिष्टताओं पर ध्यान देना अत्यंत आवश्यक है। निश्चय ही इसका अर्थ यह नहीं है कि गृहस्थी और समाज की व्यापकतर संरचनाओं तथा प्रक्रियाओं के बीच के विविध अंतःसंबंधों के परीक्षण की ज़रूरत को नकारा जा रहा है। लेकिन ऐसी जाँच-पड़ताल के लिए भी नातेदारी की विशिष्टताओं की प्रासंगिकता को पहचानना महत्त्वपूर्ण है।

अंत में, परिवार की संरचना तथा नातेदारी के संरूप जाति संस्था से बँधे हैं। जाति व्यवस्था में अलग-अलग समूहों की सदस्यता जन्म से परिभाषित रहती है। इसी कारण विवाह और यौन संबंधों पर नियंत्रण के माध्यम से सीमाएं बनाए रखना आवश्यक हो जाता है। यद्यपि अधिकांश हिंदू भारत में व्यक्ति की सदस्यता का निर्धारण पितृवंशीय परंपरा के नियम द्वारा संचालित होता है तथापि बच्चे को जाति-प्रस्थिति प्रदान करने में माता की जाति भी प्रासंगिक रहती है। प्रजनन में उसकी विशिष्ट भूमिका के मद्देनजर सीमा बनाए रखने का बोझ स्त्री पर पड़ता है। इस प्रकार भारतीय समाज में बालिका के स्त्री बनने की प्रक्रिया को जाति एक विशेष चरित्र प्रदान करती है।

पुरुष संतान

पुरुष संतानों को दिए गए विशेष महत्त्व की पहचान जल्दी ही हो जाती है। स्नेह भरे, पुलकित माता-पिता, दादा-दादी, चाचा-चाचियों से घिरी तीन-चार वर्ष की छोटी-सी बालिका घर की नौकरानी की उत्साह भरी घोषणा सुन सकती है : 'ओह, कितनी प्यारी बच्ची है लेकिन कितना अच्छा होता अगर यह लड़का होता।'[4] पुत्र जन्म पर चारों ओर अभिव्यक्त प्रसन्नता तथा जिस तरह से नवजात शिशु के माता-पिता तथा निकट संबंधियों को बधाई दी जाती है वह छोटी बच्चियों को भी नजर आ ही जाता है। पुत्र प्राप्ति की वांछनीयता और ज्यादा पुत्रियों की अवांछनीयता प्रायः बाहरी लोगों

द्वारा स्पष्ट कर दी जाती है : 'चार बेटियाँ? चारों दस-दस हजार रुपया लेकर घर से चलती बनेंगी। बेटी को पालना-पोसना तो बालू में पानी डालने जैसा है'। जिनकी केवल बेटियाँ ही हैं उन माता-पिता पर तरस खाया जाता है। उनका भविष्य अंधकारमय है क्योंकि बुढ़ापे में उनका कोई सहारा या मुक्तिदाता नहीं होगा। एक तेलुगु अभिव्यक्ति यह भाव बड़े प्रभावशाली ढंग से संप्रेषित करती है : 'बेटी को पालना-पोसना तो किसी दूसरे के आँगन में लगे पौधे को पानी देने जैसा ही है,' (एस. सी. दुबे 1955 : 148)।

बुजुर्ग लोग लड़कियों और स्त्रियों को पुत्रवती होने का आशीर्वाद देते हैं दूधों नहाओ पूतों फलो (बस एक पुत्री हो)।[5] पुत्रों के अधिक मूल्यवान होने की धारणा उन विशेष पूजाओं और व्रतों द्वारा और बलवती होती है जो स्त्रियाँ पुत्र प्राप्ति के लिए तथा मौजूद पुत्रों के सुदीर्घ जीवन के लिए करती हैं। पुत्री के बाद जन्मे पुत्र को प्रायः माँ द्वारा किए गए कठोर व्रत और संकल्पों का फल बताया जाता है। पुरुष संतान इतनी बहुमूल्य होती है कि जिस बहन के बाद उसका जन्म होता है शुभ, तथा सौभाग्य लाने वाली के रूप में वह विशेष प्रशंसा की पात्र बन जाती है। विविध तरीकों से उसका सम्मान किया जाता है। उदाहरण के लिए उत्तर प्रदेश में उसकी पीठ पर गुड़ का डला फोड़ा जाता है। उसे भाई, वंशपरंपरा चलाने के लिए पुत्र के रूप में सौभाग्य लाने का विशेष सम्मान प्राप्त होता है।

मैं यह बहस नहीं कर रही हूँ कि लड़की को हर समय अवांछित महसूस कराया जाता है। अनेक क्षेत्रों में पुत्रियों को सम्मानित करने के लिए कुछ विशेष दिवस मनाए जाते हैं। पुत्री के वस्त्रों, आभूषणों और उपलब्धियों में पर्याप्त दिलचस्पी ली जाती है। मराठी की कहावत 'बेटी का बाप कभी भूखा नहीं रहेगा', घर के कामकाज में बेटी के योगदान की उपयोगिता के बारे में प्रचलित सामान्य भावना को अभिव्यक्त करती है। अधिकतर माता-पिता स्कूल और कालेज में अपनी पुत्रियों की उपलब्धियों पर गौरवान्वित होते हैं। लेकिन यह संदेश निरपवाद रूप से संप्रेषित हो जाता है कि सामाजिक व्यवस्था एक हद तक अपरिवर्तनीय है तथा पुत्री का अपने माता-पिता के घर में रहना अल्पकालिक है। इसके अतिरिक्त, विवाह में देरी अथवा विवाह न होने को कुछ अस्वाभाविक ही नहीं माना जाता बल्कि ऐसी स्थिति परिवार की प्रतिष्ठा के लिए खतरों से भरी होती है। एक उड़िया मुहावरे में पुत्री को घी के समान बताया गया है : दोनों मूल्यवान हैं लेकिन समय रहते उन्हें ठिकाने न लगाने पर दोनों बदबू देने लगते हैं। एक तेलुगु अभिव्यक्ति में—जिसका स्त्रियाँ लड़की का विवाह उपयुक्त समय पर कर देने की चिंता के संदर्भ में काफी इस्तेमाल करती हैं—वयः-संधि प्राप्त पुत्री को छाती का फोड़ा कहा गया है।[6]

पति की असमय मृत्यु पर स्त्री को यह कहकर सांत्वना दी जाती है कि बहुत जल्दी तुम्हारे बेटे बड़े हो जाएँगे और तुम्हारी देखभाल करेंगे। बेटियों के बारे में कभी

ऐसा कहते नहीं सुना जाता। इसके विपरीत, उन्हें एक जिम्मेदारी के रूप में देखा जाता है और माँ को सांत्वना दी जाती है कि भगवान की कृपा से इन लड़कियों का भी विवाह भलीभाँति हो जाएगा। पुत्रों और पुत्रियों से की जाने वाली अपेक्षाओं के बीच यह विरोध सामान्यतया दिखाई पड़ने वाले इस तथ्य से जुड़ा है कि सीमित संसाधनों वाले मध्यवर्गीय परिवारों में पुत्रियाँ पढ़ने के लिए अपेक्षतया कम खर्चीले क्षेत्रीय भाषा के स्कूलों में भेजी जाती हैं जबकि पुत्रों को अधिक खर्चीले अंग्रेजी माध्यम के स्कूलों में पढ़ाया जाता है। लोगों की दृष्टि में पुत्री की शिक्षा वस्तुतः उसके अपने लाभ के लिए है। जहाँ तक मायके की बात है उसके लिए यह कोई निवेश नहीं है।

मायका

लड़कियाँ इस धारणा के साथ बड़ी होती हैं कि अपने मायके में उनकी सदस्यता अस्थायी है। कर्मकांड उन महत्त्वपूर्ण साधनों में से एक है जिनके जरिये लड़कियाँ यह स्पष्ट रूप से समझने लगती हैं कि अपने मायके से पति के घर में उनका स्थानांतरण अपरिहार्य है। हिंदू मध्यवर्गीय बंगाली स्त्रियों के सामाजीकरण की चर्चा करते हुए सुचेता मजूमदार कहती हैं :

> ...दुर्गा पूजा छोटी लड़कियों के लिए एक महत्त्वपूर्ण संदेश लाती है। समझा जाता है कि यह पूजा देवी के अपने मायके लौटने के उत्सव के रूप में होती है। यह तथ्य कि पूरे वर्ष में यह पूजा केवल पाँच दिन तक चलती है, लड़की को जोरदार ढंग से यह बता देता है कि एक बार विवाह हो जाने के बाद वह भी जल्दी-जल्दी अपने परिवार से मिलने आने की अपेक्षा नहीं कर सकती (मजूमदार 1981 : 34)।

दुर्गा पूजा की तरह ही कर्नाटक में गौरी पूजा होती है। गौरी पूजा दुर्गा पूजा से लगभग एक महीना पहले होती है। यह पूजा गौरी के अपने पिता के घर आने के उपलक्ष्य में की जाती है। इससे संबंधित समारोहों के समय स्त्रियों द्वारा गाए जाने वाले गीतों में इस बात का वर्णन होता है कि गौरी कैसे शिव से अनुनय-विनय करती है कि वह उन्हें मायके भेज दें और शिव अनेक तर्क देते हैं जिनमें आदर्श पत्नी तथा माता के कर्तव्य बताए जाते हैं। शिव एक दिलचस्प तर्क यह देते हैं कि गणेश छोटे हैं, वह अपने घर में सुख-सुविधाओं के आदी हैं और गौरी के माता-पिता गरीब हैं। यदि गणेश कुछ ऐसा माँग बैठे जो गौरी के माता-पिता न दे पाएँ तो बच्चा बहुत दुखी हो जाएगा। इससे उनके माता-पिता भी लज्जित होंगे। गौरी अपने अनुरोध पर कायम रहती है। वह चिरौरी करती है कि उन्हें कम से कम तीन दिन के लिए ही मायके जाने दिया जाए। शिव अंततः इसकी अनुमति दे देते हैं। जैसे दुर्गा अपने चार बच्चों के साथ अपने मायके आती हैं उसी तरह गौरी के साथ उनके छोटे बेटे गणेश आते हैं। उनका यह प्रवास तीन से पाँच दिन का होता है और बड़ी धूमधाम

से इसका उत्सव मनाया जाता है।

और तब आती है विदाई की घड़ी। माहौल में भारीपन है। छोटी लड़कियाँ प्रायः रो पड़ती हैं वैसे ही जैसे वे अपने नाते-रिश्तेदारों और सहेलियों के विवाह में उस समय रो पड़ती हैं जब कर्मकांडों और समारोहों के माध्यम से वधू के अपने मायके से पति के परिवार में स्थानांतरण को नाटकीय रूप दिया जाता है। गौरी पूजा किशोरियों में यह सत्य संप्रेषित कर देती है कि उन्हें भी अपनी माता का घर छोड़ना पड़ेगा। यह इस बात को भी रेखांकित करती है कि स्त्री अपने मायके जाने के मामले में स्वायत्त नहीं है। वस्तुतः लड़कियों के सामाजीकरण की प्रक्रिया में इस बात पर पर्याप्त बल दिया जाता है कि पति और उसके परिवार की इच्छाओं के समक्ष उसे झुकना पड़ सकता है तथा विनम्रता और आज्ञाकारिता नारी के आदर्श हैं।[7]

गौरी पूजा का उत्सव तमिलनाडु, आंध्र प्रदेश तथा महाराष्ट्र के कुछ हिस्सों में भी मनाया जाता है। आंध्र प्रदेश व महाराष्ट्र में मनाए जाने वाले कुछ अन्य उत्सवों में भी देवी या देवियों के मातृगृह आने का विचार सन्निहित है। लगभग उसी समय जब गौरी पूजा होती है, अनेक परिवार दो देवियों, बड़ी महालक्ष्मी तथा छोटी महालक्ष्मी (जो बहनें मानी जाती हैं), के अपने बच्चों के साथ घर आने का उत्सव मनाते हैं। यह उत्सव तीन दिन तक चलता है। पहले दिन देवी की स्थापना होती है, दूसरे दिन पूजा और भोज तथा तीसरा दिन विदाई का होता है। महालक्ष्मियों के सम्मान में दिए जाने वाले भोज में परिवार की विवाहित पुत्रियों—सगी अथवा नाते-रिश्ते की—को आमंत्रित करने की प्रथा है। महाराष्ट्र में विवाहित स्त्रियों के बीच चैत्र मास (मार्च-अप्रैल) में मनाया जाने वाला एक लोकप्रिय उत्सव गौरी के मायके आने का समारोह होता है। स्त्रियाँ एक दूसरे को अपने यहाँ देवी की भलीभाँति सजाई गई मूर्ति देखने के लिए आमंत्रित करती हैं। देवी को भाँति-भाँति का चढ़ावा अर्पित किया जाता है। स्त्रियाँ सौभाग्य और शुभत्व के प्रतीक सौभाग्य चिह्नों का भी आदान-प्रदान अथवा वितरण करती हैं। इन सभी उत्सवों में पुत्रियों का मायके आना सुखद प्रसंग होता है, किंतु साथ ही उनके मायके में रहने की अवधि प्रायः संक्षिप्त होती है।

विवाह के बाद पुत्री का अपने मायके से परिवर्तित संबंध अनेक कर्मकांडों की विषयवस्तु है। बंगाली विवाह में पति के साथ अपना मायका छोड़ने से पहले वधू अपने घर की ओर पीठ करके अपने कंधों के ऊपर से अपने घर पर मुट्ठी भर चावल फेंकती है। इसका अर्थ है कि उसने अब तक अपने पितृगृह में जितना भोजन किया है उसे लौटा दिया है और स्वयं को अपने मायके के परिवार के ऋण से मुक्त कर लिया है। बंगाल में ही एक अन्य प्रथा है जो 'चावल लौटाने' के प्रसंग से कुछ भिन्न है। इसमें पुत्री की असहायता तथा अनुपयोगिता की भावना अभिव्यक्त होती है। विवाह के अगले दिन प्रातःकाल जब वधू अपना पितृगृह छोड़ने की तैयारी कर रही होती है वह मुट्ठी भर धूल लेकर अपने पिता से तीन बार कहती है; 'मैंने आपसे

हाथ भर-भर कर सोना लिया है मैं आपको हाथ भर-भरकर धूल लौटा रही हूँ'। उड़िया विवाह में वधू अपनी माता के पल्लू में चावल उँड़ेलती है। उसी समय चारों ओर आहों, फुसफुसाहटों और रोने-बिलखने की शुरुआत होती है कि अब जबकि उसने अब तक खाया हुआ सारा चावल लौटा दिया है मायके से उसका संबंध हमेशा के लिए टूट गया है। मायके से संबंध में दरार पड़ने का भाव पंजाबियों में प्रचलित एक प्रथा में भी अभिव्यक्त होता है जिसकी जानकारी करुणा चानना ने दी है। चावल के दाने फेंकने जैसी पूरी क्रिया लगभग समान होती है लेकिन अर्थ भिन्न है। यहाँ पति के घर जाने से पहले अपने घर पर चावल फेंकना पुत्री की इस इच्छा का द्योतक है कि उसका मायका फूले-फले।

मायके से वधू के रूप में बेटी की विदाई के समय तथा बाद में विवाहिता बेटी के मायके आने और पतिगृह जाने के समय के विलापों में पुत्र या पुत्री के रूप में जन्म लेने पर वश न होने के भाव तथा बेटियों और बेटों का परस्पर विरोधी भाग्य आम विषयवस्तु है। एक उदाहरण देखें। मध्यवर्ती भारत के कुछ हिस्सों में विवाह के बाद पुत्री की अनुष्ठानपूर्वक की जाने वाली विदाई के पहले उसकी माता विलाप करती है : 'मेरी बच्ची, यदि तुम बेटा होतीं तो हमारे साथ रहतीं, खेत जोततीं और हमारी देखभाल करतीं। मैं तुम्हें गरम-गरम भात परोसती। लेकिन अब तुम एक शव की तरह घर से बाहर निकाली जा रही हो।'

वधू की विदाई के समय हिंदी क्षेत्र में गाए जाने वाले गीतों में दुख और प्रतिरोध की उसकी भावनाओं को अभिव्यक्ति मिली है :

> ओ बाबुल, तुमने मेरे भाई को सुखी रखने के लिए पाला पोसा/तुमने मुझे आँसू बहाने के लिए पाला,
>
> ओ बाबुल, तुमने अपने बेटे को अपना घर देने के लिए बड़ा किया/और मेरे लिए तुमने एक पिंजरा छोड़ा है।

पुत्री को परिवार के अस्थायी सदस्य तथा पुत्र को स्थायी सदस्य के रूप में देखे जाने के अपने परिणाम हैं : पुत्रियाँ प्रायः अपने माता-पिता की दशा क्या होगी अथवा छोटे भाई-बहनों का क्या होगा इस बारे में अधिक विचार किए बिना स्वयं अपना दहेज इकट्ठा कर लेने में व्यग्र रहती हैं। यदि उन्हें अपने मायके के परिवार की सदस्यता का अधिकार नहीं है तो उसके रखरखाव में अपना योगदान देने का भी उनका कोई दायित्व नहीं है। उनकी असली चिंता खुद को नए परिवार में स्थापित करने तथा वहाँ एक हैसियत पा लेने की रहती है। इस प्रक्रिया में वे दहेज को एक आवश्यक योगदान मानती हैं। पुत्री और माता के हितों के बीच मेल के अभाव को एक उड़िया मुहावरा इस तरह स्पष्ट करता है : 'माँ और बेटी मंदिर जाती हैं, दोनों अपनी-अपनी खुशियों के लिए प्रार्थना करती हैं'। जिस तरह पुत्री का कल्याण उसकी माता की खुशी के लिए जरूरी नहीं है उसी तरह पुत्री को भी अपनी माता के लिए

प्रार्थना करने की जरूरत नहीं है क्योंकि उसकी अपनी खुशी अपने पिता के परिवार के सुख पर निर्भर नहीं है। दूसरी ओर, बचपन से ही लड़के को भविष्य में भरण-पोषण करने वाले, कुलदीपक के रूप में चित्रित किया जाता है उसको ऐसे व्यक्ति के रूप में देखा जाता है जो परिवार का भाग्य बदल देगा। उसे अपनी भलाई के साथ-साथ परिवार की भलाई के लिए भी जीवन में सफल होने के लिए प्रेरित किया जाता है। इससे बहुत बार उसमें तनाव और असुरक्षा की भावना पैदा होती है और यह भी एक कारण है कि युवकों को दहेज के खिलाफ दृढ़तापूर्वक खड़े होने में कठिनाई होती है क्योंकि दहेज अपनी जीवनशैली को रातोंरात बदल देने का सबसे आसान तरीका है।

वैवाहिक कर्मकांडों का संपूर्ण समुच्चय जो वधू के एक परिवार से दूसरे परिवार में स्थानांतरण को नाटकीय रूप प्रदान करता है वस्तुतः लड़कियों के लिए बचपन में एक हृदयविदारक अनुभव, एक रहस्योद्‌घाटन होता है। अनेक लड़कियाँ अपने परिवार/नातेदारी समूह में किसी लड़की के विवाह का अपना पहला अनुभव जीवंत रूप में याद करती हैं। यह आश्चर्यजनक नहीं क्योंकि विवाह की अनिवार्यता तथा विवाह के निश्चित परिणामस्वरूप माता-पिता से अलग होने/बिछड़ने का संदेश तो पहले पहले उन्हें लोरियों और पाठशाला की कविताओं से ही मिल चुका होता है।

झूलो बच्ची, झूलो, तुम्हारे प्यारे बालों में कंघी
दूल्हा जल्दी ही आकर तुम्हें ले जाएगा
ढोल बज रहे हैं जोरों से
शहनाई बज रही है कोमल स्वर में
एक अजनबी का बेटा मुझे ले जाने आया है
आओ मेरी सखियो आओ हमारे खिलौनों के साथ
आओ हम खेलें क्योंकि मैं फिर कभी नहीं खेलूँगी
जब मैं उस अजनबी के घर चली जाऊँगी।[8]

विवाह से न बच पाने की भावना का एक आवश्यक सहयोगी तत्त्व है अनिश्चितता की भावना तथा एक कठोर माहौल में जाने की संभावना। यह भावना मातृगृह तथा सास के घर के बीच के अंतर के संदर्भ में अभिव्यक्त हुई है :

मैं घर के भीतर गई और मुझे नौकरानी ने डाँटा
नौकरानी से डरी मैं अपने कमरे में गई
और मेरी ननद ने मुझे गालियाँ दीं
अपनी ननद से डरी मैं खाना पकाने रसोई में गई
और मेरी सासू माँ ने मुझे धमकाया
सासू माँ, गुस्सा न हो, मैं तुम्हारी बेटी जैसी हूँ
अगर तुम मुझे बाहर निकाल दोगी, मैं कहाँ जाऊँगी?

इसी तरह महाराष्ट्र में छोटी बच्चियों द्वारा कुछ निश्चित दिनों तक की जाने वाली मातृदेवी की पूजा में गाए जाने वाले भुलाबाई के गीत और गुजरात तथा राजस्थान में गणगौर के गीत भी निरपवाद रूप से पतिगृह तथा मायके के बीच के अंतर को रेखांकित करते हैं। भुलाबाई के गीतों में प्रायः दोहराया जाने वाला एक पद्यांश इस प्रकार है :

मायका सुंदर है
वहाँ हम जी भरकर खेल सकते हैं
ससुराल निर्दय है
यह तो दम घोंटती है और मार डालती है।

वर के घर में होने वाले कर्मकांड तथा समारोह वधू के स्वागत तथा उसे वर के परिवार में शामिल करने की प्रक्रिया के प्रतीक होते हैं। लेकिन ये अनुष्ठान व समारोह भविष्य के बारे में अनिश्चितता तथा असुरक्षा की भावना दूर नहीं कर पाते।

इस संदर्भ में कुछ और लोरियों तथा शिशु गीतों पर नजर डालना दिलचस्प होगा। बंगाल में तथा भारत के अन्य अनेक हिस्सों में भी इस तरह की लोरियाँ तथा बालगीत बहुत प्रचलित हैं। ये गीत शहर और गाँव की सीमाओं को तोड़ते हुए प्रायः वर्ग तथा सामाजिक समूहों की सीमाओं से भी परे चले जाते हैं। हर गीत के विभिन्न बोलियों में अनेक रूपांतर हैं। कुछ गीत केवल लड़कियों के मतलब के हैं, कुछ लड़के-लड़कियों दोनों के लिए हैं तथा कुछ गीत केवल लड़कों को संबोधित हैं :

मत रो, मेरे सुंदर बच्चे, मैं तुम्हारे लिए दुलहनियाँ लाऊँगी
उसका रंग सोने जैसा होगा, उसके होंठ लाल कली होंगे
मैं बड़े-बड़े कनस्तरों में घी भरूँगी
मैं बढ़िया चावल पकाऊँगी
मेरा बेटा पेट भर कर खाएगा
उसकी पत्नी उसकी खाली थाली चाटेगी।

यह स्पष्ट है कि ये गीत लड़कियों को वही संदेश देते हैं, कि वे हस्तांतरणीय हैं तथा भविष्य में उन्हें एक अमैत्रीपूर्ण माहौल का सामना करना पड़ सकता है। इन विचारों को संप्रेषित करने का एक बहुत प्रभावी स्रोत है रोजमर्रा की भाषा। उदाहरण के लिए निम्नलिखित प्रश्नों को देखें जो बड़ों के बीच वार्तालाप का हिस्सा होते हैं : तुमने अपनी बेटी कहाँ दी है? या जैसे कि उड़िया में कहा जाता है : 'तुमने अपनी बेटी को खटने के लिए कहाँ भेजा है?' या 'तुमने किस परिवार में अपनी बेटी का विवाह किया है?' ये अभिव्यक्तियाँ लड़की की हस्तांतरणीयता की ओर संकेत करती हैं।

नारीत्व का निर्माण : पूर्ववयःसंधि चरण

नारीत्व का निर्माण[9] एक सतत, जटिल तथा कभी-कभी एक अंतर्विरोधपूर्ण प्रक्रिया है। पुत्रों और पुत्रियों का भिन्न-भिन्न मूल्य तथा विवाह और मायके से विदाई के बीच दृढ़ संबंध के साथ वयःसंधि से पूर्व लड़कियों की अंतर्भूत शुद्धता की धारणा जुड़ी रहती है। शुद्धता के इस गुण को अनेक कर्मकांडों में विशेष मान्यता दी जाती है। कर्नाटक में कुछ ब्राह्मण समूहों तथा कुछ अन्य समुदायों में विवाह समारोह में एक छोटी लड़की पान तथा आम के पत्तों से सजा, पवित्र जल का मटका अपने सिर पर रखकर वधू के आगे-आगे चलती है। माना जाता है कि वह बुरी शक्तियों को दूर रखती है। वास्तव में पत्तियों से सजा जलपात्र, जिस पर प्रायः एक नारियल रखा होता है, लिये चलने वाली एक कुमारी कन्या दक्षिण भारत तथा महाराष्ट्र में अनेक जातियों में विवाह समारोह तथा अन्य अनुष्ठानों का अनिवार्य अंग है। आंध्र प्रदेश के ब्राह्मणों में एक छोटी लड़की को वर के साथ चलना पड़ता है। महाराष्ट्र में जब मराठा वर अपनी बारात के साथ विवाह के पंडाल के लिए प्रस्थान करता है तब एक छोटी लड़की घोड़े पर उसके पीछे बैठती है और वह अपने सिर पर एक छोटा जलपात्र लिये रहती है। रजोधर्म के आरंभ से पूर्व लड़की को देवी तथा मातृदेवी का रूप माना जाता है तथा माना जाता है कि वह दुष्टात्माओं और बुरी नजर से बचाती है।

कर्नाटक, आंध्र प्रदेश तथा महाराष्ट्र में शिशु के नामकरण संस्कार में किसी छोटी लड़की को शिशु की माता का अभिनय करने के लिए चुन लिया जाता है। शिशु की जगह प्रतीकरूप में एक पत्थर–प्रायः सिल का बेलनाकार बट्टा–रख लिया जाता है। वह नवजात शिशु की माता के निकट एक सुसज्जित चौकी पर बैठती है। पत्थर को एक नए कपड़े में लपेटा जाता है और उसे किसी आभूषण से सजाया जाता है। छोटी लड़की तथा पत्थर रूपी शिशु से अनेक कर्मकांड करवाए जाते हैं। बाद में नवजात शिशु की माता तथा नवजात भी वही सब करते हैं। ऐसा दुष्टात्माओं को दूर रखने के लिए किया जाता है। कुछ समुदायों में पहले मासिक धर्म के समय अलग थलग रहने की अवधि के दौरान नवयौवना लड़की के साथ कोई बच्ची रहती है जो उसके संगी-साथी की भूमिका निभाती है।

विशेष अवसरों पर कुमारी कन्याओं की पूजा तथा उन्हें भोज खिलाने का कर्मकांड भारत में व्यापक रूप से प्रचलित है। यहाँ तक कि यह प्रथा उत्तर पश्चिम में कश्मीर में भी है। नवरात्र उत्सव का आठवाँ दिन (अष्टमी) ऐसे विशिष्ट अवसरों में से एक है जब बच्चियों को पूजा और भोज के लिए आमंत्रित किया जाता है। बंगाल में इस अवसर पर एक कन्या को मातृदेवी का प्रतिनिधित्व करने के लिए चुन लिया जाता है। उसे भलीभाँति सजाकर उसकी पूजा की जाती है । उसे चढ़ाया

गया चढ़ावा अन्य लोग प्रसाद के रूप में ग्रहण करते हैं। यहाँ दो बातें सामने आती हैं : पहली, ऊपर दिए गए उदाहरणों में छोटी लड़कियों को सौंपी गई भूमिकाएँ अथवा रूप सारतः नारी सुलभ हैं और उनमें नारीत्व की चेतना विकसित करने में सहायक होती हैं।[10] दूसरी, वयःसंधि पूर्व अवस्था में लड़की की शुद्धता तथा परिणामस्वरूप मिलने वाली विशेष सुविधा प्राप्त प्रस्थिति वयःसंधि तथा उसके बाद की प्रस्थिति के बिलकुल विपरीत है तथा परवर्ती चरण को अत्यधिक स्पष्टता के साथ परिभाषित करती है।

नारीत्व का निर्माण : वयःसंधि का प्रारंभ

वयःसंधि का प्रारंभ लड़की के जीवन में नाटकीय परिवर्तन लाता है। अनेक भारतीय भाषाओं में मासिक धर्म को खिलने अथवा पुष्पित होने की प्रक्रिया—फल लगने से पहले की आवश्यक अवस्था—के समान बताया गया है और इस संदर्भ में 'उसकी देह भर गई है', 'वह परिपक्व है', तथा 'वह तैयार है' जैसी अभिव्यक्तियाँ आम हैं। पूर्ण विकसित शरीर, एक 'स्त्री' बनने, 'बड़े', 'परिपक्व' तथा 'समझदार' होने के सभी संदर्भ उसकी परिवर्तित स्थिति के तथ्य को अभिव्यक्त करते हैं।

दक्षिण भारत में प्रस्थिति में यह परिवर्तन कर्मकांडों तथा समारोहों के माध्यम से अभिव्यक्त किया जाता है। महाराष्ट्र तथा उड़ीसा की कुछ जातियाँ भी वयःसंधि कर्मकांडों के अनिवार्य अंगों का पालन करती हैं यद्यपि वे प्रायः ये कर्मकांड काफी संतुलित पैमाने पर करती हैं। वयःसंधि कर्मकांडों तथा रजस्वला लड़कियों के लिए विशेष खानपान संबंधी निर्देशों एवं प्रतिबंधों का मेरा विवरण प्रेक्षण तथा अनौपचारिक साक्षात्कारों पर आधारित है। अपनी ओर से मेरा यह सचेत प्रयास रहा है कि मैं मानवशास्त्रियों तथा प्रशासकों द्वारा तैयार किए गए वयःसंधि कर्मकांड संबंधी उन पुराने विवरणों पर निर्भर न करूँ जो जनजातियों और जातियों पर लिखे गए ग्रंथों तथा विनिबंधों और पत्रिकाओं में प्रकाशित हुए हैं। मैं मौजूदा स्थिति जानने को उत्सुक थी। मैंने विविध भौगोलिक क्षेत्रों में विभिन्न जातियों के बारे में ताजा जानकारी इकट्ठा की। वयःसंधि की शुरुआत के समारोह की सामान्य विशेषताएँ हैं : कुछ निश्चित दिनों तक लड़की का सबसे अलग रहना,[11] इस अवसर को शुभ मान कर तथा दुष्टात्माओं को दूर रखने के लिए—क्योंकि माना जाता है कि रजस्वला लड़की को दुष्टात्माएँ आसानी से अपना शिकार बना सकती हैं—उसकी आरती उतारना, उसे विशेष आहार परोसना, सगे-संबंधियों तथा मित्रों को सूचित करना, लड़की को आनुष्ठानिक स्नान कराना, उसे नए वस्त्र तथा प्रसाधन सामग्री जैसे फूल, आभूषण, चूड़ियाँ आदि भेंट करना तथा दावत देना जिससे इस घटना की घोषणा का प्रयोजन भी सिद्ध हो जाता है।[12]

कर्नाटक में प्रथम मासिक धर्म के समय लड़की को खाने के लिए सूखा नारियल,

दूध, घी, कुछ विशेष फल, गुड़ और तिल की पट्टी दी जाती है और मांसाहारी समूहों में इसके साथ उसे मांस तथा मुर्गे का शोरबा भी दिया जाता है। यह दस्तूर है कि नातेदार, विशेषकर विवाहजन्य संबंधी उसके लिए उपहार लाएँ। आंध्र प्रदेश में गुड़ और तिल को स्त्रियाँ समारोहपूर्वक कूटती हैं और इस काम के साथ वे प्रायः गीत भी गाती हैं। इस मिश्रण के छोटे-छोटे लड्डू बनाकर रजस्वला लड़की को दिए जाते हैं तथा अन्य स्त्रियों और लड़कियों को बाँटे जाते हैं। इस अवसर पर विवाहिता स्त्रियाँ आपस में कुंकुम और हल्दी चूर्ण का आदान-प्रदान भी करती हैं जो सभी मांगलिक अवसरों की आम विशेषता है। मैसूर के वोक्कलिगा समुदाय में सबसे अलग रहने की अवधि सोलह दिन तक चलती है जिसकी समाप्ति पर समारोह होता है। इस अवधि में लड़की को घर से बाहर स्कूल अथवा कहीं और नहीं जाने दिया जाता।

लड़की की परिपक्वता तथा उसकी पूर्ण विकसित देह का तथ्य कुछ विशेष उपहारों के माध्यम से प्रतीकात्मक ढंग से संप्रेषित किया जाता है। आंध्र प्रदेश में रजोधर्म के पूर्व चरण की लड़कियों के लंबा लहंगा तथा ब्लाउज पहनने की प्रथा है। वयःसंधि समारोह का एक महत्त्वपूर्ण घटक है मामा द्वारा भेंट की गई आधी साड़ी पहनने का अनुष्ठान। आधी साड़ी पूरी साड़ी के मुकाबले काफी छोटी होती है और इसलिए एक किशोरी उसे आसानी से सँभाल सकती है। लेकिन इससे साड़ी का प्रमुख काम—नितंबों और वक्षस्थल को आवरण प्रदान करना पूरा हो जाता है। इसलिए आधी साड़ी पहनने का अनुष्ठान लड़की की परिवर्तित प्रस्थिति का प्रतीक है। स्कूल जाने वाली लड़कियों को जब कुछ निश्चित दिनों के लिए—यह अवधि प्रथानुसार अलग-अलग होती है—घर पर ही रोक लिया जाता है और स्कूल में रुग्णावकाश का प्रार्थना-पत्र भेज दिया जाता है तो वे प्रायः शर्मिंदा महसूस करती हैं। कुछ रिवाज, जैसे आधी साड़ी पहनना, स्थिति में परिवर्तन को स्पष्ट कर देते हैं और सहशिक्षा वाले संस्थानों में इन लड़कियों को स्कूल वापस आने पर लड़कों की थोड़ी-बहुत छेड़खानी का सामना करना पड़ सकता है। लेकिन माता-पिता के लिए इस प्रथा को तोड़ना आसान नहीं होता। क्योंकि ऐसा करने पर समारोह के खर्च से बचने के लिए उनकी आलोचना की जा सकती है।

मराठी में परिपक्वता प्राप्त करने को बड़े शिष्ट ढंग से 'उसे पदर मिल गया है' के रूप में अभिव्यक्त किया जाता है। पदर साड़ी के पल्लू को कहते हैं जिससे वक्षस्थल ढककर कंधे के ऊपर से लाकर दूसरी ओर लटकता छोड़ दिया जाता है। नट्टाती नाडारों में भांजी के वयःसंधि प्राप्त करने पर मामा साड़ी लाता है। पूर्ण विकसित देह के निहितार्थों पर चर्चा आगे की जाएगी।

रजस्वला लड़की के विशेष खानपान को उसके आसन्न यौनत्व तथा भावी मातृत्व की रोशनी में समझना होगा। पौष्टिक भोजन ग्रहण करने के साथ ही लड़की को विशेष रूप से 'ठंडे' अथवा 'गर्म' खाद्य पदार्थों से बचना चाहिए। ये विनियम

एक अवधि के दौरान—प्रथम मासिक धर्म के बाद कुछ दिनों से लेकर कुछ महीनों अथवा एक या दो वर्ष तक लागू रह सकते हैं। इन प्रतिबंधों तथा संस्तुतियों के पीछे विभिन्न प्रकार के भोज्य पदार्थों के विशिष्ट गुणों के बारे में लोगों की देशज समझ होती है। इन विनियमों का उद्देश्य रक्त की कमी को पूरा करना, मासिक धर्म के चक्र तथा प्रवाह को विनियमित करना, प्रजनन अंगों को मजबूत बनाना तथा सामान्य रूप से भावी उर्वरता में योगदान देना, प्रसव प्रक्रिया को सुगम बनाना तथा लड़की के यौनत्व को संयमित करना होता है। प्रतीत होता है कि वयःसंधि समारोह तथा भोजन संबंधी ये विशेष विनियम संयमित तथा नियंत्रित यौनत्व और मातृत्व के महत्त्व को अभिव्यक्त करते हैं।

कस्बों और विशेषकर शहरों में शिक्षित लोगों के बीच बदलते परिदृश्य के अंग के रूप में अब प्रथम मासिक धर्म के अवसर को एक पारिवारिक मामले के रूप में बदला जा रहा है जिसमें कोई आडंबरपूर्ण समारोह नहीं किया जाता यद्यपि बुनियादी कर्मकांडों का पालन किया जा सकता है। श्रीलंका के मूर लोगों के बारे में मैकगिल्वरे (1982 : 34) का कथन कम से कम कर्नाटक के कुछ लोगों की प्रतिक्रिया जैसा प्रतीत होता है : 'दूसरी ओर मूर आजकल गृहस्थी में एक विवाह योग्य अविवाहित पुत्री की मौजूदगी के दायित्वों और मर्यादाओं के प्रति अधिक फिक्रगंद प्रतीत होते हैं। अतः वे ऐसा कोई सार्वजनिक कर्मकांड करने से बचते हैं जिसके कारण पुत्री की परिवर्तित स्थिति की ओर ध्यान आकृष्ट हो सके।' ऐसा देखा गया है कि यदि बड़ी बहन अविवाहित है तो ऐसी दशा में छोटी बहन की वयःसंधि की शुरुआत को छिपाने-दबाने की प्रवृत्ति होती है। परंपरा का पालन करने के लिए कुछ परिवार केवल अपनी बड़ी पुत्री का वयःसंधि कर्मकांड समारोहपूर्वक मनाते हैं और लोगों को आमंत्रित करते हैं किंतु उससे बाद की छोटी बेटियों की वयःसंधि को कमोबेश एक सामान्य घटना की तरह लेते हैं। लेकिन विशेष खुराक तो सभी वयःसंधि प्राप्त लड़कियों को दी जाती है। ऊँची जातियों में मासिक धर्म से संबंधित शुचिता तथा अशुचिता का ध्यान कुछ सीमा तक अब भी रखा जाता है। यद्यपि शिक्षित परिवारों की स्कूल जाने वाली लड़कियाँ अपनी बात रख पाती हैं तथा वयःसंधि का समारोह न मनाने की उनकी जिद पर उन्हें अपने पिता का समर्थन भी मिल सकता है, तथापि वे विचारों और विश्वासों के अंतरंग हिस्से का पालन करने से बच नहीं सकतीं।

यद्यपि इस अवसर पर मनाए जाने वाले समारोह तथा विशेष खुराक का भोजन अलग-अलग क्षेत्रों तथा जाति समूहों में अलग-अलग हो सकते हैं किंतु उन सबका संदेश सुसंगत तथा स्पष्ट है : लड़की अब माँ बनने के योग्य है तथा यह खुशी मनाने का प्रसंग है क्योंकि नारी शरीर का मुख्य उद्देश्य प्रजनन है। महाराष्ट्र में मराठा जाति समूह में वयःसंधि प्राप्त लड़की द्वारा समारोहपूर्वक हरी चूड़ियाँ पहनना इस बात को स्पष्ट कर देता है क्योंकि हरा रंग उर्वरता का रंग है तथा यह मंगलसूचक

है। इसके अतिरिक्त लड़की विवाह योग्य उम्र में पहुँच गई है, और यह बात उन लोगों—विशेषकर विवाहजन्य संबंधियों को जो वैवाहिक संबंध स्थापित करने के इच्छुक हो सकते हैं—को पता हो जानी चाहिए।

उर्वरता तथा विवाह पर जिस तरह बल दिया जाता है तथा वयःसंधि प्राप्त करने पर लड़की पर जिस तरह से विशेष ध्यान दिया जाता है उससे क्या उसका अपना महत्त्व बोध बढ़ता है या यह सब उसे एक जाल में फँसाए जाने तथा अपनी आजादी गँवा बैठने जैसा लगता है? हम निश्चित रूप से कुछ नहीं कह सकते। लेकिन यह बात स्पष्ट है कि उर्वरता तथा विवाह को दिए जाने वाले विशेष महत्त्व का एक और पक्ष है—संभावित बाँझपन तथा विवाह न हो पाने का डर।

दक्षिण भारत के विपरीत उत्तर भारत में प्रथम मासिक धर्म के अवसर पर कोई सार्वजनिक कर्मकांड नहीं होते। यह प्रसंग घर के भीतर ही माता तथा अन्य महिला रिश्तेदारों की देखरेख में दबे-छिपे ढंग से निपटा दिया जाता है। मासिक धर्म से जुड़े अशुचिता संबंधी नियम इस आशय से खामोशी से लागू कर दिए जाते हैं कि परिवार के बच्चे तथा पुरुष और बाहरी लोग इस बारे में कुछ न जान पाएँ। रजस्वला लड़की को बताया जाता है कि वह मसालेदार भोजन, अचार और दही न खाए तथा सामान्यतया बहुत 'ठंडे' या 'गरम' भोजन से परहेज करे। उसे समझाया जाता है कि वह ठंडे पानी में बहुत देर न खड़ी रहे न ही गीले पाँव चले। मासिक धर्म के दौरान कूदना, दौड़भाग, कूद-फांद तथा साइकिल चलाने को नुकसानदेह माना जाता है। दक्षिण की ही तरह उत्तर में भी ये सब बातें उस देखभाल से जुड़ी हैं जो लड़की के प्रजनन अंगों के स्वास्थ्य के लिए तथा मासिक धर्म की अवधि तथा प्रवाह की नियमितता के लिए जरूरी है।

यहाँ इस बात पर ध्यान देना दिलचस्प होगा कि उत्तर भारत के उत्तर में नेपाल में वयःसंधि का आगमन लड़कियों के चारदीवारी में कैद होने तथा विशेष कर्मकांडों से प्रकट होता है। लिन बेनेट (1983 : 230-40) के विवरण के अनुसार उच्च जातीय परबतियों में इस अवसर पर लड़की को अपने पितृगृह से तुरंत हटा दिया जाता है तथा उसे सबसे अलग एक ऐसे अँधेरे कमरे में रख दिया जाता है जिसमें खिड़कियाँ भी नहीं होतीं। इस कमरे को गुफा कहा जाता है। इस अवधि में वह न स्वयं सूर्य को देख सकती है न सूर्य देवता उसे देख सकते हैं। उसका भाई भी सूर्य को नहीं देखता। इस विलगाव की समाप्ति पर उसे पवित्र करने के लिए स्नान कराया जाता है तथा उसका पिता और भाई उसे उपहार देते हैं जिनमें एक लाल साड़ी-ब्लाउज तथा विवाहिता स्त्री के लिए आवश्यक अन्य सामग्री होती है। यह पुत्री के नवजात यौनत्व का अपने पितृवंश से एक दूसरे पितृवंश के लिए पूर्ण स्थानांतरण का संकेत देता है (वही : 240) बेनेट ने जो एक अर्थपूर्ण बात कही है वह है विलगाव की अवधि के दौरान लड़की की अपने पुरुष नातेदारों से कठोर विमुखता का उद्देश्य होता

है उसके यौनत्व के विषय में एक निश्चित सांस्कृतिक संदेश देना।

भारत में उत्तर और दक्षिण दोनों क्षेत्रों में वयःसंधि का आगमन लड़की के जीवन का एक निश्चित प्रस्थान-बिंदु होता है। उसने अब देहली पार कर ली है—बचपन को छोड़ अब वह अपने जीवन के सर्वाधिक संकटपूर्ण चरण में प्रवेश कर गई है जहाँ उसके शरीर ने प्रजनन की सामर्थ्य पा ली है लेकिन उसे ऐसा करने का कोई अधिकार प्राप्त नहीं है। वयःसंधि तथा विवाह के बीच की अवधि में स्त्री की असुरक्षितता सर्वाधिक होती है। वयःसंधि के बाद के चरण की कुछ विशेषताएँ, जिनमें उसके कहीं आने-जाने पर, पुरुषों से मेलजोल पर प्रतिबंध शामिल हैं तथा उसके लिए विशेष सुरक्षा उपाय थोपे जाते हैं, इन पर मैं बाद में चर्चा करूँगी। यहाँ मैं सिर्फ इस बात को रेखांकित करना चाहती हूँ कि लड़की के यौनत्व का प्रबंधन एक पत्नी और माता के रूप में उसके भविष्य से बँधा हुआ है। मातृत्व स्त्री के जीवन की सर्वोच्च उपलब्धि है, मातृत्व का प्रवेश-द्वार है विवाह। इन दो लक्ष्यों के सामने अन्य सब बातें गौण हैं।

सौभाग्यवती तथा शुभ, मांगलिक

लड़कियों के विवाह की वांछनीयता के प्रति व्यग्रता तथा उसमें ली जाने वाली दिलचस्पी अनेक प्रथाओं के माध्यम से व्यक्त होती है। शिव अथवा विष्णु जैसा पति मिलने के आशीर्वादों तथा ऐसा पति मिलने के लिए किये जाने वाले व्रतों में यह संदेश प्रभावशाली ढंग से व्यक्त होता है। महाराष्ट्र के कुछ हिस्सों में भुलाबाई तथा गुजरात के कुछ हिस्सों में गणगौर त्यौहार बहुत लोकप्रिय हैं। इनकी विशेषता है सामूहिक पूजा, गाना, खेलकूद। इन दोनों त्यौहारों का उद्देश्य है अच्छा पति पाना।

सामूहिक तथा व्यक्तिगत पूजा तथा व्रतों की दृष्टि से इसी तरह के अनुष्ठान अन्य क्षेत्रों में भी होते हैं (बंगाल के लिए देखें मजूमदार 1981)। शिव को पति रूप में पाने के लिए पार्वती द्वारा किए गए कठोर तप को व्रत और पूजा के माध्यम से स्मरण किया जाता है। कर्नाटक में जब कोई दुल्हन गौरी पूजा के बाद प्रसाद वितरित करती है तो अविवाहित लड़कियों को आगे आकर प्रसाद ग्रहण करने को कहा जाता है ताकि वे भी वधू की तरह सौभाग्यवती हों तथा शीघ्र ही उनका विवाह हो जाए। आंध्र प्रदेश में ऐसी मान्यता है कि जब वधू विवाह के कर्मकांड करती होती है उस समय जो लड़की वधू के साथ-साथ रहती है उसका विवाह जल्दी हो जाता है। वधू की थाली में हिस्सा बँटाने और इस प्रकार उसके सौभाग्य में से कुछ अंश आत्मसात कर लेने की प्रथा में भी यही भाव निहित है।

लड़कियों के लिए वैवाहिक प्रस्थिति की महत्ता के बोध से बच पाना असंभव होता है। विवाह सौभाग्य तथा परमानंद की स्थिति का सूचक है। जिनके पति जीवित हैं उन विवाहित स्त्रियों के लिए 'सौभाग्यवती' अथवा 'सुहागन' शब्द का प्रयोग किया

जाता है जिसका अर्थ है अच्छे भाग्य वाली तथा सुमंगली जिसका अर्थ है 'शुभ व्यक्ति'। विवाह के निमंत्रण पत्र में वर और वधू के नामों के पहले लगाए गए विशेषण भी इसी मूल्य का संवर्धन करते हैं। वर 'आयुष्मान' तथा 'चिरंजीव' है जिसका अर्थ है दीर्घायु व्यक्ति। वधू के लिए इस तरह के विशेषण का प्रयोग हो या न हो लेकिन जो विशेषण निरपवाद रूप से प्रयुक्त किया जाता है वह है 'सौभाग्यकांक्षिणी' अर्थात् सौभाग्य (सुखद वैवाहिक स्थिति) की आकांक्षी, कामना करने वाली। ये 'सौभाग्यवती' अथवा 'सुमंगली' स्त्रियाँ हर समारोह तथा शुभ कर्मकांड के अवसरों का हिस्सा होती हैं। विवाह मंडप के लिए मिट्टी खोद कर लाने, वर अथवा वधू के शरीर पर तेल और हल्दी लगाने तथा इन मांगलिक अवसरों पर आरती उतारने का काम केवल सुहागिन स्त्रियाँ ही कर सकती हैं। इस तरह के विशेषाधिकारों के अनगिनत उदाहरण हैं।

सौभाग्य तथा मांगलिकता को सावधानीपूर्वक पोसा जाता है। पति की दीर्घायु तथा समृद्धि के लिए विवाहिता स्त्रियाँ अनेक व्रत-उपवास करती हैं तथा इन अवसरों पर कही जाने वाली कथाओं में स्त्रियों के लिए स्पष्ट संदेश निहित रहते हैं। विशेष अवसरों पर सुहागिन को खिलाने से सौभाग्य में वृद्धि होती है। सौभाग्य और मांगलिकता सूचक विविध वस्तुएँ जैसे हल्दी और कुंकुम, सिंदूर, काँच की चूड़ियाँ, फल, फूल, कंघी तथा दर्पण आदि वितरित करने से भी यही फल प्राप्त होता है। पर्याप्त क्षेत्रीय विविधताओं के बावजूद मूल संदेश लगभग समान है।

पिछले कुछ दशकों में लड़कियों के विवाह की आयु अधिक हुई है विशेषकर मध्य और उच्च मध्य वर्ग में तथा सफेदपोश व्यवसायों में अविवाहित युवतियों की संख्या बढ़ी है। लेकिन इसके बावजूद विवाह के सांस्कृतिक अर्थ में बहुत कम परिवर्तन हुआ है। अविवाहित स्त्रियों को 'सौभाग्यवती' स्त्रियों की 'मांगलिक' गतिविधियों से प्रायः बाहर रखा जाता है और उन्हें महसूस कराया जाता है कि उनके साथ कहीं कुछ गड़बड़ है। अपनी इच्छा से, अथवा परिस्थितियों के दबाव के चलते अविवाहित रहने वाली स्त्रियाँ प्रायः बड़े शहरों में रहना पसंद करती हैं क्योंकि वहाँ उनके लिए अपेक्षतया अनाम ढंग से रह पाना संभव होता है तथा वहाँ ये मानदंड कम कठोर होते हैं।[13]

विवाहित प्रस्थिति की महिमा का संदेश नकारात्मक शब्दावली में भी संप्रेषित किया जाता है। यदि विवाहिता स्त्री शुभ है तो विधवा अशुभ है। वैधव्य के चिह्नों से बचने की कोशिश की जाती है। चूड़ी टूटने पर यह नहीं कहा जाता कि चूड़ी टूट गई है। टूट गई है कहने के बजाय कहा जाता है 'चूड़ी बढ़ गई या तमाम हो गई।' यही बात मंगलसूत्र, या ताली (दक्षिण भारत की)—सोने की जंजीर अथवा काले धागे में पिरोए खास तरह के सोने के लाकेट—के विषय में भी कही जाती है। चूड़ियाँ, मंगलसूत्र, ताली आदि विवाहित स्थिति के प्रतीक हैं तथा वैधव्य की

स्थिति में उतार दिए जाते हैं। इसी तरह बोलचाल में विवाहित स्त्री के माथे का टीका पुछता नहीं बड़ा हो जाता है। भाषा में बालों के बीच की मांग में भरे जानेवाले सिंदूर के प्रति भी यही सावधानी बरती जाती है क्योंकि मध्य, उत्तरी तथा पूर्वी भारत में सिंदूर स्त्री के सुहागन होने का प्रतीक है। इस प्रकार की उक्तियाँ अनेक भारतीय भाषाओं, जैसे मराठी, कन्नड़, तेलुगु, गुजराती, बंगाली, हिंदी तथा उड़िया के अंग हैं। इनमें अंतर्निहित भाव समान हैं : सब कुछ इस तरह किया जाता है मानो बोले गए शब्दों में प्रभावी होने अथवा सत्य हो जाने की सामर्थ्य है और इसलिए इन शब्दों के इस्तेमाल से बचना चाहिए। पति की मृत्यु पर स्त्री की चूड़ियाँ समारोहपूर्वक तोड़ी जाती हैं, उसका सिंदूर/कुंकुम पोंछ दिया जाता है तथा उसका मंगलसूत्र/ताली तथा बिछुए उतार दिए जाते हैं। इन प्रथाओं का अनुसरण वे समुदाय भी करते हैं जिनमें विधवाओं के पुनर्विवाह की अनुमति है। दूसरे विवाह के समय ये प्रतीक चिह्न पुनः धारण कर लिए जाते हैं। पूरे भारत में इस प्रकार के नियम हैं कि विवाहिता स्त्री को क्या पहनना चाहिए और क्या नहीं। यह इस बात पर निर्भर रहता है कि क्षेत्र विशेष में विधवा के लिए स्वीकृत परिधान किस तरह का है। दक्षिण भारत के कुछ हिस्सों में ऐसे भी नियम हैं जो बताते हैं कि विवाहिता स्त्री को रात में खाली पेट नहीं सोना चाहिए, विशेषकर कुछ शुभ दिनों पर उसे थोड़ा-सा चावल अवश्य खा लेना चाहिए। क्योंकि इस तरह के आत्मनिषेध के व्यवहार वैधव्य के साथ जुड़े हैं। और, यद्यपि विधवाओं के केश मूंड़ देने का रिवाज अब लगभग खत्म हो चला है तथापि कैंची तथा उस्तरा आदि को अब भी थोड़ा बहुत वैधव्य के साथ जोड़ा जाता है। अनेक घरों में लड़कियों को मना किया जाता है कि वे कैंची, उस्तरा या कोई अन्य तेज औजार अपने बालों से न छुआएँ। अब भी यह कहा जा सकता है कि लड़कियाँ नीचे से बराबर करने के लिए अपने बाल न काटें। दक्षिण भारत में अनेक सुमंगली स्त्रियाँ अपने बालों में फूल लगाने के प्रति बहुत आग्रही हैं क्योंकि फूल शुभ सूचक तथा लगाने वाली के सौंदर्य पर अधिकार के प्रतीक हैं जबकि विधवा इस सबसे वंचित है।

तमिलनाडु के अय्यर ब्राह्मणों में पति की मृत्यु क बाद दस दिन तक पत्नी विवाह सूचक प्रतीक धारण करे रहती है। दसवें दिन की अर्धरात्रि में उन्हें उतार दिया जाता है। यह काम केवल अन्य विधवाएँ ही करती हैं। इस अवसर पर सुमंगली स्त्रियों को उस अभागी तथा अशुभ/अमंगली के कहीं नजदीक भी जाने से सतर्कतापूर्वक बचना होता है। पूरा माहौल दुर्भाग्य से आविष्ट माना जाता है तथा स्वयं को अमंगल से बचाने के लिए सुमंगली स्त्री को अपनी मुट्ठी में हल्दी का एक टुकड़ा कस कर पकड़े रहना होता है (कमला गणेश, निजी संवाद)। सौभाग्य अथवा सुहाग चिह्न उतारने में विधवाओं द्वारा नवविधवा को मदद देने की प्रथा कई अन्य क्षेत्रों में भी है।

एक अन्य विपक्ष, जिससे विवाहित प्रस्थिति का महत्त्व परिभाषित करने में

सहायता मिलती है, विशेषकर वयःसंधि प्राप्त अविवाहित लड़कियों के लिए, वह है वेश्या की छवि।[14] पतिता, कुलटा उत्तेजक, अनैतिक स्त्री के तौर तरीकों से परहेज करना चाहिए। यहाँ हम लड़की के यौनत्व के प्रबंधन के प्रश्न पर आते हैं।

स्त्रीत्व तथा यौनत्व : देह, स्थान तथा समय

जैसा हम देख चुके हैं वयःसंधि के बाद तथा विवाह से पूर्व के बीच की अवधि में लड़की सर्वाधिक असुरक्षित होती है। सीमाएँ बनाए रखने के प्रति आग्रही समाज में विवाह को सावधानीपूर्वक नियंत्रित करना आवश्यक होता है। अविवाहित किशोरियों-युवतियों के यौनत्व प्रबंधन की समस्या के संदर्भ में मेरे जाति के महत्त्व पर जोर देने से यह कतई नहीं समझना चाहिए कि मेरे विचार में हिंदू समाज परिवर्तनहीन है या जाति की चहारदीवारियाँ अभेद्य हैं। दरअसल जाति की परिघटना इतनी जटिल तथा इतने विस्मित कर देने वाले संरूपों से युक्त है कि उसे सरल तरीके से समझाना व स्पष्ट करना संभव नहीं है। यहाँ हम यह अवश्य कह सकते हैं कि सामाजिक परिवर्तन में विविध कारकों के योगदान के कारण अंतर्विवाह की सीमाएँ व्यापक हो रही हैं और अनेक लोग अब उपजातियों के बीच के भेदों को ध्यान देने योग्य नहीं मानते। अंतर्जातीय विवाहों के प्रति भी अब अधिक सहिष्णुता का भाव है, बशर्ते पति और पत्नी की जातियों के बीच कर्मकांडीय दूरी बहुत अधिक न हो तथा उनकी आर्थिक व सामाजिक हैसियत में तीव्र असमानता की समस्या न हो। किंतु फिर भी इन परिवर्तनों का क्षेत्र और विस्तार सीमित है तथा उनके कारण जाति के प्रति बहुत सारे लोगों के विचारों में बहुत बड़े पैमाने पर बदलाव नहीं हुआ है। किशोरियों तथा युवतियों की असुरक्षित (खतरा भरी) स्थिति के बारे में सांस्कृतिक आशंका को जिस प्रकार परिभाषित किया जाता है उसमें तथा लड़कियों की पवित्रता और संयत व्यवहार के महत्त्व को जताए जाने में, जो अत्यधिक महत्त्वपूर्ण बल्कि निर्णायक तत्त्व है वह है सीमाएँ बनाए रखने की आवश्यकता। इसकी अभिव्यक्ति लड़कियों की बातचीत, चाल ढाल तथा आचार-व्यवहार के उचित और वैध ढंग के विन्यास तथा स्थान व समय के संयोजन के जरिये की जाती है।[15]

लड़की की चाल-ढाल, उसके बैठने, खड़े होने, बात कहने तथा दूसरों के साथ व्यवहार करने के ढंग को काफी महत्त्व दिया जाता है। लड़कियों को बहुत हलके कदमों से चलना चाहिए, इतने हलके ढंग से कि उनकी पदचाप दूसरों को मुश्किल से सुनाई दे। लंबे-लंबे डग भरना मर्दानेपन का सूचक है। लड़कियों को कूदने दौड़ने, किसी स्थान तक भाग कर जाने तथा एक टाँग पर फुदकने, उछलने के लिए प्रायः झिड़का जाता है। इन हरकतों को मर्दाने व्यवहार का सूचक तथा स्त्री के लिए अशोभनीय माना जाता है। हालाँकि लड़कियों के यौनत्व के प्रबंधन की दृष्टि से भी उन्हें स्त्रियों के लिए अनुचित माना जाता है—वे अपने शरीर के उभारों को अधिक

दर्शनीय बनाने से लोगों का ध्यान आकृष्ट कर सकती हैं। लड़की को अपनी मुद्रा के बारे में सावधान रहना पड़ता है। उसे टाँग पर टाँग चढ़ाकर अथवा टाँगें फैलाकर नहीं बैठना चाहिए। बैठने, खड़े होने अथवा सोते समय दोनों घुटने परस्पर सटाए रखना 'शालीन' है तथा शर्म और भद्रता के भाव का सूचक है। किसी लड़की को नारीत्व के तकाजों के प्रति सचेत करने के लिए यह झिड़की आम है–'मर्द की तरह मत खड़ी हो।'

लड़कियों को मृदुभाषी होने के लिए तथा आक्रामक–मर्दाना–भाषा का इस्तेमाल न करने के लिए प्रोत्साहित किया जाता है। लड़के हर तरह की गालियाँ सीखते हैं लेकिन लड़कियों की जबान पर यदि स्त्रियों द्वारा दी जाने वाली हल्की-फुल्की गालियाँ भी आ जाएँ तो भृकुटियाँ तन जाती हैं। लड़की को तो आत्मसंयम की अपनी क्षमता प्रदर्शित करनी चाहिए। जोरे-जोर से बोलने और हँसने की मनाही होती है। लड़की को बहस नहीं करनी चाहिए। आंध्र प्रदेश में बड़बोली लड़की को 'मारी' विशेषण से नवाजा जा सकता है जो उस देवी की ओर संकेत करता है जो कीड़े-मकोड़े, महामारी और विनाश लाती है। सुचेता मजूमदार का यह कथन कि बंगाली लड़की यदि मृदुभाषी और लज्जालु हो तो उसे लक्ष्मी (धन संपदा की देवी) कहा जाता है और किसी वाचाल तथा शोर मचाने वाली लड़की को अलोक्खी (अलक्ष्मी) कह कर झिड़का जाता है, लड़कियों का सामान्य अनुभव प्रतीत होता है। इस संदर्भ में विशेषण फर्क हो सकते हैं।

लड़की की नारी सुलभ पहचान की एक माँग यह भी है कि वह पुरुषों से सावधान रहे। सयानी हुई लड़की को न केवल पुरुषों से बल्कि खुद अपने आप से भी सुरक्षित रखा जाना होता है। स्त्री यौनत्व को नियंत्रित करने की जरूरत प्रायः रूपकों के माध्यम से अभिव्यक्त होती है। युवतियों और युवकों को एक दूसरे के पास न आने देने की जरूरत पर बल देने के लिए कहा जाता है कि अगर फूस और आग में दूरी न बनाए रखी गई तो फिर फूस को आग पकड़ने से बचाना असंभव है। मातृवंशीय लेकिन जातिबद्ध नायरों में प्रचलित एक अन्य कहावत जवान लड़कियों के खतरे में पड़ जाने की संभाव्यता के तथ्य को सशक्त ढंग से संप्रेषित करती है : 'चाहे कांटा पंखुरी पर गिरे अथवा पंखुरी कांटे पर, चोट तो पंखुरी को ही आएगी और उसी का रूप बिगड़ेगा।' मध्यवर्ती भारत में भी यही विचार अभिव्यक्त होता है : 'मट्ठे का क्या बिगड़ेगा? बिगड़ता तो दूध ही है' तथा 'शीशा एक बार चटका तो हमेशा चटका ही रहता है।'

लड़कियों के लिए इस बात की भी सावधानी बरती जाती है कि उनके आचरण में चरित्रहीन स्त्रियों, सड़क की स्त्रियों, वेश्या अथवा ऐसी स्त्री जो पुरुषों को रिझाने के लिए अपने रूप तथा हाव-भाव का इस्तेमाल करती है, के आचरण से दूर दूर तक कोई समानता न झलके। वयःसंधि प्राप्त लड़की के लिए सीटी बजाना न सिर्फ

उसके मर्दानी लड़की होने का द्योतक है बल्कि यह कामुक रुझानों का भी सूचक है। चूड़ियाँ खनकाने का भी यही अर्थ निकाला जा सकता है। बेवजह मुस्कराने, छिप छिप कर देखने, तिरछी नजर से देखने वाली लड़की सुसंस्कारी नहीं मानी जाती। शर्मीलेपन और विनम्रता को उचित माना जाता है और इन्हें स्त्री का 'सहज' गुण माना जाता है। स्त्रीत्व के विकास पर चर्चा करते समय लड़की के रूप को दिए जानेवाले महत्त्व की चर्चा भी आवश्यक है। शारीरिक स्वरूप के विविध घटकों को दिया जाने वाला महत्त्व न केवल लोरियों, गीतों और कहावतों से अभिव्यक्त होता है बल्कि लड़की की खुली प्रशंसा तथा आलोचना के माध्यम से भी संप्रेषित होता है। लड़की का भाग्य (विवाह जिसका प्रमुखतम घटक है) उसकी सूरत-शक्ल से जुड़ा है। सुदर्शना होना स्त्री का एक महत्त्वपूर्ण गुण माना जाता है। इसीलिए आश्चर्य नहीं कि अनेक लड़कियाँ अपनी सूरत-शक्ल में जरूरत से ज्यादा दिलचस्पी लेने लगती हैं—इस दिलचस्पी के कारण अन्य योग्यताएँ प्रायः विकसित नहीं हो पातीं—कपड़ों में, आभूषणों तथा प्रसाधन सामग्री में ऐसी रुचि को स्त्रीत्व की और इसीलिए 'स्वाभाविक' अभिव्यक्ति माना जाता है।

उत्तर भारत में, लचक कर खड़े होना नाचने वाली के साथ इतनी मजबूती से जुड़ा है कि किसी लड़की की इस तरह की कोई अनजाने में भी की गई हरकत, जैसे किसी दीवार या खंभे से टिककर खड़े होने पर, बड़ों से झिड़की सुनने को मिलती है। पान खाने से होंठ लाल हो जाते हैं, खुले, बिना चोटी किए बाल बेफिक्री के द्योतक हैं—ये सब आकर्षण के स्रोत हैं। भारत के अनेक भागों में परंपरागत रूप से लड़कियों को सूर्यास्त के बाद दर्पण देखने अथवा बाल कंघी करने की मनाही थी क्योंकि ये काम अपने ग्राहकों के लिए तैयार हो रही वेश्या के साथ जुड़े हैं। अनेक परिवारों में यह प्रथा अब भी जारी है। अविवाहित लड़कियों के चटख और भड़कीले कपड़े पहनने पर प्रतिबंध की जड़ें भी इसी तरह के विचारों में हैं। लड़की के घर के दरवाजे पर, खासकर शाम के समय, खड़े होने पर उसके भाई तक उसे 'वेश्या' कहकर फटकार सकते हैं। उचित व्यवहार के प्रशिक्षण की प्रक्रिया में कुछ पूर्वानुमान तथा संकेत बड़ी होती लड़कियों की संवेदना को चोट पहुँचा सकते हैं। उदाहरण के लिए यह धारणा आम है कि लड़कों द्वारा लड़कियों को छेड़े जाने के लिए लड़कियों का अपना आचरण ही जिम्मेदार है। युवकों द्वारा युवतियों को छेड़े जाने की घटनाओं का विश्लेषण जिस तरह से किया जाता है उसमें इस धारणा की उपस्थिति की गंध पाई जा सकती है।

यह स्पष्ट है कि लड़की के काम करने तथा आचरण के तरीकों के बारे में दिए जाने वाले आदेश—जिनकी हमने ऊपर चर्चा की है—स्थान तथा समय संबंधी विशिष्ट धारणा में अवस्थित रहते हैं। पुरुषों से दूरी बनाए रखने तथा उनसे संपर्क पर नियंत्रण संबंधी निषेधाज्ञाएँ घर से बाहर लड़की पर कुछ बंदिशें लगाती हैं। झुकी

निगाहों, खामोश और सतर्क-संकोची चाल से, अपनी देह को लगभग सिकोड़ती हुई लड़की से यह अपेक्षा की जाती है कि वह अजनबियों से भरे स्थानों पर अपने लिए एक अलग जगह बना ले। हालाँकि, अधिकतर लड़की अन्य लड़कियों के साथ समूह में निकलना पसंद करती है। कृष्ण कुमार ने (1986) इसे भलीभाँति उकेरा है :

......हम लड़के गली को इतनी अलग-अलग तरह की चीजों के लिए इस्तेमाल करते थे—खड़े रहने की जगह जहाँ से गुजरते हुए लोगों को देखते रहें, भागने-दौड़ने और खेलने की जगह, अपनी-अपनी साइकिलों से करतब दिखाने की कोशिश करने की जगह। लड़कियों के लिए सड़क ऐसी नहीं थी। जैसा कि हम हर समय देखते थे, लड़कियों के लिए सड़क स्कूल से सीधे घर जाने का साधन मात्र थी और सड़क के इस सीमित उपयोग के लिए भी वे हमेशा झुंडों में निकलती थीं। संभवतः उनके इस सोद्देश्य व्यवहार के पीछे प्रताड़ित किए जाने की गंभीर आशंका रहती थी।

कृष्ण कुमार आगे कहते हैं :

"इन खामोश झुंडों को वर्षों तक देखते रहने से प्रत्येक मानव को उसकी वैयक्तिकता प्रदान करने की मेरी बुनियादी भावना का क्षरण हुआ। मैं यह मानने का आदी हो गया कि लड़कियाँ व्यक्ति नहीं हैं।"

कृष्ण कुमार यहाँ मध्य प्रदेश के एक छोटे कस्बे में बिताए अपने लड़कपन के अनुभवों से प्राप्त उन तथ्यों का वर्णन कर रहे हैं जिन्हें वह 'सामाजीकरण के त्रासद संरूप' कहते हैं; उनका लेख इस बात की याद दिलाता है कि लड़कियों के सामाजीकरण को समझने के लिए लड़कों के सामाजीकरण की पड़ताल अत्यावश्यक है।

सिर्फ छेड़खानी ही नहीं, बदनाम किए जाने के डर के कारण भी लड़कियाँ उस रणनीति का अनुसरण करती हैं जिसे मद्रास की छोटी स्त्री व्यापारियों के क्रियाकलापों का वर्णन करते हुए जोहाना लेसिंजर ने 'सार्वजनिक संरक्षकत्व' कहा है। (वे इकट्ठी चलती हैं।)

यदि लड़कियों को घर के बाहर की दुनिया में सोच-समझकर निश्चित तरीके से कदम रखने होते हैं तो घर के भीतर के भौगोलिक बँटवारों पर भी यह बात लागू होती है। वयःसंधि से पूर्व लड़कियाँ सामान्यतया लड़कों और लड़कियों दोनों के साथ सड़कों, पार्कों तथा अन्य खुली जगहों पर खेल सकती हैं। वयःसंधि के आगमन के साथ ही लड़की को अपनी शालीनता की रक्षा करने की विवशताएँ घर के भीतरी हिस्से में धकेल देती हैं जो परिवार का अलग 'निजी' क्षेत्र होता है। जनसंख्या के निर्धनतर वर्गों में वयःसंधि के आगमन तथा विवाह के बीच की अवधि में अक्सर लड़कियों को श्रम बाजार—इसमें दूसरों के घरों में घरेलू काम शामिल रह सकते हैं—से हटा लिया जाना सुपरिचित घटना है। ग्रामीण क्षेत्रों में तथा शहरी क्षेत्रों के कुछ तबकों में वयःसंधि की उम्र में लड़कियों के स्कूल छूटने की दर काफी बढ़ जाती है। इस

परिघटना पर करुणा चानना ने (1990 : 82) चर्चा की है।

इसी तरह के प्रतिबंध समय के संदर्भ में भी हैं। लड़कियाँ इस तरह के वाक्यों से भलीभाँति परिचित रहती हैं—'अँधेरा होने से पहले लौट आना' तथा 'तुम्हारे साथ कौन जा रहा है?' स्थान और समय संबंधी ये नियामक मध्यवर्गीय लड़कियों के लिए विद्यालय, महाविद्यालय तथा पाठ्य-क्रम के चयन को लेकर समस्याएँ खड़ी करते हैं—जैसे सहशिक्षा की या/तथा देर तक घर से बाहर/दूर रहने की बाध्यता। इनके परिणामस्वरूप लड़कियों के कैरियर के विकल्प भी सीमित हो जाते हैं।

ऐसा प्रतीत होता है कि सामाजीकरण की प्रक्रिया में घर तथा स्कूल एक दूसरे को मजबूत करते हैं। महाराष्ट्र के कोल्हापुर जिले के एक गाँव का अनुभव इस बात को स्पष्ट करता है। मैं स्नातकोत्तर विद्यार्थियों के एक दल के साथ एक स्कूल को देखने गई थी। हमें वहाँ विभिन्न कक्षाओं में ले जाया गया और जैसा कि ऐसे स्कूलों में चलन है छात्रों ने हमारे लिए गीत गाए। सबसे छोटी कक्षाओं के लड़के-लड़कियाँ साथ-साथ बैठे थे। उन्होंने मिलकर जो गीत गाया वह चंदामामा के बारे में था जो इस उम्र के बच्चों के लिए शिशु गीतों का लोकप्रिय विषय है, लेकिन थोड़ी ऊँची कक्षा में कुछ परिवर्तन हो गए थे। कमरे के आधे हिस्से में लड़कियाँ बैठी थीं और आधे में लड़के। उन्होंने दो अलग-अलग गीत गाए। लड़कियों के गीत के साथ नृत्य भी हुआ। उनका गीत वर्षा ऋतु में फूलों के बारे में था। लड़के और लड़कियाँ दोनों में पर्याप्त आत्मविश्वास था।

सातवीं कक्षा में सारी लड़कियाँ साड़ी पहने थीं। वे न सिर्फ कमरे में लड़कों से अलग एक हिस्से में बैठी थीं बल्कि वे उन तख्तों पर भी नहीं बैठी थीं जो उनके ही लिए थे। वे उनके पास फर्श पर बैठी थीं। लड़के गर्वीले थे। उन्होंने लकड़ी के तख़्तों पर खड़े होकर अपनी खुली, ऊँची, गुंजायमान आवाजों में आत्मविश्वासपूर्वक एक गीत सुनाया जिसमें प्रसिद्ध मराठा नायक शिवाजी की वीरता का वर्णन था। हमने बहुत प्रयास किया कि लड़कियाँ भी गीत गाएँ लेकिन वे लजाती बैठी रहीं और अपना मुँह नहीं खोला। अध्यापक ने लड़कियों से गाने को कहा तो लेकिन ऐसा लग रहा था मानो वह उन लड़कियों की अनिच्छा तथा शर्मीलेपन को सराह और समझ रहे थे। जब मेरे साथ की छात्राओं ने लड़कियों से पूछा कि वे तख्ते पर क्यों नहीं बैठीं, उनकी जगह लड़कों ने जवाब दिया : 'वे खुद अपने मन से फर्श पर बैठी हैं। फिर इसमें कोई और क्या कर सकता है?'

यह ग़ौरतलब है कि कोल्हापुर जिले में सबसे प्रमुख जाति समूह मराठों का है। मराठा लोग अपने सामरिक अतीत पर बल देते हैं, अनुलोम विवाह की प्रथा का अनुसरण करते हैं, स्त्रियों के लिए एक तरह का अलगाव बनाए रखते हैं तथा लिंगगत विषमता को स्वाभाविक व्यवस्था का अंग मानते हैं। प्रश्न खड़ा होता है : जब तक व्यापक सामाजिक व्यवस्था—जो हमारे शिक्षातंत्र को कार्य करने के लिए परिवेश

प्रदान करती है–लिंगभेद पर आधारित प्रभुत्व और अधीनता के संबंधों का पुनरुत्पादन जारी रखती है, तब तक हम स्त्री-पुरुष के बीच अधिक जागरूक संबंध विकसित करने के लिए इस शिक्षातंत्र को सुधारने की बात क्या वाकई सोच भी सकते हैं?

मैंने यहाँ लड़की के यौनत्व के प्रबंधन में समय और स्थान का संयोजन किस तरह सन्निहित है इस विषय से संबंधित कुछ ही मुद्दों को उठाया है। जाति, वर्ग तथा सामाजिक समूहों के बीच विविधताओं को ध्यान में रखते हुए इन सवालों में गहरे पैठना होगा।

प्रशिक्षण की प्रक्रिया : कार्य और विचारधारा

अब मैं सामाजीकरण की प्रक्रिया के एक अन्य पक्ष की ओर आती हूँ–स्त्री-सुलभ कार्यों का प्रशिक्षण।[16] निश्चय ही लिंगभाव पर आधारित कार्य विभाजन के एक ही प्रतिमान की बात करना कठिन है क्योंकि अलग-अलग क्षेत्रों और सामाजिक समूहों की दृष्टि से इनमें पर्याप्त विविधता है। फिर भी रसोई संबंधी काम, गृहस्थी का नीचा समझा जाने वाला और गंदा काम तथा बच्चों की देखभाल का काम सामान्यतया स्त्रियों के कार्यक्षेत्र में आता है। वयस्क स्त्री और पुरुष के लिए खास-खास कामों की उपयुक्तता तथा अनुपयुक्तता की धारणाएँ लड़कियों और लड़कों को सौंपे जाने वाले काम में यदि दोहरायी नहीं जातीं तो प्रतिबिंबित तो होती ही हैं। जनाने और मरदाने कामों के बीच भेद बचपन में ही दिखाई पड़ने लगता है और बच्चे के बड़े होने के साथ ही यह भेद और तीखा तथा स्पष्ट होता जाता है। नई दिल्ली के एक उच्चवर्गीय स्कूल सरदार पटेल विद्यालय में छात्रों के माता-पिताओं में से यों ही चुन लिए गए सौ माता-पिताओं से यह पूछे जाने पर कि वे किस तरह के काम लड़कों को और किस तरह के काम लड़कियों को सौंपना पसंद करेंगे, उनके जवाब आँखें खोल देने वाले हैं। 25 प्रतिशत माता-पिता सूची में लिए गए रोजमर्रा के दस कामों में किसी भी काम को करने के लिए लड़के या लड़कियों में भेद नहीं करते थे लेकिन शेष माता-पिताओं के संज्ञान में यह स्पष्ट था कि वे रसोई का काम, झाड़ू लगाने, चाय के कप धोने, कपड़े फैलाने, फर्नीचर झाड़ने जैसे काम लड़कियों से कहेंगे तथा बाजार से अंडे-ब्रेड लाने, स्कूटर या कार का टायर बदलने में मदद देने जैसे काम लड़कों से कहेंगे। ये जवाब समाज में लिंग-आधारित श्रम विभाजन पर मन में गहरे जमे विचारों की ओर संकेत करते हैं। (देखें वी. पार्थसारथी, 1988 : 208-10)

इस तरह के विभाजन की स्वाभाविकता छोटी बच्चियों में भेदभाव की भावना उत्पन्न किए बिना भी बड़े प्रभावी ढंग से संप्रेषित कर दी जाती है। इसके लिए उन्हें इस तरह के तमाम खेल खेलने को प्रोत्साहित किया जाता है जिनमें, गुड़िया, गृहस्थी, रसोई का काम, विवाह, बच्चा और पड़ोसियों से मिलना शामिल हो। खाना पकाने तथा रसोई के अन्य काम-काज में मदद देने, भोजन परोसने, छोटे बच्चों की

देखभाल करने, कुलदेवताओं की पूजा की तैयारी करने और बड़े-बूढ़ों की देखभाल करने जैसे कामों से शुरुआत करके लड़कियाँ स्वयं गृहस्थी की अनेक जिम्मेदारियाँ वहन करना सीख लेती हैं; कपड़े धोना जनाना काम है जिसमें लड़कियाँ हाथ बँटाती हैं। जहाँ पुरुष अपने कपड़े खुद धोते हैं वहाँ भी बच्चों के कपड़े धोने का काम स्त्रियों और लड़कियों पर ही छोड़ा जाता है। झाड़ू-पोंछा लगाना स्त्रियों का काम है। कर्नाटक और आंध्र प्रदेश के मेरे सूत्रों के अनुसार इसे वस्तुतः अनौचित्य की पराकाष्ठा माना जाता है यदि झाड़ू परिवार के किसी पुरुष सदस्य को छू भी जाए।

अब यहाँ जिस बिंदु पर जोर दिया जाना जरूरी है वह है लिंग आधारित श्रम विभाजन में रची बसी स्वाभाविकता। यह अनेक तरीकों से अभिव्यक्त होती है। जो लड़की स्त्रियोचित काम करना पसंद नहीं करतीं उसे याद दिलाया जाता है कि यदि वह सोचती है कि वह पुरुष बन सकती है तो यह उसकी गलतफहमी है और बेहतर है कि जो काम उसे बताया गया है उसे वह सीख ले क्योंकि जब स्त्री का जन्म लिया है तो वह इन कामों से कैसे बच सकती है। यदि कोई लड़का रसोई में या उसके आसपास काम करना पसंद करता है और उसकी दिलचस्पी जनाना माने जाने वाले कामों जैसे कढ़ाई या फर्श पर अल्पना बनाने में है तो वह उपहास का पात्र बनता है और उसे चिढ़ाया जाता है। ऐसे लड़कों के लिए आमतौर पर जो संबोधन इस्तेमाल किए जाते हैं वे हैं : जनाना आदमी, जो न स्त्री है न पुरुष, स्त्रैण, अपुरुषोचित, यहाँ तक कि नपुंसक भी।

इस 'स्वाभाविक' श्रम विभाजन का एक महत्त्वपूर्ण घटक सेवा भावना की धारणा है जिसे लड़की का आवश्यक गुण माना जाता है। मैं इस धारणा की पड़ताल भोजन के साथ जुड़े विचारों, मूल्यों तथा आचार-व्यवहारों के जरिये लड़कियों को दिए जाने वाले प्रशिक्षण के माध्यम से करूँगी।

परिवार के भीतर भोजन परोसने और बाँटने के काम के संयोजन की एक अनिवार्य विशेषता है कि बचा हुआ खाना परिवार की स्त्रियों को खाना चाहिए पुरुषों को नहीं। छोटी लड़कियों को यह सीखना पड़ता है। उनके प्रतिरोध व्यक्त करने से उन्हें कुछ छूट दी जा सकती है किंतु इसके साथ उन्हें यह अवश्य बता दिया जाता है कि लड़कियों में समायोजन करने की क्षमता का होना सबसे महत्वपूर्ण है। अगर कोई रोना चीखना जारी रखे और भूखी होने के कारण खाने के लिए चिल्लाना जारी रखे तो उसे नखरेवाली माना जाता है तथा आत्मसंयम की कमी के लिए उसे चिढ़ाया जाता है। अनेक मध्यवर्गीय घरों में लड़कियों को निर्देश दिया जाता है कि वे बर्तन की पेंदी का चावल (जिसके जले होने अथवा जिसमें कंकड़ होने की आशंका होती है) मरिवार के पुरुष सदस्यों को न परोसें। दक्षिण में पहले 'दोसे' के बारे में भी यही सावधानी बरती जाती है।[17]

लड़कियों को दर्द और अभाव सहना सीखना चाहिए। जो भी दिया जाए उसे

खा लेना चाहिए तथा स्वयं में आत्मत्याग का गुण विकसित करना चाहिए। यह लड़कियों को उस यथार्थ के लिए दिया जाने वाला प्रशिक्षण है, अपनी सास के घर में जिसका उन्हें सामना करना पड़ सकता है।

संस्कृति तथा सांस्कृतिक विचारधारा में अंतर्भूत तथा उसके द्वारा वैधीकृत स्त्री-सुलभ भूमिका में सहनशीलता तथा आत्मसंयम की धारणाएँ भी सन्निहित हैं और स्त्री की इस भूमिका को सचेत रूप से संवर्धित किया गया है। भोजन पकाना, परोसना तथा वितरित करना हिंदू स्त्रियों के लिए एक प्रतिष्ठापूर्ण और सम्मानित भूमिका के महत्त्वपूर्ण घटक हैं; यह भूमिका स्त्रियों के आत्मसम्मान में योगदान करती है तथा उनमें पूर्णता व आत्म संतुष्टि का सच्चा भाव भरती है; वस्तुतः अनेक नातेदारी-भूमिकाओं की परिभाषा में इसका केंद्रीय महत्त्व है। अन्नपूर्णा—जिसके भंडार में भोजन (अन्न) की कभी कमी न हो—का आदर्श भारत के विभिन्न क्षेत्रों में स्वीकृत है। यह आदर्श जिसमें एक सुरुचिसंपन्नता का आदर्श भी निहित है और जो आत्मनिषेध तथा त्याग को स्त्री के नैतिक चरित्र को परिभाषित करने वाली विशेषताओं के रूप में निर्धारित करता है व ऐसी प्रवृत्तियाँ निर्मित करता है जिसके अनुसार स्त्री को स्वयं से पहले दूसरों के बारे में सोचना चाहिए तथा इस बात की परवाह नहीं करनी चाहिए कि उसके लिए क्या बचा है। अंततः भोजन संबंधी आचार-व्यवहार पुरुष और स्त्री के शरीर-संबंधी धारणाओं से जुड़े हैं। लंबे, हट्टे-कट्टे लड़के परिवार के लिए गर्व का स्रोत होते हैं, लड़कों को ऐसा भोजन देने का विशेष ध्यान रखा जाता है जिससे वे ताकतवर बनें। इसके विपरीत लड़की के लिए कहा जाता है कि वह घूरे की तरह बढ़ती है। अतः सबसे अच्छा यही है कि उसकी खुराक नियंत्रित की जाए, विशेषकर वयःसंधि के तुरंत पहले तथा उसके बाद। लड़कियों को अपनी उम्र से कम दिखना चाहिए। सुविकसित शरीर वाली लड़की के यौनत्व के परिसीमन के संबंध में प्रश्न उठते हैं और इससे लोगों को उसके विवाह की फिक्र सताने लगती है। यह समझा जाता है कि सुविकसित देहयष्टि वाली लड़की के यौन-आक्रमण का शिकार होने की आशंका भी ज्यादा होती है। घर की स्त्रियों की यह चिंता कि स्त्री के रूप में विकसित होने के प्रशिक्षण के अंतर्गत लड़कियों को समुचित अभिवृत्तियाँ तथा आचार-व्यवहार के ढंग आत्मसात कर लेने चाहिए तथा नर और नारी शरीरों की अलग-अलग जरूरतों के संबंध में धारणाएँ, इनके मिलेजुले प्रभाव के फलस्वरूप प्रायः पुरुषों और स्त्रियों—लड़कों और लड़कियों—के लिए उपयुक्त समझे जाने वाले पोषाहार में उल्लेखनीय विभेद किया जाता है।

इस खंड को समाप्त करने से पहले एक और मुद्दे पर चर्चा जरूरी है। मुझे लगता है कि लड़कियों के प्रशिक्षण में एक खास तरह की संदिग्धता रहती है। उनकी वर्तमान व भावी भूमिकाओं के लिए प्रशिक्षित किए जाते समय यह तथ्य भुलाया नहीं जाता कि अंततः उन्हें किसी दूसरे परिवार में (पराए घर) जाना है। परिवार

भिन्न-भिन्न प्रकार के होते हैं। यह तो निश्चित है कि लड़की को अपने माता-पिता का घर छोड़ना पड़ेगा लेकिन यह निश्चित नहीं है कि वह किस तरह के घर में जाएगी। उस नए घर में निर्णय की कोई सत्ता अथवा किसी तरह की स्वायत्तता हासिल करने में उसे वर्षों लग जाएँगे। इस प्रक्रिया में अनेक 'यदि' भी हैं। एक अपरिचित माहौल तथा अनिश्चित भविष्य के लिए किया जाने वाला सामाजीकरण इस प्रक्रिया को कुछ अंशों में प्रयोगात्मक तथा कामचलाऊ बना देता है। मैं महसूस करती हूँ कि इससे लड़कियों के आत्मविश्वास तथा पहल की क्षमता का विकास प्रभावित होता है। अस्पष्टता या संदिग्धता उन परस्पर विरोधी मूल्यों तथा अपेक्षाओं की भी सूचक है जो पितृवंशीय, पितृस्थानिक नातेदारी व्यवस्था में अंतर्निहित अंतर्विरोधों में मूलतः प्रतिबिंबित होती हैं। उदाहरण के तौर पर भाई-बहन का बंधन जीवन भर का माना जाता है : बहनों से अपेक्षा की जाती है कि अपने जीवन भर वे अपने भाइयों के कल्याण, दीर्घ जीवन तथा सुख के लिए कुछ विशेष दिन मनाएँगी। इसके साथ ही वे यह भी सुनती हैं कि स्त्री को पानी की तरह होना चाहिए जिसका अपना खुद का कोई आकार नहीं होता और इसलिए वह जिस बर्तन में डाला जाता है उसका ही आकार ग्रहण कर लेता है; पानी कोई निशान भी नहीं छोड़ता। अथवा यह कि स्त्री को नरम मिट्टी की तरह होना चाहिए जिसे कुम्हार अपनी मर्जी का रूप दे सके। इस प्रकार स्त्री में (यदि ज़रूरत पड़े तो) अपनी पुरानी निष्ठाओं और आदतों को नजरअंदाज करने तथा अपने पति के परिवार में घुलमिल जाने की क्षमता होनी चाहिए। हालाँकि इसके साथ यह भी सच है कि ससुराल में एक बाहरी व्यक्ति के रूप में उसकी पहचान आसानी से भुलाई नहीं जाती।

निष्कर्ष

हिंदू कर्मकांडों और रीति-रिवाजों के माध्यम से स्त्रियों की लिंगभावायित व्यक्तियों के रूप में संरचना मूलभूत रूप से ऐसी सामाजिक व्यवस्था के संघटन तथा पुनरुत्पादन में सन्निहित है जिसकी विशेषताएँ हैं लिंगगत विषमता तथा कुल मिलाकर स्त्रियों की अधीनता (हालाँकि वैयक्तिक कारकों के अतिरिक्त कुछ विशेष नातेदारी-प्रस्थितियों में और जीवन की कुछ विशेष अवस्थाओं में वे सत्ता प्राप्त कर सकती हैं)। लेकिन ऐसा कहने का अर्थ यह तर्क देना नहीं है कि स्त्रियाँ इन रीति-रिवाजों की निरीह शिकार हैं जो उनके अनुसार चलने को लेकर कोई सवाल खड़े नहीं करतीं। इसका तात्पर्य यह इंगित करना है कि हिंदू कर्मकांड तथा प्रथाएँ स्त्रियों में जो प्रवृत्तियाँ पनपाती हैं तथा परिवार के भीतर स्त्रियों को जो विभिन्न प्रस्थितियों वाली नातेदारी भूमिकाएँ सौंपती हैं उनके संदर्भ में वे उन पर सीमाएँ थोपती हैं। और फिर, इसके अलावा, कर्मकांड तथा रीति-रिवाज और सामाजिक व्यवस्था हमें मिले हुए—हमें दिए हुए—से प्रतीत होते हैं, इसी भाव से अनुप्राणित रहते हैं और नैसर्गिक, स्वाभाविक

व्यवस्था का अंग जैसे लगते हैं। ये ही वे सीमाएँ होती हैं जिनके भीतर स्त्रियाँ अपनी स्थिति पर प्रश्न उठाती हैं, असंतोष व्यक्त करती हैं, जोड़-तोड़ की रणनीतियों का इस्तेमाल करती हैं, अभाव व आत्मनिषेध को शक्ति तथा सत्ता के स्रोत में बदल देती हैं और अपने लिए जीने की जगह बनाने का प्रयास करती हैं (देखें लीला दुबे तथा सौरभ दुबे 1986)।

टिप्पणियाँ

1. इस आलेख की सामग्री अनेक प्रकार के स्रोतों से प्राप्त हुई है। देश के विभिन्न क्षेत्रों के अनेक लोगों के अनुभवों, जानकारियों तथा सूचनाओं—उनकी टिप्पणियों, कर्मकांडों और त्योहारों के विवरणों, भाषायी अभिव्यक्तियों तथा प्रतिप्रश्नों ने इस आलेख को रूप देने में सहायता की है। प्रायः इन लोगों ने अन्य सूचनादाताओं तथा मेरे बीच मध्यस्त और दुभाषिये का काम भी किया। ऐसे अनेक लोगों में से मैं विशेषकर मैसूर से अहल्या, अन्नपूर्णा, एम. के. चंदर, सूज़न डेनियल, सुरेश पाटिल, रति राव, डी. विजया तथा राबर्ट जेडेन्बोस, भोपाल से अभिलाषा तिवारी तथा प्रमीला कुमार, नागपुर से प्रतिमा शास्त्री, पुणे से भोइंट दंपति तथा रमणम्मा, मुंबई से कमला गणेश, त्रिवेन्द्रम् से मोहन कुमार, और दिल्ली से प्रगति महापात्र, सुजाता पटेल, तनिका सरकार, अलका शर्मा और संजय शर्मा के प्रति आभार ज्ञापित करती हूँ। उड़िया की संवेदनशील कहानी व उपन्यास लेखिका यशोधरा मिश्र ने मुझे अपनी कहानियों तथा जनवरी 1985 में नई दिल्ली में 'वीमेन एंड द हाउसहोल्ड इन एशिया' विषय पर हुए एशियायी क्षेत्रीय राम्मेलन में प्रस्तुत अपने आलेख में इस्तेमाल किए गए मुहावरों और कहावतों का उपयोग करने की इजाजत उदारतापर्वूक दी।
2. मैंने दो कारणों से अपना ध्यान हिंदू लड़कियों के सामाजीकरण पर केंद्रित रखा : कर्मकांडों और भाषायी अभिव्यक्तियों, रीति-रिवाजों और प्रथाओं पर जो सामग्री इस परचे के लिए इकट्ठा कर पाई वह अधिकांशतः हिंदू सूचनादाताओं से प्राप्त हुई अथवा हिंदू लड़कियों के विषय में थी, और फिर एक हिंदू परिवार तथा माहौल में हुआ मेरा लालन-पालन, जानकारियाँ एकत्र करने तथा उन्हें समझने और व्याख्यायित करने का एक ठोस आधार बना।
3. परिवार और गृहस्थी के भीतर स्त्री-पुरुष संबंधों के लिए प्रजनन से संबंधित इस प्रतीकवाद के निहितार्थों तथा समाज में स्त्रियों की स्थिति के लिए देखें दुबे 1986 तथा इस पुस्तक का तीसरा अध्याय।
4. यह घटना मुझे मैसूर विश्वविद्यालय के अंग्रेजी विभाग के एम. के. चंदर ने बताई। यहाँ जिस लड़की की बात की गई है वह अपने माता-पिता की दूसरी पुत्री थी और पूरे परिवार की ही तरह उसके माता-पिता को भी पुत्र पाने की आशा थी।
5. एक पुत्री होने की कामना क्षेत्रीय भेदों से परे व्यापक रूप से मौजूद है। लड़की घर में उपयोगी होती है और मदद करती है। तब माँ को अपने पुत्र से 'स्त्रियों के काम' नहीं कराने पड़ते। पुत्री माता-पिता को कन्यादान का मनोवांछित पुण्य कमाने का अवसर भी प्रदान करती है (देखें, उदाहरणार्थ बालेश्वर राय 1994)।
6. मेरे ध्यान में यह वात मैसूर विश्वविद्यालय के राममूर्ति लाए थे। राममूर्ति आंध्र प्रदेश के हैं।
7. गौरी पूजा के विवरण के लिए मैं मैसूर विश्वविद्यालय की डी. विजया की ऋणी हूँ। विजया नारीवादी विदुषी हैं तथा कन्नड़ की लेखिका हैं।

8. यह तथा परवर्ती लोरियाँ बंगाल की हैं। सामाजीकरण के इस स्रोत की ओर ध्यान आकृष्ट कराने के लिए तथा लोरियाँ देने के लिए मैं मीनाक्षी मुखर्जी तथा तनिका सरकार को धन्यवाद देती हूँ।

9. मैंने शर्ली आर्डनर द्वारा 'नारीत्व' शब्द के इस्तेमाल का अनुसरण किया है। इस धारणा को कीर्स्टन हैस्ट्रप ने स्पष्ट किया है। देखें शर्ली आर्डनर (1975, 1977 : 29-53) तथा कीर्स्टन हैस्ट्रप (1978 : 49-65)

10. ये कर्मकांड प्रदर्शित करते हैं कि एक बालिका को कभी ऐसे व्यक्ति के रूप में नहीं देखा जाता जिसे ज्ञान की खोज में अथवा कोई व्यावसायिक शिल्प सीखने में अपना समय लगाने की आवश्यकता हो। यह स्थिति लड़कों की स्थिति के विपरीत है। संपूर्ण भारत में ब्राह्मण समूहों तथा कुछ अन्य उच्च जातियों में भी पुत्र के लिए वर्णमाला सीखने की शुरुआत अनुष्ठानपूर्वक की जाती है। सामान्यतया, पिता अथवा 'गुरु' (पुरोहित अथवा परिवार का पुरखा) छोटे बालक से भूमि पर विशेष रूप से बिखेरे गए चावलों पर अथवा भूमि पर उँगली से अथवा तख्ती पर सेंठे की कलम से वर्णमाला का पहला अक्षर लिखवाता है। सामान्यतया उससे जो पहला शब्द लिखवाया जाता है वह है 'ओम'। माना जाता है कि सृष्टि प्रारंभ होने पर सबसे पहली ध्वनि 'ओम' ही थी। ओम के अतिरिक्त 'श्री गणेश' की वंदना भी की जा सकती है जो विघ्नविनाशक हैं। पेशागत समूहों में बालक को समारोहपूर्वक परिवार अथवा समुदाय की दस्तकारी में दीक्षित किया जा सकता है। उत्तर प्रदेश के कुछ आर्य समाजी परिवारों में बेटी के लिए भी अक्षर ज्ञान का आरंभ अनुष्ठानपूर्वक किए जाने को मैंने देखा है। आर्य समाज के अनुसार स्त्रियों को भी वेदपाठ करने की अनुमति तथा सुविधा मिलती है।

11. सीमाबद्ध किए जाने अथवा अलगाव के कई रूप हो सकते हैं। सद्य रजस्वला लड़की को एक कोने में कैद रखा जा सकता है—घर के पिछवाड़े स्थित किसी अँधेरे कमरे में, बाँस और अनेक तरह की पत्तियों से बनी किसी झोंपड़ी में, घर से दूर किसी साये में जो नौ प्रकार की पत्तियों से बना हो, अथवा इस तरह के छप्पर का प्रतीक भी हो सकता है जिसके लिए नौ प्रकार की पत्तियाँ एक साथ गूंथकर लड़की के पास रख दी जाती हैं और उसके आसन के नीचे चावल के कुछ दाने बिखेर दिए जाते हैं जैसाकि आंध्र प्रदेश के ब्राह्मणों में होता है। रजस्वला लड़की को अलग-थलग रखने के महत्त्वपूर्ण पक्ष हैं लड़की को दूसरों के प्रदूषण से बचाना, लड़की को कुदृष्टि के संभावित प्रभाव से सुरक्षित रखना तथा उसे पुरुषों की नजर से दूर रखना।

12. वयःसंधि कर्मकांडों पर कुछ अपेक्षतया हाल के निबंधों का मुझे बहुत लाभ मिला है। इनमें पाउलिन कोलेंदा (1984), डेनिस मैक्गिल्वरे (1982) तथा देबोरा विन्स्लो (1980) शामिल हैं।

13. लड़कियों के लिए विवाह की अपरिहार्यता पर बल दिए जाने का मतलब यह नहीं है कि युवकों को विवाह करने या ना करने की पूरी आजादी रहती है। अनेक परिवारों में युवकों पर भी स्वीकार्य सीमा के भीतर ही विवाह करने का दबाव रहता है और मुख्यतः उन पर यह दबाव भी रहता है कि वे दहेज लें ताकि उनकी अपनी शिक्षा पर अथवा बहनों के विवाह पर होने वाले खर्च की भरपाई हो सके। पुत्र का विवाह वंशपरंपरा चलाने के लिए तथा इस बात के लिए जरूरी है कि बूढ़ी होती माँ को राहत देने के लिए एक घरेलू कर्मचारी मिल जाए। लेकिन लड़कियों के मामले में किसी नातेदारी समूह की स्थायी सदस्यता विवाह पर निर्भर होती है तथा अविवाहित प्रस्थिति से परिवार की प्रतिष्ठा नष्ट होने का खतरा रहता है। आबादी में अविवाहित, विवाहित और विधवा/विधुर स्त्री-पुरुप का अनुपात तथा स्त्रियों और पुरुषों के पुनर्विवाहों का अनुपात भी लड़कियों और लड़कों के लिए भिन्न प्रतिमानों का सूचक है। यदि एक या दो भाई अविवाहित रहें तो उससे भाइयों को होने वाले अनुमानित लाभों के लिए देखें अध्याय चार।

14. वेश्या को सदासुहागन् अथवा नित्य सुगमंगली—अर्थात् जो कभी विधवा नहीं होती—भी माना जाता है। सदा सौभाग्यवती अथवा सुमंगली बने रहने का यह गुण विशेष अवसरों पर वेश्याओं को विशेष महत्त्व भी प्रदान करता है। विभिन्न क्षेत्रों में अनेक प्रकार के रीति-रिवाजों के माध्यम से वेश्या का सौभाग्य प्रतीकात्मक रूप से वधू में संप्रेषित कर दिया जाता है। इन रीति रिवाजों में शामिल हैं : विवाह मंडप बनाने में वेश्या के घर की मिट्टी का इस्तेमाल, सिंदूर को वेश्या के हाथ से छुआना तथा मंगलसूत्र को वेश्या से गुंथवाना।

15. इस मुद्दे पर ज्योति म्हँापसेकर रचित मराठी नुक्कड़ नाटक 'मुलगी झाली हो' (बेटी आई है) (1984) का एक अंश उद्धृत करना समीचीन होगा। इसमें वयःसंधि प्राप्त लड़की को निर्दिष्ट विधि-निषेध (यह करो, यह मत करो) का वर्णन है जो इस अध्याय के दो खंडों—स्त्री यौनत्व का प्रबन्धन तथा कार्य और विचारधारा—से संबद्ध है :

स्त्रीत्व का अपना संकल्प तुम मत छोड़ो
तुम्हें अपनी माँ, दादी और परदादी का अनुसरण करना है
तुम्हें चूल्हा-चौका और बच्चे सँभालने हैं
ऊटपटाँग सवाल मत करो
अपनी सीमाएँ मत लाँघो
काबू से बाहर न हो
स्त्रीत्व का अपना संकल्प मत छोड़ो।
सिर उठाकर मत बोलो
घर के भीतर रहो।
कपड़े धोओ, बरतन माँजो।
खाना पकाओ, परोसो।
जूठन साफ करो और गंदी थालियाँ हटाओ।
सियो और कढ़ाई करो।
फर्श बुहारो और रंगोली सजाओ।
तुलसी को जल दो
पवित्र वृक्ष की परिक्रमा करो
उपवास करो और व्रत रखो।
अपनी गरदन झुकाए रहो।
नजरें नीची रखो
बिना ऊपर देखे चलो
अपनी आँखों को भटकने न दो
स्त्रीत्व का अपना संकल्प मत छोड़ो।

16. यह कहने की आवश्यकता नहीं कि श्रम विभाजन का मरदाने और जनाने काम की अवधारणाओं पर आधारित यह विवरण घरेलू परिदृश्य का ही है। अपने घर के बाहर वैतनिक काम पर यह लागू नहीं होता।

17. बरतन की पेंदी का चावल आग के बहुत पास रहता है और उसका लग/जल जाने का डर रहता है, पेंदी के चावल में कंकड़ होने की आशंका भी रहती है। कहीं ऐसा तो नहीं कि यह नियम इस डर से बनाया गया हो कि कहीं पुरुष चावल बीनने और पकाने में स्त्रियों की लापरवाही की बात न जान लें। कुशल गृहिणी की एक महत्त्वपूर्ण परीक्षा है पकाई जाने वाली सामग्री को भली प्रकार छाँटने-पछोरने और साफ करने की उसकी योग्यता। कर्नाटक में मुझे बताया

गया कि ऐसा इसलिए भी है कि यदि चावल में कंकड़ रह जाए और पुरुष उसे निगल जाए तो पुरुष शरीर की संरचना ऐसी होती है कि यह कंकड़ उसे नुकसान पहुँचा सकता है। इसी तरह पुरुषों को और लड़कों को भी पहला दोसा नहीं दिया जाता क्योंकि समुचित ताप, वसा और घोल की दृष्टि से पहला दोसा हमेशा प्रायोगिक होता है। हाँ लड़की के पहला दोसा खाने में कोई हानि नहीं है। मध्य प्रदेश में उच्च शिक्षा अनुदान आयोग की एलिस जोसेफ ने, जो केरल की हैं, मुझे बताया कि ईसाई घरों में भी चावल और दोसा परोसने के बारे में लड़कियों को इसी तरह के निर्देश दिए जाते हैं।

संदर्भ

आर्डनर शर्ली, सं. 1975, 1977, पर्सीविंग वीमेन, लंदन, जे एम लेंट एंड संस।

बेनेट लिन, 1983, **डेंजरस वाइव्ज़ एंड सेक्रेड सिस्टर्स : सोशल एंड सिम्बालिक रोल्स आफ हाइ-कास्ट वीमेन इन नेपाल,** न्यूयार्क : कोलंबिया युनिवर्सिटी प्रेस।

चानना, करुणा, 1990, 'द डायलेक्टिक्स आफ ट्रैडीशन एंड माडर्निटी एंड वीमेन्स एजुकेशन इन इंडिया,' **'सोशियोलाजिकल बुलेटिन'**, सं. 39, सं. 1 और 2, पृ. 75-91।

दुबे लीला, 1986, 'सीड ऐंड अर्थ : सिम्बालिज्म आफ बायालाजिकल रिप्रोडक्शन ऐंड सेक्सुअल रिलेशंस आफ प्रोडक्शन,' **विजिबिलिटी ऐंड पावर : एसेज आन वीमेन इन सोसाइटी ऐंड डेवलपमेंट'** में, सं. एल. दुबे, ई. लीकाक तथा एस. आर्डनर, नई दिल्ली : आक्सफर्ड यूनिवर्सिटी प्रेस।

दुबे, लीला और सौरभ दुबे, 1986, 'वीमेन इन इंडिया : हिंदुइज़म एंड द कैटेगरी आफ पालिटिक्स,' अंतरराष्ट्रीय समाजशास्त्र परिषद् के ग्यारहवें अधिवेशन में आइ.एस.ए. रिसर्च कमिटी 'वीमेन इन सोसायटी' तथा अंतरराष्ट्रीय राजनीतिशास्त्र परिषद् की रिसर्च कमिटी 'सेक्स रोल्स एंड पालिटिक्स' के तत्वावधान में प्रस्तुत किया गया परचा, नयी दिल्ली।

दुबे, एस. सी., 1955, **इंडियन विलेज,** लंदन : रटलिज एंड केगन पाल।

हैस्ट्रप, के., 1978, 'द सिमैंटिक्स आफ बायोलाजी : वर्जिनिटी,' **डिफाइनिंग फीमेल्स : द नेचर आफ वीमेन इन सोसायटी'** में, सं. एस. आर्डनर, लंदन : क्रूम हेल्म।

कोलेंदा, पाउलीन, 1984, 'वूमन ऐज ट्रिब्यूट, वूमन ऐज फ्लावर : इमेजेस आफ 'वूमन' इन वेडिंग्स इन नार्थ एंड साउथ इंडिया,' **अमेरिकन एथ्नोलाजिस्ट,** खं. 11, सं. 3।

कुमार, कृष्ण, 1986, 'ग्रोइंग अप मेल,' **सेमिनार,** खं. 318, फरवरी 1986।

लेसिंजर, जोहाना, 1990, 'वर्क एंड मॉडेस्टी : द डायलेमा आफ वीमेन मार्केट ट्रेडर्स इन मद्रास,' **स्ट्रक्चर्स एंड स्ट्रैटेजीज़ : वीमेन, वर्क एंड फैमिली** में, सं. एल. दुबे तथा आर. पालरीवाला, नई दिल्ली : सेज।

मजूमदार, सुचेता, 1981, 'सोशलाइजेशन आफ हिंदू मिडिल क्लास बेंगाली वीमेन,' **साउथ एशिया बुलेटिन,** खंड 1, सं. 1।

मैक्गिल्वरे, डी. बी., 1982, 'सेक्सुअल पावर एंड फर्टिलिटी इन श्रीलंका : बट्टिकलोआ तमिल्स एंड मूर्स,' **एथ्नोग्राफी आफ फर्टिलिटी एंड बर्थ** में, सं. कैरल पी. मैक्कोर्मेक, लंदन : एकेडेमिक प्रेस।

म्हापसेकर, ज्योति, 1984, **मुलगी झाली हो,** बंबई : ग्रंथाळी।

पार्थसारथी, वी., 1988, 'सोशलाइजेशन, वीमेन एंड एजुकेशन,' **सोशलाइजेशन, एजुकेशन एंड वीमेन : एक्सप्लोरेशंस इन जेंडर आइडेंटिटी** में, सं. करुणा चानना, नई दिल्ली : ओरिएंट लांगमन।

राय, बालेश्वर, 1994, 'मेरे घर की स्त्रियाँ' **स्त्री के लिए जगह** में, सं. राजकिशोर, नई दिल्ली : वाणी प्रकाशन।

विन्स्लो, देबोरा, 1980, 'रिचुअल्स आफ फर्स्ट मेन्स्ट्रुएशन इन श्रीलंका,' **मैन** (एन एस), खं. 15, सं. 3।

3

बीज और धरती : जैविक प्रजनन के प्रतीक और उत्पादन में लिंगगत संबंध*

लगभग संपूर्ण उत्तर और मध्य भारत तथा पूर्वी भारत के कुछ हिस्सों में जैविक प्रजनन की प्रक्रिया को धरती और बीज के रूपक के माध्यम से अभिव्यक्त किया जाता है। धरती के पर्याय के रूप में 'खेत' शब्द का भी प्रयोग किया जाता है। यह बात पश्चिमी और दक्षिणी भारत के बड़े हिस्सों के लिए भी सही है हालाँकि इसके दस्तावेजी प्रमाण बहुत व्यवस्थित नहीं हैं। बीज पिता के योगदान और खेत माता की भूमिका का प्रतीक है। बच्चे के सृजन के लिए पुरुष बीज–सत्व–प्रदान करता है। बीज से किस्म निर्धारित होती है अतः जहाँ तक समूह में स्थान की बात है बच्चे को पहचान पिता से मिलती है।

यह बीज वीर्य में होता है जिसका संबंध रक्त से बताया जाता है। पोषण से रक्त बनता है, तथा माना जाता है कि वीर्य रक्त से तैयार होता है। परंपरागत विश्वास के अनुसार वीर्य की मात्रा पुरुष शरीर में वर्तमान कुल रक्त के अनुपात में होती है। इस प्रकार बच्चे का रक्त पिता के रक्त का एक अंश है। वही रक्त अगली पीढ़ी में ले जाने, दूसरे शब्दों में रक्त की परंपरा को जारी रखने की क्षमता पुत्र में होती है। समवंशीय पुरुष नातेदार को हिस्सेदार/अंशधारी (पट्टीदार) कहा जाता है अर्थात् वे जिनका रक्त समान है और जो संपत्ति अथवा जीविकोपार्जन के साधनों में साझीदार हैं। दूसरी ओर, पुत्री का रक्त वंश की अगली पीढ़ी में नहीं पहुँचाया जा सकता। स्त्री को अंततः किसी अन्य रक्त धारा या परंपरा के पुरुष का साथ देकर उसके लिए संतानों को जन्म देना होता है। इसके लिए स्त्री पुरुष को खेत प्रदान करती है जिसमें पुरुष अपना बीज बोता है।

माँ की भूमिका अपने गर्भ में आए तत्त्व को अपने रक्त से सींचकर विकसित

---

* इस आलेख का बुनियादी विचार मुकुल दुबे के साथ लंबे वार्तालापों के दौरान विकसित हुआ था। संदर्भ में कुछ ऐसी प्रविष्टियाँ भी शामिल हैं जो आलेख में उद्धृत नहीं हैं लेकिन आलेख के विमर्श में उनका योगदान है।

करने की है। माँ का रक्त उसे ऊष्मा और पोषण प्रदान करता है तथा उसके विकास में सहायता देता है। यह लंबी और अटूट गतिविधि बच्चे के जन्म के साथ समाप्त नहीं हो जाती। बाद में माँ अपना दूध पिलाकर बच्चे का पोषण करती है। उसकी भूमिका पोषणकर्ता की है। माँ और बच्चे के बीच के घनिष्ठ बंधन को समझा और माना तो गया है, लेकिन अनेक सूक्ष्म तरीकों से इसका महत्त्व कम भी किया गया है। इस तरह की कुछ सुस्पष्ट तथा कुछ अस्पष्ट किंतु अंतर्निहित, निर्विवाद धारणाओं के जरिये माता के आचरण के संबंध में विशिष्ट विचारधारा प्रकटित होती है।

प्राचीन काल से भारत में मानव प्रजनन प्रक्रिया को स्त्री-खेत में पुरुष-बीज के अंकुरण के संदर्भ में समझा और अभिव्यक्त किया गया है। इसे वैवाहिक अनुष्ठानों में तथा जीवन के अन्य महत्त्वपूर्ण अवसरों के दौरान व्यवहृत मंत्रोच्चारों तथा पाठों में देखा जा सकता है। इनमें से कई का स्रोत वेद है और कई महाभारत में हैं। विधि पुस्तकों में, जिनमें सबसे महत्त्वपूर्ण मनुस्मृति है, इस प्रतीक का इस्तेमाल जाति-मिश्रित समागम से उत्पन्न संतानों की प्रस्थिति का निर्धारण करने तथा मिश्रित समागमों के प्रकारों की योग्यता का मूल्यांकन करने में किया गया है। यहाँ यह उल्लेखनीय है कि प्रथागत विधि तथा गाँवों की पारंपरिक निर्णयकारी प्रक्रियाएँ इस बात का प्रमाण हैं कि गर्भधारण के इस सिद्धांत रो उद्भूत सिद्धांतों पर बिना अधिक रद्दोबदल के सदियों से अमल होता रहा है।

लगता है, मानव प्रजनन प्रक्रिया की यह अवधारणा युगों से शास्त्रीय-साहित्यिक परंपरा और जनचेतना दोनों का अंग रही है। वर्तमान समय में देश के विभिन्न क्षेत्रों में किए गए अनुसंधानों पर आधारित मानववैज्ञानिक लेखन में इसकी उपस्थिति का उल्लेख है। इस रूपक की अभिव्यक्ति न केवल हिंदुओं बल्कि उन आदिवासी समूहों में भी मिलती है जो पितृवंशी हैं तथा कृषि कार्य में रत हैं। ग्रामीण मुसलमान भी इस विचार से सहमत हैं।

इस निबंध की शुरुआत इस मान्यता के साथ हो रही है कि ऐसे किसी भी समाज में जहाँ इस प्रतीक का इस्तेमाल होता है स्त्री की स्थिति के लिए इन प्रतीकों के असली महत्त्व तथा निहितार्थों को समझने के लिए उस समाज विशेष के भौतिक संदर्भों की पड़ताल अनिवार्य है। जैविक प्रजनन की प्रक्रिया की विशिष्ट सांस्कृतिक समझ की अभिव्यक्ति के माध्यम से यह प्रतीकीकरण नातेदारी के महत्त्वपूर्ण नियमों के वैधीकरण तथा संपत्ति और उत्पादन के संदर्भ में उनके क्रियान्वयन के लिए विचारधारात्मक आधार प्रदान करता है। संस्कृति ने जैविक प्रजनन में लैंगिक विषमता को जिस तरह समझा तथा पुरुष और स्त्री के अलग-अलग योगदान को प्रतीकात्मक रूप में इन दो शब्दों के माध्यम से अभिव्यक्त किया है उसमें और उत्पादन के संसाधनों के स्वामित्व, नियंत्रण व उपयोग संबंधी ढाँचागत नियमों तथा घरेलू संगठन की संरचना व कार्य में अभिव्यक्त उत्पादन संबंधों में व्याप्त लिंगगत विषमता के बीच एक तरह

की समधर्मिता दिखाई देती है। यह कैसे होता है? इस आलेख में कुछ ऐसे अंतःसंबंधों की पड़ताल करने का प्रयास किया गया है जो इस विषय पर रोशनी डाल सकते हैं।

2

विधि, समाज तथा जीवन-चक्र के संस्कार संबंधी प्राचीन और परवर्ती संस्कृत ग्रंथों में[1] गर्भधारण की अवघटना के संदर्भ में अक्षरशः स्त्री-खेत में पुरुष-बीज गिरने के उल्लेख हैं। 'अथर्ववेद' के एक श्लोक में कहा गया है : 'वस्तुतः पुरुष में बीज विकसित होता है। उसे स्त्रियों के भीतर डाल दिया जाता है, यही वास्तव में पुत्र की प्राप्ति है' (पांडे में उद्धृत 1976 : 49)।

विवाह का मुख्य उद्देश्य संतानोत्पत्ति माना गया था। उसमें भी पुत्र पर स्पष्ट जोर था। इस उद्देश्य के लिए पुरुष में जो गुण जरूरी माना जाता था वह 'नारद स्मृति' में इस प्रकार वर्णित है :

> *स्त्रियों का सृजन ही संतानों के लिए किया गया है, स्त्री क्षेत्र है तथा पुरुष बीज का स्वामी है, खेत उसको ही दिया जाना चाहिए जिसके पास बीज हो, बिना बीज वाला पुरुष लड़की पाने[2] का अधिकारी नहीं होता (पांडे 1976 में उद्धृत, पृ. 197)।*

महाभारत में संतान प्राप्ति के लिए बीज देने हेतु पति का विकल्प लाने के संदर्भ हैं। स्मृतियों में इस आशय के सुझाव भी हैं कि पति की मृत्यु, नपुंसकता अथवा विकलांगता की स्थिति में पति के स्थान पर उसके विकल्प का प्रबंध उसके भाइयों, उसी वंश में पैदा हुए पुरुषों अथवा गोत्र के ऐसे समान व्यक्तियों में से किया जाए जिनका बीज उन दिनों स्वीकार्य माना जाता था (देखें पांडे 1976 : 55)।

इरावती कर्वे के अनुसार,

> *महाकाव्य साहित्य में जो उदाहरण बार-बार मिलता है वह है बीज और खेत की उपमा (बीजक्षेत्रन्याय)। यह उपमा पुरुष के उसकी पत्नी पर स्वामित्व के संदर्भ में प्रयुक्त होती थी तथा अपनी पत्नी के किसी अन्य व्यक्ति से पुत्र प्राप्त करने की प्रथा को न्यायोचित ठहराती थी। पत्नी क्षेत्र (खेत) है। तर्क दिया जाता था कि यदि किसी व्यक्ति के पास जमीन है और किसी अन्य का बीज उस भूमि पर गिर जाता है तो उससे प्राप्त होने वाला फल भूमि के स्वामी का होगा, बीज के स्वामी का नहीं[3] (1968 : 358)।*

स्त्री पुरुष की संतान की वाहक मात्र है, यह बात बहुत स्पष्ट शब्दों में कही गई है। एक बार फिर महाभारत की ओर चलें जहाँ शकुंतला से गंधर्व विवाह करने

वाला राजा दुष्यंत जब उसे ठुकरा देता है और कहता है कि अपने पुत्र को लेकर यहाँ से चली जाओ तब शकुंतला तर्क देती है : 'पत्नी के गर्भ में प्रवेश करने वाला पति पुत्र के रूप में स्वयं बाहर आता है।' फिर आशीर्वाद के रूप में आकाशवाणी सुनाई देती है : 'माँ तो मांस का आवरण मात्र है, पिता से उत्पन्न होने वाला पुत्र, स्वयं पिता ही है।'[4]

मानव प्रजनन प्रक्रिया की अभिव्यक्ति के लिए बीज और धरती अथवा खेत का प्रतीकात्मक उपयोग विधि की पुस्तकों में भी मिलता है, विशेषकर वर्णों के बीच तथा जातियों के बीच होने वाले संकर विवाहों संबंधी प्रतिमानों और नियमों तथा ऐसे मिश्रित विवाहों से उत्पन्न संतानों की प्रस्थिति के संदर्भ में। इस तर्क की जटिलता में जाए बगैर हम यहाँ तांबैया को उद्धृत कर सकते हैं। मनुस्मृति (X, 69, 71, 72) के आधार पर तांबैया कहते हैं :

> मिश्रित विवाह की व्याख्या में एक महत्त्वपूर्ण विशेषता सूक्ति के रूप में काम करती है वह है गर्भधारण के सिद्धांत में पुरुष 'बीज' और स्त्री 'खेत' अथवा 'मिट्टी' के बीच का भेद। यह घोषित है कि इन दोनों के बीच पुरुष बीज 'अधिक महत्त्वपूर्ण है' लेकिन हमेशा नहीं क्योंकि 'बंजर जमीन पर बोया गया बीज उसमें ही नष्ट हो जाता है' जबकि 'अच्छी मिट्टी में अंकुरित होने वाला अच्छा बीज अच्छी तरह विकसित होता है' (1973 : 198)।

तांबैया आगे कहते हैं (1973 : 198-99) :

> पुरुष बीज और स्त्री खेत—जिसमें यह बीज बोया जाता है—की आपेक्षिक प्रस्थितियाँ जाति सिद्धांत की दृष्टि से महत्त्वपूर्ण भी हैं और समस्यामूलक भी क्योंकि पुरुष की श्रेष्ठता एक हीन प्रस्थिति की माता के कलंक से अपनी संतान को अपने आप ऊपर नहीं उठा सकती। इस प्रकार द्विज पुरुषों के उससे एक दर्जा नीची जाति की पत्नियों से उत्पन्न पुत्र अपने पिता के समान घोषित किए जाते हैं लेकिन वे अपनी माताओं में अंतर्निहित दोष के कारण कलुषित भी होते हैं। अपने पति से एक दरजा नीचे की पत्नियों से उत्पन्न संतानों के बारे में यही शाश्वत विधि है...(मनु X, 6)।

तांबैया ने विविध प्रकार के अनुलोम और प्रतिलोम विवाहों से उत्पन्न संतानों की प्रस्थिति निर्धारण के लिए बीज और खेत के इस मूल्यांकन के निहितार्थों पर चर्चा की है। लगता है कि पुरुष से केवल एक दर्जा नीचे की स्त्री के समागम से उत्पन्न संतानों की प्रस्थिति के मूल्यांकन के संबंध में विधिकर्ता एकमत नहीं हैं। कुछ विधिकर्ता ऐसी संतानों को पिता की ही जाति-प्रस्थिति प्रदान करना चाहते हैं। मोटे तौर पर कहा जा सकता है कि अनुलोम विवाह तो स्वीकृत था लेकिन प्रतिलोम विवाह नहीं। क्योंकि श्रेष्ठ बीज हीनतर खेत में गिर सकता है किंतु हीन बीज श्रेष्ठतर खेत में नहीं गिरने दिया जा सकता (देखें तांबैया 1973 : 191-229)।

हिंदू वैवाहिक कर्मकांडों में बीज और खेत के प्रतीक बार-बार आते हैं। 'क्षेत्र संस्कार' अथवा खेत के पवित्रीकरण के संस्कार का उद्देश्य वधू के गर्भ को बीज ग्रहण के लिए शुद्ध करना होता है। वैवाहिक कर्मकांडों के अनेक धार्मिक कृत्यों में पति (बीज देने वाला) के प्रति पत्नी के समर्पण, निष्ठा, दृढ़ता और दृढ़ निश्चय आदि मूल्यों का नाटकीय रूप दिखाई देता है। जैसे वधू के लिए दांपत्य निष्ठा और दृढ़ता पर जोर देने के लिए उसे एक पत्थर पर खड़े होने को कहा जाता है। पत्थर दृढ़ता का प्रतीक है। वर वधू से 'संतान के लिए पवित्र और दृढ़ पत्थर' पर खड़ा होने को कहता है। यही संदेश तब भी मिलता है जब शाम को वर वधू से ध्रुवतारा देखने को कहता है। माना जाता है कि ध्रुव तारे की स्थिति आकाश में अटल है। और इस प्रकार वह दृढ़ता–चंचलता का विलोम–के गुण का प्रतीक है। वस्तुतः पुरुष के लिए संतान प्राप्त करने की अनिवार्य शर्त स्त्री की दांपत्य निष्ठा है। स्त्री को सीमाबद्ध रखना जरूरी होता है। स्त्री को अपने भीतर ही समाहित रखने की पुरुष की इच्छा और चिंता निम्नलिखित छंद में अभिव्यक्त होती है जिसे वर उस समय कहता है जब वह वधू के हृदय का स्पर्श करने का अनुष्ठान करता है। इसके लिएं वह उसके दाहिने कंधे पर हाथ रख कर कहता है :

> 'तुम्हारा हृदय मेरे हृदय में हो, तुम्हारा मन मेरे मन में हो। मेरे शब्दों को तुम ध्यानपूर्वक सुनो। तुम व्रत लो कि केवल मेरा ही अनुसरण करोगी। तुम मेरी सहचरी बनो' (बौधायन गृह्य सूत्र 1.4.1 सरस्वती 1977 : 183 में)।

इसी श्लोक का एक अन्य पाठ इस प्रकार है :

> *'अपने संकल्प में मैं तुम्हारा हृदय लेता हूँ। तुम्हारा मन मेरे मन में बसे, तुम अपने संपूर्ण हृदय के साथ मेरे शब्दों को ध्यान से सुनो, प्रजापति (सृजन के ईश्वर) तुम्हें मुझसे संयुक्त करें' (पराशर गृह्य सूत्र 1.8.8, देखें पांडे 1976 : 227)।*

यहाँ यह उल्लेखनीय है कि पुत्रों के जन्म को दिया जाने वाला महत्त्व वैवाहिक कर्मकांडों के दौरान विविध अवसरों पर कहे जाने वाले श्लोकों में अंतर्निहित तमाम आशीर्वादों, कामनाओं और अपेक्षाओं में स्पष्ट किया जाता है। वर के द्वारा कहे जाने वाले ऐसे दो श्लोक यहाँ उद्धृत हैं (सरस्वती 1977 : 181-182)।

> इसे इच्छानुरूप वैभव, (दीर्घ) आयु, समृद्धि और दस पुत्रों का शुभ और गौरवपूर्ण आशीर्वाद प्राप्त हो। हे इंद्र, हे सवितृ, वह गौरव जो इसकी पुत्रहीनता की स्थिति समाप्त करे, शीघ्र इसे दो (वैखानस गृह्यसूत्र 3.4)।

> तुम्हारे गर्भ में पुरुष भ्रूण उसी तरह प्रवेश करे जैसे तरकश में तीर, एक पुत्र दस माह बाद जन्म ले और इस तरह अनेक पुरुष उत्पन्न हों (सांख्यायन गृह्यसूत्र, 1.19.6)।

पुत्र प्राप्ति की कामना करने वालों के लिए विशेष अनुष्ठान बताए गए हैं। पुरुष का सर्वप्रथम कर्तव्य गृहस्थ बनना तथा पुरुष संतान द्वारा परिवार अथवा वंश

परंपरा को आगे बढ़ाना है। यह काम पुत्र के अभाव में पूरा नहीं किया जा सकता।[5]

तनिक क्षेत्रीय हेरफेर और लोकाचार तथा स्त्री आचार[6] के साथ ये अनुष्ठान आज के हिंदुओं के वैवाहिक कर्मकांड का महत्त्वपूर्ण अंग हैं। सरस्वती ने संपूर्ण भारत से दस अंतर्विवाही ब्राह्मण समूहों के बीच प्रचलित ब्राह्मण आनुष्ठानिक परंपराओं (विशेषकर विवाह संबंधी) का विस्तृत अध्ययन किया है (1977) जिससे यह एकदम साफ हो जाता है कि कुछ क्षेत्रीय विविधताओं के बावजूद समकालीन ब्राह्मणों में विवाह का दृढ़ आधार धर्मग्रंथों की परंपरा है तथा विशिष्ट, प्रथागत गतिविधियाँ धर्मग्रंथों के मूल संदेश का विरोध नहीं करतीं। हिंदुओं के बहुत बड़े तबके में, विशेषकर 'स्वच्छ' कही जाने वाली जातियों में वैवाहिक अनुष्ठानों का सार तत्त्व व्यापक रूप से समान है (बंगाली हिंदुओं में वैवाहिक अनुष्ठानों के लिए देखें इंडेन तथा निकोलस 1977)। जहाँ वैदिक मंत्रों का स्थान पौराणिक छंदों (जो परवर्ती रचनाएं हैं) ने ले लिया है वहाँ वे भी वही अर्थ और वही सांस्कृतिक विचारधारा संप्रेषित करते हैं।

इस बात के पर्याप्त मानवजातिवर्णनात्मक प्रमाण हैं कि कन्यादान, वर-वधू द्वारा अग्नि अथवा विवाह मंडप में लगे स्तंभ के फेरे, वधू की विदाई या पिता के घर से स्थानांतरण, उसका पति के घर में प्रवेश और उस घर में शामिल किया जाना यह सब सभी स्तरों के पितृवंशीय हिंदुओं के विवाहसंस्कार-संकुल का हिस्सा है। ये अनुष्ठान अनेक पितृवंशीय आदिवासी समूहों में भी होते हैं। 'बेटी तो परदेश जाने वाली चिड़िया है', 'एक ऐसी वस्तु है, जिसे उसके विवाह तक हिफाजत से रखना पड़ता है' तथा 'किसी और की अमानत है', आदि उक्तियाँ हिंदू जातियों के साथ-साथ जनजातीय समूहों के बीच भी प्रचलित हैं।

3

जैसाकि पहले कहा जा चुका है भारतीय नृजातिचित्रणात्मक साहित्य में भी इस बात का उल्लेख है कि प्रजनन में पुरुष और स्त्री के योगदान के लिए क्रमशः बीज और खेत के रूपक का इस्तेमाल जनजातीय और ग्रामीण समुदायों में भी होता रहा है। श्यामाचरण दुबे ने मध्य प्रदेश के दक्षिण पूर्वी हिस्से तथा उड़ीसा के उससे लगे हिस्से में रहने वाली जनजाति कमार का अध्ययन किया है। कमार शिकार, भोजनसंग्रह करने वाली तथा अस्थायी खेती करने वाली जनजाति है। कमार यौन संबंध तथा गर्भधारण के बीच कार्य-कारण संबंध को इस प्रकार अभिव्यक्त करते हैं : 'जब तक बीज नहीं बोया जाएगा, फसल कैसे होगी?' लेकिन गर्भधारण के लिए संभोग ही काफी नहीं है। स्त्री तभी गर्भधारण कर सकती है जब किसी पुरखे की आत्मा परिवार में पुनः जन्म लेना चाहेगी या भगवान के पास कोई अतिरिक्त जीव (आत्मा) हो

(एस. सी. दुबे 1951 : 82)। मध्य प्रदेश के लगभग इसी (दक्षिण-पूर्वी) हिस्से में गोंड स्त्रियों पर केंद्रित अपने विस्तृत नृजातिविवरणात्मक अध्ययन में[7] मुझे (लीला दुबे, 1956) स्पष्ट रूप से दिखा कि बीज और धरती की विचारधारा जनचेतना में बहुत गहरे पैठी हुई है। इसका उल्लेख प्रजनन प्रक्रिया पर केंद्रित चर्चा में ही नहीं बल्कि वधू-मूल्य, संपत्ति का उत्तराधिकार और बँटवारे के मुद्दों पर होने वाली चर्चा तथा विवाहेतर संबंधों और मिश्रित समागमों से उत्पन्न बच्चों की प्रस्थिति के विषय में बातचीत करते समय भी होता है। वास्तव में यह विचारधारा इस क्षेत्र में व्यापक रूप से प्रचलित है जहाँ गोंड प्रायः अनेक जातियों तथा कभी-कभी अन्य जनजातीय समूहों के साथ भी संयुक्त ग्रामों में रहते रहे हैं।

गोंड स्त्रियों को स्त्री देह के क्रियाकलापों की अभिव्यक्ति के लिए शब्द प्रकृति से मिलते हैं। किसी लड़की के रजोधर्म में विलंब होने पर कहा जाता है : 'जो फूलेगी नहीं वह फलेगी कैसे?' संतानवती स्त्री की तुलना अंडे देने वाली मुर्गी अथवा ऐसी कद्दू की बेल से की जाती है जिसमें ढेरों कद्दू फलते हैं।

गोंड अवधारणाओं के अनुसार गर्भ तब ठहरता है जब पुरुष का बीज स्त्री की कोख में प्रवेश करता है। यह प्रत्येक संभोग में नहीं होता। मासिक धर्म रुकने से इकट्ठा हुए रक्त से बच्चे का शरीर और हाथ-पैर बनते हैं। यह रुका हुआ रक्त है और इससे भगवान हाथ-पैर, सिर आदि बनाते हैं लेकिन जो रक्त बच्चे की धमनियों, रगों में बहता है वह पिता के बीज से आता है तथा बच्चे (विशेषकर पुत्र) को अपनी पहचान देता है कि वह अपने पिता के वंश और कुल का सदस्य है। यहाँ यह उल्लेखनीय है कि बच्चे के शरीर को आकार देने में योगदान करने वाले माता के रक्त तथा बच्चे को अपना नाम, वंश और कुल देने वाले पिता के रक्त के बीच भेद किया गया है।

बांझपन को यह कहकर समझाया जाता है कि जिस तरह बंजर खेत होते हैं जिनमें बीज अंकुरित नहीं होता, उसी तरह ऐसी स्त्रियाँ भी होती हैं जिनकी कोख में पुरुष का बीज कभी बच्चे का रूप नहीं ले सकता। इसी तरह कुछ पुरुष स्त्री के साथ संभोग कर सकते हैं लेकिन उनके पेट में बीज नहीं होता।

कास्ट एंड किनशिप इन सेंट्रल इंडिया में मेयर (1960) के अनुसार देवास जिले के ग्रामीणों के बीच भी इसी रूपक का प्रयोग होता है। जैकब्सन ने 1960 के दशक में मध्यवर्ती भारत के रायसेन के एक गाँव के अध्ययन में भी यही बात देखी। उन्हें जानकारी देने वाले व्यक्ति के शब्दों में : 'माँ....उसके विकसित होने के लिए केवल जगह देती है। जैसे हम किसी खेत में बीज बोते हैं उसी तरह पिता के बोए बीज से बच्चा बनता है' (जैकब्सन 1977 : 268-69)। ग्रामीण आंध्र प्रदेश में भी लोग यौन क्रियाकलाप तथा पैतृक पहचान संबंधी विविध स्थितियों की अभिव्यक्ति के लिए इसी रूपक का प्रयोग करते हैं। प्रजनन में पुरुष के योगदान का उल्लेख करने के

लिए आमतौर पर 'वित्तनम्' शब्द का प्रयोग किया जाता है। बीज को तेलुगु में 'वित्तनम्' कहते हैं। यदि किसी नीची जात्ति के लड़के का रूप-रंग और उसकी बुद्धि, नेतृत्व की क्षमता आदि उसकी जाति-प्रस्थिति से मेल न खाने के कारण ध्यान आकृष्ट करते हैं तो लोग इसका स्पष्टीकरण किसी प्रभावशाली उच्च जाति के रेड्डी अथवा कम्मा जैसे जमींदार के साथ उसकी माँ के अवैध संबंधों का इतिहास बताकर देते हैं। तर्क दिया जाता है कि 'आखिरकार यदि तुम अरहर के बीज बोओगे तो तुम्हें चने की फसल तो नहीं मिलेगी'। और यह तर्क संदेश संप्रेषित कर देता है। ऐसे मामलों में जहाँ किसी पुरुष के विवाहेतर संबंध की बात पता हो और उसकी पत्नी गर्भधारण न कर पा रही हो तो पत्नी के नातेदार उसका बचाव इस प्रकार करते हैं : 'गलियों में बीज बिखेरते रहने से आप अपने खेत में फसल पाने की उम्मीद नहीं कर सकते।' विवाह के तुरंत बाद किसी युवती के गर्भधारण करने के समाचार पर इस तरह की टिप्पणियाँ हो सकती हैं : 'मिट्टी बहुत उपजाऊ है'।

धरती बीज धारण कर सके इसके लिए उसे तैयार किए जाने की आवश्यकता होती है। इस बात को भी स्पष्ट रूप से अभिव्यक्त किया गया है। इस प्रकार, यदि कोई नवयुवती कुछ वर्षों तक गर्भधारण नहीं करती तो उस पर इस तरह की टिप्पणी हो सकती है : 'जिस जमीन को जोता नहीं गया वह तुरंत अच्छी फसल नहीं देगी। जमीन को उपजाऊ बनने में समय लगता है'। यदि किसी बच्चे की सूरत अपनी माँ के प्रेमी से मिलती है तो लोग मजाक कर सकते हैं : 'एक ने जमीन जोती, दूसरे ने बीज बोया। बच्चा किसका हुआ?' इस तरह के व्यंग्य प्रायः नीची जाति की स्त्रियों और ऊँची जाति के पुरुषों के बीच विवाहेतर संबंधों के संदर्भ में किए जाते हैं। इस तरह के संबंधों से उत्पन्न बच्चों की जाति प्रायः वही रहती है जो उसकी माता तथा माता के पति की होती है। ग्रामीण सत्ता संरचना में नीची जातियाँ ऊँची (आर्थिक रूप से शक्तिशाली) जातियों के पुरुषों द्वारा अपनी स्त्रियों के यौन शोषण के विरुद्ध बहुधा कुछ नहीं कर पातीं। इस तथ्य के अतिरिक्त उच्च जातीय 'बीज' की प्रच्छन्न स्वीकृति के कारण भी इस तरह का आत्मसातीकरण संभव होता है।[8] यहाँ यह बताना जरूरी नहीं है कि किसी असंबद्ध स्त्री—चाहे वह कुमारी हो अथवा तलाकशुदा या विधवा की संतान का स्थान निर्धारण करना इतना सहज नहीं हो सकता।

शेष पितृवंशीय भारत की तरह ही आंध्र प्रदेश में भी बच्चों पर पिता का अधिकार होता है और विवाद की स्थितियों में पैतृक अधिकार के दावे के लिए बीज और खेत की भाषा का इस्तेमाल होता है। घरेलू कलह के बाद यदि पत्नी पति को छोड़ देने की धमकी देती है तो पति तुरंत कहता है, 'तुम जाना चाहो तो चली जाओ लेकिन मेरी पौध मेरे पास छोड़ कर जाओ'। इसी तरह तलाक की स्थिति में पिता अपने पुत्रों पर यह कहकर दावा जताता है कि वे उसके शरीर के कणों से उगे हुए

पौधे हैं। बाद में वह यह डींग हाँक सकता है कि 'इस लड़के की धमनियों में वही रक्त है जो मुझमें है, इसीलिए यह मेरे साथ रहा और अपनी माँ के साथ नहीं गया।' लोगों की धारणा में पितृवंशीय परंपरा और रक्त परंपरा पर्याय जान पड़ती है।

भारत के विभिन्न भागों में पितृवंशीय हिंदू नातेदारी पर हाल में हुए अनेक अध्ययनों में मानवशास्त्रियों ने प्रजनन में पुरुष और स्त्री की भिन्न-भिन्न भूमिकाओं के प्रतीक रूप में इस्तेमाल किए जाने वाले बीज और धरती के रूपक का उल्लेख किया है। पंजाबी, बंगाली और कश्मीरी नातेदारी व्यवस्था पर किए गए इन अध्ययनों में विवरणों की भिन्नता के बावजूद बुनियादी धारणाएँ एक ही हैं।

पंजाबी नातेदारी व्यवस्था के अपने वर्णन में वीणा दास कहती हैं :

> प्रजनन का पंजाबी सिद्धांत यह है कि स्त्री खेत उपलब्ध कराती है और पुरुष बीज प्रदान करता है। शास्त्रीय हिंदू सिद्धांत की ही तरह यहाँ भी संतान के गुण बीज के गुण से निश्चित होते हैं। फिर भी, खेत को इस योग्य होना चाहिए कि वह बीज को धारण कर सके। यदि बीज बहुत शक्तिशाली है तो वह 'खेत को जला देगा...........।
>
> माँ के गर्भ में बीज विकसित होकर बच्चा बनता है। बच्चे की हड्डियाँ वीर्य से बनती हैं तथा रक्त माँ के रक्त से। कहा जाता है कि इसीलिए गर्भवती स्त्री का मासिक धर्म रुक जाता है (1976 : 3)।

लगता है वीणा दास ने बच्चे की रचना और विकास में पिता के रक्त की भूमिका के विपरीत माता के रक्त की भूमिका के विषय में जनता की धारणा को ध्यानपूर्वक नहीं देखा। लेकिन इसी आलेख में बाद में वह कहती हैं : 'हालाँकि रक्त का आकर्षण बच्चे को पिता की ओर खींचता है लेकिन यह तथ्य कि बच्चा अपने पहले नौ महीने माता के गर्भ में ही बिताता है तथा उसने माँ का ही दूध पिया होता है बच्चे को पिता के मुकाबले माँ के साथ कहीं अधिक मजबूती से बाँधे रखता है (वही : 4); और एक अन्य स्थान पर वह उल्लेख करती हैं कि वीर्य को 'सांद्र रक्त' माना जाता है (वही : 7)। इस प्रकार यह स्पष्ट है कि पंजाबी नातेदारी व्यवस्था में बीज और धरती का प्रतीक पितृवंशीय परंपरा के सिद्धांत पर तथा इस तथ्य पर जोर देने में सहायक है कि बच्चे को अपनी समूह पहचान पिता से मिलती है।[9]

फ्रुजेटी तथा ओस्टर ने एक बंगाली कस्बे में नातेदारी के सांस्कृतिक विश्लेषण पर आधारित अपने परचे के शीर्षक में बीज और धरती का विशेष उल्लेख किया है। वे इस विचारधारा को इस प्रकार विस्तार से अभिव्यक्त करते हैं :

> ...विवाह का उल्लेख ज्यादातर खेत और खेत में बीज के संदर्भ में किया जाता है। स्त्री खेत (खेतों) है, खेती करने वाला खेत को बीज प्रदान करता है और जोतता है। पति धरती को जोतता है (चस कोरा) तथा धरती स्त्री है...

...संभोग ('संगम'/'समागम') में पति का बीज (शुक्र, बीज) पत्नी अपने गर्भ में प्राप्त तथा स्वीकार करती है (गर्भो कोरा)। वह पात्र है, धरती है जिसमें बीज विकसित होता है। वीर्य के लिए विशेष शब्द है शुक्र, बीज दाने को भी कहा जा सकता है—दोनों शब्दों का अर्थ एक ही है—'बीज'। बीज 'पुरुष तत्त्व' की विशेषता है।...बीज पुरुषों की अस्थि मज्जा में निर्माण होता है तथा अन्य चीजों के अतिरिक्त बच्चे की अस्थि संरचना का निर्माण करता है। 'गर्भों' (गर्भ) में बीज 'रक्तों' बन जाता है और माँ के पोषण तथा रक्त से बड़ा होता है। रक्त (रक्तों) से वीर्य उत्पन्न होता है। रक्त की कई बूँदों से एक बूँद वीर्य बनता है। जन्म देने में माँ अपने पति की वंशपरंपरा को जारी रखती है...। इस प्रकार बच्चे का जन्म पिता और माता दोनों के योगदान के परिणामस्वरूप होता है। माँ पिता का बीज ग्रहण करती है और अपने गर्भ में पल रहे बच्चे के रक्त को 'बढ़ाती' है। स्त्री का अपना रक्त उसके पिता का होता है किंतु उसके बच्चों का रक्त उसके पति का होगा। पोषण के द्वारा रक्त तथा बच्चा दोनों के लिए वह अपना योगदान करती है...जन्म के बाद भी वह अपने दूध से बच्चे के रक्त को बनाती है तथा उसकी हड्डियों को मजबूत बनाती है (1976 : 120-31)।

बंगाली नातेदारी के इंडेन और निकोलस (1977) के अध्ययन की भी व्यापक सराहना हुई है। वे भी बीज (वीर्य) तथा खेत (गर्भ) की चर्चा करते हैं :

...बंगालियों की धारणा है कि बच्चे के निर्माण की प्रक्रिया की समझ मानव शरीर तथा उसके संचालन की प्रकृति की कुछ निश्चित परिभाषाओं पर आधारित है। मनुष्य के पुरुष रूप को शुक्र उत्पन्न करने के आधार पर स्त्री रूप की तुलना में विशिष्ट समझा जाता है। शुक्र को लाक्षणिक भाषा में प्रायः बीज कहा जाता है। मानव के स्त्री रूप का विशिष्ट लक्षण है अपने गर्भस्थल (गर्भ)[10] में गर्भ-रक्त (आर्तव) उत्पन्न करने की क्षमता। 'गर्भ' को प्रायः खेत (क्षेत्र) कहा जाता है (1977 : 52)।

पुनश्च,

इस क्रम में अगले संस्कार पुंसवन का उद्देश्य है शुक्र अथवा बीज को शक्ति प्रदान कर पुत्र की प्राप्ति सुनिश्चित करना। यह वीर्य (बीज) पत्नी के गर्भ-रक्त (आर्तव) में मिल जाता है अथवा उसके गर्भ में आरोपित होता है (वही : 54)।

कश्मीरी पंडितों की चर्चा करते हुए मदन कहते हैं :

आमतौर पर माना जाता है कि गर्भधारण तब होता है जब पति और पत्नी एक साथ चरम उत्तेजना प्राप्त करते हैं। माना जाता है कि स्त्री की चरम उत्तेजना के परिणामस्वरूप गर्भ में जीवनदायी द्रव उत्पन्न होते हैं। गर्भ ही पुरुष बीज भी ग्रहण करता है। मेरे सूचनादाता स्त्री में उत्पन्न होने वाले द्रव

पदार्थ की प्रकृति के बारे में निश्चित नहीं थे। उनमें से कुछ तो यह भी मानते थे कि उसका कोई उपयोग नहीं है। पुरुष के बीज में ही पूर्ण मानव बनने के लिए आवश्यक सभी तत्त्व मौजूद होते हैं : हड्डी, मांस, रक्त, सभी आंतरिक तथा बाह्य अंग, बाल, नाखून, मेधा, ज्ञान, अज्ञान, स्वास्थ्य, रोग आदि। उसमें भ्रूण तथा बाद में नवजात शिशु को पोषण प्रदान करने की क्षमता होती है। गर्भावस्था के दौरान माता के मासिक धर्म का प्रवाह रुक जाता है और यह जमकर एक मांसल थैली का निर्माण करता है जो भ्रूण को घेर लेती है तथा उसे पोषण प्रदान करती है। इस प्रकार माँ के मासिक धर्म का रक्त बीज के विकास के लिए मिट्टी का काम करता है। माँ भ्रूण की पोषक तथा संरक्षक होती है। कुछ सूचनादाताओं ने बताया कि इसी तथ्य के कारण हिंदू काले पत्थर के बने सालिग्राम की पूजा करते हैं जो विष्णु—पालनकर्ता का प्रतीक है। सालिग्राम की बटिया का आकार गर्भ जैसा होता है। बीज में पहले से ही मौजूद बच्चे के शरीर का विकास माँ और उसकी भौतिक तथा नैतिक दशा पर निर्भर होता है। गर्भ में बीजारोपण के साथ ही माँ की दुग्ध उत्पादन क्षमता की प्रक्रिया शुरू हो जाती है। बच्चे के जन्म के बाद माँ उसे दूध पिलाती है। संक्षेप में जैसाकि एक सूचनादाता ने कहा मानव बीज बहुत कुछ अखरोट जैसा होता है जो अपने भीतर एक पूर्ण विकसित वृक्ष छिपाए रहता है। प्रसंगवश अखरोट कश्मीर का सबसे बड़ा फल देने वाला वृक्ष है (1981 : 230-31)।

जैविक अर्थों में एकवंशीय समूह की सदस्यता का आधार समान रक्त है और पैतृक नातेदारों में समान रक्त होने की धारणा इस विचार के माध्यम से प्रभावशाली ढंग से संप्रेषित होती है कि पुरुष बीज रक्त से बनता है और इस तरह बच्चे को जीवन देने वाला रक्त प्रदान करने की महत्त्वपूर्ण भूमिका निभाता है। मातृवंशीय समुदायों के कुछ उदाहरणों के माध्यम से पितृवंशीय और मातृवंशीय समुदायों के अंतर को समझा जा सकता है। उत्तरपूर्वी भारत की एक मातृवंशीय जनजाति 'खासी' में, जो परंपरागत रूप से झूम खेती द्वारा जीवनयापन करती थी, यह मान्यता है कि बच्चा अपना जीवन और रक्त माँ से तथा अपना रूप और गठन पिता से प्राप्त करता है। मामा व भांजे का मांस और रक्त समान माना जाता है। पिता अपने बच्चों के साथ समान मांस और रक्त होने का दावा नहीं कर सकता। वह प्रजनन के लिए जरूरी है लेकिन उसकी भूमिका अत्यधिक सीमित है। प्रजनन में उसकी सीमित भूमिका उसके लिए प्रयुक्त किए जा सकने वाले 'पालतू मुर्गा' शब्द से स्पष्ट है। कहा जाता है कि 'मामा तो अपना ही मांस और रक्त है जबकि पिता तो सिर्फ मवाद है', तथा 'माँ रक्त देती है जबकि पिता केवल मवाद'। यह कहा जाता है रक्त तो वह तत्त्व है जो शरीर के भीतर सदैव रहता है लेकिन मवाद तो शरीर के भीतर टिक नहीं सकता। इसे शरीर से बाहर निकलना ही है। यदि कोई पिता अपने

बच्चे की परवाह नहीं करता तो यह बात समझ में आ सकती है; आखिर उसका योगदान 'मवाद' भर का ही तो है। यदि पिता अपने बच्चे को पीटता है तो क्रुद्ध होकर माँ उससे पूछ सकती है, 'मेरे बच्चे को पीटने वाले तुम कौन हो? तुम क्या सोचते हो यह तुम्हारा मांस और रक्त है? यदि तुम्हें बच्चे का व्यवहार सहन नहीं तो तुम घर छोड़कर जा सकते हो क्योंकि यहाँ की एक कील पर भी तुम्हारा अधिकार नहीं है।'[11] मातृवंशीय रक्तपरंपरा स्त्रियों के बीच संबंधों के जरिये चलती है। दक्षिण-पश्चिम भारत के वनवासी कनिक्कर भी मातृवंशीय हैं। बच्चे में अपनी माँ का रक्त होता है इस धारणा को कनिक्करों में इस प्रकार अभिव्यक्त किया जाता है : 'कोख बच्चे को अपने रंग में रँग देती है।' मातृवंशीय नातेदारों में समान रक्त होने की धारणा मातृवंशीय समूहों में आम तौर पर पाई जाती है। पितृवंशीय समुदायों की तरह ही यह अवधारणा वंशक्रम, संपत्ति के उत्तराधिकार, जीविकोपार्जन के साधनों पर अधिकार तथा नातेदारी समूहों के गठन का महत्त्वपूर्ण आधार बनती है। खासी जनजाति में तीन-चार पीढ़ियों वाले मातृवंशीय समूह को 'क्पोह' कहा जाता है जिसका अर्थ है 'कोख'। निम्नलिखित कहावत में पुरुष और स्त्री के अधिकारों को इस प्रकार अभिव्यक्ति मिली है : 'युद्ध और राजनीति पुरुषों के लिए है, संपत्ति और बच्चे स्त्रियों के लिए।'

4

पूर्ववर्ती खंड में मानव प्रजनन प्रक्रिया के प्रतीकात्मक निरूपण के चुनिंदा संदर्भ अनेक प्रकार के स्रोतों से लिए गए हैं। वे इस बात का संकेत हैं कि इस विशिष्ट सांस्कृतिक अवधारणा की जड़ें एक व्यापक भौगोलिक क्षेत्र में काफी गहरी जमी हैं। वीर्य को सामान्यतया सांद्र रक्त माना जाता है; यद्यपि वीर्य मानव शरीर में मौजूद कुल रक्त की मात्रा के किस अनुपात में होता है इस पर कोई सहमति नहीं है और इस धारणा को स्पष्ट मान्यता है कि पितृवंशीय नातेदारों में समान रक्त-परंपरा होती है जो पुरुष सदस्यों द्वारा चलती है क्योंकि पुरुष सदस्य ही अपने वीर्य द्वारा समान रक्त अगली पीढ़ी को प्रदान करते हैं। इसके विपरीत विशिष्ट तत्त्वों तथा सार-तत्त्वों के संदर्भ में माता के योगदान संबंधी विचार आम तौर पर अस्पष्ट हैं और व्यवस्थित पड़ताल के आगे उनका टिकना कठिन है। गर्भधारण के बाद मासिक धर्म रुक जाने की घटना से एक प्रश्न निश्चित ही जन्म लेता है : यह रक्त किस काम आता है? इस विषय में तमाम धारणाएँ हैं : यह बच्चे को एक सुरक्षात्मक थैली प्रदान करता है, उसके विकास के लिए जमीन बनता है, यह पोषण प्रदान करता है, इससे ही भ्रूण के हाथ-पैर तथा अन्य अंग बनते हैं आदि। भ्रूण अपना पोषण माँ से ग्रहण करता

है, यह एक खुला तथ्य है तथा प्रसवपूर्व और प्रसव के बाद भी माँ पर बच्चे की निर्भरता तथा उससे शारीरिक निकटता न केवल मान्यता प्राप्त है बल्कि इसका पर्याप्त यशोगान भी होता है। 'मेरी कोख से पैदा टुकड़ा, मेरे मांस और हड्डियों का टुकड़ा', 'मेरे शरीर का हिस्सा', 'मेरे भीतर से या आँतों से जुड़ा' तथा 'मेरे खून से पोसा' जैसे उद्‌गार माँ भावनात्मक संदर्भ में बच्चे के साथ अपने घनिष्ठ शारीरिक संबंध का दावा करने के लिए अक्सर इस्तेमाल करती है। माँ के दूध को उसके रक्त से व्युत्पन्न माना जाता है। लेकिन जब रक्त को लेकर यह बात सामने आती है कि रक्त वह तत्त्व है जो बच्चे को पहचान देता है तथा समूह में उसका स्थान निर्धारित करता है तब दृढ़ मान्यता यही है कि बच्चे को उसका रक्त पिता से मिलता है तथा उसके पैतृक नातेदारों का और उसका रक्त समान है।

यहाँ उन दो महत्त्वपूर्ण संदर्भों पर ध्यान देना आवश्यक है जिनमें बच्चे के निर्माण में माँ की भूमिका को निरपवाद रूप से मान्यता प्रदान की गई है। प्रथम, वह नियम, जिस पर सजातीय विवाह आधारित है, यह मानता है कि बच्चे को समाज में अपनी प्रस्थिति माता और पिता दोनों से प्राप्त होती है। जाति सीमाओं को बनाए रखने तथा जाति शुद्धता को सुरक्षित रखने के लिए प्रायः रक्त की शुद्धता की बात की जाती है। मिश्रित समागमों से उत्पन्न बच्चों के स्थान निर्धारण पर विचार करते समय यद्यपि पुरुष के 'बीज' की धारणा को बहुत महत्त्व दिया जाता है लेकिन तब माता की जाति-प्रस्थिति भी महत्त्वपूर्ण कारक होती है। जहाँ अनुलोम विवाह स्वीकृत हो या कम से कम क्षम्य तो हो ही वहाँ बच्चे को पिता के समूह में तभी जगह मिल सकती है यदि उसकी माँ की जाति-प्रस्थिति अनुमत सीमारेखा के भीतर हो। इस प्रकार यद्यपि बच्चे के निर्माण में माता के योगदान के स्वरूप के बारे में कोई सुस्पष्ट रूपरेखा नहीं है लेकिन विशिष्ट संदर्भों में बच्चे की प्रस्थिति सुनिश्चित करने में वह बहुत प्रासंगिक है। दूसरे, बच्चे के रूप, रंग, कद, काठी तथा शरीरक्रियात्मक और स्वभावगत विशेषताओं का विश्लेषण करते समय माता उतनी ही प्रासंगिक होती है जितना कि पिता। तब, बीज और धरती के रूपक की भाषा में अभिव्यक्त मानव प्रजनन प्रक्रिया की सांस्कृतिक अवधारणा को किस सीमा तक समूह विशेष या लोगों के अपने विज्ञान (नृजाति विज्ञान) का हिस्सा माना जा सकता है? अथवा क्या इस रूपक का इस्तेमाल चयनात्मक तरीके से किया जाता है, जिससे जैविक नातेदारी के उपयुक्त भाषा के इस्तेमाल द्वारा कोई विशिष्ट उद्देश्य साधा जाता है?

हमें जो मानवजातिविवरणात्मक सामग्री उपलब्ध है उसके आधार पर हम कह सकते हैं कि मानव प्रजनन प्रक्रिया की जिस प्रचलित अवधारणा की हमने चर्चा की है वह मानवशरीररचनाविज्ञान और शरीरविज्ञान तथा उनसे संबंधित प्रक्रिया विषयक ज्ञान की कोई अकाट्य व्यवस्था प्रदान नहीं करती। बच्चे के निर्माण में माता-पिता के योगदान के संबंध में आयुर्वेद में एक अलग तस्वीर सामने आती है। आयुर्वेद

शरीरशास्त्र और औषधि विज्ञान की देशी पद्धति है जो भारत में विकसित हुई है।[12] इस प्रणाली का सुदीर्घ इतिहास है और इस बात को सिद्ध करने के पर्याप्त प्रमाण हैं कि आयुर्वेद की अनेक अवधारणाओं का आम जनता पर गहरा प्रभाव रहा है। घरेलू उपचारों में से अधिकतर का मूल आयुर्वेद में तलाशा जा सकता है और गुणों के आधार पर—विशेषकर तीन द्रवों/मनोदशाओं के संतुलन की धारणा में—विविध खाद्य पदार्थों के वर्गीकरण का आधार भी यही औषधि प्रणाली है (देखें रे आदि 1980; दुबे 1957; जोशी 1979)। इसलिए प्रजनन प्रक्रिया के संबंध में आयुर्वेद में जो कुछ कहा गया है उसका विशेष महत्त्व है।[13]

आयुर्वेद के अनुसार रक्त के शुक्र (वीर्य) में रूपांतरण की प्रक्रिया इस प्रकार है : भोजन रस (पोषण) में बदलता है, रस रक्त में, रक्त मांस में, मांस मेदा (वसा) में, मेदा मज्जा में और मज्जा वीर्य में बदल जाती है।[14] यह जाँच पाना कठिन है कि रूपांतरण की इस विस्तृत प्रक्रिया का कितना अंश लोग जानते हैं। लेकिन लोगों में यह व्यापक धारणा तो है ही कि भोजन अथवा पोषण रक्त में रूपांतरित होता है, रक्त से वीर्य बनता है और वीर्य शरीर में रक्त की मात्रा के अनुपात में होता है।[15] आयुर्वेद में शुक्र को बीज भी कहा गया है लेकिन उन स्थलों पर जहाँ बीज और धरती के रूपक का उल्लेख आया भी है वहाँ वह प्रजनन में स्त्री और पुरुष की भूमिका की असमानता प्रदर्शित करता नहीं प्रतीत होता।[16] 'सुश्रुत संहिता' और 'चरक संहिता' दोनों में शरीर स्थानम् (भ्रूणविज्ञान तथा शरीररचनाविज्ञान) संबंधी अध्यायों में बच्चे के शारीरिक गठन में माता-पिता दोनों के विशिष्ट योगदान का विस्तृत विवरण है। चरक संहिता में शरीर स्थानम् के तीसरे अध्याय में निम्नलिखित विवरण दिया है :

> भ्रूण न माता से जन्म लेता है न पिता से, न आत्मा से न सामंजस्य से, न ही पोषण से, न ही कोई ऐसा मन है जो सबको जोड़ता है...क्योंकि भ्रूण इन सभी कारकों के एक साथ सक्रिय होने से बनता है।
>
> एक अर्थ में भ्रूण माँ से भी पैदा होता है...अब हम भ्रूण के उन अंगों की गणना करेंगे जो मां से उत्पन्न होते हैं। ये हैं : रक्त, मांस, नाभि, हृदय, यकृत, तिल्ली, गुर्दे, मूत्राशय, पेडू और आमाशय, बड़ी आंत, मलाशय तथा मलद्वार, छोटी आंत, बड़ी आंत, वप्रा तथा आंत्रयोजनी।
>
> एक अर्थ में भ्रूण पिता से भी उत्पन्न होता है...अब हम भ्रूण को पिता से प्राप्त अंगों की गणना करेंगे अर्थात् वे अंग जो भ्रूण के निर्माण के समय उसे पिता से प्राप्त होते हैं। ये हैं : सिर के बाल तथा दाढ़ी, नाखून, शरीर के रोम, दाँत, हड्डियाँ, शिराएँ, नसें (कंडरा), धमनियाँ तथा वीर्य (चरक संहिता, 1949, खंड III, 1026-28)।

सुश्रुत संहिता (शरीर स्थानम्, अध्याय तीन, सूत्र 31) में भी भ्रूण को उपरोक्त छह स्रोतों से प्राप्त अंगों की सूची है। बताया गया है कि पिता भ्रूण को शरीर के

कठोर अंग प्रदान करता है जैसे सिर के बाल, मूँछें, दाढ़ी तथा शरीर के बाल, हड्डियाँ, नाखून, दाँत, शिराएँ, अस्थिबंध तथा रेशेदार ऊतक, धमनियाँ तथा वीर्य; और माँ उसे कोमल अंग प्रदान करती है जैसे मांस (जिससे मांसपेशियाँ बनती हैं), रक्त, वसा, मज्जा, हृदय, नाभि, यकृत, तिल्ली, आँतें तथा मलाशय।

लगता है कि ये विवरण जिनमें पिता के साथ-साथ माता के योगदान का भी सुस्पष्ट उल्लेख है आयुर्वेद के विद्वान सिद्धांतकारों तथा वैद्यों तक ही सीमित रहे।[17] निस्संदेह मानव शरीर की संवृद्धि और विकास, स्वस्थ शरीर के रखरखाव और स्वस्थ तथा रुग्ण शरीरों के निदान और उपचार विषयक उनके विचारों में आनुवांशिकता को एक महत्त्वपूर्ण आधार माना गया है जिसमें माता या पिता किसी की उपेक्षा नहीं की गई है। आम लोग भी इस आधार के विषय में जानते हैं। वास्तव में जैसाकि पहले बताया जा चुका है, लोग स्वयं बच्चों के रूप-रंग तथा शारीरिक विशेषताओं के संदर्भ में माता के पक्ष का उल्लेख करते हैं। किंतु वे इन विचारों तथा वंशपरंपरा और नातेदारी के संदर्भ में प्रजनन में पिता की प्रभुत्वपूर्ण और निर्णायक भूमिका की अवधारणा के बीच किसी असंगति पर ध्यान नहीं देते।

यद्यपि शरीरविज्ञान तथा चिकित्साशास्त्र के ग्रंथों में समाहित विशेषीकृत ज्ञान के जनसंस्कृति का अंग बन जाने की अपेक्षा नहीं की जा सकती लेकिन इस तथ्य से अलग यह भी स्पष्ट है कि जैविक प्रजनन की प्रक्रिया तथा इसमें माता-पिता की भूमिका के संबंध में आयुर्वेद में विकसित विचारों का इस्तेमाल संस्कृतियों ने चुनिंदा तरीके से किया है और वे विचार अधिकारों के संदर्भ में पिता को प्रमुखता देने की राह में बाधक नहीं बने हैं। यह भी ध्यान देने की बात है कि आयुर्वेद के कुछ विचारों ने बच्चे के प्रति माँ के दायित्वों पर बल देने में महत्त्वपूर्ण योगदान दिया है।

प्रचलित अवधारणाएँ तथा आयुर्वेदिक पाठों के सिद्धांत और नुस्खे मानव प्रजनन के एक विशिष्ट पक्ष के संदर्भ में उल्लेखनीय सीमा तक गड्डमड्ड होते प्रतीत होते हैं। यह पक्ष है जन्म से पूर्व गर्भावस्था में तथा जन्म लेने के बाद दोनों अवधियों के दौरान बच्चे और माँ के बीच का घनिष्ठ बंधन। इसी बंधन से माँ के लिए वांछित अथवा निर्दिष्ट व्यवहार का तानाबाना बनता है। यह स्वतः सिद्ध है कि माता का आचरण अजन्मे बच्चे को प्रभावित करता है। गर्भस्थ शिशु को दुष्टात्माओं से बचाना होता है और गर्भ में उसका उचित और सुचारु विकास तथा उसका सुरक्षित रूप से जन्म लेना सुनिश्चित करना होता है। 'सुश्रुत संहिता' (1966) में गर्भस्थ शिशु के विकास की प्रक्रिया के विविध चरणों पर विस्तार से चर्चा की गई है (शरीरस्थानम्, तीसरा अध्याय, सूत्र 15-30)। इसमें सलाह दी गई है कि गर्भावस्था के दौरान भावी माता को बहुत अधिक थकाने वाला काम करने से, दिन में सोने से, रात में जागे रहने, वाहन की सवारी करने से, डर से, मुर्गे की तरह बैठने से, विरेचक लेने तथा स्वाभाविक मल-मूत्र प्रवाह को रोकने से बचना चाहिए।

गर्भावस्था के दौरान उत्पन्न होने वाली स्त्री की इच्छाओं पर विशेष ध्यान दिया जाता है। उदाहरण के लिए, इस बात पर जोर दिया जाता है कि पाँचों ज्ञानेंद्रियों की गतिविधियों—श्रवण, दृष्टि, स्पर्श, स्वाद अथवा घ्राण—के संदर्भ में भावी माता की हर इच्छा को पूरा किया जाना चाहिए। इसके पीछे यह विश्वास है कि यदि माँ बनने वाली स्त्री की किसी ज्ञानेंद्रिय से जुड़ी कोई इच्छा अपूर्ण रह जाती है तो गर्भस्थ शिशु की वह ज्ञानेंद्रिय या तो विकारग्रस्त हो जाती है अथवा उसमें दर्द रहता है (शरीरस्थानम्, अध्याय तीन, सूत्र 16, 17)। माँ की मनोदशा, उसके विचारों और भावनाओं का भी गर्भस्थ शिशु पर प्रभाव पड़ता है, अतः स्वस्थ शिशु के जन्म के लिए जरूरी है कि भावी माता प्रसन्नचित्त तथा आनंदित रहे। इसके अतिरिक्त उसे अपने खान-पान को भी नियमित करना चाहिए (क्योंकि गर्भस्थ शिशु अपना पोषण माँ से प्राप्त करता है) और अपने चलने-फिरने, सोने तथा अन्य गतिविधियों में कुछ परहेज बरतने चाहिए। शरीरस्थानम् के दसवें अध्याय (भ्रूणविज्ञान तथा शरीररचनाविज्ञान) में भावी माता की देखभाल तथा बच्चे के जन्म के बाद उसके स्वस्थ विकास के लिए जरूरी हिदायतें दी गई हैं।

भावी माता को क्या करना चाहिए और क्या नहीं, इन बातों का उल्लेख विविध क्षेत्रों के मानवजातिचित्रण संबंधी साहित्य में मिलता है। लोकसंगीत तथा जनसाहित्य में भी इस संबंध में असंख्य उल्लेख उपलब्ध हैं। गर्भवती स्त्री को दिए गए इन निर्देशों में विभिन्न क्षेत्रों और समुदायों के विवरणों में कुछ अंतर हो सकता है लेकिन ये निर्देश इस सामान्य अवधारणा पर आधारित हैं कि गर्भस्थ शिशु पूरी तरह माता पर निर्भर होता है तथा उन दोनों के बीच संबंध बहुत घनिष्ठ है। गर्भावस्था विशेषकर पहली गर्भावस्था के दौरान होने वाली इच्छाओं को पूरा करने के लिए कुछ विशेष समारोह किए जाते हैं। यह धारणा बहुत बलवती है कि यदि गर्भावस्था के दौरान उत्पन्न इच्छाएँ अपूर्ण रह जाती हैं तो इसका गर्भस्थ शिशु के स्वास्थ्य और सामान्य विकास पर बुरा असर होता है और इससे निर्विघ्न प्रसव में भी कठिनाई पैदा हो सकती है। भावी माता की ज्यादातर इच्छाएँ खान-पान संबंधी होती हैं। अक्सर सास यह कहकर अपना मंतव्य स्पष्ट कर देती है कि वह अपनी बहू की कोई विशेष इच्छा पूरी कर देना चाहती है ताकि बहू की कोख से जन्म लेने वाला उसका पोता किसी शारीरिक विकार अथवा रोग से ग्रस्त न हो।[18]

स्तनपान की अवधि के दौरान माँ पर बच्चे की निर्भरता जारी रहती है हालाँकि यह निर्भरता उस हद तक नहीं रह जाती जितनी कि गर्भ में रहते समय होती है। स्तनपान की अवधि के दौरान बच्चे की इस निर्भरता के चलते माँ का उठना-बैठना, चलना फिरना, बाहर निकलना और सबसे महत्त्वपूर्ण उसका खाना-पीना सब नियंत्रित होता है (इस अवधि में माँ का भोजन विभिन्न खाद्य पदार्थों के गुण दोषों के विषय में प्रचलित धारणाओं पर निर्भर होता है)। स्तनपान करा रही माँ के भोजन और

आचार व्यवहार के संबंध में आयुर्वेद की भी निश्चित मान्यताएँ हैं। शिशु की हर बीमारी की जड़ इस बात में ढूँढ़ी जाती है कि माँ ने क्या खाया या पिया था, किस तरह के पर्यावरण में थी, अथवा किन तनावों को झेल रही थी। जैसाकि पहले उल्लेख किया जा चुका है, व्यापक मान्यता है कि माँ का दूध रक्त से बनता है और इसीलिए कहा जाता है कि माँ अपने बच्चे को अपने रक्त से पोसती है। माना जाता है कि माँ के दूध में वे विशेष भौतिक गुण तो होते ही हैं जो उसे प्राप्त भोजन-पोषण से और उसकी मनोदशा और व्यवहार से मिलते हैं, इसके अतिरिक्त माँ के दूध में वे गुण भी निहित होते हैं जो बच्चे के चरित्र में योगदान कर सकते हैं। माँ का दूध उसे कायरता, वीरता, ईमानदारी, दगाबाजी, निष्ठा जैसी चारित्रिक विशेषताएँ प्रदान कर सकता है।

यहाँ यह उल्लेखनीय है कि माँ और बच्चे के बीच शरीरक्रियात्मक संबंध तथा माँ पर बच्चे की निर्भरता को स्त्री के लिए सर्वाधिक महत्त्वपूर्ण नैतिक दायित्व बना दिया गया है। जो स्त्री अपने छोटे बच्चे को छोड़कर चली जाती है या उसकी उपेक्षा करती है वह माता के सारभूत तथा स्वाभाविक गुणों को नकारती है। माँ और बच्चे के बीच के बंधन को ही माता की भूमिका को बहुत मूल्यवान बनाने का आधार बनाया जाता है। माँ अपने बच्चे के लिए जो कुछ करती है उसे त्याग की संज्ञा दी जाती है। कहा जाता है कि मातृ ऋण ही ऐसा ऋण है जिसे कभी चुकाया नहीं जा सकता (देखें मदन 1981 : 231)। माँ के प्रति श्रद्धा की बात बार-बार दोहरायी जाती है। लेकिन सामाजिक पहचान तथा अधिकारों के संदर्भ में बच्चा पिता से संबद्ध होता है न कि माँ से। वास्तव में, हम कह सकते हैं कि स्त्री का अपने बच्चे पर अधिकार मूलतः एक नैतिक अधिकार है। इस प्रकार माँ और बच्चे के बीच के प्राकृतिक बंधन का उपयोग अपनी संतान पर उसका अधिकार सिद्ध करने के लिए नहीं, बल्कि स्त्री के दायित्वों पर बल देने के लिए किया जाता है।

5

अंत में स्त्री और पुरुष के संबंधों की प्रकृति तथा उनके सापेक्ष अधिकारों और प्रस्थितियों को समझने के लिए हम गर्भधारण के लिए धरती में बीजारोपण के रूपक के निहितार्थों को रेखांकित करने का प्रयास करेंगे। इससे जुड़े दो बिंदु स्पष्ट रूप से सामने आते हैं। प्रथम, इन प्रतीकों के इस्तेमाल में मूलतः असमान संबंध प्रतिबिंबित होता है और ये प्रतीक इसी असमानता पर जोर देते हैं, दूसरे, इस प्रतीकात्मक अभिव्यक्ति का उपयोग संस्कृति में प्रजनन में स्त्री के योगदान के महत्त्व को कम करके जताने के लिए किया गया है। यह प्रतीकवाद एक ओर तो उसे मातृत्व के

सर्वोच्च दायित्व के बंधन में बाँध देता है और दूसरी ओर उसे बच्चों पर उसके अपने स्वाभाविक अधिकार से वंचित करने में सहायक होता है। इसके साथ ही यह प्रतीकवाद एक ऐसी विचारधारा को जन्म देता तथा पोषित करता है जिसमें भौतिक तथा मानवीय दोनों तरह के महत्त्वपूर्ण संसाधन पुरुषों के ही हाथ में बने रहते हैं।

महत्त्वपूर्ण संसाधनों के संदर्भ में स्त्री की स्थिति और उसके अधिकारों के लिए इस रूपक और उसके निहितार्थों को पितृवंशीय नातेदारी संरचना तथा ऐसी कृषीय अर्थव्यवस्था के संदर्भ में देखना होगा जिसमें भूमि प्रमुख संसाधन है, दूसरा संसाधन है श्रम।[19] इस तरह की व्यवस्था में भूमि के स्वामित्व, नियंत्रण और इस्तेमाल के अधिकार पितृवंशीय सिद्धांत द्वारा संचालित होते हैं। यही सिद्धांत वैवाहिक आवास पर भी लागू होता है : जिसके अनुसार घर (निवास-स्थान) तथा गृहस्थी दोनों पर पति का अधिकार होता है।[20] इन अधिकारों की धारणा में ये सभी अधिकार शामिल हैं : एक स्थान में रहने का अधिकार चाहे यह रहना कितना ही अस्थायी क्यों न हो, उत्पादन के संसाधनों तथा उपभोग सामग्री के स्वामित्व और नियंत्रण का अधिकार, दूसरे के श्रम पर नियंत्रण तथा दूसरों के लिए फैसले लेने का अधिकार, हर सदस्य की उत्पादक/धनार्जन क्षमता के फलों पर अधिकार तथा पारिवारिक परंपराओं पर अधिकार। विवाह कर परिवार में आने वाली पत्नियों तथा विवाह कर परिवार से जाने वाली पुत्रियों दोनों की स्थिति का फर्क क्रमशः उनके पति तथा भाइयों के संदर्भ में देखा जा सकता है। पतियों (बेटों) का परिवार के संसाधनों पर अधिकार बना रहता है। वे अपनी पत्नियों को अपने साथ रहने के लिए परिवार में लाते हैं। इसी तरह बहनों के विपरीत भाई अपने जन्म के परिवार के पूर्ण सदस्य बने रहते हैं। वे अपनी बहनों की तरह स्थानांतरित नहीं होते बल्कि मूल परिवार में उनके अधिकार बने रहते हैं, और उन्हें परिवार की वंशपरंपरा का वाहक तथा माता-पिता और परिवार के अन्य सदस्यों का सहारा माना जाता है।

कुछ सीमित क्षेत्रों या समूहों को छोड़कर संपूर्ण भारत में पितृवंशक्रम के आधार पर ही समूह की सदस्यता, विरासत का हस्तांतरण, उत्तराधिकार का अधिकार ये तय होते रहे हैं; तथा विवाह के बाद आवास का सामान्य प्रतिदर्श पितृ-पति-स्थानिक होता है। स्त्रियों को केवल गुजारा पाने का अधिकार रहा है। भारत के बड़े हिस्से में हिंदुओं में प्रचलित मिताक्षरविधिप्रणाली के अनुसार पुत्र को जन्म के साथ ही अपने पुरखों की जायदाद का उत्तराधिकार मिलता रहा है। यह कानून सहदायाद (कोपार्सनरी) की अवधारणा से संचालित होता रहा है। बंगाल में तथा बिहार और उड़ीसा के कुछ हिस्सों में प्रचलित दायभाग व्यवस्था पुत्र को अपने पैतृक समूह की संपत्ति का उत्तराधिकार प्रदान करती थी यद्यपि इस व्यवस्था में पिता के जीवनकाल में संपत्ति पर पिता का ही नियंत्रण रहता था (देखें अल्तेकर 1962; कर्वे 1968)। 1956 से लागू हुए नए कानूनी प्रावधानों के अनुसार पुत्रियाँ भी अपने परिवार की पैतृक संपत्ति

तथा माता-पिता द्वारा स्वयं अर्जित संपत्ति में हिस्से की हकदार हैं लेकिन इस बात के स्पष्ट साक्ष्य हैं कि पिता की संपत्ति विशेषकर अचल संपत्ति पर पुत्री के दावे को स्वीकार करने के औचित्य तथा न्यायसंगतता और उसकी व्यावहारिकता को लेकर लोगों के मन में गंभीर शंकाएँ हैं।[21]

देश के विभिन्न क्षेत्रों से प्राप्त मानवजातिचित्रणात्मक तथा साहित्यिक साक्ष्य उस प्रवृत्ति की ओर संकेत करते हैं जिसे उर्सुला शर्मा (1980 : 59) ने भूमि को मूलतः पुरुषों की संपत्ति के रूप में परिभाषित करने की विचारधारा कहा है।[22] यह महत्त्वपूर्ण है कि जहाँ पुत्री को विवाह के अवसर पर भूमि का छोटा टुकड़ा देने की परंपरा मौजूद है वहाँ भी इसे पुत्री का हिस्सा नहीं बल्कि उपहार मात्र माना जाता है। उदाहरण के लिए आंध्र प्रदेश की कुछ भूस्वामी जातियों में पुत्री को दिए गए भूखंड को 'बहुमानम्' कहा जाता है जिसका अर्थ है उपहार अथवा सम्मान, उसे 'भागम्' नहीं कहा जाता जिसका अर्थ है हिस्सा।[23] इस प्रकार केवल समवंशी पुरुषों को ही संपत्ति अथवा जीविकोपार्जन के संसाधनों का सह-अंशधर अथवा सह-उत्तराधिकारी माना जाता है; समवंशी स्त्रियाँ इस श्रेणी से बाहर रखी गई हैं। पुत्री-बहन को दी गई किसी भी चल अथवा अचल संपत्ति यहाँ तक कि उसे सहारे के रूप में और अपना सम्मान बनाए रखने के लिए अथवा सांस्कृतिक दृष्टि से महत्त्वपूर्ण उसकी वैवाहिक स्थिति की द्योतक सुहाग या शगुन की चीजें, जैसे चूड़ियाँ, हल्दी तथा कुंकुम खरीदने में उसकी मदद के लिए दी गई छोटी-मोटी धनराशि भी उपहार ही मानी जाती है। विविध क्षेत्रों के लोकसाहित्य में यह विषय बार-बार आता है।

जैसाकि उर्सुला शर्मा (1980 : 56-57) ने स्पष्ट किया है, भारत में स्त्रियों को संपत्ति का उत्तराधिकार प्राप्त नहीं था और उनमें से अधिकतर को उत्तराधिकार की अनुमति प्रदान करने वाला नया विधान पारित होने के बावजूद यह अधिकार अब तक नहीं मिला है। बहनें अपने पिता की जमीन में अपने हिस्से का दावा न करना पसंद करती हैं क्योंकि माता-पिता की मृत्यु के बाद उनके लिए अपने भाई की सदिच्छा ज्यादा महत्त्वपूर्ण होती है। कोई भी स्त्री ऐसी स्थिति में रहने की इच्छुक रहती है, जिसमें जरूरत पड़ने पर वह अपने भाइयों के पास सहायता के लिए जा सके। देश के विभिन्न हिस्सों से प्राप्त साक्ष्यों से इस बात की पुष्टि होती है (देखें **समानता की ओर** 1974)। पत्नी के रूप में स्त्री को अपने पति की जमीन में स्वामित्व का कोई अधिकार नहीं है। विधवा के रूप में उसे उत्तराधिकार के सीमित अधिकार प्राप्त हैं लेकिन इन अधिकारों को हमेशा हासिल नहीं किया जा सकता।

जनजातीय समूहों में जहाँ पितृवंशीय गोत्र (गोत, कुल) अथवा वंशपरंपरा का भूमि के खास हिस्सों पर एक तरह का सामूहिक नियंत्रण होता है, पुरुषों को खेती के अधिकार पितृवंशपरंपरा की अपनी सदस्यता के आधार पर मिल जाते हैं। पत्नी के रूप में स्त्री को पति के वंश की भूमि का इस्तेमाल करने का अधिकार होता

है और पुत्री के रूप में विवाह-विच्छेद अथवा वैधव्य की स्थिति में अपने पिता के वंशसमूह में गुजारे का अधिकार मिल सकता है। लेकिन पुत्री के रूप में उन्हें जो कुछ मिलता है वह अधिकार कम, विशेषाधिकार ज्यादा है। इसके अतिरिक्त उनके बच्चों को साधारणतया माँ के वंश की सदस्यता का कोई अधिकार नहीं होता, न ही उसकी भूमि में उनका कोई अधिकार होता है। इन समुदायों में भी स्त्री को अपने मूल समूह से पति के समूह में हस्तांतरणीय माना जाता है।[24]

गोंड, उरांव तथा मुंडा जैसी कृषक जनजातियों में जमीन के संदर्भ में पितृवंशीय सिद्धांत बहुत मजबूत है फिर उस जमीन पर चाहे सामूहिक नियंत्रण हो, अथवा पितृवंशक्रम समूह का, या पैतृक बंधुओं की दो या तीन पीढ़ियों के परिवारों का स्वामित्व हो। पुत्री अथवा पत्नी किसी भी रूप में स्त्रियों की भूमि पर स्वतंत्र पहुँच नहीं है। छोटे बच्चों वाली विधवाओं को पति की भूमि पर कुछ अधिकार होते हैं लेकिन ये अधिकार भी सीमित ही हैं। किसी विशेष क्षेत्र अथवा गाँव में मूल वासियों की धारणा भी पितृवंशीय गोत्र तथा पितृवंशपरंपरा के आधार पर ही संचालित होती है जो स्त्री को संसाधनों पर कोई अधिकार नहीं देती।

अब हम अपने विषय पर वापस लौटें। स्त्री को धरती के समान बताया जाता है और इस अभिव्यक्ति में प्रायः उसकी भूमिका आदर्श समझी जाती है। धरती की ही तरह स्त्री को भी पीड़ा सहनी होती है। धरती पर हल चलाया जाता है, कुदाल चलाई जाती है, उसकी खुदाई होती है; स्त्री को भी बेधा जाता है, जोता जाता है। यौन संभोग के लिए व्यवहृत एक आम रूपक है जोतना।[25] इसका इस्तेमाल कोई पुरुष अपनी यौन इच्छा व्यक्त करने, फुसलाने तथा किसी स्त्री अथवा उससे जन्मी संतान पर अपना अधिकार जताने के लिए भी कर सकता है। संभोग को जोतना कहने में प्रायः यह भाव भी रहता है कि स्त्री की भूमिका निष्क्रिय अथवा समर्पण की होती है तथा स्त्री की ओर से जड़ता होती है जबकि पुरुष की ओर से इस क्रिया में सक्रिय भूमिका निभाई जाती है, उसकी भूमिका प्रभुत्व तथा अधिकार की है।

सामान्य बोलचाल में संतानहीन स्त्री तथा बंजर भूमि के लिए एक ही शब्द इस्तेमाल किया जाता है जबकि पुरुष की बंध्यता को नपुंसकता अथवा उसके बीज की अनुर्वरता कहा जाता है। अंकुरण की प्रक्रिया में बीज 'धरती का पेट फाड़कर' बाहर आ जाता है। माना जाता है कि इस प्रक्रिया के कारण धरती को पीड़ा होती है। संतान को जन्म देना भी एक दर्द भरी प्रक्रिया है। धरती की तरह स्त्री भी पैदा करती है और पोषण करती है। दोनों चुपचाप पीड़ा सहती हैं और अपने शरीर से उदारतापूर्वक पोषण प्रदान करती हैं। माता का योगदान लगातार और लंबे समय तक चलता है जिसमें पर्याप्त आत्मवंचन तथा त्याग शामिल रहता है। लेकिन जैसा कि पहले कहा जा चुका है फसल की किस्म भूमि से नहीं बीज से निर्धारित होती

है। जिस तरह का अनाज बोया जाएगा वैसा ही अनाज पैदा होगा, खेत की गुणवत्ता अनाज की गुणवत्ता को प्रभावित कर सकती है लेकिन वह उसकी किस्म निर्धारित नहीं कर सकती।

इसी प्रतीकात्मकता के सर्वाधिक महत्त्वपूर्ण पहलुओं में से एक है प्रजनन की प्रक्रिया में दो भागीदारों की स्थिति। पुरुष के शरीर में बीज होता है, दूसरी ओर स्त्री स्वयं खेत है। कोख के अतिरिक्त उसके शरीर के अन्य अंग भी प्रजनन से जुड़े होते हैं। माना जाता है कि भ्रूण के विकास में उसके पूरे शरीर का योगदान रहता है। स्तन कोख से बच्चे के बाहर आने के बाद उसे पोषण प्रदान करने के लिए तैयार हो रहे होते हैं। जहाँ तक प्रजनन की प्रक्रिया का संबंध है दो भागीदार एक दूसरे के बराबर नहीं हैं। संतान उसकी होती है जिसका बीज होता है। वास्तव में खेत पर भी उसका ही स्वामित्व होता है। बीज और खेत दोनों पुरुष के हैं।

स्त्री के शरीर को खेत अथवा धरती के समान तथा वीर्य को बीज के समान बताकर प्रजनन की प्रक्रिया को उत्पादन की प्रक्रिया के समान तथा बच्चों पर अधिकार को फसल पर अधिकार के समान मान लिया जाता है।

अधिकारों की इस तरह की अवधारणा व्यवहार और विश्वास के अनेक प्रतिमानों में प्रतिबिंबित होती है और उन्हें तथा संबंधों के संस्थायीकरण को न्यायसंगत व उचित ठहराती है। उदाहरणार्थ, बीज और खेत की भाषा का इस्तेमाल स्त्री के यौनत्व पर पुरुष के अधिकार[26] तथा अलगाव (या विवाहविच्छेद की स्थिति) में अपने बच्चों पर स्त्री की अधिकारविहीनता पर जोर देने के लिए किया जाता है। जैसाकि पहले उल्लेख किया जा चुका है, आंध्र प्रदेश के गाँवों में घरेलू झगड़े के बाद (या विवाहविच्छेद की स्थिति में) पिता यह कहकर अपने बच्चों पर दावा जताता है कि वे उसके बीज के अंकुर हैं या उसके शरीर के कणों से विकसित पौधे हैं। दक्षिण-पश्चिमी मध्य प्रदेश के गाँवों की हिंदू स्त्रियाँ अपनी असहायता इस प्रकार व्यक्त करती हैं : 'वे हमारी कोख से जन्मे हैं। हम उन्हें अपनी कोख में नौ महीने रखते हैं, उन्हें अपने खून से पोसते हैं लेकिन मर्द यह कहकर उन पर अपना हक जमाते हैं कि आखिरकार वे पैदा तो हमारे बीज से हुए हैं।' अलगाव, विवाहविच्छेद और पुनर्विवाह सामान्य है और कुछ ऊँची जातियों को छोड़ दें तो इन्हें परंपरागत रूप से मान्यता भी प्राप्त है। लेकिन सामान्य स्थिति में प्रथा यह है कि यदि कोई स्त्री अपने पति को छोड़ती है तो उसे अपने बच्चे भी छोड़ने पड़ते हैं। किसी स्त्री का किसी अन्य पुरुष के पास जाने के लिए अपने छोटे बच्चों को छोड़ देना पाप माना जाता है और ऐसी स्त्री को कुछ न कुछ सामाजिक निंदा सहनी ही पड़ती है। इस स्थिति का इस्तेमाल उसके बच्चों के मन में उसके खिलाफ जहर भरने के लिए भी किया जा सकता है। गोंडों में ऐसे मामले थे जहाँ बेटे ने अपनी माँ से बात करने से यह कहकर इन्कार कर दिया कि उसे मेरा कोई ख्याल नहीं था और वह अपने सुख के लिए

मुझे बचपन में ही छोड़ कर चली गई थी। यदि कोई स्त्री अपने छोटे बच्चों को छोड़कर दूसरी शादी कर लेती है और पुनर्विवाह से उसके कोई बच्चा नहीं होता तो प्रायः माना जाता है कि अपने मातृत्व के दायित्वों को पूरा न करने के पाप के कारण ही अब उसके बच्चा नहीं हो रहा है।

यदि कोई विधवा पुनर्विवाह करती है तो उसे भी अपने बच्चे छोड़ने पड़ सकते हैं यदि उसका दूसरा पति उसके पहले पति का समवंशी नहीं है और वह उन बच्चों को अपने घर में नहीं रखना चाहता है। यद्यपि ऐसे भी मामले मिलते हैं, हालाँकि ये अपवादस्वरूप ही हैं, जहाँ विधवा अपने बच्चे या अपना घर नहीं छोड़ती और उसका दूसरा पति उसके साथ रहने के लिए उसके घर आ जाता है।

गरीब और भूमिहीन वर्गों तथा ग्रामीण क्षेत्रों से आनेवाले आप्रवासियों के बीच देखने को मिलता है कि प्रायः स्त्रियाँ ही परिवार की वास्तविक पालनहार होती हैं। पुरुष अपनी स्त्री और बच्चों को छोड़ भी सकता है अथवा उन्हें खर्चा देना बंद कर सकता है और मजबूरन स्त्री को अपनी और अपने बच्चों की देखभाल करनी पड़ती है। लेकिन ये मामले इस आम धारणा का निषेध नहीं करते कि बच्चे चूँकि अपनी सामाजिक पहचान अपने पिता से पाते हैं अतः उन पर उसका ही हक है।

समूह (वंश या परिवार) की सदस्यता तथा संसाधनों पर पहुँच के अधिकार के लिए पैतृक पहचान आवश्यक है। मदन (1981 : 231) कहते हैं कि मुझे जानकारी देने वाले एक व्यक्ति ने पिता-पुत्र के सामाजिक बंधन की जैविक और सामाजिक महत्ता को इस प्रकार अभिव्यक्त किया : 'बीज बहकर संपत्ति के प्रवाह का रास्ता साफ कर देता है'। अपने बच्चों पर पिता का अधिकार इसी तर्क का एक और पक्ष है और यह एक महत्त्वपूर्ण मानव संसाधन पर अधिकार का द्योतक है।

जब कोई असंबद्ध महिला गर्भधारण करती है तो पिता की पहचान की समस्या को आमतौर पर 'बीज' की पहचान की समस्या बताया जाता है। मिश्रित समागम के मामलों में यदि पुरुष की तुलना में स्त्री बहुत ही नीची जाति की न हुई तो बच्चों को सामान्यतः पिता की जाति में प्रवेश दे दिया जाता है।[27] इसे न्यायसंगत बताने के लिए यही तर्क दिया जाता है कि बच्चे का दरजा उस बीज से ही तय होता है जिससे वह जन्म लेता है। हालाँकि वह स्त्री अपनी जाति से बाहर कर दी जाती है।

धरती और बीज की विचारधारा स्त्रियों पर बंदिशें लगाने तथा उन पर नियंत्रण बनाए रखने के तर्क को स्पष्ट करती है। यद्यपि शारीरिक तथा शरीरक्रियात्मक साक्ष्यों के कारण मातृत्व को अस्वीकार करना संभव नहीं रहता, फिर भी कोई स्त्री पैतृक पहचान के बिना अपने बच्चों को सामाजिक पहचान तथा स्वीकृति नहीं दे सकती। इसका अर्थ यह हुआ कि स्त्री को सुरक्षित और नियंत्रित रखा जाना जरूरी है।[28]

जैसाकि पहले उल्लेख किया जा चुका है, उत्पादन उसी का होना चाहिए जिसका

बीज है। लेकिन ऐसा होने के लिए जिस खेत में बीज बोया जाएगा वह खेत भी, एक सामान्य नियम के अनुसार, बीज वाले का ही होना चाहिए। और ऐसा ही होता है। पति के लिए सबसे व्यापक रूप से प्रचलित संबंधवाचक शब्द हैं स्वामी, अधिपति अथवा मालिक। उसके लिए 'रक्षक' अथवा 'भर्ता' का प्रयोग भी हो सकता है। पत्नी (तथा पुत्री) का उल्लेख प्रायः वस्तु या संपत्ति के रूप में होता है। जहाँ उसका मूल परिवार (मायका या पैतृक समूह) वंशवृद्धि तथा परिवार की निरंतरता की दृष्टि से पुत्री की स्थानांतरणीयता तथा अनुपयोगिता पर जोर देता है वहीं पति का परिवार/पैतृक समूह अपनी वंशवृद्धि की वाहक या माध्यम के रूप में पत्नी/बहू की एक उपकरण की भूमिका पर जोर देता है। दोनों में से किसी जगह स्त्री को संसाधनों की मिल्कियत या उन पर अधिकार प्राप्त नहीं है। इस सामाजिक व्यवस्था को, जिसमें भाई और बहन तथा पति और पत्नी दोनों प्रकार के संबंधों के संदर्भ में पुरुषों और स्त्रियों के अधिकारों, स्थितियों और भूमिकाओं में गैर-बराबरी स्पष्ट है, प्रकृति की व्यवस्था के अनुरूप बताया जाता है जिसने प्रजनन में स्त्री और पुरुष को असमान भूमिकाएँ सौंपी हैं।

स्त्री पर पुरुष का अधिकार केवल उसके यौनत्व और प्रजनन क्षमता के संबंध में ही नहीं है बल्कि स्त्री की उत्पादन क्षमता तथा उसकी श्रम शक्ति भी पुरुष के ही अधिकार क्षेत्र के अंतर्गत है। जैसे स्त्री के यौनत्व और यौनत्व के उत्पाद के नियंत्रण पर उसका हक है उसी तरह उसे स्त्री के श्रम और श्रम के उत्पाद के नियंत्रण का भी अधिकार है। उत्पादन प्रक्रिया में स्त्री की वास्तविक सहभागिता किस सीमा तक है इससे उसके योगदान की कीमत तय नहीं होती क्योंकि जहाँ तक उत्पादन संसाधनों की बात है वह परावलंबी है तथा परिवार के एक मजदूर की तरह काम करती है। आश्रय के संदर्भ में भी उसे परावलंबी ही माना जाता है क्योंकि कानून और प्रथा दोनों के तहत वैवाहिक घर बसाना पति का अधिकार है। पति ही छत देता है और भोजन देता है, यह धारणा जनमानस में दृढ़ता से जमी है।[29] इसीलिए यह आश्चर्य की बात नहीं है कि खेती और अन्य उत्पादक गतिविधियों में स्त्री की भूमिका सहायक की ही मानी जाती है : 'आदमी गाड़ी भर कमाता है, औरत केवल गोद भर'। सिद्धांततः स्त्री का अपनी कमाई पर कोई अधिकार नहीं होता क्योंकि हालाँकि वह खुद भी कमाती है लेकिन वह अपने पति के घर में रहती है और उसका अन्न खाती है। यह तर्क तब भी लागू होता है जहाँ स्त्री दिहाड़ी पर काम करती है।

आर्थिक क्षेत्र में स्त्री के योगदान को मान्यता न देना या कम आंकना विचाराधीन सिद्धांत से असंबद्ध नहीं है। निष्कर्ष यह है कि मानव प्रजनन में स्त्री और पुरुष के असमान योगदान की धारणा, जिसे बीज और धरती के प्रतीकवाद द्वारा अभिव्यक्त किया गया है, एक ऐसी व्यवस्था को तार्किक आधार प्रदान करती है जिसमें स्त्री

उत्पादन संसाधनों से बेगानी बना दी जाती है, उसका अपनी ही श्रम शक्ति पर कोई अधिकार नहीं होता और उसे अपने ही बच्चों पर अधिकार से वंचित रखा जाता है।[30]

टिप्पणियाँ

1. सबसे प्राचीन ग्रंथ है ऋग्वेद संहिता जिसे प्रारंभिक वैदिक युग में संकलित किया गया। यह युग 1500 ई. पू. से तनिक पहले शुरू हुआ। उत्तर वैदिक पाठों का संकलन 1000 से 700 ई. पू. तक हुआ। जो घटनाएँ दो महाकाव्यों—रामायण और महाभारत का आधार बनीं वे 900 से 500 ई. पू. के बीच हुई होंगी; इन महाकाव्यों का अंतिम संकलन संभवतः चौथी शताब्दी ई. में पूरा हुआ होगा। पुराणों का संकलन जिनमें मिथक, अनुश्रुतियाँ, घटनाओं का इतिहास, उपदेश आदि हैं, कई शताब्दियों तक चला और यह काम संभवतः चौथी शताब्दी ईसवी के साथ शुरू हुआ होगा। इन धार्मिक ग्रंथों के अतिरिक्त धर्मशास्त्रों—प्रारंभिक विधि पुस्तकों—का संकलन 500 से 300 ई. पू. के बीच हुआ था जबकि मुख्य स्मृतियाँ—परवर्ती विधि ग्रंथ—ईसा के बाद पहली छह शताब्दियों में संहिताबद्ध की गईं। निश्चय ही इनमें से कुछ तिथियाँ विवादित हैं (देखें काणे 1930-62; शर्मा 1977; विंटरनिट्ज 1927)।

   क्षेत्रीय भाषाओं में धार्मिक तथा सामाजिक, दोनों प्रकार के साहित्य में महाकाव्यों और पुराणों के विषय समाहित हैं। इस तरह प्राचीन साहित्य के अनेक विचारों को निरंतरता मिली है।
2. यहाँ कन्या के स्थान पर खेत शब्द का इस्तेमाल होना चाहिए क्योंकि मूल शब्द क्षेत्र है और क्षेत्र का सही अनुवाद खेत ही है।
3. इस नियम (बीतक्षेत्रन्याय), तथा इससे जुड़ा अपनी पत्नी को किसी और पुरुष को उधार देने का अधिकार, जिसका महाभारत में उल्लेख है, बाद में अमान्य हो गया। स्त्री की यौन शुचिता को बहुत मूल्यवान माना गया और उसके यौनत्व पर अधिकार को उस पर ऐकांतिक अधिकार के रूप में व्याख्यायित किया जाने लगा। यही नियम अब भी लागू है। यह कहना गैरजरूरी है कि यह उन समुदायों पर लागू नहीं होता जहाँ बहुपतिविवाह प्रथा है।
4. यह कहानी महाभारत के आदिपर्व के चौदहवें खंड में है (देखें राय और हलधर, दिनांक रहित)। यूनानी मिथक में भी यह विचार मिलता है कि पिता ही असली जन्मदाता है क्योंकि वह बीजदाता है और वह अपने पुत्र में अपनी प्रतिकृति बनाता है। प्रसिद्ध यूनानी नाटक 'ओरेस्टिया' में ओरेस्टस द्वारा अपनी माँ—जिसने राजा (अपने पति और ओरेस्टस के पिता) की हत्या की थी—की हत्या किए जाने पर अपोलो यह तर्क देकर उसका बचाव करता है कि माँ रक्त संबंधी है ही नहीं। वह दावा करता है, 'वह उस नवरोपित बीज की परिचारिका मात्र है जो उगता है। जनक वह है जो उसे आरोपित करता है। एक अजनबी, वह एक अजनबी के बीज का संरक्षण करती है, यदि कोई देवता हस्तक्षेप नहीं करते' (देखें हैरिस 1975 : 154)।

   चीनी दृष्टिकोण में, 'संतान प्राप्ति की क्षमता ऐकांतिक रूप से पुरुषों में ही होती है और यह उनका ही प्राथमिक उत्तरदायित्व है। केवल पुरुष ही अपनी वंशक्रमपरंपरा का...बीज उत्पन्न कर सकते हैं। स्त्री वह 'उपजाऊ भूमि' है जो 'बीज' को ग्रहण करती है और पुरुष को अपने वंशज उत्पन्न करने में 'मदद देती' है। केवल तभी स्त्री की स्थिति अपने पति के परिवार में सुरक्षित होती है जब वह पुत्र को जन्म देकर इस काम को पूरा करती है' (सुंग 1975 : 189)।

कुरान में सुरा 2 की आयत 223 कहती है : 'तुम्हारी पत्नियाँ तुम्हारे लिए खेती की जमीन की तरह हैं इसलिए तुम जब और जैसे चाहो उनमें खेती करो; लेकिन अपनी आत्मा के लिए कुछ नेक काम करो और अल्लाह से डरो और जानो कि तुम्हें उससे (खुदा से) मिलना है और उन्हें जो खुदा पर भरोसा रखते हैं ये खुशखबरियाँ देनी हैं' (प्रेसीडेंसी आफ इस्लामिक रिसर्चेज द्वारा पुनरीक्षित तथा संपादित 'द होली कुरान' से रूपांतरित, आभार–शम्सुल इस्लाम)।

अपनी विचारोत्तेजक पुस्तक 'द सीड एंड द सायल' में कैरोल डिलेनी ने तुर्की संदर्भ में इस रूपक तथा इसके निहितार्थों और अर्थ पर चर्चा की है (देखें डिलेनी 1991)। उनकी व्याख्याओं को चुनौती दी गई है।

5. वैवाहिक अनुष्ठानों में कुछ गीत, छंद और कार्य ऐसे होते हैं जो दंपती के लिए परस्पर प्रेम, साहचर्य और जीवन के समान लक्ष्य के महत्त्व को अभिव्यक्त करते हैं। आनेवाली दुल्हन को लक्ष्मी अर्थात संपत्ति की देवी अथवा संपत्ति की संरक्षिका बताया जाता है। लेकिन विवाह के अनुष्ठानों का सतही परीक्षण भी उनमें निहित पति और पत्नी के बीच असमान संबंध की सुस्पष्ट अभिव्यक्ति की ओर इशारा करता है। गृहस्थ बनने के लिए वधू का पाणिग्रहण, वधू के पिता से कन्यादान लेना, समृद्धि, संतति तथा गृहस्थ धर्म के कर्तव्यों के पालन के लिए उसके साथ वधू की सप्तपदी, वर के परिवार/वंश में वधू का स्थानांतरण ऐसे ही कुछ अनुष्ठान हैं। जब पति और पत्नी को गाड़ी के दो पहिए बताया जाता है तब भी इस तरह की तुलना मूलतः एक दूसरे के पूरक होने के भाव की द्योतक होती है जिसमें कोई बराबरी या समता की भावना नहीं होती।

6. लगभग बीस वर्ष पूर्व तक जब विवाह संस्कार कम से कम तीन दिन तक चलता था, आंध्र प्रदेश में खेतिहरों में प्रचलित एक रिवाज में हमें स्त्री आचार का उदाहरण देखने को मिलता है। पहले दिन वर पक्ष वधू के घर मुट्ठी भर रागी (एक किस्म का मोटा अनाज) भेजता था। इन बीजों को एक नए मिट्टी के बर्तन में बो दिया जाता था। यह काम विशेष रूप से मिट्टी सान कर ऐसी विवाहित महिलाएँ (सुहागिनें) करती थीं जिनके पति और बच्चे जीवित हों। तीसरे दिन बर्तन का परीक्षण कर देखा जाता था कि बीज कितनी अच्छी तरह उगे/जमे हैं। बीजों का सफलतापूर्वक जमना और अंकुरित होना इस बात का संकेत था कि वधू की अनेक संतानें होंगी, पुत्र भी होंगे; बीजों के भलीभाँति न जमने/उगने का अर्थ इसका उलटा था। बाद में इस अवसर की याद आमतौर पर यह कहने के लिए की जा सकती थी कि शादी के समय ही भविष्य के संकेत मिल गए थे। विवाह समारोह की अवधि सिमट जाने से यह प्रथा खत्म हो गई है।

7. गोंडों के सभी संदर्भ दक्षिण पश्चिमी मध्य प्रदेश (संप्रति के छत्तीसगढ़ का हिस्सा) के गोंडों के बीच स्त्रियों की स्थिति पर मेरे शोधप्रबंध के लिए किए गए क्षेत्रकार्य से प्राप्त सामग्री से लिए गए हैं। व्यापक शब्द 'गोंड' में, मध्यवर्ती भारत तथा दक्षिण भारत के कुछ हिस्सों तक के एक विशाल क्षेत्र में फैली हुई जनजातियों का एक बड़ा समूह शामिल है (देखें फ्यूरर–हैमन्डौर्फ 1979 : 1) मैंने जिस गोंड समाज का अध्ययन किया था वे हल चलाने वाले कृषक थे (उनकी मुख्य फसल धान थी) और वे प्रायः हिंदू जातियों के साथ संयुक्त गाँवों में रहते थे। इस क्षेत्र के गाँव जंगलों के बीच थे अतः वन उत्पाद इकट्ठा कर भी वे कुछ कमाई कर लेते थे। अमात गोंड उसी समूह से थे जिसके उस क्षेत्र के शासक थे। गाँवों में कुछ गोंड परिवार सीधे शासकों की वंशपरंपरा से जुड़े थे; ये कनिष्ठ शाखाएँ आम लोगों में घुल-मिल गई थीं। पिछले दो दशकों के दौरान इस क्षेत्र की ग्रामीण आबादी के अन्य समूहों के साथ अनेक गोंड परिवारों को भी काम के लिए उत्तरी तथा उत्तर पश्चिमी भारत के सुदूरवर्ती स्थानों पर जाना पड़ा है। परिवहन की व्यवस्था साधारणतया ठेकेदार करते हैं जो खेती और निर्माण कार्य के लिए श्रम की आपूर्ति

करते हैं। मेरी सामग्री 1947 और 1950 के बीच इकट्ठी की गई थी लेकिन उनके स्वरूप के मद्देनजर मैंने अधिकतर मानवजातिवर्णन संबंधी सामग्री का इस्तेमाल वर्तमान काल में किया है। यह तरीका मानवजातिवर्णनात्मक अध्ययनों में काम में लाया जाता है।

8. मुझे यह जानकारी आंध्र प्रदेश के उस हिस्से से मिली है जो पहले मद्रास प्रेसीडेंसी में था। मैं राष्ट्रीय शैक्षिक नियोजन तथा प्रशासन संस्थान, नई दिल्ली की डॉ. के. सुजाता की आभारी हूँ जिन्होंने मूल्यवान सूचनाएँ तथा समृद्ध अंतर्दृष्टि प्रदान कर मुझे अपने विचारों को स्पष्ट करने में मदद दी।

9. पाल हर्शमन (1981) ने तर्क दिया है कि पंजाबी संस्कृति में वंशक्रम का दैहिक प्रतीकवाद उल्लेखनीय ढंग से अनुपस्थित है। उनका दावा है कि लुधियाना के जिस गाँव में उन्होंने क्षेत्रकार्य किया वहाँ गर्भधारण के संबंध में भूमि में बोए गए बीज जैसे रूपक से उनका सामना कभी नहीं हुआ। यह काफी अजीब है क्योंकि वीणा दास (1976) ने दिल्ली में रहने वाले उन पंजाबियों में प्रजनन के विचारों पर चर्चा की है जो पंजाब के उस हिस्से से दिल्ली आकर बसे जो अब पाकिस्तान में है। इसके अतिरिक्त वर्तमान पंजाब के कुछ हिस्सों से प्राप्त क्षेत्र-साक्ष्य भी इस रूपक के इस्तेमाल की ओर संकेत करते हैं। उदाहरण के लिए मालेरकोटला में सब्जी उगाने वाली और खेतिहर हिंदू जातियों के साथ-साथ सब्जी उगाने वाली मुस्लिम जातियों में भी इस रूपक का इस्तेमाल किया जाता है (रीता ब्रारा, व्यक्तिगत संवाद)।

10. इंडेन और निकोलस (1977 : 52) ने गर्भ का अनुवाद कोख किया है और गर्भोत्पादन को कोख/गर्भ का उत्पादन कहा है। गर्भ का वास्तविक अर्थ भ्रूण अथवा गर्भस्थ शिशु है तथा कोख गर्भाशय है अर्थात् जिसमें गर्भ रहता है। इस प्रकार गर्भोत्पादन का अर्थ है भ्रूण अथवा गर्भ का उत्पादन। गर्भ का अर्थ किसी चीज का 'आंतरिक' स्थान भी होता है। रोजमर्रा की बोलचाल में गर्भाशय के लिए गर्भ का इस्तेमाल होता है और इस तरह के प्रयोग साहित्य में भी मिलते हैं। लेकिन उसका अर्थ सुनिश्चित करने के लिए संदर्भ की पड़ताल जरूरी है। इसके अतिरिक्त लेखक के इस दावे की पुष्टि जरूरी है कि आयुर्वेद के चिकित्सीय स्रोतों में मौजूद वीर्य और गर्भाशय के रक्त (आर्तव) के निर्माण संबंधी सिद्धांत आम तौर पर बंगाल में मान्य हैं (वही : 52)।

11. खासी मातृवंशीय नातेदारी के कुछ सूक्ष्म पक्षों पर विस्तारित चर्चा के लिए मैं तिप्लुत नोंगब्री की आभारी हूँ। इधर कुछ वर्षों में स्थिति काफी बदली है (देखें नोंगब्री 1988; दुबे 1998)। मेरा आलेख 'भारत की मातृवंशीय जनजातियाँ' अनेक मानवजातिचित्रणात्मक स्रोतों पर आधारित था। मातृवंशीय नातेदारों में समान रक्त होने की धारणा आम थी। अनेक जनजातियों में यह भी माना जाता था कि मातृवंशीय नातेदार एक ही कोख से जन्मे हैं। दूर के मातृवंशीय नातेदारों को भी कोख–साथी कहा जा सकता था। भारत के मातृवंशीय समूह प्रजनन में माँ के योगदान को कम दिखानेवाले 'बीज और धरती' रूपक का इस्तेमाल करते नहीं लगते (देखें संदर्भ)।

12. यह सभी जानते हैं कि आयुर्वेद का आधारभूत दर्शन मनुष्य के लिए स्वास्थ्य की सुरक्षा तथा सुदीर्घ, प्रसन्न एवं उपयोगी जीवन सुनिश्चित करना है। इस प्रकार इसका उद्देश्य रोगों तथा तकलीफों के उपचार तक सीमित नहीं है। आयुर्वेद पर अधिकारपूर्ण ग्रंथ 'सुश्रुत संहिता' में प्राचीन भारत में विकसित औषधि तथा शल्य विज्ञान संबंधी सामग्री की संपदा भरी पड़ी है। आयुर्वेद का दूसरा आधिकारिक ग्रंथ है 'चरक संहिता'। मैं आयुर्वेद और सिद्ध शोधकेंद्रीय परिषद के शोध अधिकारी डॉ. के. डी. शर्मा की आभारी हूँ जिन्होंने मुझे परिषद के पुस्तकालय में प्रासंगिक स्रोतों को ढूँढ़ने में मदद दी। मैं परिषद में शोध सहायक श्री डी. के. जैन द्वारा दी गई सहायता के लिए उनकी भी आभारी हूँ।

13. डेनिस मैकूगिल्वरे से संपर्क करवाने में मदद के लिए मैं प्रो. जान बार्न्स के प्रति कृतज्ञता ज्ञापित

करती हूँ। डेनिस मैकगिल्वरे ने अपने निबंध 'सेक्सुअल पावर एंड फर्टिलिटी इन श्रीलंका : बट्टिकलोआ तमिल्स एंड मूर्स' ('श्रीलंका में यौन शक्ति तथा उर्वरकता : बट्टिकलोआ के तमिल तथा मूर') का ड्राफ्ट मुझे उपलब्ध कराया। यह परचा उन्होंने कैरल मैक्कोर्माक संपादित 'कंपेरेटिव स्टडीज इन फर्टिलिटी एंड चाइल्डबर्थ' ('उर्वरकता तथा संतान जन्म का तुलनात्मक अध्ययन', लंदन : एकेडेमिक प्रेस) से प्रकाशित होने के लिए तैयार किया था। इस परचे में श्रीलंका के एक मातृवंशीय हिंदू और मुस्लिम क्षेत्र में मानव प्रजनन प्रक्रिया के बारे में वहाँ के लोगों की देशज समझ के विषय में जानकारी दी गई है। वहाँ परंपरागत आयुर्वेदिक औषधिशास्त्र तथा जिस तरह वह लोगों की सांस्कृतिक मान्यताओं और सामाजिक संगठन में घुलमिल गया है, इस विषय में लेखक द्वारा दी गई सामग्री से मैं इस परचे के संदर्भ में आयुर्वेदिक चिकित्सा पद्धति की पड़ताल की उपयोगिता के बारे में सचेत हुई।

14. रूपांतरण की यह प्रक्रिया 'सुश्रुत संहिता' (शरीस्थानम्, अध्याय 154) तथा चरक संहिता (चिकित्सास्थानम्, अध्याय 15) दोनों में वर्णित है। 'रस' (पोषण) सबसे पहले रक्त में रूपांतरित होता है जो बाद में क्रमशः एक से दूसरे तत्त्व में बदलता जाता है। इस प्रकार शरीर के सभी तत्त्वों का मूल 'रस' में है जो भोजन और पेय पदार्थ से बनता है। आयुर्वेद में उचित खानपान ग्रहण किए जाने को बहुत महत्त्व दिया जाता है।

15. चिकित्सा तथा उपचार की देशी पद्धति का प्रभाव लोगों के इन विचारों पर स्पष्ट देखा जा सकता है कि अधिक संभोग से पुरुष कमजोर हो जाता है तथा यौन सामर्थ्य कायम रखने के लिए क्या करणीय है तथा क्या निषिद्ध है। पुरुषत्व बढ़ाने या बनाए रखने अथवा वीर्य को अधिक शक्तिशाली बनाने के लिए विविध लोकप्रिय नुस्खों में भी यह प्रभाव दिखाई देता है। वस्तुतः पुरुष की काम-क्षमता के उचित क्रियान्वयन से संबंधित समस्याओं के उपचार के लिए आयुर्वेद विशेष रूप से लोकप्रिय है। इस क्षेत्र में यूनानी चिकित्सा पद्धति भी लोकप्रिय है जिसका संबंध भारत में इस्लाम के प्रसार से है। आयुर्वेदिक उपचार के कुछ लक्ष्य हैं शरीर का सामान्य स्वास्थ्य तथा शरीर की शक्ति का निर्माण, रक्त को शुद्ध करना तथा उसकी मात्रा बढ़ाना, वीर्य की गुणवत्ता सुधारना, मर्दानगी तथा पुंसत्व की वृद्धि आदि।

16. 'सुश्रुत संहिता' में शरीरस्थानम् (भ्रूणविज्ञान तथा शरीररचनाविज्ञान) के अध्याय एक तथा दो में गर्भाधान तथा भ्रूणनिर्माण की प्रक्रियाओं का विवरण है। गर्भाधान पुरुष के शुक्र (वीर्य), जो रक्त से बनता है, तथा स्त्री के आर्तव (यह भी रक्त से बनता है) के मिश्रण का परिणाम है। प्रतिमाह मासिक धर्म के परिणामस्वरूप पुराना आर्तव बाहर निकल जाता है जिसका स्थान नया आर्तव ले लेता है। 'जैसे शोधित मक्खन का जमा हुआ लोंदा अग्नि के ताप के संपर्क में आकर पिघल जाता है उसी तरह स्त्री का नवनिर्मित प्रगाढ़ आर्तव संभोग के दौरान पिघल जाता है तथा पुरुष के शुक्र के साथ मिश्रित होने और इस प्रकार भ्रूण के सृजन के लिए तैयार हो जाता है' (अध्याय 2 : 39)।

    शरीरस्थानम् के अध्याय 2 के 35वें श्लोक में भ्रूण के निर्माण के लिए उचित दशाओं का वर्णन करते समय बीज और खेत का प्रत्यक्ष संदर्भ मिलता है। इसका अर्थ इस प्रकार है : 'जैसे अनुकूल मौसम, खेत, पानी (अर्थात् भूमि तथा पर्यावरण में मौजूद पोषक/द्रव) तथा बीज के उचित संयोग के परिणामस्वरूप बीज का अंकुरण होता है ठीक उसी तरह ऋतुकाल (मासिक धर्म चक्र के दौरान उपयुक्त समय जो मासिक स्राव की तारीख से गिनने पर चौथे से बारहवें दिन तक चलता है), कोख, बीज तथा माता के शरीर से मिलने वाले पोषक तत्त्वों के उचित समायोजन और संयोग के परिणामस्वरूप भ्रूण की उचित रचना होती है'। यह उल्लेखनीय है कि इस छंद में भ्रूण के सृजन के लिए जरूरी चार कारकों में से कम से कम तीन स्त्री के

शरीर से संबंधित हैं (देखें रे तथा अन्य 1980 : 10)।

'सुश्रुत संहिता' के विभिन्न संस्करणों में श्लोकों अथवा सूत्रों की क्रम संख्या मूल पाठ से भिन्न है। विशिष्ट उद्धरणों के लिए मैंने 'सुश्रुत संहिता' (कविराज डॉ. अम्बिकादत्त शास्त्री की हिंदी टीका सहित) के वाराणसी : चौखम्भा संस्कृत सीरीज कार्यालय से 1966 में प्रकाशित संस्करण का उपयोग किया है। कुछ जगहों पर मैंने मूल संस्कृत स्रोतों का अनुवाद स्वयं किया है और शेष में उपलब्ध अनुवादों को रूपांतरित किया है।

17. यह रोचक बात है कि जैकब्सन (1977 : 268-70) 'गर्भधारण के एक अन्य सिद्धांत' का उल्लेख करती हैं, जिसे मध्यवर्ती भारत के एक गाँव में कुछ विद्वान ब्राह्मण मानते हैं। इसके अनुसार माना जाता है कि बच्चा 'वीर्य' (वीर अथवा बीज) तथा गर्भाशय के रक्त (रज) के मिश्रण से बनता है। बच्चे के दाँत, बाल और हड्डियों का निर्माण वीर्य से होता है और उसे अपना रक्त, मांस तथा त्वचा माँ से मिलते हैं। यह स्पष्ट है कि इन ब्राह्मणों के ज्ञान का स्रोत आयुर्वेद था। वास्तव में इन पंडितों ने कहा कि जो लोग यह मानते हैं कि बच्चे के शरीर निर्माण में केवल पिता का योगदान होता है वे जैविक प्रजनन के तथ्यों के बारे में नहीं जानते। लेकिन जैसा कि जैकब्सन बताती हैं, गाँव के अधिकतर हिंदू मानते हैं कि 'माँ के गर्भाशय में सुरक्षित रख दी गई पिता के रक्त से बने वीर्य की दो बूँदों से ही बच्चा बनता है'।

18. यह महाराष्ट्र तथा मध्यवर्ती भारत के कुछ हिस्सों से प्राप्त मेरी अपनी जानकारी पर आधारित है।

19. तर्क दिया जा सकता है कि यदि बीज और खेत की धारणाएँ संपत्ति के अधिकार को नियंत्रित करती हैं तो ये उन्हीं पर प्रभावी होंगी जिनके पास कुछ संपत्ति है और चूंकि जनसंख्या के एक नगण्य हिस्से के पास ही कहने योग्य संपत्ति रहती है ये विचार बहुसंख्यक आबादी को प्रभावित नहीं करते। लेकिन यहाँ झोंपड़ी और घर, घर की जगहें, पेड़-पौधे, काश्तकार-अधिकार तथा श्रम पर नियंत्रण सभी प्रासंगिक हैं। समुदाय अथवा गाँव की भूमि अगर बुजुर्गों द्वारा अलग-अलग परिवारों को दी जाती हैं तो ऐसे मामलों में वंशपरंपरा के आधार पर सदस्यता महत्त्वपूर्ण है। इसके अतिरिक्त एक ऐसे समाज में, जहाँ निजी संपत्ति की संस्था स्वीकृत है, स्त्री को अपनी संपत्ति मानने के लिए पुरुष का किसी संपत्ति का स्वामी होना जरूरी नहीं है। ऐसी व्यवस्था में पुरुष पत्नी और बच्चे दोनों के श्रम के लाभ पर कब्जा कर लेने के लिए अधिकृत है।

20. इसका महत्त्व तब और स्पष्ट हो जाएगा यदि हम इसको जाँचें तथा इसे उत्तर-पूर्वी क्षेत्र के खासी और गारो व उपमहाद्वीप के दक्षिण पश्चिम स्थित लक्षद्वीप के वासियों जैसे मातृवंशीय समुदायों की स्थिति के मुकाबले रखें। इन समुदायों में घरों पर परंपरागत रूप से स्त्रियों का अधिकार होता है। आमतौर पर स्त्री विशेष और उसके बच्चों के संदर्भ में ही पुराने घरों का विस्तार अथवा नए घरों का निर्माण होता है (देखें अध्याय 5 तथा दुबे 1969, 1997, 1998)।

21. पुश्तैनी संपत्ति में पुत्रियों का हिस्सा उनके पिता के हिस्से में से निकाला जाता है, न कि सहदायाद (कोपार्सनरी) की तरह। हाल के वर्षों में भारतीय संघ के कुछ राज्यों में पुत्रियों को पुरखों की संपत्ति में सहदायाद बनाया गया है लेकिन ये कानून प्रभावी तौर पर अमल में आ रहे हैं, यह स्पष्ट नहीं हुआ है। स्त्रियों को भूमि पर नियंत्रण से बाहर रखे जाने तथा नए कानून द्वारा अधिकार दिए जाने के बावजूद स्त्रियों द्वारा पुश्तैनी संपत्ति पर अपने दावे पर जोर नहीं देने, इन विषयों पर अकाट्य चर्चा के लिए देखें उर्सुला शर्मा (1980)। शर्मा ने उत्तर भारत में किए गए अनेक अध्ययनों का सहारा लिया है। अधिक जानकारी के लिए देखें बीना अगरवाल (1994)।

22. यह दिलचस्प है कि भूमि मूलतः पुरुषों की संपत्ति है, यह धारणा इतनी गहरी जमी है कि भूमि सुधार के सुधारवादी कार्यक्रमों के तहत भी भूमिहीनों को भूमि वितरित करते समय मोटे तौर

पर स्त्रियों को अनदेखा कर दिया जाता है।

23. हिस्से के लिए तमिल शब्द पंगु भी ऐसा ही है। पंगाली का अर्थ है (संपत्ति में) साझेदार। सामान्यतया इसका इस्तेमाल पितृवंशीय नातेदारों के संदर्भ में होता है। कुछ समूहों को अपवादस्वरूप छोड़ दें तो तमिल भाषी लोग पितृवंशपरंपरा का अनुसरण करते हैं, लेकिन रक्त संबंधी धारणाएँ—जैसे स्त्री तथा पुरुष तत्त्वों के संदर्भ में उसका संयोजन तथा संतान को मिलने वाले रक्त के संदर्भ में माता व पिता की सापेक्ष भूमिका विचाराधीन क्षेत्रों में प्रचलित धारणाओं से भिन्न प्रतीत होती हैं (देखे बार्नेट 1976 : 133-56; फुजेरी आदि 1976 : 157-82)। हालाँकि इस पर अधिक संशोधन करने की जरूरत है।

तमिलनाडु से प्राप्त मेरी जानकारी से संकेत मिलता है कि माता का रक्त पिता के रक्त की तुलना में कमजोर माना जाता है। भाई और बहन की संतानों के बीच विवाह को यह तर्क देकर उचित माना जाता है कि मामा-फूफा की संतानें होने के कारण उनका रक्त समान नहीं है क्योंकि उनके पिताओं का रक्त समान नहीं है।

24. इसका एक अच्छा उदाहरण 'कमार' हैं। कमार शिकार, भोजन इकट्ठा करने और अस्थायी खेती करने वाली जनजाति है जिसका श्यामाचरण दुबे ने अध्ययन किया था (1951)। यह जनजाति छोटी-छोटी बस्तियों में रहती है। अलग-अलग परिवार जंगल में जमीन के अपने-अपने टुकड़े चुन लेते थे जिनकी सफाई कर वे अस्थायी खेती करते थे। इस काम में स्थानीय समूह तथा बैगा-पुरोहित—उनका मार्गदर्शन करता था। स्त्रियाँ पत्नी, पुत्री तथा रिश्ते-नातेदारों की भूमिकाओं में खेती में मदद देती थीं। वे स्वयं स्वतंत्र रूप से खेती नहीं करती थीं। घर पुरुषों के थे। स्त्रियाँ एक पुरुष को छोड़ दूसरे से विवाह कर सकती थीं लेकिन बच्चों पर पिता का ही अधिकार रहता था।

25. स्त्रियों को हल चलाने की कड़ी मनाही है। यह मानने के बावजूद कि हल चलाना स्त्रियों के लिए कोई असाधारण मेहनत का काम नहीं है, तर्क दिया जाता है कि यह बीजदाता पुरुष का काम है। प्रतीकों के इस्तेमाल में तार्किक संगति की अपेक्षा एक बिंदु तक ही की जा सकती है। इस प्रकार यद्यपि स्त्रियों के हल चलाने पर प्रतिबंध का स्पष्टीकरण बीजदाता तथा खेत की तुलना के साथ दिया जाता है लेकिन भारत के कुछ ही क्षेत्र ऐसे हैं जहाँ स्त्रियों को बीज बोना मना है। यहाँ यह उल्लेखनीय है कि खेती का एक अनिवार्य काम हल चलाना वर्जित होने के कारण स्त्री को खेती की प्रक्रिया चलाने के लिए सदैव किसी पुरुष पर निर्भर होना पड़ता है।

26. पत्नी के यौनत्व पर पति का ऐकांतिक अधिकार निर्विवाद है। मध्य भारत में नाक-कटी महिलाओं की मौजूदगी इस अधिकार का सुस्पष्ट प्रमाण है क्योंकि पत्नी के परगमन से क्रुद्ध पति की आम प्रतिक्रिया चाकू से पत्नी की नाक काट कर उसे कलंकित करने की रही है। (नाक को किसी व्यक्ति की शर्म अथवा सम्मान का सूचक माना जाता है।) किसी अपमान या बदनामी के लिए एक सामान्य अभिव्यक्ति है—'उसकी नाक कट गई'। यदि पत्नी को शारीरिक चोट पहुँचाने के आरोप में पति को कुछ सजा भी भुगतनी पड़े तो भी उसे अपने यौन अधिकार का अतिक्रमण करने वाली स्त्री को अपमानित करने का संतोष रहता है। पति द्वारा निर्दयता का डर प्रायः स्त्री को इस बात के लिए प्रेरित कर सकता है कि अपने पति को छोड़कर उस व्यक्ति के साथ ही रहने चली जाए जिसके साथ वह रंगे हाथ पकड़ी गई है—चाहे उसके साथ उसने एक अस्थायी और अंगभीर संबंध ही क्यों न शुरू किया हो। ऐसा उन जातियों और समुदायों में होता है जहाँ स्त्री को विवाह-विच्छेद और पुनः विवाह-संबंध करने की पारंपरिक अनुमति है। ऊँची जातियों में, जहाँ विधवा का पुनर्विवाह परंपरागत रूप से निषिद्ध है, पत्नी के यौनत्व

पर पति का अधिकार सिद्धांततः मृत्यु के बाद भी बना रहता है। किसी विश्वासघातिनी पत्नी को दी जाने वाली एक अन्य सजा उसकी योनि में पिसी मिर्च भरना भी रही है। इस सजा के बारे में कोई जान भी नहीं पाता और इसका कोई स्थायी निशान भी नहीं पड़ता जो दिखाई दे।

27. व्यापक रूप से एक ही प्रस्थिति वाली जातियों के पुरुषों और स्त्रियों के समागम के मामले में अथवा उन मामलों में जहाँ पुरुष की जाति-प्रस्थिति स्त्री की तुलना में कुछ ऊँची है, संतान को पिता की जाति में प्रवेश दे दिया जाता है। इसके लिए उसे समुदाय अथवा जाति की पंचायत अथवा बड़े बूढ़ों द्वारा तय किया गया दंड भरना पड़ता है तथा अपराध का प्रायश्चित्त करना पड़ता है। मध्यप्रदेश के दक्षिण-पश्चिम हिस्से में मैंने इस प्रथा को आमतौर पर प्रचलित पाया। इस क्षेत्र में गोंडों के तीन समूह हिंदू जातियों के साथ रहते थे तथा उन्हें उस क्षेत्र की खेतिहर, गोपालक तथा अन्य समान जातियों के बराबर ही माना जाता था (एल. दुबे, 1956)। उत्तरी तथा मध्यवर्ती भारत में राजपूत पुरुषों तथा जातिव्यवस्था में कुछ ही कम प्रस्थिति वाली अन्य जातियों की स्त्रियों के बीच विवाहेतर संबंधों के मामले में संतानों के स्थाननिर्धारण में भी पिता के बीज को मान्यता दिए जाने के इसी सिद्धांत पर अमल किया जाता रहा है। इस संतान को राजपूत पुरुषों और उपयुक्त राजपूत खानदानों की स्त्रियों के बीच विवाह संबंधों से उत्पन्न हुए बच्चों के मुकाबले कुछ नीची प्रस्थिति का माना जा सकता है लेकिन उन्हें पहचान मूलतः पिता से ही मिलती है।

एक तरह से अनुलोम विवाह को, जो स्त्री की निम्न प्रस्थिति का सूचक है और उसमें योगदान करता है, बीज और धरती की विचारधारा से वैधता प्राप्त होती है।

28. प्रजनन में पुरुष के अप्रत्यक्ष योगदान के मुकाबले स्त्री का योगदान प्रत्यक्ष होता है। इस संदर्भ में पितृवंशपरंपरा को दो समस्याओं का निदान ढूँढ़ना आवश्यक होता है : (1) माँ और बच्चे के संबंध की प्रगाढ़ता पर जोर देने के साथ ही उसे पिता व संतान के संबंध की तुलना में कम महत्त्वपूर्ण बनाना तथा (2) पितृत्व की पहचान सुनिश्चित करना। इन दो समस्याओं को सुलझाने के लिए युक्ति निकालनी पड़ती है। लगता है कि कौमार्य तथा शुचिता के बखान तथा स्त्रियों की गतिविधियों पर लगाए गए प्रतिबंधों द्वारा ऐसा करने का प्रयास किया जाता है। जहाँ किसी शोषणमूलक व्यवस्था (जैसे जाति व्यवस्था) में समूह विशेष की नीची स्थिति के कारण उनकी स्त्रियों के यौनत्व पर नियंत्रण रखना कठिन होता है और समूह की स्त्रियों के लिए घर से बाहर निकलकर अजनबियों के बीच काम करना जरूरी भी होता है—जिनसे स्त्री की सुरक्षा कर पाना आसान नहीं—तब ऐसी स्थिति में प्रायः एक वैध 'बीजदाता' का प्रावधान स्त्री के बाल्यकाल में ही कर दिया जाता है। हिंदू समाज के सामाजिक-आर्थिक रूप से निम्न वर्गों में वयःसंधि से पूर्व या उसके तुरंत बाद ही लड़की का विवाह कर दिया जाना बहुत आम बात है।

29. मैं यहाँ एक बार फिर दक्षिण-पश्चिम मध्यप्रदेश के गोंडों का उल्लेख करना चाहती हूँ। उत्पादन साधनों और जीविका के स्रोतों पर पुरुष के स्वामित्व की धारणा उनके बीच बहुत मजबूत ढंग से जमी थी। घर पुरुष का होता था। मुझे जानकारी देने वाली स्त्रियाँ इस बात पर जोर देती थीं कि वे अपने पतियों को कभी नहीं पीटतीं—'कोई औरत ऐसा कैसे कर सकती है? अगर औरत अपने आदमी को पीटे तो क्या वह उसे अपने घर में रखेगा?' यह उनका सहज जवाब था। (हालाँकि मुझे लगता था कि कुछ मामलों में स्त्री पति की पिटाई कर देती होगी लेकिन यह बात दूसरों की जानकारी में नहीं आ पाती थी। इस तरह की छोटी-छोटी जानकारियाँ मैं कस्बों और शहरों में भी जुटा सकी हूँ।) खेती में स्त्री की भूमिका गौण तथा सहायक मानी

जाती थी। उनके योगदान को कभी साफ तौर पर अलग नहीं किया गया, न ही मापा गया। अनेक गोंड स्त्रियाँ बीड़ी बनाने के लिए इस्तेमाल किए जाने वाले तेंदू के पत्ते बटोर कर बेचती थीं जिससे उन्हें नकदी प्राप्त होती थी लेकिन स्त्री के योगदान को बस इतना भर ही माना जाता था कि उससे घर के लिए सब्जी और नमक आ जाता है। घर में अनाज उस जमीन से आता था जो पुरुष की थी और जिस पर वह स्त्री की सहायता से काम करता था। औरत जो वेतन नकदी कमाती थी उसे ऐकांतिक रूप से उसकी ही कमाई नहीं माना जा सकता था। इसके लिए तर्क यह दिया जाता था कि उसने यह कमाई पुरुष के घर में रहते हुए तथा उसका भात खाते हुए ही तो की है। पति की भरणकर्ता पालनकर्ता की भूमिका उसके निधन पर पत्नी के विलाप की स्थायी टेक में साफ तौर पर सामने आती थी : 'तुम चले गए, अब मुझे खाना, कपड़ा, छत का सहारा कौन देगा?'

30. द्विवर्तीय दक्षिणपूर्व एशिया में मेरी जाँच-पड़ताल तथा वहाँ के मानवजातिविवरणों और लोकसाहित्य का मेरा पठन और अनुशीलन यहाँ प्रासंगिक हो सकते हैं। फिलीपींस के 'तगालोग' लोगों में स्त्री-खेत में पुरुष-बीज के गिरने की धारणा मौजूद है लेकिन पिता और माता के रक्त को समान महत्त्व दिया जाता है। थाई मान्यताओं का मूल बौद्ध शिक्षाएँ हैं। इन मान्यताओं में इस रूपक का कोई उल्लेख नहीं है : गर्भधारण तब होता है जब संभोग के दौरान पुरुष की आत्मा उड़कर स्त्री के गर्भाशय में पहुँचती है। मलेशियायी मानते हैं कि बच्चा अपने पिता के मस्तिष्क में उत्पन्न होता है तथा माता की कोख में उसी तरह पहुँच जाता है जैसे कोई बीज पोषक धरती में गिरे। जन्मदाता के रूप में पिता की भूमिका का स्रोत कुछ अस्पष्ट रूप से इस्लाम से आया माना जाता है (देखें दुबे 1997)। जावा में, प्रजनन में पिता की जन्मदाता तथा माता की संरक्षक की भूमिका का विचार इन शब्दों में व्यक्त किया जाता है कि स्त्री पुरुष के बीज का पात्र तथा पोषक है (हैटली 1990)। लेकिन, पिता की यह 'श्रेष्ठ' भूमिका वहाँ नातेदारी के उभयवर्ती चरित्र को प्रभावित नहीं करती।

उत्तर पूर्व भारत के खासियों से जब मैंने इस रूपक की चर्चा की तो उन्होंने इसकी भिन्न व्याख्या दी। 'पिता केवल बीज डाल देता है और उसकी भूमिका समाप्त हो जाती है। तब माता की सक्रिय भूमिका प्रारंभ होती है। अंकुरित होने के लिए जरूरी है कि बीज को धरती में गहरे जमाया जाए। धरती ही उसका पालन-पोषण करती है। माँ ही बच्चे को अपना रक्त देती है न कि पिता'। अपने बच्चों पर माता के दावे को बल प्रदान करने के लिए उन्होंने जो तर्क दिया वह इस प्रकार है : 'बच्चे पर माँ का अधिकार होना चाहिए। पानी भाप बनकर उड़ जाता है और बादल बन जाता है, लेकिन वह फिर पानी बनकर धरती के पास वापस लौट आता है। इस प्रकार बच्चे पर माँ का अधिकार होना चाहिए।' हमारे पास अन्य मातृवंशीय समूहों से प्राप्त साक्ष्य भी हैं। श्रीलंका में बट्टिकलोआ के तमिलों और मूरों में मानव प्रजनन प्रक्रिया की समझ के विषय में जानकारी देते हुए डेनिस मैक्गिल्वरे (देखें टिप्पणी 13) ने बताया है कि इस मातृवंशीय क्षेत्र में कुल 35 जानकारी देने वालों में से केवल एक ने स्त्री 'खेत' में बोए जाने वाले पुरुष 'बीज' के रूपक का उल्लेख किया।

संदर्भ

अगरवाल, बीना, 1994, **ए फील्ड आफ वन'स ओन! जेंडर एंड लैंड राइट्स इन साउथ एशिया,** केंब्रिज : केंब्रिज युनिवर्सिटी प्रेस।

अलतेकर, ए. एस., 1962, **द पोजीशन आफ वीमन इन हिंदू सिविलिजेशन,** दिल्ली

: मोतीलाल बनारसीदास।

बार्नेट, स्टीव, 1976, 'कोकोनट्स एंड गोल्ड : रिलेशनल आइडेंटिटी इन ए साउथ इंडियन कास्ट' **कांट्रिब्यूशंस टु इंडियन सोशियोलाजी** (एन. एस.), खंड 10, सं. 1, पृ. 133-56।

बर्लिंग, राबिन्स, 1963, **'रेंगसंगिरी : फैमिली एंड किनशिप इन ए गारो विलेज,'** फिलाडेल्फिया : युनिवर्सिटी आफ पेन्सिलवानिया प्रेस।

चरक संहिता, 1949, **'द चरक संहिता'** (हिंदी, गुजराती तथा अंग्रेजी अनुवाद सहित), जामनगर : श्री गुलाब कुनेरबा आयुर्वेदिक सोसाइटी।

दास, वीणा, 1976, 'मास्क्स एंड फेसेस : ऐन एसे आन पंजाबी किनशिप,' **कांट्रिब्यूशंस टु इंडियन सोशियॉलाजी** (एन. एस.), खंड 10, सं. 1, पृ. 1-30।

डिलेनी, कैरल, 1991, **द सीड एंड द सॉयल : जेंडर एंड कास्मोलाजी इन टर्किश विलेज सोसाइटी,** बर्कली : युनिवर्सिटी आफ कैलिफोर्निया प्रेस।

दुबे, लीला, 1956, 'द गोंड वूमन' (अप्रकाशित शोधप्रबंध), नागपुर विश्वविद्यालय।

—, 1957, **'डाएट, हैल्थ एंड डिजीज इन ए नार्थ इंडियन विलेज,' मिमियोग्राफ्ड,** इथाका : कार्नेल युनिवर्सिटी इंडिया प्रोग्राम।

—, 1969 ए, **मैट्रिलिनि एंड इस्लाम : रिलिजन एंड सोसाइटी इन लैकदीव्ज,** दिल्ली, नेशनल पब्लिशिंग हाउस।

—, 1969 बी, 'इनहेरिटंस आफ प्रापर्टी इन ए मैट्रिलीनियल मुस्लिम सोसाइटी,' नई दिल्ली में आयोजित आल इंडिया सोशियोलाजिकल कान्फरंस में प्रस्तुत आलेख।

—, 1977, 'मैट्रिलीनियल ट्राइब्स आफ इंडिया,' मिमियोग्राफ्ड।

—, 1997, **वीमेन एंड किनशिप : कंपेरेटिव पर्स्पेक्टिव्ज आन जेंडर इन साउथ एंड साउथ-ईस्ट एशिया,** टोक्यो : यू. एन. यू.; नई दिल्ली : विस्तार।

—, 1998, 'ट्रेंड्स इन किनशिप एंड जेंडर रिलेशंस इन साउथ एशिया,' **निगोसिएशन एंड सोशल स्पेस : ए जेंडर्ड अनालिसिस आफ चेंजिंग किन एंड सिक्यूरिटी नेटवर्क्स इन साउथ एशिया एंड सब-सहारन अफ्रीका** में, सं. काली रिसेउ तथा कमला गणेश, नई दिल्ली : सेज।

दुबे, एस. सी., 1951, **द कमार,** लखनऊ : युनिवर्सल पब्लिशर्स।

फ्रुजेटी, लीना तथा एकोस आस्टर, 1976, 'सीड एंड अर्थ : ए कल्चरल अनालिसिस आफ किनशिप इन ए बंगाली टाउन,' **कांट्रिब्यूशंस टु इंडियन सोशियोलाजी** (एन. एस.), खंड 10, सं. 1, पृ. 96-131।

—, तथा स्टीव बार्नेट, 1976, 'द कल्चरल कंस्ट्रक्शन आफ द पर्सन इन बेंगाल एंड तमिलनाडु,' **कांट्रिब्यूशंस टु इंडियन सोशियोलाजी** (एन. एस.), खंड 10, सं. 1, पृ. 157-82।

फ्यूरर-हैमनडोर्फ, क्रिस्टाफ वोन, 1979, **द गोंड्स आफ आंध्र प्रदेश,** दिल्ली : विकास

पब्लिशिंग हाउस।

घानेकर, बी. जी., 1975, **'सुश्रुत संहिता : शरीरस्थानम्'** दिल्ली : मेहेरचन्द लक्ष्मणदास।

गफ, कैथलीन, 1959, 'द नायर्स एंड द डेफिनिशन आफ मैरिज' **'जर्नल आफ द रायल ऐंथ्रोपोलाजिकल इंस्टीट्यूट,'** खं. 89, सं. 1, पृ. 23-34।

हैरिस, ग्रेस, 1975, 'फ्यूरीज, विचेज, एंड मदर्स' में, **द कैरेक्टर आफ किनशिप,** जैक गूडी (सं.), कैंब्रिज : कैंब्रिज युनिवर्सिटी प्रेस।

हैटली, बी., 1990, 'थिएट्रिकल इमेजरी एंड जेंडर आइडियोलाजी इन जावा,' **पावर एंड डिफरंस जेंडर इन आयलंड साउथईस्ट एशिया** में, एम. ऐटकिंसन तथा एस. एरिंगटन (सं.), स्टैनफर्ड : स्टैनफर्ड युनिवर्सिटी प्रेस।

हर्शमन, पाल, 1981, **पंजाबी किनशिप एंड मैरिज,** दिल्ली : हिंदुस्तान पब्लिशिंग कारपोरेशन।

इंडेन, रोनाल्ड बी. तथा रैल्फ निकोलस, 1977, **'किनशिप इन बेंगाली कल्चर,'** शिकागो : युनिवर्सिटी आफ शिकागो प्रेस।

इस्लाम, शम्सुल, 1994, 'औरतें तुम्हारी खेती हैं,' **'स्त्री के लिए जगह'** में, संपादक राजकिशोर, नई दिल्ली : वाणी प्रकाशन।

इत्तमन, के. पी., 1976, **अमिनि आयलैंडर्स,** नई दिल्ली : अभिनव।

जैकब्सन, डोरेन, 1977, 'फ्लेक्सिबिलिटी इन सेंट्रल इंडियन किनशिप,' **द न्यू विंड : चेंजिंग आइडेंटिटीज इन साउथ एशिया** में, केनेथ डेविड (सं.), द हेग तथा पेरिस : मूतां।

जोशी, नीला, 1979, 'कल्चरल फैक्टर्स इन हेल्थ इन ए स्माल टाउन,' अप्रकाशित शोधप्रबंध, सागर विश्वविद्यालय।

काणे, पी. वी., 1932-62, **हिस्टरी आफ धर्मशास्त्राज,** खंड 1-5, पुणे : भंडारकर ओरिएंटल रिसर्च इंस्टीट्यूट।

कर्वे, इरावती, 1968, **किनशिप आर्गनाइजेशन इन इंडिया,** मुंबई : एशिया पब्लिशिंग हाउस।

लैडरमन, कैरल, 1983, **वाइव्ज एंड मिडवाइव्ज : चाइल्डबर्थ एंड न्यूट्रिशन इन रूरल मलेशिया,** लास एंजिलस : युनिवर्सिटी आफ कैलिफोर्निया प्रेस।

मदन, टी. एन., 1981, 'दि आइडियोलाजी आफ द हाउसहोल्डर अमंग द कश्मीरी पंडित्स,' **कांट्रिब्यूशंस टु इंडियन सोशियोलाजी** (एन. एस.), खंड 15, सं. 1-2, पृ. 223-50।

मेयर, ए., 1960, **कास्ट एंड किनशिप इन सेंट्रल इंडिया : ए विलेज एंड इट्स रीजन,** लंदन : रटलिज एंड केगनपाल।

नकाने, ची, 1968, **गारो एंड खासी : ए कंपेरेटिव स्टडी इन मैट्रिलीनियल सिस्टम्स,**

पेरिस : मूतां।

नोंगब्री, तिप्लुत, 1988, 'जेंडर एंड द खासी फैमिली स्ट्रक्चर : सम इंप्लिकेशंस आफ मेघालय सक्सेशन टु सेल्फ-अक्वायर्ड प्रापर्टी एक्ट, 1984', **सोशियोलाजिकल बुलेटिन,** खं. 37, सं. 1 तथा 2, पृ. 71-82।

पांडे, राजबली, 1969, 1976, **हिंदू संस्काराज,** दिल्ली : मोतीलाल बनारसीदास।

रे, पी., एच. एन. गुप्ता तथा एम. रे, 1980, **सुश्रुत संहिता : ए साइंटिफिक सिनाप्सिस,** नई दिल्ली : इंडियन नेशनल सायंस एकेडमी।

राय, पी. सी., तथा एच., हलदर, (तिथि नहीं), **'महाभारत'** (अनुवाद), कलकत्ता : ओरिएंटल पब्लिशिंग कंपनी।

सरस्वती, वैद्यनाथ, 1977, **ब्राह्मिन रिचुअल ट्रैडीशंस : इन द क्रुसिबल आफ टाइम,** शिमला : इंडियन इंस्टीट्यूट आफ एडवांस्ड स्टडी।

श्नाइडर, डी. एम. तथा ई. के. गफ (सं.) 1961, 1962, **मैट्रिलीनियल किनशिप,** बर्कली तथा लास एंजिलस : युनिवर्सिटी आफ कैलिफोर्निया प्रेस।

शर्मा, आर. एस., 1977, **एंशंट इंडिया,** नई दिल्ली : युरेशिया पब्लिशिंग हाउस।

शर्मा, उर्सुला, 1980, **वीमेन वर्क एंड प्रापर्टी इन नार्थ-वेस्ट इंडिया,** लंदन तथा न्यूयार्क : हैविस्टाक।

सुंग, लुंग, शेंग, 1975, 'इनहेरिटंस एंड किनशिप इन नार्थ लैवान', पी-एच. डी. शोधप्रबंध, स्टैनफर्ड युनिवर्सिटी।

सुश्रुत संहिता (ट्रांसलेशन एंड क्रिटिकल कमेंटरी इन हिंदी, कविराज डॉ. अंबिकादत्त शास्त्री द्वारा), 1966, वाराणसी : चौखंभा संस्कृत सीरीज आफिस।

तांबैया, एस. जे., 1973, 'फ्राम वर्ण टु कास्ट थ्रू मिक्स्ड यूनियन्स,' **द कैरेक्टर आफ किनशिप** में, (सं.) जैक गूडी कैंब्रिज : कैंब्रिज युनिवर्सिटी प्रेस।

विंटरनिट्ज, एम., 1927, **हिस्टरी आफ इंडियन लिटरेचर,** कोलकाता : कोलकाता युनिवर्सिटी।

4

जाति और स्त्रियाँ*

इस आलेख में जाति और लिंगभाव-लिंगभेद के संबंध की जाँच-पड़ताल की गई है। जाति किस तरह स्त्री के जीवन में हस्तक्षेप करती है इस बात की पड़ताल करने के साथ-साथ यह आलेख जाति को बनाए रखने में तथा कम या ज्यादा हद तक जाति-प्रथा में बदलाव लाने में स्त्रियों की भूमिका की भी छानबीन करता है। इसके लिए हमें स्त्री को उन सामाजिक संबंधों तथा प्रक्रियाओं की सचेत, सक्रिय कर्ता मानना होगा जो उस सामाजिक व्यवस्था—जिसकी विशेषता जाति संस्था है—का गठन, पुनरुत्पादन और संशोधन करती हैं।[1] साथ ही उन सुस्पष्ट, निश्चित तरीकों पर भी विचार करने की जरूरत है जिनके द्वारा स्त्रियों का वस्तुकरण होता है और वे जाति के पुनरुत्पादन में सन्निहित संरचनाओं और प्रक्रियाओं का उपकरण बन जाती हैं। हालाँकि वे इनमें लचीलापन भी लाती हैं। यह चर्चा, तीन परस्पर संबंधित, वस्तुतः एक दूसरे में अतिव्याप्त विषयों—व्यवसायगत निरंतरता तथा जाति का पुनरुत्पादन, भोजन और कर्मकांड एवं अंततः विवाह और यौनत्व—पर केंद्रित है।

जाति-व्यवस्था के अंतर्गत जन्मना-प्रस्थिति समूह 'जाति' का द्योतक है। जाति-प्रथा की तीन प्रमुख विशेषताएँ हैं : एकांतिकता अथवा पृथक्करण (विवाह तथा संपर्क पर लागू होने वाले नियम जो किसी जाति की विशेषताओं को बनाए रखते हैं), पदक्रम व श्रेणीकरण (प्रस्थिति के अनुसार जातियों के क्रम तथा श्रेणियों का सिद्धांत) और परस्पर निर्भरता (श्रम विभाजन जो पदक्रम तथा पृथक्करण से मजबूती से बँधा है)।[2] जाति-व्यवस्था के ये तीन, विश्लेषणात्मक रूप से अलग किए जा सकने वाले, तत्व व्यक्तियों से ज्यादा नातेदारी पर आधारित इकाइयों के माध्यम से कार्य करते हैं। जातिगत व्यवहार और आचरण संबंधी नियमों तथा अन्य जन्मना-प्रस्थिति समूहों के साथ अन्योन्य-क्रिया के संरूप नातेदारी-इकाइयों, विशेषकर परिवार और

* विचार-विमर्श तथा संपादकीय सहायता के लिए मैं सौरभ दुबे की आभारी हूँ। इस परचे के अंत में दी गई संदर्भ-सूची में कुछ ऐसे संदर्भ भी शामिल हैं जो निबंध में अथवा टिप्पणियों में उद्धृत नहीं किए गए हैं लेकिन इस लेख के तर्कों के निर्माण में उनका योगदान है।

गृहस्थी/गृह्यसमूह, पर महत्त्वपूर्ण ढंग से केंद्रित रहते हैं। हम देखते हैं कि जाति संबंधित नियमों और प्रतिमानों के अतिक्रमण के परिणामस्वरूप गृह्यसमूह यदि अपराधी से नाता नहीं तोड़ता तो उस पूरी इकाई को ही जाति से बहिष्कृत कर दिया जाता है।[3] स्त्रियों का जीवन ज्यादातर पारिवारिक मानदंडों के भीतर जिया जाता है। अतः इसमें कोई अतिशयोक्ति नहीं कि उनके जीवन का केंद्र परिवार तथा गृहस्थी होते हैं।

इसी तरह जब हम जाति के भौतिक आधार की ओर देखते हैं तो पाते हैं कि जाति-व्यवस्था में गैर-बराबरी/असमानता के सर्वाधिक महत्त्वपूर्ण रूप–संसाधनों का असमान वितरण तथा शोषणमूलक उत्पादन संबंध–को समझने के लिए संसाधनों के आबंटन, संपत्ति के अधिकारों का हस्तांतरण, सेवाओं के अधिकार तथा हकदारी को परिचालित तथा नियंत्रित करने वाले नातेदारी के सिद्धांतों की जाँच-पड़ताल अनिवार्य है। इस प्रकार, जाति समूह अपनी घटक पारिवारिक इकाइयों अथवा व्यापक पैमाने पर नातेदारी इकाइयों के माध्यम से काम करता है। अतः भौतिक संसाधनों पर संपूर्ण रूप से जाति का नहीं बल्कि वंशों अथवा गृहस्थियों या पारिवारिक इकाइयों का कब्ज़ा होता है। स्त्री-पुरुष संबंधों की दृष्टि से इस बात के महत्त्वपूर्ण निहितार्थ हैं, क्योंकि इन्हीं इकाइयों के भीतर इनके पुरुष तथा स्त्री सदस्यों के अधिकारों और हक़दारियों के संदर्भ में स्पष्ट भेदभाव होता है। इस प्रकार यदि एक ओर अंतर्विवाह उपयुक्त वैवाहिक संबंधों के माध्यम से अपने परिवार की प्रस्थिति उच्चतर बना सकता है तो दूसरी ओर वह वैवाहिक चयन को बहुत सीमित कर और पुत्री के विवाह के लिए भौतिक संसाधनों के दबाव के कारण परिवार को बहुत कठिन स्थिति में भी डाल सकता है।

व्यवसायगत निरंतरता

किसी जाति समूह की व्यवसायगत निरंतरता बनाए रखने में स्त्री के काम का ठोस योगदान रहता है। निश्चय ही यह सत्य है कि नए पेशों की वृद्धि तथा व्यवसायों में खुली भर्ती भारतीय समाज में सामाजिक परिवर्तन के महत्त्वपूर्ण पक्ष रहे हैं। वैसे भी पारंपरिक व्यवसाय तथा जाति के बीच अपरिवर्तनीय संबंधों की तस्वीर काफी अतिरंजनापूर्ण है। लेकिन जाति और व्यवसाय के बीच संबंध में महत्त्वपूर्ण निरंतरता तो है ही। कृषि का क्षेत्र हालाँकि अब सभी जातियों के लिए खुला है फिर भी अब भी इससे बड़ी संख्या में पारंपरिक कृषकों की जातियों को एक विशिष्ट पहचान मिलती है। इसी तरह, कुछ अन्य व्यवसाय कुछ विशेष जातियों का विशेषाधिकार बने हुए हैं। उदाहरण के लिए, उच्च और मध्य स्तर की जातियों के लिए पुरोहित का काम अब भी ब्राह्मण ही करता है। सुनार, लोहार, कुम्हार तथा जुलाहों की शिल्पकार जातियों में समूह के कम से कम कुछ सदस्यों को तो जरूरत भर की कुशलता प्रदान कर ही दी जाती है और वे पारंपरिक शिल्प द्वारा जीविकोपार्जन करते हैं। अंत में, कर्मकांडीय

दृष्टि से दूषित अशुचि व्यवसाय, चमड़ा कमाना, मरे मवेशियों को हटाना, सफाई करना आदि तथा नाई धोबी जिनके काम की अशुचिता में अलग-अलग क्षेत्रों में काफी अंतर है और दाई के काम जाति विशेष से जुड़े हुए हैं।

जाति से जुड़े इन व्यवसायों में उत्पादन और सेवा की बुनियादी इकाई गृहस्थी/परिवार के सदस्यों के रूप में स्त्रियों का काम अपरिहार्य है। जुलाहों और कुम्हारों के लिए अपने घर की स्त्रियों और बच्चों की लगातार मदद के बिना अपने शिल्प का जटिल काम पूरा कर पाना कठिन है। परिवार की स्त्रियों और बच्चों का काम सुपरिभाषित होता है। स्त्रियाँ पुरुषों के कामों में से भी काफी काम कर सकती हैं। कुम्हार के परिवार की स्त्री के लिए ग्राहकों से संपर्क करना और सामान बेचने में सहायता देने के लिए बाजार जाना कोई असामान्य बात नहीं है। इसी तरह, टोकरी बुनना भी एक संयुक्त गतिविधि है। बागवानी में काम का बड़ा बोझ प्रायः स्त्रियाँ ही उठाती हैं। ग्रामीण क्षेत्रों तथा छोटे कस्बों में छोटे व्यापारियों तथा दुकानदारों के परिवारों की स्त्रियों के लिए परिवार की दुकान में बेचने के लिए मसाला पीसना तथा पापड़, चटनी, मुरब्बा आदि तैयार करना आम बात है। क्षेत्रीय विविधताओं के बावजूद ये उदाहरण इस तथ्य को रेखांकित करते हैं कि व्यावसायिक निरंतरता काफी हद तक स्त्री पर निर्भर रहती है। यह इससे ही स्पष्ट होता है कि किसी और की पत्नी के साथ भाग जाने वाले आदमी की भर्त्सना दो बातों के लिए की जाती है : एक तो यह कि उसने किसी दूसरे आदमी का खाना बनाने का बरतन तोड़ा और दूसरे उसने 'एक गृहस्थी तोड़ी'। आखिरकार परित्यक्त पति के पास अब अपनी जीविका चलाने में मददगार कोई नहीं रह जाता।

जजमानी संबंध—अर्थात्, दस्तकारों तथा सेवक जातियों और भूस्वामियों, कृषकों एवं व्यापारियों के बीच के संविदात्मक संबंध—तथा व्यावसायिक जातियों के बीच के विनिमय संबंध, जो अनेक ग्रामीण तथा अर्ध शहरी क्षेत्रों की विशेषता है, भी परिवार के स्तर पर कार्य करते हैं। स्त्री और पुरुष दोनों सेवाएँ प्रदान करते हैं तथा अपने काम के बदले में नकदी तथा वस्तुओं एवं सामग्री के रूप में पारिश्रमिक प्राप्त करते हैं। नाई तथा धोबी जैसी सेवक जातियों में जजमान के परिवार के संदर्भ में स्त्री का काम सुपरिभाषित है। विंध्य के उत्तर में नाइन (नाई की स्त्री) अपने जजमान के परिवार की स्त्रियों को निजी सेवाएँ प्रदान करती है। इन सेवाओं में नाखून काटना, पैरों में आलता-महावर लगाना, जच्चा और बच्चा को खास ढंग से तेल लगाना व नहलाना, भोज के अवसरों पर दोना-पत्तल पहुँचाना तथा विवाह समारोह के दौरान वधू के साथ रहना शामिल है। नाइन ये सेवाएँ जजमान परिवारों के अतिरिक्त उन परिवारों को भी देती है जो नकद भुगतान कर उससे काम लेते हैं। छत्तीसगढ़ में रावत (चरवाहों और पानी भरने वालों की जाति) स्त्रियों की भोजों और समारोहों के दौरान महत्त्वपूर्ण सहायक की भूमिका होती है। पानी लाना, बरतन धोना, मसाले

पीसना तथा बड़ी-पापड़ बनाने के लिए भिगोई दालें पीसना इत्यादि। नाई तथा कहार ये दोनों जातियाँ समारोहों के अवसरों पर पक्का भोजन तैयार करने में भी मदद देती हैं। दक्षिण में धोबिन के कर्मकांडीय काम अपरिहार्य हैं, वह प्रथम मासिक धर्म पर होने वाले कर्मकांड तथा समारोह के दौरान गंदे कपड़े धोती है। हर क्षेत्र में कुछ विशेष पूर्व 'अस्पर्श्य' जातियाँ होती हैं जिनकी स्त्रियाँ दाई का काम करती हैं : ये स्त्रियाँ अपनी जाति के पुरुषों के साथ मिलकर उच्च और 'स्वच्छ' जातियों के प्रदूषण को हटाने का अनिवार्य काम करती हैं। अंततः देश के अनेक भागों में श्रमिकों को अपने स्वामियों के साथ बाँधे रखने वाले बंधन या करार में पत्नी और पति दोनों की सेवाएँ शामिल समझी जाती हैं।[4]

जाति से जुड़े व्यवसायों की निरंतरता में स्त्री के कार्य के महत्त्व को दी जाने वाली सांस्कृतिक मान्यता स्पष्ट है। इसके साथ ही, स्त्रियाँ इन परंपरागत व्यवसायों में लगी रहें इसके लिए जरूरी होता है कि उन्हें बचपन से ही इन कामों में प्रशिक्षित कर दिया जाए तथा उनका सामाजीकरण इस तरह हो जिससे वे इन कामों को उचित काम मानें तथा कुछ हद तक अपनी 'नियति' के रूप में स्वीकार करें। देखा गया है कि कहीं लड़की में अपने परंपरागत व्यवसाय के प्रति अरुचि न उत्पन्न हो जाए ऐसी स्थिति की संभावना से बचने के लिए माता-पिता लड़कियों की शिक्षा पर प्रतिबंध भी लगाते हैं। क्योंकि उस स्थिति में किसी उपयुक्त परिवार में उसका विवाह कर पाना कठिन हो सकता है। पति के परिवार में लड़की की उपयोगिता औपचारिक शिक्षा पर नहीं बल्कि परंपरागत काम करने में उसकी क्षमता और इच्छा पर निर्भर होने की संभावना रहती है। व्यवसायगत काम जारी रखने की जरूरत जाति के भीतर विवाह करने का एक महत्त्वपूर्ण आधार है। यह बात समझी जा सकती है कि ग्रामीण महाराष्ट्र में कुनबी जाति का कोई भूस्वामी कृषक परिवार तब अवश्य ही अप्रसन्न होगा यदि उनका कोई बेटा शिक्षा प्राप्त करने के बाद किसी शिक्षित ब्राह्मण लड़की से विवाह करने का फैसला कर ले। 'खेती-किसानी वाले परिवार में वह किस काम की होगी, उसका क्या उपयोग है? क्या वह अपने पति के घर को अपना घर कह पाएगी?' खेती से जुड़े वे काम भी जो घर में किए जा सकते हैं उसे अपने अनुभव जगत से बाहर के तथा अपने दरजे से नीचे के काम लगेंगे।

परिवर्तन की स्थितियों में, स्त्रियों को प्रायः जाति से जुड़े व्यवसाय जारी रखने तथा गृहस्थी को चलाने की जिम्मेदारी उठानी पड़ती है। जब पुरुष इस कारण अपने परंपरागत व्यवसाय त्याग देते हैं कि वे काम निचले दर्जे के हैं अथवा उनसे होने वाली आमदनी कम है, तब व्यवसायगत काम का पूरा बोझ प्रायः स्त्रियों पर आ जाता है। अनेक पुरुष अपने परिवारों को गाँव में छोड़ कस्बों में रहने लगते हैं। स्त्रियाँ सेवाओं अथवा दस्तकारी के संदर्भ में अपना योगदान जारी रखती हैं लेकिन पुरुष की मदद न होने के कारण उनके सामने दो ही विकल्प रहते हैं या तो वे

अपने ग्राहक खो दें अथवा काम का दोहरा बोझ उठाएँ। ऐसी स्थिति में बिचौलिए दखल देते हैं। उत्प्रवासी पुरुषों की पत्नियों को प्रायः अपने पति के उन नातेदारों के प्रभुत्व के तहत काम करना पड़ता है जो पड़ोस में अथवा उसी इलाके में रहते हैं। इस प्रकार, व्यवसायगत निरंतरता में स्त्रियों का योगदान पितृवंशीय सीमाओं के भीतर ही तथा जाति की हिदायतों तथा नियंत्रणों के अधीन ही होता है।

सफाईकर्मी स्त्रियों पर दिल्ली में किए गए एक अध्ययन में कार्लेकर (1986) ने देखा कि जहाँ पुरुष अपनी जाति से जुड़े कर्मकांडीय दृष्टि से 'गंदे' पेशों को छोड़ते जा रहे हैं वहीं स्त्रियाँ उसी पारंपरिक क्षेत्र में बनी हुई हैं। इन स्त्रियों को गृहस्थी के पुरुषों को सहारा देना था जो नए पेशों में प्रवेश पाने के लिए नई दक्षताएँ हासिल करने की अथवा आय के स्वतंत्र स्रोत तलाश करने की कोशिश कर रहे थे। बेरोजगार रहते हुए भी पुरुष अपने परंपरागत काम को छूना नहीं चाहते थे। लड़के स्कूल भेजे जा रहे थे जबकि लड़कियाँ कम उम्र में ही अपनी माँ के काम में हाथ बँटाने लगती थीं। इसी तरह, आम तौर पर देखा जाता है कि रोजगार की तलाश में दिल्ली आने वाले तमिलनाडु के पड़याची और नाड़ार परिवार अपनी स्त्रियों को दूसरों के घरों में घरेलू सहायक के रूप में काम करने, कपड़े और बर्तन धोने तथा घर की सफाई करने भेजते हैं। माना जाता है कि स्त्रियाँ चूँकि अपनी गृहस्थी में घरेलू कामकाज करने की अभ्यस्त होती हैं अतः कठिन समय में वही काम वे दूसरों के लिए भी कर सकती हैं। दूसरी ओर, पुरुष आम तौर पर ऐसे कामों को अपनी प्रतिष्ठा के प्रतिकूल समझते हैं। नियमित रोजगार के अभाव में घरेलू काम के मुकाबले किसी भी और तरह का काम किया जा सकता है। इन प्रवासी समूहों में प्रायः स्त्रियाँ परिवार का मुख्य सहारा होती हैं। अनेक तरह के घरेलू कामों का स्त्रियों का अनुभव अपनी खुद की गृहस्थी चलाने का आधार बन जाता है। लेकिन लगाम पुरुषों के हाथ में रहती है। सामाजिक और कर्मकांडीय मामलों पर चर्चा और फैसले पास पड़ोस में रहने वाले ज्यादातर सजातीय पुरुषों द्वारा ही किए जाते हैं।

भोजन और कर्मकांड

जाति की एक विशिष्ट संस्कृति, एक खास सामूहिकता होती है जो उसके सदस्यों को अपनी विशिष्ट पहचान का भाव प्रदान करती है। ये सांस्कृतिक आचार-व्यवहार परिवार और नातेदारी संजाल के जरिये सीखे जाते हैं। पूजा पद्धतियाँ, व्रत, उपवास और पर्व, शुद्धता और अशुद्धता के परिचालक नियम तथा स्थान-संयोजन आदि परस्परसंबद्ध तथा एक-दूसरे से गुँथे हुए तत्व हैं जो किसी जाति के सदस्यों को एक सामूहिकता तथा पहचान प्रदान करते हैं। इनमें से कुछ विशेषताएँ उसी क्षेत्र की अन्य जातियों में अथवा अन्य क्षेत्रों में भी उसी वर्ण या श्रेणी के अन्य जाति समूहों में पाई जाती हैं लेकिन एक जाति विशेष के भीतर इन तत्त्वों और विशेषताओं

का एक विशिष्ट विन्यास ही इसके विशेष पहचान चिह्न का काम करता है। इस साँचे के भीतर भोजन संबंधी आचार-व्यवहार एक महत्त्वपूर्ण मुहावरे का रूप लेते हैं।

भोजन शुचिता और अशुचिता के कर्मकांडीय गतिविधियों में नाजुक महत्त्वपूर्ण तत्त्व है। इसकी केंद्रीयता जाति के लक्षणात्मक और अंतःक्रियात्मक दोनों आयामों तक व्याप्त है। दूसरे शब्दों में सीमाबद्ध इकाइयों के रूप में जातियों की एकांतिकता तथा अंतरजातीय संबंध दोनों भोजन के मुहावरे में अभिव्यक्त होते हैं। सामाजीकरण-प्रक्रिया की मुख्य कर्ता स्त्री इस क्षेत्र में भी प्रमुख भूमिका निभाती है। भोजन की सुरक्षा, खतरों से बचाव तथा एक व्यापक अर्थ में भोजन के संबंधात्मक मुहावरों को नियंत्रित करने वाले नियमों का पालन करने का दायित्व स्त्रियों पर होता है। सार्वजनिक क्षेत्र में नियमों में शिथिलता आई है लेकिन घर अब भी स्त्रियों की ही देखरेख में है।

खान-पान पर केंद्रित शुचिता और अशुचिता संबंधी चिंताएँ घर से शुरू होती हैं। जाति-व्यवस्था के सिद्धांत 'घरेलू क्षेत्र' तथा 'बाहरी दुनिया' के बीच स्पष्ट भेद करते हैं। घर की पवित्रता और शुचिता बनाए रखने में स्त्रियाँ महत्त्वपूर्ण भूमिका निभाती हैं। शुद्धता/अशुद्धता तथा 'बुरी नजर' से संबंधित सुरक्षा की धारणाएँ भोजन की प्रक्रिया से संबंधित गतिविधियों—जैसे, तैयारी करने, भोजन पकाने, रखने तथा परोसने के कामों में स्त्रियों पर अनेक तरह के नियंत्रण और प्रतिबंध लगाती हैं। ये व्यादेश शरीर की पवित्रता का आवश्यक स्तर बनाए रखने, भोजन पकाने तथा ग्रहण करने के आचार-व्यवहार के लिए स्थान के विभाजन, और विभिन्न तरह के भोज्य पदार्थों के बारे में जातिगत विधि-निषेधों के संबंध में परंपराओं को अक्षुण्ण बनाए रखने से संबंधित रिवाजों के बारे में होते हैं।[5] खाद्यों को उनकी अंतर्भूत शुद्धता-अशुद्धता, अशुद्ध होने की प्रकृति, अशुद्धता से परे होने का गुण तथा उनमें समाहित विशिष्ट गुणों—वासना, क्रोध, शांति, ताकत, आध्यात्मिकता आदि—के संदर्भ में सोपानात्मक रूप में वर्गीकृत किया जाता है। इस प्रकार भोजन के संघटक ऐसे पदार्थ होते हैं जिनमें उन्हें ग्रहण करनेवाले को प्रभावित करने तथा रूपांतरित करने की क्षमता रहती है। कोई क्या, कहाँ और कब भोजन करता है, घर के भीतर यह जिम्मेदारी स्त्री की होती है। भोजन के संदर्भ में स्त्रियों का आचार-व्यवहार जातियों को पदक्रमानुसार सुव्यवस्थित करने में महत्त्वपूर्ण भूमिका निभाता है।

यदि जातियों के श्रेणीकरण में भोजन और सहभोजिता तथा अन्य व्यवहार एक महत्त्वपूर्ण तत्त्व हैं तो इस क्षेत्र में पुरुषों और स्त्रियों के आचार-व्यवहार में भी विविधताएँ तथा विषमताएँ परिलक्षित होती हैं। निषिद्ध भोज्यपदार्थ तथा अन्य जातियों से भोजन ग्रहण करने में स्त्रियाँ कहीं अधिक सीमाबद्ध रहती हैं। उदाहरणार्थ, मानवशास्त्रियों ने अक्सर इस बात की ओर संकेत किया है स्त्रियाँ सहभोजिता संबंधी प्रतिबंधों के प्रति अधिक आग्रही होती हैं। घर और मोहल्ले से दूर होने की स्थितियों

में पुरुषों में सहभोजिता के नियमों के प्रति बेपरवाह होने की प्रवृत्ति अधिक होती है। लेकिन ऐसी ही स्थितियों में स्त्रियों की हिफाजत तथा निगरानी ध्यानपूर्वक की जाती है। उनसे अपेक्षा की जाती है कि वे इन नियमों का अधिक कठोरतापूर्वक पालन करें। पुरुषों के बारे में समझा जाता है कि उन्हें तो हर तरह के लोगों के साथ उठना-बैठना होता है। स्त्रियों को ऐसी स्वतंत्रता आसानी से नहीं मिलती। इसके अलावा स्त्रियों के लिए भोजन संबंधी विधि-निषेध नातेदारी, वैवाहिक स्थिति और यौनत्व के नियमों द्वारा भी परिचालित होते हैं। उदाहरणार्थ, विधवा हो जाने के बाद उच्च जाति की स्त्रियों से—जो विवाह को अटूट संबंध मानती हैं—अपनी जीवन शैली में आमूल चूल परिवर्तन लाने की अपेक्षा की जाती है। भोजन तैयार करते समय उन्हें शुचिता-अशुचिता के कठोर नियमों का पालन करना होता है। उन्हें वासना जगानेवाले और कामोद्दीपक तामसिक भोज्य पदार्थ त्यागने चाहिए और रात्रि में समुचित भोजन ग्रहण करना छोड़ देना चाहिए।[6] भोजन के अंतर्भूत गुणों के साथ-साथ कब, कैसा, कहाँ भोजन किया जाना चाहिए, इन नियमों के संदर्भ में स्त्रियों के भोजन संबंधित आचार-व्यवहार उनकी जाति की कर्मकांडीय प्रस्थिति के महत्त्वपूर्ण निर्धारक होते हैं। इसी तरह ये नियम बाहरी दुनिया, विशेषकर दूसरी जातियों तथा समुदायों के साथ अंतःक्रिया को नियंत्रित करने की जरूरत से भी परिचालित होते हैं। भोजन पर नियंत्रण स्त्री को यौन प्रतिमानों के अतिक्रमण से सुरक्षा प्रदान करने के साथ जाति की सीमाओं में किसी प्रकार की दरार पड़ने से भी बचाता है।

भोजन संबंधी गतिविधियों तथा नियमों के पालन के साथ-साथ घर की देवी-देवताओं की दैनिक देखभाल तथा पुरखों को संतुष्ट रखने जैसे घरेलू कर्मकांड स्त्रियों की प्रमुख जिम्मेदारी होती है। अनेक परिवारों में स्त्रियाँ कुल देवता की पूजा स्वयं नहीं करतीं फिर भी पूजा के सारे प्रबंध तथा प्रसाद तैयार करने का काम वे ही करती हैं। जहाँ पुरुष व्यवसायगत कार्य में व्यस्त होते हैं वहाँ स्त्रियाँ दैनिक पूजा करती हैं। लेकिन विशेष अवसरों पर या तो परिवार का कोई पुरुष अथवा ब्राह्मण पुरोहित पूजा का कार्य करता है। और फिर पति तथा बच्चों के कल्याण और परिवार की समृद्धि के लिए विशेष पूजा और व्रत भी किए जाते हैं। ये कर्मकांड, पूजा, व्रत तथा भोज कुल मिलाकर किसी जाति की परंपरा का हिस्सा होते हैं। इस क्षेत्र में स्त्रियों का केंद्रीय स्थान उन पर थोपी गई सीमाओं के साथ मिल कर उनका महत्त्व तो रेखांकित करता है पर परिवार के भीतर ही पुरुषों की तुलना में उनकी गौण जगह को भी स्पष्ट करता है।

इसके साथ ही भोजन और कर्मकांडों के क्षेत्र में सक्रिय अभिकर्ताओं तथा प्रशिक्षकों के रूप में स्त्रियों के स्थान का निहितार्थ यह भी है कि जिन स्त्रियों के पास इनके विभिन्नं पहलुओं के विषय में अधिकाधिक जानकारी तथा दक्षता का खजाना होता है वे विशेष आदर पाती हैं और यह उन्हें अपनी एक अस्मिता (विशिष्ट

पहचान) तथा आत्मसम्मान प्रदान करता है। अधिकतर स्त्रियों के लिए ये काम अपने को अभिव्यक्त करने और सामाजिक मान्यता प्राप्त करने के महत्त्वपूर्ण रास्ते हैं। ये खूबियाँ एक ऐसे माध्यम का काम भी करती हैं जिसकी मदद से स्त्रियाँ परिवार की अन्य स्त्रियों तथा पुरुषों पर अपना प्रभाव डाल सकती हैं। इस प्रकार एक स्त्री के आत्मसम्मान तथा आत्माधिकार का परिपोषण परिवार की प्रतिष्ठा बनाए रखने के साथ इस तरह जुड़ा होता है कि उन्हें अलग नहीं किया जा सकता। परंपराओं का अनुरक्षण, चारदीवारी के भीतर के स्थान की पवित्रता को बनाए रखना, कर्मकांडों पर नियंत्रण, भोजन का वितरण, तथा सामाजीकरण ये काम स्त्री को लोगों और स्थितियों के ऊपर प्रभुत्व का भाव प्रदान करते हैं। वे जिन प्रक्रियाओं के तहत जीने की राह बनाती हैं वे प्रक्रियाएँ भी जाति और उसकी सीमाओं को मजबूत करने की दिशा में प्रवृत्त होती हैं (लेकिन इसके साथ ही नए विचारों को ग्रहण करने के अवसर मिलने पर स्त्रियों में विद्रोह व प्रतिरोध की तथा परिवर्तन लाने की भी क्षमता होती है)।

अंतरजातीय विवाहों की सामाजिक स्वीकार्यता में भोजन एक महत्त्वपूर्ण तत्त्व है। परिवार में किसी दूसरी जाति की स्त्री को ब्याह कर लाने पर उसके द्वारा पकाए गए भोजन की स्वीकृति में विशिष्ट व्यंजनों व खाद्यों की शुद्धता तथा अशुद्ध होने की संभावना की दृष्टि से उनकी आनुष्ठानिक गुणवत्ता के संदर्भ में जटिल फैसलों की आवश्यकता हो सकती है। इस प्रकार यह किसी स्त्री की जाति-प्रस्थिति पर निर्भर रह सकता है कि उसे रसोई के भीतर प्रवेश न करने दिया जाए और उसे केवल पक्का खाना या नाश्ता तैयार करने और परोसने की ही अनुमति मिले। इसी तरह विशेष अवसरों पर भी बंदिशें लगाई जा सकती हैं—दैनिक भोजन पकाना बनाम कुलदेवता की पूजा अथवा पुरखों के श्राद्ध जैसे विशेष अवसरों पर और अनुष्ठानों पर भोजन तैयार करना। ध्यान देने योग्य बात है कि अनेक परिवारों में यदि कोई स्त्री अपने पति की जाति से एकाध जाति नीचे की है तो वह प्रायः परिवार के लिए रोजमर्रा का भोजन तो पका सकती है किंतु संभव है कि उसे पुरखों के लिए भोजन पकाने की अनुमति न दी जाए। अपनी ही जाति में विवाह—जैसा कि हम देखेंगे—संतान के स्थान-निर्धारण व सामाजिक पहचान के लिए तो प्रासंगिक है ही; वह इसके साथ भी जुड़ा हुआ है कि दूसरी जाति से आनेवाली स्त्री को अपने पति की जाति में पूरी तरह शामिल नहीं किया जा सकता व इसलिए वह पुरखों के लिए भोजन बनाने का विशेषाधिकार प्राप्त नहीं कर सकती (ऐसी प्रथाओं के विरुद्ध हो रहे व्यापक परिवर्तनों को मापा जाना आवश्यक है)।

विवाह और यौनत्व

अब हम विवाह और यौनत्व के केंद्रीय क्षेत्र में आते हैं। जाति-व्यवस्था का मूलभूत

आधार है पुरुष और स्त्री के यौनत्व में मौजूद बुनियादी अंतर की सांस्कृतिक समझ। प्रथमतः, स्त्रियों को मासिक धर्म और प्रसव के दौरान समय-समय पर अशुचि माने जाने के कारण उन्हें पुरुषों की तुलना में मूलभूत रूप से कम पवित्र ठहराया जाता है। एक जाति के भीतर ही स्त्री और पुरुष के बीच पद सोपान होता है। स्त्री और पुरुष के बीच शुचिता और अशुचिता के स्तरों में अंतर उच्च जातियों के मुकाबले निम्नस्तर जातियों में काफ़ी कम है। निम्न जाति की स्त्रियाँ अपनी अशुचिता के अतिरिक्त अपने पेशागत कामों, जैसे दाई का काम, कूड़ा फेंकना, गंदे कपड़े धोना तथा अन्य अनेक तरह की सेवा आदि के चलते औरों की अशुचिता भी ढोती हैं, लेकिन उनके पुरुषों को भी दूसरों के लिए अशुचि कार्य और अपवित्र हस्तशिल्प के काम करने होते हैं। इन जातियों में चूँकि स्त्रियाँ जीविकोपार्जन की प्रक्रिया में पर्याप्त योगदान देती हैं और साथ-साथ पुरुष और स्त्रियाँ दोनों अशुद्ध कार्य करने में हाथ बँटाते हैं अतः स्त्री-पुरुष में गैर-बराबरी कुछ कम है। निश्चय ही यह सत्य है कि मासिक धर्म की अशुचिता इन जातियों की स्त्रियों पर भोजन, देवताओं तथा पुरखों की पूजा के संदर्भ में कुछ अयोग्यताएँ आरोपित करती है। ब्राह्मण और अन्य उच्च जातियों के पुरुषों को न तो उस तरह की अशुचिता होती है जैसी कि उनकी जाति की स्त्रियों को होती है न ही उन्हें अन्य जातियों के लिए अशुचितापूर्ण काम करना पड़ता है। इसके विपरीत उनकी स्त्रियाँ मुख्यतः मासिक धर्म तथा प्रसूति जैसी दैहिक प्रक्रियाओं द्वारा होने वाले अशौच्य से प्रभावित होती हैं। परिवार के भीतर ही कुछ अशुचितापूर्ण कामों की जिम्मेदारी भी स्त्रियों पर होती है, हालाँकि ये काम करने से वे स्थायी तौर पर पुरुषों से कम शुद्ध नहीं हो जातीं। व्यापक रूप से प्रचलित धारणा है कि स्त्रियों को अपनी ही जाति के पुरुषों की शुचिता का स्तर कभी प्राप्त नहीं होता। यह सर्वविदित है कि द्विज जातियों की स्त्रियों को पारंपरिक रूप से शूद्रों के समान माना जाता रहा है जिन्हें वेदों में शिक्षित नहीं किया जा सकता।

स्त्रियों की अशुचिता का एक अन्य स्रोत है वैधव्य। माना जाता है कि विधवाएँ कुल देवताओं की पूजा नहीं कर सकतीं। वे इन देवताओं को अर्पित किया जाने वाला पवित्र भोग नहीं पका सकतीं। दूसरी ओर यदि कोई पुरुष विधुर हो जाए तो उस पर इस तरह की कोई बंदिश नहीं लगाई जाती। स्त्री-पुरुष के बीच इस तरह का ऊँच-नीच का भेद ब्राह्मण, अन्य द्विज तथा कुछ 'स्वच्छ' जातियों में ही अधिक होता है। विधवाओं पर थोपी गई कुछ ही अयोग्यताएँ सब जातियों में पाई जा सकती हैं। इसके लिए यह तर्क दिया जा सकता है कि स्त्रियों और पुरुषों में भेद के संदर्भ में शुचिता/अशुचिता के सरोकार का जातियों के स्तर से एक प्रकार का विपरीत संबंध है (अर्थात् स्तर के अनुसार निचले तबकों की जातियों में शुचिता/अशुचिता के सरोकार के कम होते जाने की संभावना रहती है।)

इसके अतिरिक्त जाति-व्यवस्था में अंतर्निहित सांस्कृतिक योजनाएँ स्त्री-पुरुष समागम में प्राप्त होने वाली अशुचिता की विशेषताओं के संदर्भ में स्त्री और पुरुष के शरीरों में मौजूद बुनियादी अंतर पर आधारित हैं। यौन संबंध स्त्री के लिए कहीं अधिक गंभीर मामला है क्योंकि संभोग-क्रिया उसे आंतरिक रूप से प्रभावित करती है जबकि वह पुरुष को केवल बाहरी तौर पर प्रभावित करती है। अंतरजातीय यौन संबंध के मामले में पुरुष केवल बाह्य रूप से अशुचित होता है, जिस अशुचिता को आसानी से धोया जा सकता है, लेकिन स्त्री की अशुचिता आंतरिक होती है जिससे वह स्थायी रूप से दूषित हो जाती है। इस भेद की सांस्कृतिक अभिव्यक्ति में स्त्री की तुलना मिट्टी के घड़े से की जाती है जो जाति के ही किसी दूषित व्यक्ति द्वारा अथवा किसी निचली जाति के व्यक्ति द्वारा अथवा भिन्न धर्मावलंबी द्वारा इस्तेमाल किए जाने पर स्थायी रूप से अपवित्र हो जाता है। दूसरी ओर पुरुष की तुलना पीतल के बटुवे (छोटे मुँह के बर्तन) से की जाती है जो आसानी से दूषित नहीं होता और जिसे हर हाल में माँजकर, धो कर और यदि आवश्यक हो तो आग में तपाकर पूर्वस्थिति में लाया जा सकता है। यौन संबंध के जरिये अपवित्र होने की संभाव्यता के संदर्भ में स्त्री और पुरुष के बीच भेद करने वाला यह रूपक जाति पंचायतों तथा ग्राम पंचायतों में पंचों के सामने पेश यौन अपराधों के मामलों में बहुत व्यापक रूप से इस्तेमाल किया जाता रहा है। वस्तुतः पुरुषों और स्त्रियों का मूल्यांकन करते समय यह रूपक जनचेतना पर छाया रहता है। यह स्पष्ट होगा कि निचली जाति की स्त्रियों के मुकाबले उच्च जाति की स्त्रियों के लिए स्थायी रूप से अपवित्र होने का खतरा कहीं अधिक होता है। वस्तुतः जाति के भीतर, विशेषकर उन जातियों में जहाँ द्वितीयक संबंधों की अनुमति है, यौनगत अतिक्रमण के प्रति काफी नरमी बरती जाती है। लेकिन स्त्री के अपनी जाति से नीची जाति के पुरुष के साथ यौन संबंध को बहुत गंभीरता से लिया जाता है। भोजन से प्राप्त अशुचिता स्त्री और पुरुष दोनों को आंतरिक रूप से प्रभावित करती है। किंतु यौन संबंध के जरिये आरोपित अशुचिता का स्वरूप स्त्री और पुरुष के संदर्भ में एकदम भिन्न होता है। यह बात उस उक्ति से बहुत गहरी जुड़ी है जो सुपरिभाषित सीमाओं में सही किंतु अनुलोम विवाह की अनुमति देती है, 'श्रेष्ठ बीज हीन खेत में गिराया जा सकता है किंतु हीन बीज किसी श्रेष्ठ खेत में नहीं गिराया जा सकता।' (तांबैया 1973)।

यहाँ हम स्त्री और पुरुष के यौनत्व में मौजूद भिन्नताओं की सांस्कृतिक समझ में निहित एक गंभीर विशेषता पर पहुँचते हैं। वस्तुतः संस्कृति द्वारा संहिताबद्ध की गई प्रजनन के संदर्भ में स्त्री और पुरुष के शरीरों की यह भिन्नता ही अन्य भिन्नताओं को संयोजित करती है। प्रजनन की प्रक्रिया में पुरुष की अल्प तथा क्षणिक भूमिका के मुकाबले स्त्री की भूमिका सुदीर्घ होती है तथा ऐसी संलग्नता की माँग करती है जिससे मुक्ति नहीं। किसी अविवाहित/असंबद्ध स्त्री के मामले में गर्भावस्था केवल

इसलिए महाविपदा नहीं है कि पितृसत्तात्मक समाज में समूह में जगह या स्थान निर्धारण तथा सामाजिक पहचान के लिए पितृत्व की जानकारी अनिवार्य है बल्कि इसलिए भी है कि जाति की सीमाओं तथा स्त्री की अपनी पवित्रता के मुद्दे भी इसके साथ जुड़े हैं। हमारे देश में अनाथालयों तथा परित्यक्त बच्चों की संख्या पितृवंशीयता तथा जाति के मारक संयोग के प्रभाव का प्रमाण है। निश्चय ही जाति-व्यवस्था की विशेषताएँ–पृथक्करण तथा स्तरीकरण के जुड़वाँ सिद्धांतों में यौन विषमता गंभीर ढंग से उलझी है।

विवाह तथा यौन संबंध वह केंद्रीय क्षेत्र प्रदान करते हैं जिसमें जाति स्त्री के जीवन पर अतिक्रमण करती है। जाति-व्यवस्था में अलग और सुस्पष्ट समूहों की सदस्यता एकांतिक तथा अनिवार्य रूप से जन्म से परिभाषित होती है। यह सिद्धांत सीमाबद्ध समूहों के रूप में जाति के अस्तित्व का आधार है। यह विशेषता सीमाएँ बनाए रखने के प्रति एक व्यापक सरोकार प्रदान करती है। यद्यपि अधिकांश हिंदू भारत में जन्म द्वारा जाति की सदस्यता पितृवंशीय परंपरा का अनुसरण करती है और पिता की पहचान आवश्यक बनाती है, बच्चों की जाति-प्रस्थिति के लिए माँ की जाति पूरी तरह अप्रासंगिक नहीं है, और उसका भी ध्यान रखना पड़ता है। वंश-परंपरा कोई भी हो जाति उभयपक्षीय (माता-पिता दोनों से) संबद्धता के सिद्धांत के जरिये काम करती है।[8]

जाति किस सीमा तक उभयपक्षीय संबद्धता के सिद्धांत के आधार पर काम करती है इसमें अलग-अलग क्षेत्रों तथा जातियों में कुछ भिन्नता है। मोटे तौर पर कहा जा सकता है कि ऐसे छोटे समूहों में जहाँ जाति की शुद्धता पर जोर दिया जाता है तथा नातेदारों के बीच विवाह को प्राथमिकता दी जाती है, उभयपक्षीयता के सिद्धांत को अधिक महत्त्व दिया जाता है। यह बात मुख्यतः दक्षिण भारत पर लागू होती है जहाँ पीढ़ियों से चले आ रहे नातेदारों, स्वजनों के बीच विवाह ने परंपरागत रूप से वैवाहिक समूहों को संकीर्ण बना दिया है। आज भी नातेदारी-संजाल के भीतर होने वाले विवाहों का महत्त्व एकदम कम नहीं हुआ है यद्यपि अनुपात घट गया है। लेकिन जाति-निर्धारण के लिए उभयपक्षीय संबद्धता को कम महत्त्व दिए जाने के संदर्भों में भी दैहिक प्रजनन में अपनी भूमिका के चलते स्त्री ही अपनी जाति की शुद्धता तथा उसकी सीमाओं को बनाए रखने की मुख्य जिम्मेदारी उठाती है और इसी कारण उसके यौनत्व पर उचित नियंत्रण की जरूरत पड़ती है।

जाति-आधारित समाज में स्त्री के यौनत्व के प्रबंधन के महत्त्वपूर्ण घटक हैं स्त्री की असुरक्षा की सामाजिक सांस्कृतिक आशंका तथा उसकी पवित्रता और नियंत्रित व्यवहार पर बल दिया जाना–जिसके कारण पुरुषों के साथ उसकी अंतःक्रिया सीमित कर दी जाती है। मध्यस्थता, मंत्रणा अथवा बातचीत के जरिये तय होने वाले विवाहों पर जोर तथा वयःसंधि के बाद किशोरियों के लिए समय और स्थान का समुचित

संयोजन इन दोनों का औचित्य सीमा बनाए रखने के सरोकार से सिद्ध होता है। सीमाओं के रखरखाव का अर्थ है कर्मकांडीय पवित्रता तथा जाति की पहचान बनाए रखना। ये सब स्त्री के सामाजीकरण की बुनावट तथा प्रक्रियाओं और उन्हें उपलब्ध शिक्षा व रोजगार के अवसरों में गुँथे रहते हैं। इस प्रकार जाति-प्रथा लड़कियों के वयस्क होने की प्रकिया को एक विशिष्ट चरित्र प्रदान करती है। यह सब विवाह के साथ खत्म नहीं होता। स्त्रियों पर नियंत्रण रखने तथा उनके यौनत्व को सीमा में रखने की जरूरत हमेशा बनी रहती है। इस लक्ष्य को समुचित सामाजिक नियंत्रण, पारिवारिक भूमिकाओं का आदर्शीकरण तथा नारी की शालीनता पर जोर जैसे उपायों द्वारा शासित किया जाता है। जाति की शुद्धता का महत्त्व स्त्री को उसके जीवन के सभी चरणों में प्रभावित करता है।

स्त्री के यौनत्व से उपजने वाले खतरों पर नियंत्रण रखने और उनसे निपटने के काम आने वाली मान्यताएँ और प्रथाएँ सभी श्रेणियों की सभी जातियों में समान नहीं हैं और उनमें प्रादेशिक भिन्नताएँ भी हैं। लेकिन इस क्षेत्र को सूचित करने वाला विचारधारात्मक ढाँचा समान है। यह ढाँचा नारी यौनत्व के संदर्भ में जीवन की अवस्थाओं के सुस्पष्ट सीमांकन पर टिका है—कौमार्य को प्रदत्त विशेष कर्मकांडीय महत्त्व, वयःसंधि का अनुष्ठानीकरण तथा तरुणियों की विशेष देखभाल, वैवाहिक स्थिति तथा मातृत्व का महिमामंडन और 'प्राथमिक' व 'द्वितीयक' विवाह के बीच स्पष्ट भेद जो नारी यौनत्व को नियंत्रित, सीमाबद्ध रखने के लिए संस्थायित उपायों का रूप ले लेता है।

कौमार्य का महिमामंडन सीधे नारी शुद्धता के सरोकार से जुड़ा है। वयःसंधि से पूर्व के चरण को मूलभूत पवित्रता का चरण माना जाता है और कई तरह से उसका उत्सव मनाया जाता है। विशेष दिवसों पर, जैसे नवरात्र के आठवें दिन कुमारी कन्याओं की पूजा तथा उन्हें भोजन कराने की प्रथा भारत में व्यापक रूप से प्रचलित है। इसी तरह वयःसंधि से पूर्व के चरण की कन्याओं को जीवनचक्र अनुष्ठानों में विशेष मान्यता दी जाती है। वयःसंधि से पूर्व चरण की कन्या को देवी अथवा मातृदेवी (माता) का रूप माना जाता है तथा माना जाता है कि वह बुरी नजर तथा दुष्ट आत्माओं की उपस्थिति को दूर भगा देगी। वयःसंधि चरण से पूर्व लड़की की पवित्रता तथा उसके परिणामस्वरूप उसे प्राप्त विशेषाधिकारपूर्ण प्रस्थिति उसके अगले चरण मासिक धर्म प्रारंभ होने की स्थिति के एकदम विपरीत है और इस विपरीतता को पूर्ववर्ती चरण उजागर करता है (देखें अध्याय 2)।

दक्षिण भारत में लड़की की प्रस्थिति में इस परिवर्तन को कर्मकांडों द्वारा नाटकीय बना दिया जाता है। अलग-अलग जातियों में इससे संबंधित कर्मकांड तथा भोजन का विशेष आयोजन भिन्न-भिन्न है। लेकिन इसका मर्म, इसमें छिपा संदेश एक है। इसी तरह उड़ीसा और महाराष्ट्र में अनेक जातियाँ वयःसंधि के कर्मकांडों की मूलभूत

विशेषताओं का पालन करती हैं। लेकिन वे ये कर्मकांड साधारण पैमाने पर करती हैं। इन कर्मकांडों का संदेश स्पष्ट है। लड़की अब यौन व्यक्ति हो गई है अतः उसे अपनी ओर से नियंत्रित व्यवहार करना चाहिए। तथा उसे सुरक्षा और निगरानी की जरूरत है। यह अवसर शुभ है तथा कुदृष्टि से सुरक्षा की माँग करता है। भोजन तथा आने-जाने संबंधी विनियमन भावी उर्वरकता के लिए होते हैं। वे गर्भधारण की प्रक्रिया को सहज बनाते हैं तथा लड़की के यौनत्व को नियंत्रित करते हैं। सीमाबद्ध तथा नियंत्रित यौनत्व सामाजिक रूप से स्वीकृत मातृत्व के लिए जरूरी है। वयःसंधि समारोह नातेदारी समूह तथा जाति के लोगों को सूचित करता है कि लड़की अब विवाह योग्य हो गई है तथा अब उसके विवाह की बातचीत की जा सकती है। ये आचार-विचार जो लड़की पर मर्यादा तथा नियंत्रण व प्रतिबंध लागू करते हैं वे ही उसे संस्कारित तथा पुनीत भी करते हैं। शेष भारत में प्रथम मासिक धर्म के अवसर पर कोई कर्मकांड नहीं किए जाते। इस घटना को कमोबेश गोपनीय रखा जाता है; लेकिन इसके साथ ही अशुचिता, भोजन तथा व्यवहार संबंधी कुछ प्रतिबंध लागू तो हो सकते हैं। वयःसंधि का आगमन लड़की के जीवन में एक सुनिश्चित प्रस्थान-बिंदु है। वह अपनी जल्द भंग हो सकने वाली पवित्रता के प्रति सजग बना दी जाती है।

वास्तव में नारी की पवित्रता और उसकी असुरक्षितता (सुकुमारता) के प्रति आग्रह व चिंता ही जाति-आधारित समाज में विवाह के कुछ पक्षों को स्पष्ट करने में सहायक होती है। परंपरागत दृष्टि से कुमारी कन्या का कर्मकांडों सहित स्वीकार्य सीमाओं के भीतर विवाह लड़की के यौनत्व को संस्कारित तथा पुनीत करता है।[9] इस विवाह से वह अपनी जाति की पूर्ण सदस्य बनती है। उत्तर तथा मध्यवर्ती भारत में अल्पायु में ही—मासिक धर्म प्रारंभ होने के पूर्व अथवा शीघ्र बाद—लड़की के विवाह की प्रथा बहुत प्रचलित है। इसके बाद कुछ प्रतीक्षा की अवधि होती है जब वह अपने मायके में ही रहती है और गौना या मुखलावा—लड़की को उसके पतिगृह विदा करने का कर्मकांड—संपन्न होने पर वह पतिगृह जाती है। यदि परिवार दोहरा खर्च उठाने की स्थिति में नहीं है तो दोनों समारोह एक साथ कर दिए जाते हैं। लड़की को औपचारिक रूप से विवाह के बाद दो या तीन दिन के लिए पति के घर भेज दिया जाता है और फिर वापस बुला लिया जाता है; इसके बाद उसे तभी ससुराल भेजा जाता है जब समझा जाता है कि वह सहवास के लिए तैयार है।[10] अल्पायु में विवाह का लक्ष्य—लड़की के कौमार्य तथा पवित्रता की रक्षा करना—तब स्पष्ट हो जाता है यदि हम राजस्थान को देखें जहाँ कुछ क्षेत्रों में किसी शुभ दिन पर विशेष रूप से आयोजित विवाह-मेलों में अनेक बाल-वधुओं को बाल-वरों के साथ ब्याह दिया जाता है।[11] बाल विवाह की तर्कसंगति स्पष्ट है। बाल विवाह सुनिश्चित करते हैं कि लड़की का विवाह समुचित संस्कारों, अनुष्ठानों सहित उसके कन्या रहते ही हो गया है और सहवास के लिए उसके सही उम्र की हो जाने की प्रतीक्षा की जा

सकती है। यह गौरतलब है कि जहाँ एक ओर उन जातियों तथा परिवारों में, जो अपनी लड़कियों को अलग-थलग तथा सुरक्षित रख सकते हैं, लड़कियों का विवाह वयःसंधि के बाद ही करने की प्रवृत्ति रहती है, वहीं अन्य जातियाँ, जिनमें लड़कियों को खेतों में अथवा घर से दूर काम करने जाना पड़ता है, बेटियों का विवाह वयःसंधि से पूर्व अथवा उसके आसपास ही कर देती हैं। राजस्थान में सीकर जिले के एक गाँव में जहाँ लड़कियों के विवाह की सामान्य आयु सात से सोलह वर्ष के बीच थी, वयःसंधि के बाद होने वाले अधिकतर विवाह चारण और ब्राह्मणों में थे जिनकी पुत्रियाँ घर से बाहर काम नहीं करती थीं और उन्हें अलग-थलग रखा जा सकता था (पालरीवाला 1991)। उत्तर प्रदेश में भी वे गरीब जातियाँ, जिनकी स्त्रियों और बच्चों को घर से दूर और बिना किसी सुरक्षा के बाहर काम करना पड़ता है, नाबालिग-विवाह में सुरक्षा का अनुभव करती हैं (कुमुद शर्मा, निजी संवाद)। कौमार्य को इस तरह अत्यंत मूल्यवान मानने के संदर्भ में ही हमें प्राथमिक विवाह तथा द्वितीयक समागमों के बीच के महत्त्वपूर्ण सांस्कृतिक भेद को समझना होगा।

प्राथमिक विवाह का तात्पर्य है किसी कुमारी कन्या का किसी उपयुक्त जाति के पुरुष के साथ अनुष्ठानों के साथ हुआ विवाह। परंपरा के अनुसार किसी स्त्री का इस तरह का विवाह जीवन में एक बार ही हो सकता है। उसके परवर्ती समागमों को सामाजिक स्वीकृति प्राप्त हो सकती है और वह वैवाहिक स्थिति के सभी चिह्न धारण कर सकती है लेकिन वह स्थायी रूप से प्राथमिक विवाह के बाहर आ चुकी होती है। ये विवाह संबंध पूरे जोर शोर के साथ होने वाले कर्मकांडों के जरिये धूमधाम से संपन्न नहीं होते बल्कि किसी प्रतीकात्मक कृत्य अथवा अत्यंत संक्षिप्त समारोह द्वारा इनकी सामाजिक घोषणा कर दी जाती है। इन प्रतीकात्मक कार्रवाइयों अथवा संक्षिप्त समारोहों में स्त्री को काँच की चूड़ियाँ अथवा नथ दी जाती है जो उसकी वैवाहिक प्रस्थिति की संकेतक है, मालाएँ बदली जाती हैं या स्त्री के सिर पर चारों कोनों पर रँगा हुआ सफेद कपड़ा डाला जाता है जो इस तथ्य का प्रतीक है कि अब उस स्त्री को एक पुरुष की सुरक्षा प्राप्त है। इसी कारण पुनर्विवाह—द्वितीयक संबंध के लिए इस्तेमाल किया जाने वाला शब्द प्रायः इन आचारों का हवाला देते हैं जैसे—चूड़ी पहनाना, चादर डालना, नथ पहनाना। इसके विकल्प के रूप में द्वितीयक संबंध को पुरुष के घर में रहने आना अथवा बैठना (पैठू), घर में औरत ले आना (घर में बिठाना) अथवा घर में औरत रखना (करी या करेवा) भी कहा जा सकता है। दूसरी ओर पुरुष के लिए कोई प्रतिबंध नहीं है कि वह संपूर्ण अनुष्ठान के साथ कितनी बार विवाह करे, बशर्ते वधू का इससे पहले विवाह न हो चुका हो। केवल उसी स्थिति में उसे संपूर्ण अनुष्ठानों सहित विवाह का अधिकार नहीं रहेगा यदि वह किसी ऐसी स्त्री से विवाह करता है जिसका अतीत में विवाह हो चुका है।

केवल उचित रीति से विवाहित स्त्री ही सामाजिक रूप से स्वीकृत द्वितीयक

संबंध में प्रवेश कर सकती है। इस बात् का ध्यान द्वितीयक संबंधों में भी रखा जाता है। परंपरागत रूप से कोई स्त्री अपनी जाति के रिवाजों के अनुसार संचालित संपूर्ण अनुष्ठानों वाले विवाह के जरिये अपने यौनत्व के संस्कारीकरण के बिना किसी समाज स्वीकृत संबंध में प्रवेश नहीं पा सकती। वस्तुतः प्राथमिक तथा द्वितीयक विवाह के बीच का भेद नारी शुचिता के सरोकार तथा नारी यौनत्व के प्रबंधन पर केंद्रित है। प्राथमिक विवाह को विशेष महत्त्व तथा द्वितीयक विवाह को निम्न दर्जा बहाल कर इसे जारी रखने का प्रयास किया जाता रहा है। द्वितीयक विवाह को मानवीय कमजोरी को दी गई छूट माना जाता है : एक स्त्री की जाति की सीमाओं को कोई गंभीर क्षति पहुँचाए बिना अपनी यौन इच्छा का समाधान करने की ज़रूरत। वे जातियाँ जिनमें परंपरागत रूप से पुनर्विवाह की अनुमति है, ब्राह्मणों तथा उच्च जातियों के विपरीत प्रथम विवाह को चिरस्थायी अथवा अनुल्लंघनीय नहीं मानतीं। लेकिन इसके साथ ही उनमें प्रथम विवाह को ही सांस्कारिक स्वरूप प्राप्त है और यह ऐसा संस्कार है जिसे दोहराया नहीं जा सकता।[12] यह बात महत्त्वपूर्ण है कि किसी जाति में विधवाओं के पुनर्विवाह तथा विवाहविच्छेद की परंपरागत अनुपस्थिति उसकी उच्च आनुष्ठानिक प्रस्थिति की सूचक होती है। यौन विषमता जाति की सीमाओं तथा स्तरीकरण को बनाए रखने के साथ जटिल रूप से गुँथी है।[13]

यौन विषमता के सिद्धांत ही सजातीय विवाह के नियम और दहेज के बीच के संबंध, अंतरजातीय संबंधों में पुरुष और स्त्री की भिन्न नियति तथा स्त्रियों के यौन शोषण के मूल में हैं। हमने देखा कि अंतर्विवाह से जाति की शुद्धता बनी रहती है। प्रमुखतया विवाह जाति अथवा एक जाति समूह में ही किया जाता है। श्रीनिवास (1976 : 90) ने संकेत किया है कि समकालीन जाति-आधारित समाज में एक ही वर्ण की लगभग समस्तरीय उपजातियों की विवाह के उद्देश्य से एक तरह की इकाई बन जाती है। साथ ही, जहाँ एक ओर राजनीतिक उद्देश्य वाले जाति संगठनों में एक जाति-श्रेणी या वर्ण-श्रेणी में अनेक अंतर्विवाही जातियाँ शामिल होती हैं वहीं दूसरी ओर अपनी वैवाहिक सीमाएँ बनाए रखने का भी प्रयास किया जाता है। समाचार-पत्रों तथा पत्रिकाओं के विवाह-विज्ञापन स्तंभ इस बात के स्पष्ट सूचक हैं कि वैवाहिक सीमाएँ संकीर्ण रूप से ही शिथिल हुई हैं। इन स्तंभों में इस प्रकार के विज्ञापन नगण्य हैं जिनमें संभावित वर/वधू की जाति (विशिष्ट अंतर्विवाही इकाई, क्षेत्रीय जाति समूह अथवा कहीं-कहीं वर्ण) का उल्लेख न हो। यहाँ तक कि जो विशेष रूप से इस बात का उल्लेख करते हैं कि जाति बंधन नहीं है वे भी अपनी जाति का उल्लेख करते हैं, संभवतः उन उत्तरदाताओं के लिए जो केवल एक सीमा तक ही जाति को अनदेखा कर सकते हैं। अपने से बहुत अधिक नीची जाति के साथ वैवाहिक संबंध का सवाल ही नहीं उठता दिखता।[14] पितृवंशीय और पितृस्थानीय नातेदारी व्यवस्था में एक सुपरिभाषित जाति अथवा सहजातियों के भीतर विवाह करने

की बाध्यता दहेज प्रथा से घनिष्ठ रूप से जुड़ी है।[15]

जाति प्रथा जो नियंत्रण तथा प्रतिबंध आरोपित करती है और लोकाचारों व विश्वासों के जरिये जिस प्रभावशाली भावभूमि का निर्माण करती है वे निश्चय ही हिंदू समाज में व्याप्त दहेज प्रथा के मूल में रहे हैं। पारंपरिक अथवा आजकल स्वीकार्य अंतर्विवाही इकाई के भीतर संसाधनों के स्वामित्व, आय एवं व्यवसायों के संदर्भ में बढ़ते सामाजिक तथा आर्थिक विभेदीकरण ने विवाहयोग्य तरुणियों के अभिभावकों के बीच गंभीर प्रतिस्पर्धा को उभारा है। साथ ही तरुणों के परिवारों की ओर से माँग और अपेक्षाएँ बढ़ी हैं। वातावरण में व्याप्त उपभोक्तावाद की प्रवृत्ति के तहत दहेज किसी परिवार की जीवन शैली में समृद्धि लाकर उसे सुधारने का सबसे आसान तरीका तथा तैयार नकदी का स्रोत बन जाता है। विवाह के बाजार में सबसे अधिक हानि व परेशानी मध्यवर्गीय परिवारों को उठानी पड़ती है। उनके संसाधन सीमित रहते हैं, लेकिन वे उपयुक्त समूह के भीतर ही विवाह करने के प्रतिमानों के उल्लंघन की बात सोच भी नहीं सकते। जाति के भीतर ही विवाह संबंध करने के दबाव के चलते वे बातचीत, मध्यस्थता तथा मंत्रणा के द्वारा विवाह तय करने के रिवाज से चिपके रहने को विवश होते हैं और दहेज संबंधित मोलभाव तथा रणनीतियों की प्रक्रिया में फँस जाते हैं। और एक बात : पुरुष की श्रेष्ठता की धारणाओं से परिभाषित सामाजिक संदर्भ में, जहाँ पसंद/नापसंद का पहला अधिकार पुरुष तथा उसके परिवार का समझा जाता है, वर पक्ष और कन्या पक्ष में बातचीत तथा समझौते द्वारा तय होने वाले विवाह का रास्ता स्त्री के अपमान की संभावनाओं से भरा होता है। अंततः, अंतर्विवाह का सिद्धांत तथा जाति की सीमाओं को बरकरार रखने की सहवर्ती चिंता युवा लड़कियों पर अनेक नियंत्रण लगाते हैं। यह समझा जाता है कि बेटी की प्रतिष्ठा तथा नेकनामी की परख का आधार उसके कहीं आने जाने व घूमने-फिरने को सीमित करने के उद्देश्य से लगाई गई बंदिशें ही होती हैं। फिर, बात केवल विवाह पूर्व यौन संबंध की आशंका तथा भय की ही नहीं है, अधिकतर माता-पिता चिंतित रहते हैं कि युवा अविवाहित पुरुषों से मिलने तथा मेल-जोल के अवसर प्राप्त होने से उनकी बेटियाँ अपना जीवन-साथी खुद चुन सकती हैं[16] और यदि वह किसी नीची जाति का हुआ तब क्या होगा? निश्चय ही, दहेज को केवल अंतर्विवाह के साथ नहीं जोड़ा जा सकता, परंतु यह भी सच है कि अंतर्विवाह पर दिया जानेवाला जोर और उससे जुड़ी अनेक वर्जनाओं तथा सीमाओं पर विचार किए बिना हिंदू समाज में तेजी से हो रही दहेज की वृद्धि को समझ पाना संभव नहीं है।

निश्चय ही जाति के बाहर होने वाले यौन संबंधों के कारण सजातीय विवाह का सिद्धांत उच्छिन्न होता रहा है, दरारें पड़ती रही हैं तथा प्रतिमानों का उल्लंघन होता रहा है। लेकिन इस प्रक्रिया में भाग लेने वाले पुरुषों और स्त्रियों की नियति भिन्न-भिन्न रही है।

हमने प्राथमिक तथा द्वितीयक विवाह के बीच के अंतर पर ध्यान दिया है। जाति की सीमा तोड़ने वाले द्वितीयक संबंध प्रायः व्यक्ति अपनी पहल पर स्थापित करते हैं और फिर समुदाय उनका संज्ञान लेता है। ऐसी जातियों में, जिनकी स्त्रियों को प्रथागत रूप से द्वितीयक संबंध बनाने की अनुमति रही है, अंतरजातीय संबंधों को कुछ हद तक स्वीकृति मिल जाती है बशर्ते कि स्त्री और पुरुष कमोबेश समान प्रस्थिति वाली जातियों के हों अथवा पुरुष की जाति स्त्री की जाति से ऊँची हो। अपराध का प्रायश्चित्त जुर्माना दे कर तथा/अथवा भोजन दे कर करना पड़ता है। तब तक पुरुष को अस्थायी रूप से समाज/जाति से बहिष्कृत कर दिया जाता है—यदि ऐसा किया ही जाए तो—और यह स्थिति केवल औपचारिक आनुष्ठानिक/कर्मकांडीय अथवा समारोहों के अवसरों पर ही स्पष्ट होती है। उत्तरी तथा मध्यवर्ती भारत में ऐसे संबंधों से पैदा हुए बच्चे पिता की जाति में शामिल कर लिए जाते हैं। पिता का बीज अंतरजातीय द्वितीयक संबंध में भी बच्चे को सुपरिभाषित जाति का सदस्य बना देता है। बच्चों पर लगे अस्थायी कलंक का उनकी प्रस्थिति पर कोई खास असर नहीं होता। दूसरी ओर, ऐसे संबंध में सन्निहित स्त्री अपनी जाति से च्युत की जाती है, उसका परिवार तथा नातेदारी समूह उसे त्याग देता है। कहीं-कहीं इस अस्वीकार का अनुष्ठान होता है। उदाहरणार्थ, दक्षिण-पूर्वी मध्यप्रदेश में, पहला पति एक मृत्यु-भोज (मरली-जीती भात) देकर जाति से बाहर की गई अपनी पत्नी की प्रतीकात्मक मृत्यु की घोषणा करता है। परंतु साथ ही वह स्त्री अपने नए पति की जाति में कभी भी पूरी तरह शामिल नहीं की जाती। वह सामुदायिक भोजों, कर्मकांडों, अथवा समारोहों में पूर्ण सदस्य के रूप में हिस्सा नहीं ले सकती। और ऐसी स्त्री को अपने शव को ठिकाने लगवाने के लिए उसी पुरुष पर निर्भर होना पड़ता है जिसके साथ वह रह रही होती है। यदि उस पुरुष की मृत्यु हो चुकी हो तथा उसके कोई पुत्र न हो तो स्त्री के शव को निम्नतम जाति के सदस्य बिना किसी कर्मकांड के ठिकाने लगा देते हैं। दक्षिण भारत में अंतरजातीय संबंधों की संतानों को प्राथमिक विवाह की संतानों की तुलना में हीन दर्जा दिया जाता है। वे माँ के कलंक को वहन करते हैं। वास्तव में विधवाओं और विच्छिन्नविवाह स्त्रियों के अपनी ही जाति में पुनर्विवाह से उत्पन्न संतानों को भी हीनतर प्रस्थिति में रखा जाता है, यद्यपि यह प्रस्थिति अंतरजातीय संबंधों से उत्पन्न बच्चों के मुकाबले उच्चतर होती है। बच्चों के बीच श्रेणीकरण माता की जाति तथा वैवाहिक प्रस्थिति पर आधारित होता है।[17]

दृढ़ पितृवंशीय विचारधारा, जिसमें पुरुष रक्त ही संतान के स्थान निर्धारण का वास्तविक निर्णायक होता है—जब तक कि माँ बहुत नीची जाति की न हो—दक्षिण भारत की अपेक्षा उत्तर भारत की विशेषता अधिक है। हरियाणा के जाटों का मामला एक दूसरे ध्रुव का रहा है जहाँ जातियों के बीच आनुष्ठानिक दूरी का भी कोई विशेष महत्त्व नहीं था। ब्राह्मणीय आदेशों से अपेक्षाकृत स्वतंत्रता तथा आनुष्ठानिक

शुचिता-अशुचिता के प्रतिमानों की शिथिल पकड़ का अर्थ था कि औपनिवेशिक काल के दौरान जाट पुरुष अत्यंत नीची जातियों, जैसे चमार और चुहरा (भंगी), की स्त्रियों के साथ मुक्त भाव से यौन संबंध स्थापित करते थे। इन स्त्रियों से उत्पन्न बच्चे जाट समुदाय में मिल जाते थे। जाट आत्मबोध में उनका समुदाय समुद्र जैसा है : उसमें जो गिरता है वह जाट हो जाता है (चौधरी 1994)।[18]

राजपूत अथवा क्षत्रिय विभिन्न जातियों—कभी-कभी अपने से काफी नीची प्रस्थिति वाली जातियों—की स्त्रियों के साथ अनुलोम संबंध के मामले में उदार रहे हैं। सत्तारूढ़ वर्ग अपनी विशेषाधिकारसंपन्न प्रस्थिति का इस्तेमाल विभिन्न मध्यस्तरीय जातियों की कुमारी कन्याओं के साथ अपने विवाहों को आनुष्ठानिक स्वीकृति दिलाने के लिए करते थे। ऐसे संबंधों से उत्पन्न संतानों को पिता की पहचान मिलती थी, वे राजपूत कहलाती थीं लेकिन उनकी प्रस्थिति अपने पिता की तुलना में नीची होती थी। द्वितीयक संबंधों में निश्चय ही स्त्रियों को रखैल माना जाता रहा है। (यह उन सभी ऊँची जातियों—जिनमें पुनर्विवाह का चलन नहीं था के लिए लागू था।)

राजपूतों तथा अन्य प्रभुत्वपूर्ण जातियों के पुरुष विभिन्न जातियों की रखैलें भी लाते रहे हैं। इन पुरुषों की आनुष्ठानिक प्रस्थिति पर तब तक कोई प्रश्नचिह्न नहीं लगाया जाता जब तक वे अपनी रखैल के साथ गृहस्थी नहीं बसाते तथा उनके द्वारा पकाया भोजन नहीं ग्रहण करते। केवल उसी स्थिति में इन पुरुषों को समाज से बहिष्कृत होने का खतरा उठाना पड़ता है जब किसी बहुत नीची जाति की स्त्री के साथ वे खुला तथा दीर्घकालीन संबंध स्थापित करते हैं। दिलचस्प बात यह है कि उनके परिवार/खानदान की सत्ता तथा विशेषाधिकार उनके अविवेक को छिपाने में काम आ सकते हैं। इसके अतिरिक्त पुरुषों के लिए अपने किये का प्रायश्चित्त कर जाति में वापस लौटना तो संभव रहता ही है।

पुरुषों ने किसी नीची जाति की स्त्री के साथ यौन सबंध से प्राप्त अशुचिता से बचने के लिए अनेक उपायों को संस्थायित किया है। प्रायः यह उपाय पवित्रकारी स्नान तथा अपराध के कर्मकांडीय प्रायश्चित्त के रूप में होता है। उदाहरण के लिए कर्नाटक और तमिलनाडु में कट्टरपंथी ब्राह्मण किसी नीची जाति की स्त्री के साथ 'सोने' के बाद पुराना जनेऊ छोड़ देते हैं, पवित्रकारी स्नान करते हैं और फिर नया जनेऊ धारण कर लेते हैं। दूसरी ओर, यदि इन समुदायों की कोई स्त्री भ्रष्ट हो जाए और मामला खुल जाए तो उसे जात से बाहर कर दिया जाता है, परिवार के लिए मृत घोषित कर दिया जाता है और उसका 'नकली' श्राद्ध भी कर दिया जाता है। ऊँची जाति की स्त्री का यौन-साथी यदि किसी नीची जाति का हुआ तो उसकी नियति है सत्ताधारी लोगों—जैसे जाटों, ब्राह्मणों, राजपूतों, कम्मा, रेड्डी इत्यादि—के हाथों कड़ी सजा। यह सजा ज़ीविकोपार्जन के स्रोतों से वंचित होने, जमकर धुनाई तथा कभी-कभी मृत्यु के रूप में भी हो सकती है।[19]

संसाधनों के स्वामित्व से प्राप्त प्रभुत्व विभिन्न जातियों की कर्मकांडीय प्रस्थिति संबंधित धारणाओं तथा रक्त की श्रेणी कृत गुणवत्ता के विचारों के साथ गुंथा हुआ है। शक्तिशाली ऊँची जातियों के भूस्वामी पुरुष नीची जाति की स्त्रियों का यौन शोषण करते हैं। नीची जातियों के पुरुषों के लिए अपनी स्त्रियों को ऊँची जाति के अपने मालिकों और उच्चस्थों की वासना और कामना से बचा पाना कठिन होता है; ऊँची जाति के 'बीज' को प्रच्छन्न स्वीकृति भी दी जाती है। यदि कोई उच्च अथवा मध्य जाति का पुरुष किसी बहुत नीची जाति की स्त्री के साथ स्थायी संबंध रखने के कारण अपने समुदाय से बहिष्कृत कर दिया जाता है, केवल उसी स्थिति में वह स्त्री की जाति से जुड़ जाता है तथा उनके बच्चे माँ की जाति में बड़े होते हैं। लेकिन प्रायः बात यहाँ तक पहुँचती नहीं। ऊँची जाति के पुरुषों द्वारा चलताऊ संपर्क तथा यौन आक्रमण की कार्रवाइयाँ अधिक देखने को मिलती हैं। इस प्रकार के तथा ऊँची जातियों द्वारा किए जा रहे अन्य प्रकार के शोषक व्यवहार के प्रति निम्न जातियों के प्रतिरोध के परिणामस्वरूप उनकी स्त्रियों पर यौन प्रहार किए जाते हैं। ऐसी घटनाएँ उनके पुरुष नातेदारों तथा समुदाय की गरिमा और सम्मान पर चोट करती हैं। जैसा कि देखा गया है, यहाँ भी बलात्कार यौन हिंसा के जरिये प्रभुत्व का प्रदर्शन ही होता है। ऊँची जातियाँ दावा करती हैं कि प्रभुत्व बनाए रखना व जताना उनका अधिकार है। उदाहरणतः उत्तर प्रदेश में यह कहा जाता है कि जैसे किसी बकरी को कोई जब चाहे दुह सकता है, उसी तरह कोई जब चाहे मनचाही चमार औरत का मजा ले सकता है। विदर्भ में अपने खेतों में काम करनेवाली महार स्त्रियों की तलाश में रहने वाले कुनबी भूस्वामी तिरस्कार के साथ कहते हैं, 'उसे थोड़ा अनाज दे दो वह चुप हो जाएगी।' संसाधनों पर नियंत्रण तथा कर्मकांडीय प्रस्थिति—ये दोनों मिल कर सत्ता-संबंधों को गढ़ते हैं, एक-दूसरे को मजबूत बनाते हैं, और ऊँची जातियों के पुरुषों द्वारा नीची जाति की स्त्रियों के यौन शोषण का आधार बनते हैं।

निष्कर्ष

अंत में मैं इस बात पर संक्षेप में विचार करूँगी कि क्या आधुनिकता के अस्पष्ट दृष्टि वाले भोंपुओं द्वारा घोषित ऊपर ऊपर से निर्मम तथा अपरिहार्य दिखने वाली परिवर्तन की प्रक्रियाओं के कारण जाति और लिंगभेद के बीच के संबंध में रूपांतरण हुए हैं? निश्चय ही आहार-व्यवहार को अनुशासित करने वाले नियमों और प्रतिमानों में काफी ही नहीं बल्कि जबर्दस्त शिथिलता आई है और सामूहिक दंडविधान तथा जाति से निकाले जाने व बहिष्कार की सहवर्ती व्यवस्थाएँ भी गंभीर रूप से कमजोर हुई हैं। लेकिन भोजन से संबंधित आचार-व्यवहार और उनसे जुड़ी धारणाएँ तथा कर्मकांडों के निर्वाह के ढंग एवं सहवर्ती प्रतिमान, जो जाति और लिंगगत विषमता

के अंतर्मिश्रण के माध्यम से अभिव्यक्त होते हैं, अब भी परिवार के कार्य-संचालन के लिए प्रासंगिक बने हुए हैं। इसी तरह सामाजिक अंतःक्रिया के तरीकों तथा विस्तार व महत्ता का रूपांतरण—जिसकी विशेषता है आहार-व्यवहार संबंधी वर्जनाओं की लगभग अनुपस्थिति, विशेषकर महानगरों तथा शहरी क्षेत्रों में तथा कस्बों व देहातों में भी सार्वजनिक स्थलों पर, हिंदू विधिव्यवस्था के परिवर्तित ढाँचे के भीतर अंतरजातीय विवाहों, विवाहविच्छेद और औरतों के पुनर्विवाह को मान्यता देने वाले कानून के लागू होने तथा 'नागरिक'—अदालती विवाह की संस्था के साथ बढ़ते परिचय ने जाति की सीमाओं के बाहर विवाहों की संभावनाओं के द्वार खोले हैं। इसके साथ ही विवाह संबंधों की मान्यताप्राप्त—कुछ हद तक बदलती—सीमाओं के भीतर ही बातचीत व मंत्रणा के जरिये तय किए जाने वाले विवाह सर्वाधिक स्वीकृत, प्रतिमानात्मक और आम हैं।[20] अंततः, राज्य की नीतियों तथा व्यवहारों पर केंद्रित संस्थागत राजनीति के व्यापकतर संदर्भों में जातियों की अस्मिता पर बढ़ते हुए जोर ने विभिन्न जातियों की परंपराओं को नई सक्रियता, नया रूप तथा नई ताकत प्रदान की है। 'जाति' मरी नहीं है। लिंगभेद एक जीवंत मुद्दा है। जाति के सिद्धांत हिंदू समाज में मौजूद लिंगगत विषमता की विशिष्ट प्रकृति तथा चरित्र उजागर करते हैं : जाति की सीमाएँ और श्रेणीबद्धता (पद क्रम) लिंगभेद द्वारा अभिव्यक्त की जाती हैं।

टिप्पणियाँ

1. जाति हिंदू समाज की आधारभूत संस्थाओं में से एक है और इस पर विद्वानों, सक्रिय कार्यकर्ताओं तथा राजनीतिज्ञों का ध्यान लगा रहा है। जाति के विविध पक्षों को लेकर लिखे गए उसके स्वरूप और चरित्र पर प्रचुर साहित्य उपलब्ध है। क्षेत्रीय भिन्नताओं को ध्यान में रखते हुए जाति की आदर्श-विशिष्ट संरचना तथा परिवर्तन और निरंतरता की प्रक्रियाओं का जीवंत वर्णन तथा अकाट्य विश्लेषण किया गया है। विद्वानों ने जाति-व्यवस्था के आधारभूत सिद्धांतों की पड़ताल करने का प्रयास किया है; जाति का अध्ययन अंतहीन विवादों और बहसों का स्रोत बना है। इसके साथ ही, जाति-व्यवस्था की उचित तथा पर्याप्त समझ के लिए लिंगभेद की प्रासंगिकता और जाति किस तरह से स्त्रियों के जीवन में हस्तक्षेप करती है ये मुद्दे पूरी तरह उपेक्षित तो नहीं रहे हैं, किंतु इन पर समुचित ध्यान नहीं दिया गया है।
2. जाति की मूलभूत विशेषताओं द्वारा संचालित प्रतिमान पिछले कुछ दशकों के दौरान काफी हलके हुए हैं लेकिन वे गायब नहीं हो गए हैं और अभी भी हिंदू समाज की विशेष पहचान चिह्न बने हुए हैं। जब मैं जाति का उल्लेख करती हूँ तो उसका अर्थ है पृथक्करण तथा पदक्रम के सिद्धांतों से परिचालित जन्मना-प्रस्थिति समूह। विभिन्न जातियों के बीच पारस्परिक निर्भरता 'जजमानी' संबंधों द्वारा स्थापित थी जिसके तहत जजमान को सेवा तथा सामान (वस्तुएँ) मिलने थे और बदले में ये सब मुहैया करने वालों को जीविका के साधन प्राप्त होते थे। जाति-व्यवस्था की यह विशेषता काफी कमजोर पड़ गई है लेकिन इसके विभिन्न रूप अब भी दिखाई पड़ते हैं।
3. निश्चय ही अपराधों के सुलभ प्रायश्चित्त या उनका संज्ञान ही न लिये जाने में आर्थिक तथा राजनीतिक प्रभुत्व की महत्त्वपूर्ण भूमिका रही है, लेकिन यहाँ भी ज्यादातर इस तरह का खेल

मूलतः उस पारिवारिक इकाई/खानदान/नातेदारी समूह का होता है जिसका अपराधी व्यक्ति सदस्य होता है।

4. स्त्रियाँ ऐसे प्रबंधों के प्रति आक्रोश व्यक्त करती हैं। ब्रेमन (1974) बताते हैं कि दक्षिण गुजरात में अनाविल ब्राह्मणों के लिए बँधुआ मजदूरी करने वाले डुबला समुदाय की लड़कियाँ इस डर से किसी बँधुआ मजदूर से विवाह नहीं करना चाहती थीं कि उन्हें मालिक की गृहस्थी से बँध कर रहना पड़ेगा तथा मालिक के परिवार के हर इशारे और पुकार पर हर तरह का काम करना पड़ेगा।

5. इस संदर्भ में कुछ केंद्रीय विशेषताओं तथा गतिविधियों पर ध्यान देना होगा जो भोजन संबंधी आचार-व्यवहारों को सूचित तथा परिचालित करते हैं। उत्तर तथा मध्यवर्ती भारत में 'पक्के' और 'कच्चे' खाने में भेद किया जाता है और इस भेद को बहुत महत्त्व दिया जाता है। 'पक्का' खाना दूध में अथवा घी में पकाया जाता है–उसे शुद्ध माना जाता है तथा वह आसानी से अपवित्र नहीं हो सकता। फल अपवित्रता से परे हैं। दूसरी ओर, मूलतः रोजमर्रा का भोजन 'कच्चा' होता है : पानी में पकाया हुआ चावल, दाल तथा अन्य धान्य 'कच्चा' भोजन है जिन्हें छूत लगने का, मतलब जिनके अपवित्र होने का गंभीर खतरा रहता है। कच्चा खाना पकाने, परोसने, वितरित करने तथा रखने में कट्टर नियमों का पालन करना आवश्यक रहता है। दक्षिण भारत में भी इसी तरह का, बल्कि इससे बहुत अधिक कठोर भेद मौजूद है, यद्यपि इसे 'कच्चा' और 'पक्का', इन दो वर्गों में विभाजित नहीं किया गया है। यहाँ जो मूल धारणा काम करती है, वह है तमिल में जिसे 'पत्तु' कहा जाता है। उसके संबंध में मोटे तौर पर पानी में या पानी की भाप में पकाया गया भोजन, जैसे इडली, दालें तथा विशेषकर चावल 'पत्तु' होता है। इस भोजन को छूनेवाला हाथ भी 'पत्तु' हो जाता है। इस भोजन को पकाने, रखने, परोसने तथा बाँटने के लिए उच्च स्तर की पवित्र शुद्ध दशाओं में रहना अत्यंत आवश्यक होता है। इसी तरह की शुचिता/पवित्रता ब्राह्मणों तथा कुछ अन्य उच्च जातियों में अपने कुल देवताओं और पुरखों को भोग लगाने-भोजन अर्पित करने में भी जरूरी होती है। ('पत्तु' जैसी धारणा–कुछ अंतर के साथ–को अभिव्यक्त करने के लिए अन्य भाषाओं, जैसे बांगला, मराठी, हिंदी इत्यादि में भी शब्द मौजूद हैं।) तमिल, मराठी और हिंदी में क्रमशः 'मड़ी', 'सोले' या 'सोला' ये शब्द, शरीर की, कपड़ों की, अन्न की शुचिता/पवित्रता बनाए रखने तथा अपवित्रता से बचने की गतिविधियों की द्योतक हैं। इन प्रथागत गतिविधियों में बारीकियों, तफसील तथा कट्टरता की दृष्टि से भेद तो होंगे ही, किंतु इन्हें संचालित करने वाला आदर्श समान है (देखें श्रीनिवास 1972; खरे 1976)। इसी तरह थूक से अथवा मुँह के संसर्ग में आने के कारण खाद्यों या पेयों के संदूषित तथा अशुद्ध हो जाने की धारणा व्यापक रूप से प्रचलित है, जिसे तेलुगु में 'एंजेलु', 'तमिल' में 'अइचंल', मराठी में उष्टे तथा हिंदी में 'जूठा' इन नामों से जाना जाता है। वस्तुतः देह और स्थान की शुचिता के विशिष्ट स्तरों को बनाए रखने की आवश्यकता तथा स्त्रियों की दैहिक प्रक्रिया से जुड़ी अशुचिता का ध्यान जाति पदक्रम के सभी स्तरों पर अलग-अलग मात्रा में प्रचलित है। निस्संदेह आहार के क्षेत्र में स्त्रियों का आचरण व व्यवहार जाति पदक्रम के अंतर्गत श्रेणीकरण के संदर्भ में बहुत प्रासंगिक है।

6. प्याज, लहसुन तथा तेज मसालों को कामवासनावर्धक माना जाता है। सामिष भोजन को भी कामोद्दीपक माना जाता है। यह भी माना जाता है कि वह क्रोध बढ़ाता है। गंदगी खाने वाले पशु-पक्षियों, जैसे पालतू मुर्गी का मांस, पारंपरिक रूप से अनेक उन जातियों के लिए भी निषिद्ध है जो मछली तथा कुछ अन्य किस्मों जैसे बकरी या भेड़ का तथा जंगली मुर्गी और जंगली सुअर का भी मांस खाते हैं। पालतू सुअर का मांस कुछ नीची जातियाँ ही खाती हैं,

लेकिन इसमें क्षेत्रीय भिन्नताएँ हैं तथा विशेष जानवरों के फार्म बनने के साथ ही अनेक शहरी क्षेत्रों में स्थिति बदली है। मरे जानवर का मांस एकदम नीचे स्तर की समझी जानेवाली जातियाँ खाती रही हैं।

7. पिछले कुछ दशकों के दौरान कर्मकांडों, विभिन्न अनुष्ठानों और पंचांग के अनुसार विशिष्ट तिथियों पर पड़ने वाले त्योहारों का काफी मानकीकरण हुआ है। जीवन के महत्त्वपूर्ण अनुष्ठानों के समारोह के लिए मंदिर एक सामान्य कार्यस्थल बन गए हैं। व्यावसायिक रूप से संचालित संगठन भी इन समारोहों के लिए सुविधाएँ प्रदान करते हैं। लेकिन मानकीकरण ने जाति परंपराओं को पूरी तरह मिटा नहीं दिया है। अनेक त्यौहार, व्रत तथा विशेष पूजाएँ, विशेष जातियों के साथ जुड़ी हैं। उदाहरण के लिए अय्यर ब्राह्मण परिवार में पिता के वार्षिक श्राद्ध में जो चीजें दान की जाती हैं वे निश्चित होती हैं तथा खाना बनाने का काम पुत्रवधू को पवित्र दशा में करना होता है। इसी तरह अनेक अवसरों पर जब पुरखों को सम्मानित किया जाता है तब भोजन पकाने तथा उसके परोसने में उन स्त्रियों की विशेष भूमिका होती है जिन्हें इस परिवार की सदस्यता विवाह द्वारा मिली है। परिवार की सुहागनों से जुड़े विशेष व्रत व पूजाएँ और कुमारी कन्याओं को सम्मान दिए जाने तथा वयःसंधि से जुड़े अनुष्ठान भी जाति के अनुसार अपनी विशिष्ट पद्धति से किए जाते हैं।

8. मातृवंशीय जातियों—जैसे कि मध्य केरल की नायर जातियों—में भी, जहाँ वंशसमूह की सदस्यता माता के माध्यम से मिलती थी, यह सुनिश्चित करने के लिए कि गर्भवती स्त्री ने उपयुक्त जाति या उपजाति—अर्थात् किसी श्रेष्ठतर समूह (जैसे नंबूदिरी, सामंतन् इत्यादि) अथवा लगभग समान प्रस्थिति वाले जाति-समूह के पुरुष से ही सहवास किया था, किसी हीनतर प्रस्थिति के जाति के पुरुष से नहीं, पिता की पहचान ज़रूरी थी। (देखें गफ 1959; दुबे 1988 ब)।

9. प्रथम विवाह की बुनियादी आवश्यकता को पूरा करने में कौमार्य का महत्त्व तथा स्त्री यौनत्व को संस्कारित तथा पवित्र बनाने वाले कर्मकांडों में उसकी (कौमार्य की) केंद्रीयता स्पष्ट हो जाएगी यदि हम अब से कुछ दशक पहले तक छत्तीसगढ़ (दक्षिण-पूर्व मध्यप्रदेश) में अनेक जातियों में प्रचलित 'नकली' विवाहों को देखें जो वयःसंधि के पूर्व रचाए जाते थे। इनकी तुलना नेवारों में प्रचलित 'इही'—लड़की का वयःसंधि से पूर्व बेलफल से विवाह (ऐलन 1982) तथा मातृवंशीय नायरों में प्रचलित ताली-बंधन समारोह—जो इसी सदी के प्रारंभिक वर्षों तक एक जीवंत प्रथा थी (गफ 1955) से की जा सकती है। श्यामाचरण दुबे (एस. सी. दुबे 1953) द्वारा वर्णित, छत्तीसगढ़ में प्रचलित एक प्रकार के प्रतीकात्मक विवाह में वयःसंधि से पूर्व लड़की का विवाह धान कूटने के मूसल से कर दिया जाता था। लड़कियाँ वयःसंधि के बाद ही ब्याही जाती थीं लेकिन वयःसंधि से पूर्व 'नकली' विवाह रचाने में कुछ सार था। इस समारोह के पूर्व यौन संभोग अथवा संगीन विचलन से लड़की के हमेशा के लिए अशुद्ध हो जाने की आशंका रहती थी (वही : 18)। यदि प्रतीकात्मक विवाह के संपन्न होने के पूर्व ही लड़की रजस्वला हो जाए तो उसे गंभीर अयोग्यताओं का सामना करना पड़ता था। वह पूजा में हिस्सा नहीं ले सकती थी न ही विवाह समारोहों में वधुओं और वरों के निकट जा सकती थी; उस पर गंभीर सामाजिक कलंक लग जाता था तथा उसे समुदाय की पूर्ण सदस्यता से स्थायी तौर पर निष्कासित कर दिया जाता था। यह गौरतलब है कि प्रतीकात्मक विवाह को 'प्रथम विवाह' भी कहा जाता था। यह विवाह हो जाने के बाद लड़की के यौन संबंधी अपराधों या स्खलनों का 'निपटारा' जाति के बड़े-बूढ़े उसी तरह करते थे जैसे कि किसी विवाहिता स्त्री के अपराधों का। श्यामाचरण दुबे ने छत्तीसगढ़ के एक आदिवासी समूह चौरबुटिया भुंजिया में प्रचलित वयःसंधि से पूर्व लड़कियों का प्रतीकात्मक विवाह तीर से किए जाने का भी वर्णन किया है। यह आदिवासी समूह अपने रसोईघर—जहाँ

पुरखे स्थापित रहते थे—की पवित्रता बनाए रखने के प्रति व्यापक सरोकार के लिए जाना जाता था। इस प्रकार अपने को पृथक रखने के प्रति विशेष आग्रही समूह अपनी स्त्रियों की पवित्रता बनाए रखने के लिए वयःसंधि पूर्व प्रतीकात्मक विवाहों का सहारा ले सकते हैं।

जैसा कि ग्रामीण क्षेत्रों में काम कर रहे अनेक लेखकों ने बताया है, पुरुष को भी पूर्ण वयस्कता तथा व्यक्तित्व प्रदान करने के लिए विवाह जरूरी होता है। लेकिन दोनों के बीच एक अंतर है। कई स्त्रियों से यौन संबंध रखने और उनसे बच्चे होने के बाद भी पुरुष समुचित वैवाहिक अनुष्ठानों सहित विवाह कर सकता है। पूर्वी दिल्ली में आकर बसे तमिल पड़याचियों में हाल में इस तरह के मामले देखने में आए हैं जहाँ किसी बाल-बच्चों वाले पर अविवाहित पुरुष के शव का पूरे विधि-विधान के साथ केले की शाखा के साथ विवाह किया गया ताकि वह कहीं भूत न बन जाए। छत्तीसगढ़ में क्षेत्रकार्य के दौरान मुझे प्राप्त हुई सामग्री से भी इस तरह के विश्वासों तथा दाह संस्कार अथवा दफनाए जाने से पूर्व पुरुष के शव का किसी चीज से अनुष्ठानपूर्वक विवाह किए जाने की प्रथा की पुष्टि होती है।

10. उत्तर प्रदेश के इटावा जिले के एक गाँव में ऐसा होता है। मैं इस सूचना के लिए सेंटर फार वीमेंस डेवलप्मेंट स्टडीज की कुमुद शर्मा की ऋणी हूँ जिन्होंने इस क्षेत्र में एक शोध-परियोजना चलाई थी।

11. यह जानकारी मुझे रजनी पालरीवाला ने दी। राजस्थान के जोधपुर क्षेत्र की तुलसी पटेल ने मुझे जानकारी दी कि इस तरह के विवाह प्रायः विस्तारित परिवार की सबसे बड़ी लड़की (लगभग पंद्रह या सोलह वर्ष की अवस्था वाली) के विवाह के अवसर पर अथवा कुटुंब के किसी वृद्ध के मृत्युभोज के समय किए जाते हैं।

12. यह उल्लेखनीय है कि कई क्षेत्रों में यदि कोई स्त्री अपने पति को छोड़कर उसी जाति के किसी अन्य पुरुष के साथ/पास चली जाती है तो दूसरे पति को पहले पति के लिए हरजाना देना पड़ता है, तथा कभी-कभी अर्थदंड भी भुगतना पड़ता है। स्त्री अपनी जाति में बनी रहती है (क्योंकि दूसरा पति भी उसी की जाति का रहता है)। दूसरे पति को समुदाय से नए संबंध को मान्यता प्राप्त करने के लिए भोज भी देना पड़ता है। यदि कोई विवाहित स्त्री किसी दूसरी जाति के पुरुष के साथ चली जाती है तो उसे हमेशा के लिए जाति से बाहर मान लिया जाता है। वह दोषी मानी जाती है उसके माँ-बाप नहीं। दूसरी ओर यदि कोई अविवाहित लड़की भाग जाती है तो तूफान खड़ा हो जाता है। लोग सोचते हैं यह शर्मनाक है कि माता-पिता ने ठीक समय से उसका विवाह नहीं किया और उस पर नियंत्रण नहीं रखा, और परंपरा के चलते संभव है कि अब उसका विवाह पूर्ण विधि-विधान से न हो पाए। यदि मामले को नियंत्रित कर लिया जाए और पुरुष लड़की की जाति का ही हो तो दोनों का चटपट विवाह कर दिया जाता है। इन दिनों के घर से भाग जाने के (और अंतरजातीय संबंधों के) मामलों में गाँव के लोग रजिस्टर्ड विवाह का सहारा लेने लगे हैं। इस तरह राज्य का कानून प्राथमिक विवाह की पवित्रता को रेखांकित करने का साधन बन गया है।

13. सामाजिक गतिशीलता की प्रक्रियाओं तथा अपनी प्रस्थिति ऊपर उठाने के जाति-समूहों के प्रयासों में स्त्रियाँ केंद्रीय लक्षणों या संकेतकों तथा कर्ताओं की भूमिका अदा करती रही हैं। यह सुविज्ञात है कि श्रेणीगत सोपानबद्ध जन्मना-प्रस्थिति वाली समूह व्यवस्था में प्रायः परिवर्तन किसी जाति विशेष द्वारा कर्मकांडीय दृष्टि से अपने से उच्चतर जाति की प्रथाएँ, विश्वास तथा मान्यताएँ अपना कर समाज से प्राप्त अपनी प्रस्थिति को ऊपर उठाने के सामूहिक प्रयासों के रूप में हुए हैं। मध्यस्तर की तथा नीची जातियों द्वारा उच्चतर जाति-प्रस्थिति के प्रतीकों को अपनाने तथा आत्मसात करने और साथ-साथ निम्नतर कर्मकांडीय प्रस्थिति के प्रतीक समझे जाने वाले

रीति-रिवाजों को त्यागने की इस प्रकिग्रा में स्त्रियाँ अत्यंत महत्त्वपूर्ण रही हैं। कुछ उदाहरण देखें : स्त्रियों के कहीं आने-जाने की स्वतंत्रता पर प्रतिबंध लगाना, उन्हें अलग-थलग रखे जाना; उन्हें घर के बाहर होने वाली उत्पादक गतिविधियों में भाग न लेने देना, विधवा के पुनर्विवाह पर लगे निषेध और उनसे जुड़ी हुई विधवाओं द्वारा आत्मनिग्रह तथा कठोर तपस्या के पालन की अपेक्षा, विवाहविच्छेह तथा पुनर्विवाह पर कठोर प्रतिबंध, वर और वधू के परिवारों के बीच के उपहारों के आदान-प्रदान की प्रथाओं में परिवर्तन तथा वधू-मूल्य की जगह दहेज की प्रथा का अनुसरण। सामाजिक गतिशीलता के उपाय व तंत्र स्त्रियों पर प्रतिबंध तथा सीमाएँ थोपते हैं और उन्हें सामाजिक व आर्थिक रूप से और अधिक निर्भर बनाते हैं।

14. मेरा यह कथन **द टाइम्स आफ इंडिया, द हिंदुस्तान टाइम्स, नवभारत टाइम्स** तथा हिंदी पत्रिका 'सरिता' के हाल के अंकों में छपे वैवाहिक विज्ञापनों के स्तंभों पर आधारित है।

15. महाराष्ट्र के मराठों, गुजरात के पाटीदारों तथा अनाविल ब्राह्मणों, अनेक क्षेत्रों के राजपूतों और उत्तर प्रदेश के कान्यकुब्ज ब्राह्मणों में काफी मात्रा में दहेज देने की प्रथा रही है। इन जातियों में परंपरागत आंतरिक स्तरीकरण है और इनमें जाति के भीतर ही अनुलोम विवाह (नीची जन्मना-प्रस्थिति वर्ग की स्त्री का उच्चतर प्रस्थिति या इकाई के पुरुष से विवाह) की प्रथा है। सुपरिभाषित सीमाओं के भीतर ही विवाह करने की बाध्यता के साथ-साथ आंतरिक वर्गीकरण के कारण युवतियों तथा उनके परिवारों की स्थिति भाग्याधीन हो जाती है। अतः यह आश्चर्यजनक नहीं कि इनमें से कुछ समूहों में कन्या-भ्रूण हत्याएँ होती रही हैं। श्रीनिवास (1984) के अनुसार कुछ दशक पहले तक अधिकतर दक्षिण भारतीय जातियों में, जिनमें ब्राह्मण भी शामिल थे, वधू-मूल्य की प्रथा प्रचलित थी। विवाह से जुड़े परिवारों के बीच उपहारों का आदान-प्रदान स्थापित प्रतिमान रहा लगता है। दहेज प्रथा के तेजी से बढ़ने में संभवतः नातेदारी के भीतर होने वाले विवाहों का घटना, जाति के भीतर आर्थिक तथा सामाजिक विभेद और अनेक सहजातियों तथा उपजातियों के बीच वैवाहिक संबंधों के लिए भेद न करने के कारण विवाह के संभावित दायरे के विस्तार का भी योगदान रहा होगा। यह बात दिलचस्प है कि अंतर्विवाह के नियम का कट्टरतापूर्वक पालन करने वाली, संख्या में बहुत छोटी और अलग-थलग रहने वाली अनेक जातियों, जैसे महाराष्ट्र की कुछ ब्राह्मण जातियों, गुजरात के नागर ब्राह्मणों तथा उत्तर प्रदेश के चतुर्वेदी ब्राह्मणों में दहेज प्रथा नहीं रही है। लगता है उनमें रक्त की शुद्धता, पारिवारिक परंपरा तथा वधू के आवश्यक कर्मकांडों तथा रीति रिवाजों से परिचय को अधिक महत्त्व दिया जाता था।

16. जिन शहरी लड़कियों को कहीं आने-जाने, घूमने-फिरने तथा मिलने-जुलने की तर्कसंगत स्वतंत्रता दी जाती है वे प्रायः दहेज की बुराई से बच निकलने में सफल होती हैं तथा अर्थार्जन व व्यवसाय की दृष्टि से भी सफल रहती हैं।

17. इस संबंध में देखें : दुमों (1970) तथा श्रीनिवास (1976)। लेकिन हाल के वर्षों में इनमें क्रांतिकारी परिवर्तन हुए हैं।

18. जाति विषयक चेतना तथा जातीय अभिमान के उभार के परिणामस्वरूप जाट पुरुष अंतरजातीय विवाहों के संदर्भ में अपना खुलापन तथा लचीलापन छोड़ रहे हैं। धीरे-धीरे अब वे नीची जाति की स्त्रियों से विवाह करने की पुरानी प्रथा पर भृकुटि चढ़ाने लगे हैं।

19. दो उदाहरण विचारणीय हैं : तटवर्ती आंध्र प्रदेश में एक कम्मा लड़की एक माला 'अछूत' जाति के लड़के से प्रेम करती थी। उसे फुर्ती से हटा दिया गया और चटपट अपने ही समुदाय में खामोशी से उसकी शादी कर दी गई। माला प्रेमी गायब हो गया। शक्तिशाली कम्माओं ने यह सुनिश्चित कर लिया था कि उसे उचित सजा मिले—उसे मार दिया गया। अखबारों ने यह मामला उठाया था लेकिन कम्मा इतने चालाक और ताकतवर थे कि उनका अभियोग ही सिद्ध नहीं

किया जा सका (लक्ष्मी, निजी बातचीत में)।

दूसरी घटना उत्तर प्रदेश–राजस्थान सीमा पर स्थित एक गाँव की है। वहाँ एक जाट लड़की और जाटव लड़के को जाटों के प्रभुत्व वाली ग्राम पंचायत के आदेश पर फाँसी पर लटका दिया गया। उनका अपराध यह था कि वे भाग गए थे। एक और व्यक्ति को भी फाँसी पर लटकाया गया। वह भी जाटव था और उसने इन प्रेमियों को भागने में मदद की थी। दोनों **'अछूत'** लड़कों को फाँसी पर लटकाने से पहले यातनाएँ भी दी गईं। लड़की को फाँसी इसलिए दी गई थी, क्योंकि वह जाटव लड़के से शादी के इरादे पर डटी रही थी (इंडिया टुडे, 30 अप्रैल 1991 में प्रकाशित)।

हाल में प्रकाशित एक लेख में प्रेम चौधरी (1997) ने अंतर्जातीय संबंधों–विशेषकर जाट लड़कियों और नीची जाति के लड़कों के बीच के अनेक मामलों का वर्णन किया है। अपनी जाति की लड़कियों के 'विपथ गमन' के विरुद्ध जाटों की आम प्रतिक्रिया हिंसा की ही होती है।

20. यह बताया जा चुका है कि वैवाहिक संबंधों की ये मान्यताप्राप्त सीमाएँ उपजातियों-सहजातियों के द्वारा सामान्य इकाई का रूप लेने के कारण विस्तृत होती जा रही हैं। यह ध्यान देने योग्य महत्त्वपूर्ण बात है कि अभिजनों के स्तर पर अकसर वर्ग तथा सामाजिक प्रतिष्ठा को अधिक महत्त्व देते हुए जाति संदर्भित मर्यादाओं को गौण बनाने की प्रवृत्ति देखी जा रही है। व्यापार, नौकरशाही तथा संभ्रांत पेशों के लोगों में होने वाले वैवाहिक संबंध इस प्रवृत्ति का स्पष्ट संकेत देते हैं। (मगर इन लोगों में दहेज से परहेज होना आवश्यक नहीं है और ताम-झाम तो आम बात है।)

संदर्भ

ऐलन, माइकेल, 1982, 'गर्ल्स' प्री-प्यूबर्टी राइट्स अमंग्स्ट द नेवार्स आफ काठमांडू वैली', **वीमेन इन इंडिया एंड नेपाल,** सं. एम. ऐलन तथा एस. एन. मुखर्जी, आस्ट्रेलियन नेशनल युनिवर्सिटी मोनोग्राफ्स आन साउथ एशिया में, सं. 8, पृ. 179-210।

ब्रेमन, यान, 1974, **पैट्रनेज एंड एक्स्प्लायटेशन : चेंजिंग ऐग्रेरियन रिलेशंस इन साउथ गुजरात,** बर्कली : युनिवर्सिटी ऑफ कैलिफोर्निया प्रेस।

चौधरी, प्रेम, 1994, द **वेल्ड वीमेन : शिफ्टिग जेंडर इक्वेशंस इन रूरल हरियाणा,** 1880-1990, दिल्ली : आक्सफर्ड युनिवर्सिटी प्रेस।

–, 1997, 'एनफोर्सिंग कल्चरल कोड्स : जेंडर एंड वायलेंस इन नादर्न इंडिया,' **इकनामिक एंड पोलिटिकल वीकली,** खं. 32, सं. 9, पृ. 1019.28।

दुबे, लीला, 1986, 'सीड एंड अर्थ : सिम्बालिज्म आफ बायालाजिकल रिप्रोडक्शन एंड सेक्सुअल रिलेशंस आफ प्रोडक्शन,' **विजिबिलिटी एंड पावर : एसेज ऑन वीमेन इन सोसाइटी एंड डवलपमेंट** में, सं. एल. दुबे, ई. लीकाक, तथा एस. आर्डनर, दिल्ली : आक्सफर्ड युनिवर्सिटी प्रेस।

–, 1988, अ. आन द कंस्ट्रक्शन आफ जेंडर : हिंदू गर्ल्स इन पैट्रिलीनियल इंडिया, **सोशलाइजेशन, एजुकेशन एंड वीमेन : एक्सप्लोरेशंस इन जेंडर आइडेंटिटी में,** सं. करुणा चानना, दिल्ली : ओरिएंट लांगमन।

—, 1988 ब, 'द नेचर आफ बाउंडेड ग्रुप्स एंड द मैनेजमेंट आफ फीमेल सेक्सुआलिटी : द खासी एंड द नायर,' ज़ैग्रेब में हुई बारहवीं इंटरनेशनल कांग्रेस आफ ऐंथ्रोपोलाजिकल एंड एथ्नोलाजिकल सायंसेस में तथा नेहरू स्मृति संग्रहालय व पुस्तकालय, नई दिल्ली में प्रस्तुत किया गया पर्चा।

दुबे, एस. सी., 1953, 'टोकन प्री-प्यूबर्टी मैरिजेस इन इंडिया,' **मैन,** (ओ एस), खंड 53, पृ. 18-19।

दुमों, लुइ, 1970, **होमो हायरार्किकस : द कास्ट सिस्टम एंड इट्स इंप्लिकेशंस,** लंदन : वाइडनफील्ड एंड निकल्सन।

—, 1961, 'मैरिज इन इंडिया : द प्रेजेंट स्टेट आफ द क्वेश्चन,' **'कांट्रिब्यूशंस टु इंडियन सोशियोलाजी,'** खं. 5, पृ. 75-95।

—, 1964, 'मैरिज इन इंडिया : द प्रेजेंट स्टेट आफ द क्वेश्चन,' II, **'कांट्रिब्यूशंस टु इंडियन सोशियोलाजी,'** खं. 7, पृ. 77-98।

—, 1964, 'मैरिज इन इंडिया : द प्रेजेंट स्टेट आफ द क्वेश्चन,' III, **'कांट्रिब्यूशंस टु इंडियन सोशियोलाजी,'** खं. 9, पृ. 90-114।

गणेश, कमला, 1989, 'सेक्ल्यूजन ऑफ वीमेन एंड द स्ट्रक्चर आफ कास्ट,' **जेंडर एंड द हाउसहोल्ड डोमेन : सोशल एंड कल्चरल डाइमेंशंस** में, सं. एम. कृष्णराज तथा के. चानना, नई दिल्ली : सेज।

—, 1993, **बाउंडरी वाल्स : कास्ट एंड वीमेन इन ए तमिल कम्युनिटी,** दिल्ली : हिंदुस्तान पब्लिशिंग हाउस।

गफ, कैथलीन, 1955, 'फीमेल इनीसियेशन राइट्स आन द मलाबार कोस्ट,' **जर्नल आफ द रायल ऐंथ्रोपोलाजिकल इंस्टिट्यूट,'** खंड 85, सं. 1 और 2, पृ. 45-80।

—, 1959, 'द नायर्स एंड द डेफिनिशन आफ मैरिज,' **जर्नल आफ द रायल ऐंथ्रोपोलाजिकल इंस्टिट्यूट,'** खंड 89, सं. 1, पृ. 23-34।

—, 1961, नायर : सेंट्रल केरल, **मैट्रिलीनियल किनशिप** में, सं. डी. एम. श्नाइडर तथा ई. के. गफ, बर्कली और लास एंजिलस : युनिवर्सिटी आफ कैलिफोर्निया प्रेस।

कार्लेकर, मालविका, 1986, 'ए स्टडी आफ बाल्मीकि वीमेन इन दिल्ली,' **विजिबिलिटी एंड पावर एसेज आन वीमेन इन सोसाइटी** एंड डेवलपमेंट में, सं. एल. दुबे, ई. लीकाक तथा एस. आर्डनर, दिल्ली : आक्सफर्ड युनिवर्सिटी प्रेस।

खरे, आर. एस., 1976, **द हिंदू हर्थ एंड होम,** नई दिल्ली : विकास पब्लिशिंग हाउस।

क्रीजियर, जोसेलिन, 1982, 'कास्ट एंड फीमेल पाल्यूशन,' **वीमेन इन इंडिया एंड नेपाल** में, सं. एम. ऐलन और एस. एन. मुखर्जी, आस्ट्रेलियन नेशनल युनिवर्सिटी मोनोग्राफ्स आन साउथ एशिया, सं. 8, पृ. 75-104।

पालरीवाला, रजनी, 1991, 'प्रोडक्शन, रिप्रोडक्शन एंड पोजिशन आफ वीमेन इन ए

राजस्थान विलेज,' पी-एच. डी. का अप्रकाशित शोधप्रबंध, दिल्ली विश्वविद्यालय।

पटेल, तुलसी, 1994, **फर्टिलिटी बिहेवियर : पाप्युलेशन एंड सोसाइटी इन ए राजस्थान विलेज,** दिल्ली : आक्सफर्ड युनिवर्सिटी प्रेस।

सिद्धू, डब्ल्यू. पी. एच., 1991, 'मेहराना : मिडीवल मर्डर्स', **इंडिया टुडे,** 30 अप्रैल, पृ. 122-23।

श्रीनिवास, एम. एन., 1952, **रिलिजन एंड सोसाइटी अमंग द कुर्ग्स आफ साउथ इंडिया,** आक्सफर्ड : क्लैरेंडन प्रेस।

—, 1962, **कास्ट इन माडर्न इंडिया एंड अदर एसेज,** लंदन : एशिया पब्लिशिंग हाउस।

—, 1976, **द रिमेम्बर्ड विलेज,** दिल्ली : आक्सफर्ड युनिवर्सिटी प्रेस।

—, 1977, 'द चेंजिंग पोजिशन आफ इंडियन वीमेन,' **मैन** (एन एस), खंड 12, सं. 2, पृ. 221-38।

—, 1984, **सम रिफ्लेक्शंस आन डावरी,** दिल्ली : आक्सफर्ड युनिवर्सिटी प्रेस। श्रीनिवास, 1989 में भी सम्मिलित।

—, 1989, **कोहेसिव रोल आफ संस्कृताइजेशन एंड अदर एसेज,** दिल्ली : आक्सफर्ड युनिवर्सिटी प्रेस।

स्टीवंसन, एच. एन. सी., 1954, 'स्टेटस इवैल्युएशन इन द हिंदू कास्ट सिस्टम,' **जर्नल आफ द रायल ऐंथ्रोपोलाजिकल इंस्टिट्यूट,** खंड 84, पार्ट 1, पृ. 45-65।

ताम्बैया, एस. जे., 1973, 'फ्राम वर्ण टु कास्ट थ्रू मिक्स्ड यूनियंस', **द कैरेक्टर आफ किनशिप** में, सं. जे. गूडी, लंदन : केंब्रिज युनिवर्सिटी प्रेस।

याल्मन, नूर, 1963, 'आन द प्यूरिटी आफ वीमेन इन द कास्ट्स आफ सीलोन एंड मलाबार,' **जर्नल आफ द रायल ऐंथ्रोपोलाजिकल इंस्टिट्यूट,** खं. 93, पार्ट 1, पृ. 25-58।

5

मातृवंशपरंपरा से किसका लाभ है? लक्षद्वीप के एक द्वीप में पुरुष, स्त्रियाँ तथा परिवर्तन*

इस निबंध में भारत के दक्षिण-पश्चिमी तटवर्ती प्रवाल द्वीपों में से एक में रहने वाले मातृवंशीय मुसलमान समाज में स्त्रियों की स्थिति के आकलन का प्रयास किया गया है। मैंने अपना ध्यान समूहों की निरंतरता में स्त्रियों की केंद्रीय भूमिका, स्त्रियाँ और निवास स्थान/जगह का संबंध, उत्पादन के संयोजन और श्रम विभाजन, आवागमन के संरूप, बच्चों पर अधिकार, विवाह के स्वरूप एवं चरित्र, तथा संपत्ति, अधिकार और निर्णय लेने संबंधी मामले, इन पर केंद्रित किया है। इसके बाद कुछ उन विवादास्पद मुद्दों पर चर्चा की गई है जिन्हें मातृवंशीय व्यवस्थाओं की सामान्य विशेषता माना जाता है। अंत में मैंने इस द्वीप समाज में निरंतरता तथा परिवर्तन पर विचार किया है। यहाँ जो एक महत्त्वपूर्ण मुद्दा विचारणीय है वह है अपनी मातृवंशीय व्यवस्था में प्रस्तावित परिवर्तनों के प्रति पुरुषों की प्रतिक्रिया।

विभिन्न क्षेत्रों में फैले इस्लाम के अनुयायिओं में धर्म के सिद्धांतों के मूलभूत तत्त्वों के पालन के साथ-साथ अपने विशिष्ट सामाजिक तथा सांस्कृतिक आधारों को भी बनाए रखने की प्रवृत्ति पायी जाती है। निजी और पारिवारिक विधि के मामलों में, जहाँ स्थानीय प्रथाओं तथा रिवाजों और देशज विधि-व्यवस्थाओं के साथ बड़े पैमाने पर तालमेल हुआ है, वहाँ इस्लाम ने काफी उल्लेखनीय लचीलेपन का सबूत दिया है। इन कानूनों के क्रियान्वयन में सर्वाधिक महत्त्वपूर्ण क्षेत्र नातेदारी का है। नातेदारी वे सिद्धांत प्रदान करती है जो संसाधनों के वितरण और नियंत्रण, समूहों

---

* यह निबंध कल्पेनी पर ए. आर. कुट्टी तथा मेरे द्वारा संगृहीत मानवजातिवर्णनात्मक सामग्री पर आधारित है। कुट्टी ने अपना क्षेत्रकार्य 1961-63 में किया था और मैंने इस द्वीप पर 1969 में काम किया। सामाजिक संरचना तथा संस्कृति की दृष्टि से द्वीप अधिक नहीं बदला है लेकिन यहाँ प्रस्तुत विवरण में मूलतः 1960 के दशक तक की स्थिति की बात की गई है। इसीलिए निबंध में भूतकाल का इस्तेमाल किया गया है यद्यपि मेरे विश्लेषण में कुछ परवर्ती घटनाओं पर भी ध्यान दिया गया है। निबंध के संपादन के लिए मैं मुकुल दुबे को धन्यवाद देती हूँ।

के निर्माण और उनमें व्यक्तियों के स्थान निर्धारण और समूह की सदस्यता के स्वरूप को संचालित करते हैं। नातेदारी नैतिक सिद्धांतों का समुच्चय मात्र नहीं है बल्कि उसकी जड़ें भौतिक दशाओं में रहती हैं। नातेदारी की विचारधारा को संपत्ति और उत्पादन संबंधों, जिन्हें वह परिचालित करती हैं, से अलग नहीं किया जा सकता।

हालाँकि इस्लाम ने पितृवंशपरंपरा को सामाजिक संगठन का स्वाभाविक रूप माना तथा इस मान्यता के आधार पर अपनी आचार संहिता और विधि-व्यवस्था बनाई लेकिन इस धर्म का प्रसार अनेक उन समाजों में भी हुआ जिनकी जड़ें दूसरी किस्म के नातेदारी साँचों में थीं। इस्लाम अनेक प्रकार के पितृवंशीय सामाजिक संगठनों में ही नहीं फैला बल्कि उसका विस्तार इंडोनेशिया और मलेशिया में, जहाँ नातेदारी अधिकांशतः उभयवाही थी, तथा दक्षिण और दक्षिणपूर्व एशिया के अनेक समुदायों में व अफ्रीका में भी हुआ जो वंशपरंपरा, उत्तराधिकार तथा विरासत के मातृवंशीय सिद्धान्तों पर चलते हैं और जिनकी जड़ें मातृवंशीय विचारधारा में हैं। केरल के तट पर अरब सागर में स्थित द्वीपसमूह लक्षद्वीप इसका एक आकर्षक उदाहरण है।

2

कल्पेनी लैकदिव समूह के चार बसे हुए द्वीपों में से एक है जो कोज़ीकोड़ (कैलिकट) के तट से लगभग 220 कि.मी. दूर है। लैकदिव समूह, अमिनिदिव समूह तथा मिनिकोय इन सभी द्वीपों से मिलकर बना है केंद्रशासित क्षेत्र लक्षद्वीप। मिनिकोय के लोग नृजातीय तथा सांस्कृतिक दृष्टि से मालदिव वासियों के निकट हैं जबकि अन्य द्वीपों के वासी केरल तट से आकर यहाँ बसने वाले हिंदुओं के वंशज हैं। उनकी बोली मलयालम का काफी पुराना तथा भ्रष्ट रूप है जिस पर अरबी का स्पष्ट प्रभाव दिखाई पड़ता है।[1] ऐतिहासिक साक्ष्यों तथा भाषाशास्त्र के आधार पर कहा जा सकता है कि संभवतः आप्रवासियों का आ कर इन द्वीपों पर बसना प्रमुख रूप से नौवीं और दसवीं शताब्दी ईसवी में हुआ होगा। लगभग चार शताब्दी बाद अरब व्यापारियों के संपर्क के कारण इन द्वीपवासियों का धर्मांतरण हुआ और वे सुन्नी इस्लाम की शाफी विधि-शाखा के अनुयायी हो गए। इस प्रकार हिंदू धर्म की जगह इस्लाम ने ले ली लेकिन मूल आप्रवासी इन द्वीपों पर मातृवंशपरंपरा का जो विशिष्ट रूप अपने साथ ले आए थे और जो वहाँ के अनुकूल वातावरण में और मजबूत हुआ था वह धर्मांतरण के बावजूद बना रहा तथा इसकी मूल विशेषताएँ आज तक कायम हैं (दुबे 1969; 1973/78, कुट्टी 1972; इत्तमन 1976; सैगल 1990)।[2]

इस व्यवस्था में वंश माता के माध्यम से चलता था। मातृवंशीय समूह की सदस्यता के लिए तथा उसके संसाधनों पर अधिकार प्राप्त करने के लिए स्त्रियों

के जरिये बने संबंधों को ही मान्यता दी गई थी। बहिर्विवाही मातृवंशक्रम-समूह तरावाड–जैसा केरल में था–नाम से जाना जाता था। यह स्त्री-पुरुषों का ऐसा समूह होता था जिसके सदस्य अपना वंशानुक्रम माताओं की शृंखला के जरिये एक सामान्य स्त्री पूर्वज तक अनुरेखित कर सकते थे। इस तरह के मातृवंशसमूह की गहराई तीन से छः पीढ़ियों तक की होती थी। एक लयवाड संपत्ति समूह होने के साथ-साथ गृह्य समूह (गृहस्थी) भी हो सकता था; वह एक संपत्ति तथा उत्पादन समूह हो सकता था–जिसमें एक से ज्यादह उपभोग समूह (गृहस्थियाँ) हों, या एक से अधिक संपत्ति समूहों में विभाजित हो गया हो सकता था जिसमें से प्रत्येक में एक या एक से अधिक उपभोग समूह या गृहस्थियाँ हों। रेखाचित्र इन अनेक संभावनाओं में से कुछ की ओर संकेत करते हैं।[3] तरावाड़ अथवा निम्नतर स्तर की मातृवंशीय इकाइयों में होनेवाले विभाजन 'तावज़ी', मतलब मातृजनित शाखाओं, के अनुसार करने की प्रवृत्ति थी।[4] लेकिन व्यक्तियों को उनकी बुनियादी पहचान अपने तरावाड़ से ही मिलती थी।

वैवाहिक आवास का पारंपरिक संरूप द्विस्थानिक था; पति अपनी पत्नी के घर का रात्रिकालीन अतिथि होता था। बच्चे अपनी माताओं और अपने मातृवंशीय नातेदारों के साथ रहते थे। इस प्रकार, एकल परिवार–चाहे स्वतंत्र इकाई के रूप में अथवा एक बृहत्तर नातेदारी इकाई के अंश के रूप में, संस्थायित नहीं था। गृहस्थियों को मातृवंशीय परंपरा में गठित इकाइयों के रूप में देखा जाता था। इस संरूप से विचलन असामान्य बात न थी किंतु गृहस्थी में रहने वाले पति तथा पिता जैसे गैरमातृवंशीय स्वजनों को पूर्णकालिक तथा स्थायी सदस्य नहीं माना जाता था। उनकी सामाजिक पहचान उनके अपने तरावाड़ से ही होती थी।

संपत्ति का प्रबंधन पुरुषों–नानी के भाई, मामा, भाई, बेटे, बहन के बेटे आदि के हाथ में होता था। प्रत्येक तरावाड़ तथा प्रत्येक संपत्ति समूह का एक कार्णवर होता था। कार्णवर संपत्ति का प्रबंधन देखता था, उत्पादन का काम नियोजित करता था, समूह के पुरुष सदस्यों को काम बाँटता था तथा 'मेलाचेरी' मजदूरों से निपटता था। वह प्रशासन से काम पड़ने पर अपने समूह का प्रतिनिधित्व करता था। लेकिन, सिद्धांततः, उसको भी यह अधिकार प्राप्त नहीं था कि वह अपनी ओर से किसी को जमीन का पट्टा दे दे अथवा तरावाड़ की किसी संपत्ति (चल संपत्ति सहित) का निपटारा करे। संपत्ति समूहों में बँटे तरावाड़ के कार्णवर को विशेष आदर प्राप्त था तथा समारोहों और कर्मकांडों के अवसर पर उसे मुखिया की भूमिका अदा करने का निमंत्रण दिया जाता था। लेकिन कल्पेनी का कार्णवर नायर कार्णवर जैसा शक्तिशाली नहीं था। द्वीप पर संपत्ति और उत्पादक संसाधनों के स्वरूप पर चर्चा करते समय हम इस बिंदु पर भी चर्चा करेंगे।

अपने तरावाड़ तथा द्वीप के प्रशासन में पुरुषों को जिम्मेदारी और अधिकार के स्थान तथा पद प्राप्त थे। सभी धार्मिक पदाधिकारी पुरुष थे। इन पदों पर उत्तराधिकार मातृवंशीय परंपरा के नियम के आधार पर चलता था।

इस बात में संदेह नहीं है कि इन द्वीपों पर द्विस्थानिक आवास वाली मातृवंशीय नातेदारी व्यवस्था सदियों पहले केरल के तटवर्ती क्षेत्रों से यहाँ आने वाले आप्रवासी ही लाए थे। यह ज्ञात नहीं है कि वे कौन-सी परिस्थितियाँ थीं जिनके तहत आप्रवासी यहाँ आकर बसे। यह भी ज्ञात नहीं है कि क्या यहाँ आए सभी लोग मूलतः नातेदारी और वैवाहिक आवास के उसी संरूप का अनुसरण करते थे; लेकिन यह स्पष्ट है कि इन द्वीपों ने इस व्यवस्था के फलने-फूलने के लिए अनुकूल माहौल प्रदान किया।

जीविकोपार्जन की गतिविधियों तथा मुख्यभूमि के साथ व्यापार ने सामूहिक कार्यप्रणाली, कार्य का समन्वयन, तथा समय-समय पर कुछ पुरुषों की लंबी अनुपस्थिति, इन सबको आवश्यक बना दिया। लोग जमीन की सँकरी पट्टी पर रहते थे और आसानी से एक दूसरे तक पहुँच सकते थे। लगता है इन्हीं विशेषताओं ने यहाँ आकर बसने वाले विविध समूहों के लिए मातृवंशीय परंपरा तथा द्विस्थानिक आवास अपनाना तथा उन्हें इतने लंबे समय तक जारी रखना सुलभ बनाया होगा। आप्रवासियों के राजनीतिक तथा आर्थिक संगठन और श्रेणीबद्ध समूहों की उनकी व्यवस्था भी उसी क्षेत्र में प्रचलित व्यवस्थाओं से ली गई थी जहाँ से वे आए थे व यहाँ कुछ रूपांतरित की गई थीं। उनका मुख्य आहार चावल था जिसके कारण प्रायद्वीप के साथ उनका नियमित व्यापार शुरू हुआ होगा। उनकी अर्थव्यवस्था के मुख्य आधार नारियल और उसके उत्पादों (जैसे नारियल की जटाएँ, गुड़ तथा सिरका) का चावल और अन्य आवश्यक वस्तुओं के साथ विनिमय किया जाता था।[5]

15वीं तथा 16वीं शताब्दियों से हमें साक्ष्य प्राप्त हैं कि ये द्वीप प्रायद्वीप के दक्षिण-पश्चिम राज्यों के उपनिवेश जैसे थे। लैकदिव समूह जो पहले अरक्कल शासकों के अधीन था, 1875 में ब्रिटिश नियंत्रण में चला गया और अंततः 1905 में उनके अधीन हो गया। 1877 से इस द्वीप समूह के प्रत्येक द्वीप में सरकार द्वारा एक अमीन नियुक्त किया जाने लगा। अमीन उन कार्णवरों के बीच से ही होता था जो द्वीप के कुछ प्रभावशाली तरावाड़ों का प्रतिनिधित्व करते थे। ये कार्णवर न्याय प्रशासन में अमीन की सहायता करते थे। ये द्वीप मलाबार जिले से जोड़ दिए गए थे। द्वीपों के दौरे के दौरान सरकार के निरीक्षक अधिकारी वहाँ के कार्णवरों की मदद से प्रकरणों की सुनवाई करते थे और अपना फैसला सुनाते थे। वहाँ कोई संहिताबद्ध कानून नहीं था। द्वीप समूह के पारंपरिक विधान तथा इस्लामी कानून में पाए जाने वाले कुछ विशेष तत्त्व और नियम ही प्रशासकों का मार्गदर्शन करते थे।[6]

शताब्दियों तक द्वीपवासी मुख्यभूमि के साथ व्यापार के जरिये जीवनयापन करते रहे। यह व्यापार देशी किस्म की नौकाओं की मदद से चलता था। नारियल उनकी अर्थव्यवस्था का प्रमुख आधार रहा है। उनकी मुख्य गतिविधियाँ रही हैं गरी, नारियल का तेल, उसकी जटाओं से निर्मित सामान तथा नारियल के अन्य उत्पाद, जैसे गुड़ और सिरका तैयार करना तथा बेचना। नारियल और मछली के अतिरिक्त कुछ फल, सब्जियाँ तथा मोटा अनाज भी पैदा किया जाता था।

इन द्वीपों की एक उल्लेखनीय विशेषता रही है, तीन या चार जाति-जैसे परस्पर निर्भर, पद-सोपानात्मक रूप से श्रेणीबद्ध, पृथक् तथा ऐकांतिक समूहों की उपस्थिति। द्वीपीय परंपरा के अनुसार वे केरल की नायर, नम्बूदिरी, मुकुवन तथा तिया जातियों के वंशज माने जाते हैं। कल्पेनी की आबादी तीन समूहों में बँटी थी : **कोया**—परंपरागत रूप से भूस्वामी तथा नौकाओं के मालिक; **माल्मी**—परंपरागत रूप से नौकाचालक, तथा **मेलाचेरी**--नारियल तोड़ने और ताड़ी निकालने वाले। पूरी आबादी के लगभग आधे से अधिक लोग कोया और मेलाचेरी आबादी में एक तिहाई से ज्यादा थे। मुख्य आर्थिक संबंध कोया और मेलाचेरी के बीच रहा है। यह संबंध स्वामी और सेवक किस्म का रहा है।[7]

मेलाचेरी के विशेष तरावाड़ अथवा मातृवंशीय संपत्ति समूह या गृहस्थियाँ विशिष्ट 'कोया' मातृवंशीय इकाइयों से सेवा संबंधों द्वारा जुड़े थे। उनका मातृवंशीय सामाजिक संगठन तथा अतिथि पतियों का संरूप 'कोया' के सामाजिक संगठन और अतिथि पतियों के संरूप के समान ही था। घनिष्ठ रूप से संबंधित मातृवंशीय इकाइयों के बीच उत्पादन की सामूहिक गतिविधियों का संरूप भी समान ही था। अनेक मेलाचेरी लोगों ने भूमि और वृक्षों पर हक प्राप्त कर लिया था किंतु 'लंडेलनों' (संबद्ध श्रमिक) की भूमिका में भी वे मातृवंशीय इकाइयों की तरह ही काम करते रहे थे।

1956 में 'केंद्रशासित प्रदेश लक्षद्वीप' के गठन से प्रशासन तथा न्यायिक व्यवस्था में धीरे-धीरे महत्त्वपूर्ण परिवर्तन आए। केंद्रशासित प्रदेश बनने से द्वीपवासियों का बाहरी दुनिया के साथ संपर्क बढ़ा। द्वीपों पर शिक्षा की सुविधाएँ बढ़ीं। इसके साथ ही उच्च शिक्षा और तकनीकी तथा व्यावसायिक प्रशिक्षण के लिए उपमहाद्वीप पर जाने के अवसर भी बढ़े। चिकित्सा सुविधाएँ उपलब्ध हुईं। कुटीर उद्योगों को प्रोत्साहन मिला तथा मछली पकड़ने की नई तकनीकी संस्थाएँ स्थापित की गईं। सहकारी संस्थाओं की स्थापना हुई। स्टीमर सेवा तथा टेलीग्राफ की सुविधा ने द्वीपों को मुख्य भूमि के साथ संचार की बेहतर सुविधाएँ प्रदान कीं। अनेक विकास योजनाएँ भी शुरू की गईं।

3

इस सामाजिक व्यवस्था में बच्चा अपनी माँ के वंश समूह का सदस्य होता था और वह उसी के संसाधनों में हिस्सा बँटाता था। वह अपनी समूह-पहचान अपनी माता से पाता था तथा उसे संसाधनों, आश्रय, पालन-पोषण और प्रशिक्षण का अधिकार अपनी माता के तरावाड़ के माध्यम से मिलता था। 'तरावाड़ों' अथवा 'तावज़ियों' की प्रारंभकर्ता के रूप में स्त्रियों को विशेष सम्मान प्राप्त था। मातृवंशीय समूह विशेष

की अग्रज स्त्री को सम्मान और सत्ता का स्थान प्राप्त था तथा निर्णय करने में उसकी भूमिका महत्त्वपूर्ण थी। तरावाड़ की सदस्यता, जो प्रत्यक्ष व स्पष्ट रूप से माता से शुरू होकर सभी पीढ़ियों में स्त्रियों द्वारा बनी संबंध-कड़ियों से निर्धारित होती थी, वही किसी व्यक्ति को उसकी संपत्ति में हक प्रदान करती थी। इस संपत्ति में मुख्यतः भूमि, वृक्ष, नौकाएँ, गृह तथा अन्य ढांचे, मछली पकड़ने की जगह, नारियल की जटाएँ भिगोकर फुलाने के लिए बनाए गए गड्ढे—'शोष गर्त'—तथा चल सामान होता था। तरावाड़ संपत्ति में हिस्सा अहस्तांतरणीय था। अतः तरावाड़ संपत्ति एक तरह की सामुदायिक संपत्ति थी : सिद्धांततः अविभाजनीय, जो तरावाड़ के सदस्यों को उनके आधिकारिक हिस्से के अनुसार इस्तेमाल के लिए उपलब्ध थी। कल्पेनी में बँटवारा शाखानुगत होता था, अर्थात माता का हिस्सा उसके सभी बच्चों में उनके इस्तेमाल के लिए बराबर-बराबर बाँट दिया जाता था।[8]

स्त्री या पुरुष किसी को भी तरावाड़ संपत्ति में अपने हिस्से का निजी तौर पर अलग से निपटारा करने का अधिकार नहीं था। मातृवंशीय समूह की साझा संपत्ति उसके सभी वयस्क सदस्यों की सहमति के बिना बेची अथवा किसी को दी नहीं जा सकती थी। तरावाड़ संपत्ति में पुरुषों और स्त्रियों के अधिकार समान थे, किंतु स्त्री वंशपरंपरा में उत्तराधिकार का सिद्धांत यह सुनिश्चित करता था कि स्त्री का हिस्सा उसके बच्चों को मिले किंतु पुरुष का हिस्सा उसकी मृत्यु के बाद उसके निकट मातृवंशीय नातेदारों को वापस मिल जाए। अपने जीवन में पुरुष तरावाड़ के अपने हिस्से के वृक्षों को अपनी पत्नी के उसके अपने तरावाड़ में के उसके हिस्से के वृक्षों के साथ मिला सकता था और उनकी संयुक्त रूप से देखभाल कर सकता था किंतु यह व्यवस्था उसकी मृत्यु के साथ ही खत्म हो जाती थी। वह तरावाड़ संपत्ति का अपना हिस्सा अपने बच्चों को नहीं दे सकता था क्योंकि वे अपनी माता के तरावाड़ के सदस्य थे। इसी अर्थ में मातृवंशीय संपत्ति में स्त्रियों के अधिकार श्रेष्ठ थे। एक अन्य प्रकार की संपत्ति थी स्वोंदं स्वोत्तु (अपनी निजी संपत्ति)। इस संपत्ति पर व्यक्ति का निजी स्वामित्व होता था और इस्लामी कानून के तहत यह बेची या किसी को दी जा सकती थी। चूँकि स्वतंत्र रूप से आय अर्जित करने के रास्ते कम थे अतः इस तरह की संपत्ति भी कम ही थी। सरकारी योजनाओं तथा नौकरियों के जरिये स्वतंत्र रूप से आय अर्जित करने की नई राहें खुलने के साथ निजी आय कुछ सीमा तक बढ़ रही थी। किंतु पुरुष अपनी 'स्वोंदं' संपत्ति को पत्नी व बच्चों के लिए पत्नी की शाखा (तावज़ी) संपत्ति में बदल सकता था (देखें दुबे 1994)।

मातृवंशीय परंपरा तथा उत्तराधिकार के अतिरिक्त आवास का तरीका भी स्त्रियों को विशेष रूप से अनुकूल स्थिति प्रदान करता था। पुरुष की ही तरह स्त्री को भी विवाह के समय अपना मायका छोड़ना नहीं पड़ता था। पुरुष अपनी पत्नी के घर में रात बिताकर सुबह अपने घर लौट जाता था। 1960 के दशक के प्रारंभिक वर्षों

में ए. आर. कुट्टी द्वारा की गई निवासीय इकाइयों की जनगणना के अनुसार उस समय वर्तमान विवाहों में 76.5 प्रतिशत पति अतिथि पति की श्रेणी में आते थे। इस प्रकार आवास का मुख्य. तरीका द्विस्थानिक था। स्त्री अपने मायके से अलग नहीं की जाती थी तथा वह अपने मातृवंशीय नातेदारों के साथ ही रहती और काम करती होती थी।[9]

जैसा पहले उल्लेख किया जा चुका है, यद्यपि संपत्ति का प्रबंधन तथा काम का संयोजन एक पुरुष 'कार्णवर' का दायित्व था किंतु उसकी सत्ता सामान्यतया दबंग या उद्धत नहीं हो सकती थी। संपत्ति का स्वरूप जिसका स्वामित्व समुदाय का था किंतु जिसके हिस्से समुदाय के सदस्यों को उनके इस्तेमाल के लिए आबंटित किए जा सकते थे और जिस पर किसी एक व्यक्ति का एकांतिक अधिकार नहीं था, काम का संगठन जिसमें स्त्रियाँ सामूहिक स्वनिर्दिष्ट गतिविधियों में लगी रहती थीं, तथा मातृवंशीय सामाजिक संगठन—ये सभी बातें मिलकर एकांतिक सत्ता के प्रयोग को रोकती थीं। पुरुषों के महत्त्व को बनाए रखने में व्यापार संबंधी गतिविधियों का पर्याप्त योगदान अवश्य था, विशेषकर उन पुरुषों का जिन्हें प्राधिकार प्राप्त थे और जो व्यापार के जरिये यात्राएँ करते थे तथा बाहरी दुनिया के संपर्क में थे। किंतु इससे भी उन्हें एकांतिक सत्ता नहीं मिलती थी। ऐसे व्यक्ति की किसी पितृवंशीय पितृस्थानीय संयुक्त परिवार के मुखिया—जो सत्ता का केंद्र हो—से अथवा उत्तरी भारत, बांग्लादेश या पाकिस्तान के मुसलमानों में पितृवंशीय नातेदारी से जुड़ी पारिवारिक इकाइयों के समूह अथवा मोहल्ले के मुखिया से तुलना भी नहीं की जा सकती।[10] एक खास बात यह भी है कि कार्णवर होते हुए भी वह अपनी नज़दीकी नातेदार स्त्रियों के यौन अथवा प्रजननात्मक जीवन को नियंत्रित नहीं कर सकता था। हाँ, व्यक्तिगत पहल, क्षमताओं तथा महत्त्वपूर्ण पदों के कारण द्वीप के कुछ व्यक्ति विशेष शक्तिशाली बन जाते थे जैसाकि द्वीप परिषद के कामकाज तथा संपत्ति विवादों के विवरणों में देखा जा सकता है।

तरावाड़ के लड़के-लड़कियों का प्रथम विवाह तय करने में स्त्रियों की महत्त्वपूर्ण भूमिका रहती थी। प्रथम विवाह कम उम्र में ही हो जाता था। परवर्ती विवाह संबंध प्रायः व्यक्ति अपनी पसंद से कर सकता था। माता अपनी बेटियों और उनके पतियों पर पर्याप्त प्रभाव डाल सकती थी; घर और रसोई के प्रबंधक की उसकी भूमिका इसके लिए उसे काफी गुंजाइश प्रदान करती थी। वैवाहिक विवादों में पुरुष से आम तौर पर यही सवाल किया जाता था कि क्या अपनी पत्नी के घर पर उसे शाम के भोजन में अच्छा खाना—विशेषकर मछली—संतोषजनक मात्रा में मिलता था। किसी मातृवंशीय समूह की स्त्रियाँ संतान के जन्म, विवाह, मृत्यु, लड़कों के खतना तथा लड़कियों के कर्णछेदन से संबंधित सभी कर्मकांडों और समारोहों संबंधी निर्णयों और इन सब कार्यों के वास्तविक संपादन में महत्त्वपूर्ण भूमिका निभाती थीं। यहाँ बुजुर्ग

महिलाएँ वास्तविक रूप में शक्तिशाली होती थीं। कोई महिला कितनी प्रभावशाली हो सकती है इसमें उसकी आयु तथा कार्णवर से उसके नाते से उसे मिलनेवाला दर्जा (जैसे, माँ, मौसी, बड़ी बहन इत्यादि) इन बातों का, मतलब उसकी नातेदारी-प्रस्थिति का काफी योगदान होता था। तरावाड़ के पुरुषों की पत्नियों के घरों को सालाना दिए जाने वाले चावल और नारियल तथा इन पुरुषों की पत्नियों और बच्चों को उपहार देने संबंधी निर्णय स्त्रियों के अधिकार क्षेत्र में आते थे विशेषकर यदि उन पुरुषों की कोई स्वतंत्र आय न हो।

लारेल श्वीड (1986) ने विश्वसनीय ढंग से यह दिखाया है कि यह धारणा कि सत्ता व प्रभुत्व एकांतिक रूप से पुरुषों के ही क्षेत्र में आते हैं, सुमात्रा के मिनांगकबाउ के संदर्भ में लागू नहीं होती। लक्षद्वीप समूह का उदाहरण यह प्रदर्शित करता है कि ऐसे समाज भी हैं जहाँ किसी संरचनात्मक इकाई में एकल सत्ता केंद्र की तलाश करना बहुत मायने नहीं रखता। इसके बजाय हमें सत्ता के अनेक स्रोतों तथा उनके संतुलन के संदर्भ में सोचना होगा। सत्ता संकेंद्रित होने की बजाय विकेंद्रित रहती है जैसाकि स्त्रियों का स्थान पर अधिकार, दांपत्य संबंध तथा संपत्ति का निपटारा इन पर चर्चाओं के जरिये स्पष्ट होगा।

4

कल्पेनी में रहने का स्थान स्त्रियों के साथ सिर्फ जुड़ा ही नहीं था, यह उनका ही होता था। घरों का निर्माण, विस्तार और पुनर्निर्माण स्त्रियों को ही ध्यान में रखकर किया जाता था क्योंकि स्त्रियों को ही उनका प्राथमिक उपभोक्ता-अधिवासी माना जाता था। स्त्री अपने पति से अपने ही घर में मिलती थी और वहीं अपने बच्चों का पालन-पोषण करती थी। वह अनेक उत्पादक गतिविधियाँ भी अपने घर के निकट ही चलाती थी। माना जाता था कि पुरुषों का किसी घर से कोई स्थायी जुड़ाव नहीं है। अविवाहित होने या विवाह टूटने की स्थिति में वे बरामदे अथवा 'श्रम्बी'—नारियल रखे जाने का स्थान, भंडारगृह—में सोते थे। इस भंडारगृह को खिड़कियाँ लगाकर आरामदेह कमरा बनाया जा सकता था। यह धारणा आम थी कि पुरुष की देखभाल सबसे अच्छे ढंग से तभी तक होती है जब तक उसकी माँ जीवित रहती है। बहनें भी उसकी देखभाल अच्छी तरह से कर सकती हैं किंतु यदि वह एक बृहत्तर मातृवंशीय समूह की संपत्ति का प्रभारी न हुआ तो वह अपनी बहन की बेटियों से बहुत अधिक अपेक्षाएँ नहीं रख सकता। पत्नीस्थानिक आवास में तलाक की स्थिति में या पत्नी की मृत्यु हो जाने पर पति को अपनी पत्नी का घर छोड़ना पड़ता था। वह कभी-कभी अपने बच्चों के साथ वहाँ रहना जारी रखता था लेकिन वह वहाँ का पूर्ण सदस्य

नहीं समझा जाता था।

इसके विपरीत स्त्री अपने मातृवंशीय घर में सदैव सुरक्षित थी। यदि वह अपनी माता या मामा की इच्छा के विरुद्ध विवाह करे अथवा अपने पति के साथ के संबंधों में उनकी सलाह न मानकर उन्हें नाराज कर दे तब भी उससे घर छोड़ने को नहीं कहा जा सकता था। उसके अलग होने के बारे में कोई कदम उठाने से पूर्व उसके लिए एक दूसरे घर की व्यवस्था करनी पड़ती थी। तरावाड़ के बँटवारे के विवरणों में इस प्रथा के स्पष्ट उदाहरण मौजूद हैं। संपत्ति का बँटवारा ज्यादातर तावज़ी—स्त्री सदस्यों से उत्पन्न शाखाएँ—के संदर्भ में होता था तथा गृह्य समूहों में जहाँ कहीं भी विभाजन होता था वहाँ उसके स्त्री सदस्यों के आवास के लिए एक वैकल्पिक प्रबंध करना पड़ता था। स्त्री के रहने के भौतिक स्थान का जिस तरह प्रबंध किया जाता है वह उसकी स्थिति का मूल्यांकन करने के लिए बहुत महत्त्वपूर्ण है। कल्पेनी में रहने की जगह के साथ स्त्रियों का संबंध स्पष्टतः उत्तराधिकार के नियमों का परिणाम था जिसके तहत उन्हें संपत्ति में अहस्तांतरणीय अधिकार प्राप्त थे और यह आवास के संरूप से जुड़ा था जिसमें वे अपने मायके में बनी रहती थीं। लगता है कि इसके परिणामस्वरूप कल्पेनी की स्त्रियों में एक सुरक्षा, आत्मसम्मान तथा स्वायत्तता की भावना थी। इस मामले में उनकी स्थिति उत्तरी भारत के पितृवंशीय मुसलमान समुदायों की स्त्रियों के एकदम विपरीत थी जिनकी स्थिति अनिश्चित व पराधीन हो सकती है। उत्तरी भारत की मुसलमान स्त्रियों के लिए विवाह का अर्थ है अपने जन्म के समूह की सदस्यता खो देना, पतिगृह में स्थानांतरण तथा एक असुरक्षा की भावना जिसके पीछे यह अलिखित, अस्पष्ट समझ रहती है कि अपने पति के घर में रहने के स्त्री के अधिकार के लिए उसके ऊपर एक स्वीकार्य व्यवहार की अप्रत्यक्ष शर्त भी लगी है। पत्नी को कभी भी घर छोड़ने को कहा जा सकता है। विवाह-करारों में इस तरह की घटनाओं को रोकने के लिए प्रावधान हो सकते हैं। संभव है कि सभी सामाजिक व आर्थिक स्तरों पर ऐसा न हो, किंतु इन समुदायों में व्यापक हिंसा तथा प्रताड़ना निश्चय ही कल्पेनी तथा उत्तरी भारत के पितृवंशीय मुसलमानों की स्त्रियों के बीच के तीखे अंतर की सूचक है।

कल्पेनी में मातृ कुल की निकट संबंधी स्त्रियों, जैसे बहनों, मौसियों, पुत्रियों तथा भांजियों के घर प्रायः एक-दूसरे से सटे हुए या पास-पास होते थे क्योंकि मातृवंशीय नातेदारों की भूमि एक-दूसरे की भूमि से लगी हुई होती थी। इससे कई तरह की सहायता मिलती थी; उदाहरणार्थ नारियल की जटा (क्वायर) बनाने जैसी गतिविधियाँ सामूहिक थीं। जहाँ तरावाड़ की भूमि बिखरी हुई थी और जहाँ पतियों ने पत्नियों और बच्चों के लिए घर बनवा दिए थे, वहाँ कुछ तावज़ियों के घर पास-पास न होने की संभावना भी रहती थी।

यहाँ संपत्ति का स्वरूप तथा काम का संगठन प्रासंगिक है। संपत्ति में अधिकतर

नारियल के वृक्ष, कृषि योग्य भूमि, घर तथा घर बनाने के लिए भूखंड, मछलियाँ पकड़ने के स्थान तथा भूसा भिगोने के गड्ढे आते थे। इसके अतिरिक्त संपत्ति में चल संपत्ति भी आती थी जिसमें गहने शामिल थे। स्त्री-पुरुष के बीच मोटे श्रम विभाजन में पुरुषों के प्रमुख काम थे गरी बनाना, खेती करना, मछली पकड़ना, घर और नौका निर्माण तथा समय-समय पर व्यापार के लिए समुद्री यात्रा करना। निम्नतर 'जाति' के पुरुष—'मेलाचेरी'—पेड़ों से नारियल तोड़ते थे और ताड़ी चुआते थे, नारियल से जटा साफ करते थे तथा इस जटा को गड्ढों में भिगोने में मदद देते थे। गृहस्थी के कामकाज तथा बच्चों का पालन-पोषण तो प्राथमिक रूप से स्त्रियों की ही जिम्मेदारी थी। इन कामों के अतिरिक्त वे नारियल की रस्सी बनाने तथा सिरका और गुड़ तैयार करने के काम में व्यस्त रहती थीं। रस्सी बनाने के विभिन्न चरण थे और इस काम का संगठन मुख्यतः स्त्रियों के हाथ में था। काम का बँटवारा बहुत अंशों में लिंगगत या जिसके कारण उस मातृवंशीय इकाई, जो उत्पादन की इकाई थी, के स्त्री-पुरुषों के बीच बहुत अधिक परस्पर निर्भरता होती थी।

लेकिन काम के बँटवारे और परस्पर निर्भरता से स्त्री पर उसके किसी मातृवंशीय नातेदार या निश्चय ही उसके पति का दृढ़ नियंत्रण हो जाता हो ऐसा नहीं था। यहाँ तक कि पत्नीस्थानिक आवास में अथवा जब पति तरावाड़ संपत्ति के अपने हिस्से को पत्नी की गृहस्थी में शामिल कर लेता था तब भी उसका पत्नी पर कठोर नियंत्रण नहीं हो जाता था। संपत्ति के अधिकार स्त्रियों के माध्यम से हस्तांतरित होते थे तथा घर स्त्रियों के होते थे अतः इस बात का प्रश्न ही नहीं उठता था कि उन्हें असहाय अनाथों की तरह देखा जाए जैसाकि अनेक पितृवंशीय समाजों में है। आवश्यकता पड़ने पर स्त्री अपनी जायदाद संबंधी, खासतौर पर उत्पादन संबंधी, पुरुषों के कामों के लिए अपने मातृवंशीय नातेदार अथवा तलाक और पुनर्विवाह की स्थिति में अपने दूसरे पति से मदद ले सकती थी। स्त्रियाँ साधारण आर्थिक लेनदेन सें अनजान नहीं थीं और उन्हें कहीं आने-जाने और इन गतिविधियों में भाग लेने की आजादी थी।

अलगाव और पर्दे—जिसे इस्लामी आबादी के साथ हमेशा जोड़कर देखा जाता है और माना जाता है कि उसे धार्मिक अनुमोदन प्राप्त है—के संदर्भ में द्वीपवासियों और मुख्यभूमि के मुसलमानों—विशेषकर गैर-प्रायद्वीपीय भारत के मुसलमानों—के बीच जबर्दस्त अंतर दिखाई पड़ता है। वहाँ पर्दा प्रथा नहीं थी। कंधे पर पड़े दुपट्टे से प्रायः सिर भी ढँक लिया जाता था। पति द्वारा अपने विवाह के अवसर पर तथा बाद में किसी अन्य विशिष्ट अवसर पर पत्नी को इस तरह का सिर ढँकने का कपड़ा भेंट करने का रिवाज था। एक अस्पष्ट तरह से यह स्त्रियों के पर्दे, संकोच अथवा सुरक्षा की इस्लामी धारणाओं को अभिव्यक्ति देता प्रतीत होता था।[11] लेकिन यह स्त्रियों पर किसी तरह का बंधन नहीं लगाता था। कुछ स्त्रियों ने साड़ी पहनना भी शुरू

कर दिया था।[12]

स्त्रियाँ सिर्फ गृह्य स्थान तक सीमित नहीं थीं। वे द्वीप में मुक्त विचरण करती थीं, काम करती थीं, क्रय-विक्रय करती थीं, एक-दूसरे के यहाँ मिलने जाती थीं, धार्मिक उपदेश सुनने जाती थीं तथा विविध समारोहों और बैठकों में हिस्सा लेती थीं। वे विवादों के समझौतों तथा अदालती कार्यवाहियों में भी भाग लेती थीं हालाँकि वहाँ उनकी भागीदारी पुरुषों जितनी नहीं थी। प्रायः उनका प्रतिनिधित्व उनके मातृवंशीय नातेदार, पति-पिता अथवा मुख्तियार करते थे। नौकाओं के आने या जाने के समय वे बड़ी संख्या में तट पर इकट्ठा हो जाती थीं। घर या बाहर कहीं भी कड़ा पर्दा दिखाई नहीं देता था। लगता है कि स्त्रियाँ बाहरी व्यक्तियों से भी पर्दा नहीं करती थीं। लेकिन 'कूटम्' (विवाद सुलझाने के लिए होने वाली बैठक) के समय जिन स्त्रियों से सवाल पूछे जाते थे वे काज़ी के सामने आने के बजाय सामान्यतया भीतरी कमरे के दरवाजे के पीछे खड़ी होती थीं। कचहरी में भी स्त्रियाँ बैठकों में भाग ले सकती थीं और अपना दृष्टिकोण प्रस्तुत कर सकती थीं लेकिन मुख्यतः बुजुर्ग स्त्रियाँ ही खुलकर और जोर से बोलती थीं।

चहारदीवारी के भीतर बहुत कम उत्पादक गतिविधियाँ होती थीं। नारियल की जटाओं से रस्सी बनाने जैसी सामूहिक गतिविधि के लिए घर के ठीक बाहर के स्थान का उपयोग किया जाता था। गुड़ बनाने के लिए 'भट्ठी' भी घर के बाहर ही होती थी। ये जगहें साधारणतया इस तरह नहीं घेरी जाती थीं कि उसके भीतर की स्त्रियाँ दिखाई ही न दें। पुरुष जहाँ गरी बनाते थे वे जगहें स्त्रियों की पहुँच से बाहर नहीं थीं। आधुनिक शिक्षा की सुविधाएँ उपलब्ध कराए जाने पर लड़कियों को स्कूल जाने से रोका नहीं गया था।[13] शिक्षा का प्राथमिक लक्ष्य नौकरी पाना है, यह धारणा सिर्फ लड़कों पर ही नहीं, लड़कियों पर भी लागू होती थी तथा कुछ युवतियों ने शिक्षित होने के लिए मुख्यभूमि जाना शुरू कर दिया था।

लेकिन, साधारणतया, द्वीप से बाहर का स्थान स्त्रियों को अपनी जिम्मेदारी पर उपलब्ध नहीं था। गहरे समुद्र में मछलियाँ पकड़ना पुरुषों का काम था। विशेष महत्त्वपूर्ण बात यह है कि केवल पुरुष ही व्यापार के लिए मुख्यभूमि जाते थे; स्त्रियाँ वहीं रह जाती थीं और उनकी सुरक्षा के लिए प्रार्थना करती थीं। अनेक पुरुष भी कभी मुख्यभूमि नहीं गए थे लेकिन इसका कारण सिर्फ यह था कि उनके पास संसाधन नहीं थे। स्त्रियाँ मुख्यभूमि मुख्यतया इलाज के लिए ले जायी जाती थीं या फिर मक्का जाने के लिए। माना जाता था कि, द्वीप से बाहर और अजनबियों के बीच उन्हें मार्गदर्शन और सुरक्षा की जरूरत होगी।

5

स्त्रियों की आपेक्षिक स्वायत्तता तथा विशेष अनुकूल, लाभ की स्थिति सबसे स्पष्ट रूप से विवाह और तलाक में दिखाई पड़ती थी। यह एक ऐसा क्षेत्र है जिसमें उपमहाद्वीप की, विशेषकर पितृवंशीय मुस्लिम समुदायों की स्त्रियाँ बहुत नाजुक स्थिति में रहती हैं। यद्यपि कल्पेनी में विवाह शरीयत पर आधारित होता था, तथा कानून और धर्मग्रंथों में निर्धारित बुनियादी शर्तों को पूरा करता था तथापि विवाह के बारे में इस्लाम की जो दृष्टि है और वह जिन बातों पर जोर देती है कल्पेनी के मुस्लिम समाज के विवाह का स्वरूप वास्तव में उससे बहुत अलग था।

विवाह में बहुत सीमित अधिकार तथा कर्तव्य शामिल थे। आवास का पारंपरिक संरूप विवाह के अवसर पर घरेलू इकाइयों में किसी फेरबदल की माँग नहीं करता था। जैसा पहले बताया जा चुका है, स्त्री अपने निजी घर में सुरक्षित बनी रहती थी और उसे 'हस्तांतरणीय/स्थानांतरणीय', 'माता-पिता के घर में एक मेहमान' अथवा 'उड़ती चिड़िया' नहीं माना जाता था। उपमहाद्वीप के मुसलमानों और हिंदुओं दोनों के सांस्कृतिक मुहावरों में लड़कियों के लिए इन विशेषणों का प्रयोग सामान्य है। वहाँ नातेदारी में होने वाले विवाह भी इस धारणा से बच नहीं पाते। कल्पेनी में 'वली' की भूमिका एक धार्मिक औपचारिकता थी तथा मेहर का भुगतान धार्मिक विधिक आदेश का औपचारिक निर्वाह मात्र था। मेहर की राशि नगण्य होती थी तथा इससे पुरुष का अपनी पत्नी पर किसी भी तरह का अधिकार नहीं स्थापित होता था।[14] काज़ी के विवाह रजिस्टर से पता चलता है कि अनेक मामलों में मेहर का एक हिस्सा ही दिया गया था, या फिर कुछ भी नहीं दिया गया था।

यद्यपि इस्लाम की इस अवधारणा की बात तो की जाती थी कि पति का दायित्व है कि वह अपनी पत्नी और बच्चों की परिवरिश करे लेकिन वास्तव में यह अवधारणा द्वीप पर बहुत स्पष्ट रूप से परिलक्षित नहीं होती थी। जब तक विवाह चलता था, तब तक पति अपनी पत्नी की गृहस्थी में दो या तीन बोरा चावल तथा 20 से 30 नारियल की प्रथागत वार्षिक अदायगी करता रहता था। उपमहाद्वीप से बढ़ते संपर्कों के कारण नारियल और चावल के साथ चाय, चीनी और साबुन जैसी चीजें भी जुड़ गई थीं। पति से यह भी अपेक्षित था कि वह अपनी पत्नी को कपड़े और प्रसाधन सामग्री आदि भेंट करेगा। इसके अतिरिक्त गर्भावस्था के दौरान तथा बच्चे के जन्म के अवसर पर मुर्गा जैसी कुछ विशेष चीजें देना भी अपेक्षित था। (पिता अपने बच्चों के लिए, खास तौर पर त्यौहारों के अवसर पर अथवा मुख्य भूभाग से लौटने पर, कुछ उपहार भी लाता था)। सामयिक अदायगी के रिवाज का सांस्कृतिक अवबोध कुछ अस्पष्ट था। हमने पहले चावल और नारियल को भी उपहार ही बताया था (दुबे 1969; कुट्टी 1972), लेकिन द्वीप पर इसके लिए मलयालम आधारित शब्द

'चिलव' का इस्तेमाल होता था जिसका अर्थ है खर्चा। एक तरह से यह इस्लाम द्वारा विहित गुजारा देने के दायित्व को नाममात्र को ही सही, पूरा करता था। यद्यपि व्यावहारिक दृष्टि से इसकी व्याख्या अतिथि पति को रात का भोजन और प्रायः सुबह का नाश्ता देने में पत्नी की गृहस्थी द्वारा वहन किए जाने वाले खर्च की भरपाई के रूप में की जा सकती है फिर भी इसका एक धार्मिक-विधिक अर्थ तो था ही।[15] (यह व्याख्या हमने कभी द्वीपवासियों से नहीं सुनी, हमारा अपना तर्क था।)

न पति और न उसका नातेदारी समूह स्त्री के अपने श्रम अथवा अपने बच्चों पर उसके अधिकार को हड़पने का या इससे मिलता-जुलता कोई काम करता था। पति और पत्नी अलग-अलग हस्ती बने रहते थे। किसी को दूसरे के उत्पादक श्रम पर अधिकार प्राप्त नहीं था। दांपतिक संबंधों का स्वरूप पूरी तरह भिन्न था। स्त्री अपने पति का विशेष आदर करे यह अपेक्षा नहीं की जाती थी तथा उस धारणा का कोई चिह्न न था जिसके अनुसार अपने पति की सेवा करना पत्नी का नैतिक कर्तव्य होता है।

यहाँ तक कि यदि कोई पत्नी अपने ऊपर अपने पति के संभोग के एकांतिक अधिकार का उल्लंघन करती थी तब भी पति को उसे शारीरिक दंड देने या उसे उसकी जरूरत की चीजों से वंचित करने का अधिकार नहीं था न ही उसके पास ऐसा कर सकने के साधन थे। द्वीप पर शारीरिक हिंसा अकल्पनीय थी।[16] जबकि इसे आम तौर पर पति की 'स्वाभाविक' प्रतिक्रिया माना जाता है जिसकी प्रतिष्ठा को पत्नी की बेवफाई ने चोट पहुँचाई हो; और इसे कुरान ने भी स्वीकृति दी है। संभव है यह बात इन्हीं शब्दों में अवधारणाबद्ध न हुई हो लेकिन कल्पेनी में कोई विवाहिता स्त्री एक व्यक्तित्व के रूप में अपने ऊपर अपना अधिकार नहीं खो देती थी। जिस पति के साथ अन्याय हुआ हो वह केवल तलाक का सहारा ले सकता था जो कि पत्नी प्रायः चाहती भी हो। यद्यपि तलाक की स्थिति में उसे अपना प्राप्य छोड़ना पड़ सकता था।

पत्नी को अपने पति पर यौन अभिगम का एकांतिक अधिकार नहीं था क्योंकि सिद्धांततः वह एक समय में चार पत्नियाँ रख सकता था। पुरुष कभी-कभी इस विशेषाधिकार का इस्तेमाल कर भी लेते थे। किंतु स्त्रियों की अपने पति के अन्य विवाहों अथवा उसके विवाहेतर संबंधों पर तीव्र प्रतिक्रिया होती थी और इस तरह की स्थितियाँ अक्सर तलाक की ओर ही ले जाती थीं। द्विविवाहों की अवधि अधिकतर संक्षिप्त होती थी; बहुपत्नी प्रथा दुर्लभ थी। 1961-62 में कल्पेनी की मानवजातिवर्णनात्मक जनगणना (कुट्टी : 1972) के अनुसार उस समय 670 विवाहित पुरुषों में से केवल छह पुरुषों की एक से अधिक पत्नियाँ थीं और 1969 में मैंने 178 विवाहित पुरुषों के जो नमूने इकट्ठा किए थे उनमें केवल दो की दो पत्नियाँ थीं। आवास के संरूप के कारण सह-पत्नियों को घर या रसोई में साझेदारी नहीं करनी पड़ती थी किंतु वे

इस बात से आसानी से समझौता नहीं कर पाती थीं कि उनके यौन संबंधों और उपहारों में कोई और भी साझेदार है।

निकाह से बच्चों के पैतृत्व की पहचान निश्चित होती थी किंतु वंशपरंपरा और सामाजिक पहचान, संसाधनों और आश्रय की प्राप्ति तथा दैनिक जीवन, इनके संदर्भ में बच्चा अपनी माता तथा अपने मातृवंशीय समूह का होता था। पिता का अपने बच्चों पर अधिकार नगण्य था तथा उनके गुजारे की कोई कानूनी जिम्मेदारी उस पर नहीं थी। अपनी क्षमता तथा बच्चों के प्रति लगाव की तीव्रता के अनुरूप पिता अपने बच्चों की शिक्षा तथा कपड़ों व अन्य जरूरतों पर खर्च करते थे। प्रायद्वीप तथा बृहत्तर मुस्लिम जगत से बढ़ते संपर्क के साथ यह भावना धीरे-धीरे बढ़ रही थी कि संभवतः उनके धर्म का निर्देश है कि अपने बच्चों की जिम्मेदारी पुरुष वहन करे, लेकिन यह बात द्वीप की मातृवंशीय भावभूमि के लिए तब भी असंगत ही थी। इस बात का कोई सवाल ही नहीं था कि कोई पुरुष अपनी तलाकशुदा पत्नी से हुए अपने बच्चों का गुजारा दे, न ही उसका उन पर कोई दावा था।

पिता की सबसे महत्त्वपूर्ण भूमिका सामाजिक-धार्मिक थी जिसे समुदाय की मान्यता प्राप्त थी। अपने बच्चों के जीवन-चक्र समारोहों में उसकी एक निश्चित भूमिका थी और उससे अपेक्षा की जाती थी कि वह उसमें पर्याप्त योगदान करेगा। ये समारोह थे—जन्म, पुत्रों का खतना, पुत्रियों का कर्णछेदन तथा विवाह। पुरुष का मातृवंशीय समूह उसके बच्चों के इन समारोहों में सक्रिय रूप से शामिल होता था। पिता से अपेक्षित था कि वह अपने बच्चे के लिए उपहार लाएगा। अपने बच्चे के प्रति पिता द्वारा स्नेह प्रदर्शन वर्जित नहीं था।

कल्पेनी में विवाह तथा पति-पत्नी के बीच संबंध के भिन्न स्वरूप का मतलब तब और स्पष्ट हो जाएगा जब हम विवाह के विघटन पर दृष्टिपात करेंगे। सिद्धांततः, इस्लाम पति को तलाक देने की असीमित सुविधा प्रदान करता है; उसे इसके लिए कोई कारण भी नहीं बताना पड़ता, जबकि स्त्री को विरल मामलों में भी 'तलाक' कहने की इजाजत नहीं देता, हालाँकि उसे विवाह को तोड़ने की प्रक्रिया शुरू करने की अनुमति है। किंतु कल्पेनी में (बिना कारण बताए) तलाक के जरिये विवाहविच्छेद की सुविधा स्त्री और पुरुष दोनों को प्राप्त थी। पुरुष 'मैं तुम्हें तलाक देता हूँ' सूत्र का केवल तीन बार लगातार उच्चारण कर अटल तलाक का आश्रय ले सकता था। स्त्री जो आखिरकार अपने निजी घर में रहती थी तलाक की घोषणा तो नहीं कर सकती थी लेकिन वह अपने पति को यह जता सकती थी कि अब उसे पति का अपने घर आना पसंद नहीं। ऐसी स्थिति में पति के सामने पत्नी को तलाक देने के अलावा कोई अन्य विकल्प नहीं रह जाता था और तलाक वह चाहती ही थी। पति तलाक की घोषणा करने में देर लगा सकता था अथवा अपना देय अदा करने से छूटने के लिए समझौता करने की कोशिश कर सकता था। कुछ मामलों में यह

तरीका पत्नी द्वारा अपनी आजादी (खुला) खरीदने के समान ही होता था।[17]

तलाक काफी प्रचलित था। द्वीप के आधे से अधिक पुरुषों और स्त्रियों ने एक से अधिक बार विवाह किया था तथा अनेक ने कई बार विवाह किया था। विवाह भंगुर था, तलाक आसान। पुरुषों के पुनर्विवाह की दर ज्यादा ऊँची थी क्योंकि स्त्रियों के विपरीत वे पहले विवाह के चलते हुए भी दूसरा विवाह कर सकते थे; फिर, पहली पत्नी को तलाक देने के बाद उन्हें तीन महीने की इद्दत की अवधि समाप्त होने की प्रतीक्षा नहीं करनी पड़ती थी। इस बात के भी अनेक उदाहरण थे जब तलाकशुदा दंपति पुनः विवाह करना चाहते थे। यह तभी संभव रहता था जब स्त्री किसी दूसरे व्यक्ति से विवाह करे और फिर उससे तलाक प्राप्त कर ले। इसके लिए किसी पुरुष को उससे विधिवत विवाह करने तथा उसके बाद जल्द ही उसे तलाक देने के लिए तैयार करना पड़ता था।

मैंने अन्यत्र तर्क दिया है (दुबे 1969) कि चूँकि विवाह पति-पत्नी का साथ-साथ रहने अथवा आर्थिक और सामाजिक क्षेत्रों में उनके सहयोग अथवा परस्परनिर्भरता को या अपने बच्चों के प्रति साझा जिम्मेदारी को आवश्यक नहीं बनाता था, अतः उसके टूटने का कोई बहुत नुकसानदेह प्रभाव नहीं पड़ता था, न ही इससे माँ और बच्चों के बीच के बंधन को कोई खतरा रहता था जैसाकि विश्व के अधिकतर पितृवंशीय मुसलमान समुदायों में होता है। कल्पेनी में पिता के अपने बच्चों के प्रति सामाजिक-धार्मिक दायित्वों पर उनकी माँ से तलाक लेने का कोई असर नहीं होता था। बच्चों की अभिरक्षा का प्रश्न ही नहीं उठता था। किसी पुरुष के उसके बच्चों के साथ संबंध की समग्र गुणवत्ता बदल सकती थी, खासतौर पर यदि वह दूसरी औरत से विवाह कर लेता था, किंतु माता-पिता के विवाह की समाप्ति के कारण पिता और बच्चों के बीच जीवन भर का अलगाव हो जाना जरूरी नहीं था।

मैं इस बात पर जोर देना चाहती हूँ कि कल्पेनी में वैवाहिक बंधन का जारी रहना अथवा टूट जाना एकपक्षीय घटना नहीं थी। जैसाकि हमने देखा है, स्त्री तलाक के संदर्भ में खुद पहल कर सकती थी और फैसले कर सकती थी। इसके साथ ही स्त्रियाँ अनेक प्रकार के प्रतिबंधों और खतरों—अभाव, वंचित होना तथा बेघर होना, बच्चे छिन जाना, कलंक तथा कभी-कभी पुनर्विवाह के सीमित मौके—का शिकार नहीं थीं जिनका ऐसे मामलों में उपमहाद्वीप की पितृवंशीय मुस्लिम महिलाओं को मुकाबला करना पड़ता है।

6

संपत्ति का प्रबंध व लेनदेन द्वीप की एक महत्त्वपूर्ण गतिविधि थी। कल्पेनी के मातृवंशीय

समाज में पुरुषों और स्त्रियों की स्थिति और हितों के बीच की भिन्नता को समझने के लिए इन पर सावधानीपूर्वक एक निगाह डालना जरूरी है। संपत्ति दो प्रकार की थी ; 'शुक्रवार' अथवा मातृवंशीय, सामूहिक संपत्ति, तथा 'सोमवार' अथवा 'स्वोन्दं संपत्ति'—अपनी निज की संपत्ति। स्त्री और पुरुष दोनों को मातृवंशीय संपत्ति में अहस्तांतरणीय अधिकार थे। लेकिन जहाँ तक उनके बच्चों की बात है, पुरुष के अधिकारों का कोई भविष्य नहीं था। उसकी मृत्यु पर उसका हिस्सा उसके निकटतम मातृवंशीय नातेदारों को मिल जाता था। दूसरी ओर 'सोमवार' संपत्ति को उसका मालिक जैसे चाहे ठिकाने लगा सकता था। ऐसी संपत्ति व्यक्ति की स्वयं अपनी कमाई से अथवा उपहार के रूप में अपने माता-पिता अथवा मातृवंश से बाहर के नातेदारों से प्राप्त की गई होती थी। तथापि सोमवार संपत्ति हासिल करने का एक महत्त्वपूर्ण तरीका 'शुक्रवार' संपत्ति के रूपांतरण का था। जिस मातृवंशीय समूह की यह संपत्ति होती थी उसके सभी वयस्क सदस्यों की सहमति से ऐसा किया जा सकता था (दुबे 1991, 1994)।

'शुक्रवार' संपत्ति का बँटवारा तथा लेनदेन रूढ़ि और परंपरा द्वारा विनियमित था लेकिन 'सोमवार' संपत्ति का विनियमन शरीया के अनुसार करना होता था। यदि किसी व्यक्ति ने अपने जीवनकाल में निजी ('सोमवार') संपत्ति का निपटारा नहीं किया हो तो उसका निपटारा शरीयत के नियमों के तहत किया जाता था। अपने जीवन काल में व्यक्ति किसी भी समय ऐसी संपत्ति को उपहार में दे सकता था अथवा वसीयत तैयार कर सकता था जिसमें लाभभोगियों का स्पष्ट उल्लेख हो। ऐसी संपत्ति को उपहार में दे देना अथवा उसकी वसीयत कर देना इन दोनों को इस्लामी विधि द्वारा अनुमत माना जाता था तथा द्वीप की सामाजिक व्यवस्था के संदर्भ में इन दोनों कार्यों को कोई पुरुष अपने बच्चों (तथा पत्नी) को कुछ संपत्ति दे सके इसके लिए धर्म द्वारा किए गए विशेष प्रावधान के रूप में देखा जाता था। चूँकि स्वतंत्र रूप से धनार्जन के रास्ते बहुत कम थे अतः मातृवंशीय सामुदायिक संपत्ति के हिस्सों को 'स्वोन्दं' संपत्ति में बदलने के प्रयास लगातार होते रहते थे। इसमें प्रायः मातृवंशीय नातेदारों पर दबाव डालना, उनकी खुशामद करना तथा जोड़-तोड़ व चालबाज़ी करना शामिल था।

संपत्ति तथा उसके लेनदेन संबंधी मामलों में पुरुष मुख्य कर्ता थे किंतु उन्हें अपनी मातृवंशीय स्त्री नातेदारों को अपने साथ लेना पड़ता था। इसके अतिरिक्त जहाँ तक मातृवंशीय संपत्ति की बात थी, निरपवाद रूप से यह तर्क दिया जाता था कि तरावाड़ की स्त्रियों और असहाय ब्रच्चों को उनके वैध अधिकारों से वंचित करना नैतिक रूप से गलत है। कुछ लोग यह मानते थे कि 'तरावाड़' संपत्ति एक तरह की 'वक्फ' संपत्ति है जो मातृवंशीय समूह की स्त्रियों और बच्चों, वस्तुतः उसके सभी सदस्यों, के लाभ के लिए बनाई गई है।

स्त्रियाँ अगली पीढ़ी को संपत्ति के हस्तांतरण की कड़ी थीं अतः उन्हें अपने हितों के साथ-साथ अपने बच्चों के अधिकारों की सुरक्षा करनी होती थी। उनकी ही परंपरा में निरंतरता थी तथा शुक्रवार संपत्ति संबंधी सभी फैसलों के लिए उनकी सहमति अनिवार्य थी। वयस्क स्त्री सदस्यों, विशेषकर शाखाओं की जन्मदात्रियों, के हस्ताक्षरों के बिना कोई अपील अथवा दस्तावेज पूरा नहीं हो सकता था।

संपत्ति के लेनदेन में पुरुष मुख्य कर्ता क्यों थे? इस प्रश्न का उत्तर स्त्रियों और पुरुषों की भूमिकाओं तथा उनके असमान अधिकारों के संदर्भ में देखना होगा। पुरुष संपत्ति का प्रबंधन देखते थे तथा वे बड़े आर्थिक लेनदेन के मुख्य कर्ता थे। प्रशासन तथा न्यायनिर्णय की प्रभारी 'द्वीप परिषद्' के सदस्य तथा समस्त धार्मिक पदाधिकारी भी पुरुष ही थे। इन सब चीजों में रुचि लेने तथा व्यस्त रहने के लिए पुरुषों के सम्मुख बड़े उत्प्रेरक थे। मातृवंशीय व्यवस्था ने बच्चों को स्त्रियों का न्यायोचित उत्तराधिकारी बनाया था जबकि पुरुषों के उत्तराधिकारी उनकी बहनों के बच्चे माने जाते थे। यदि पुरुष के कोई भांजे या भांजियाँ ही न हों तो उसके हिस्से की मातृवंशीय संपत्ति प्रत्यावर्ती उत्तराधिकारियों को मिल जाती थी, उसके अपने बच्चों को नहीं। इस प्रकार पुरुष स्त्रियों से बहुत भिन्न स्थिति में थे। इसके साथ ही इस्लाम में पिता को दी गई स्पष्ट मान्यता के कारण मातृवंशीय सिद्धांतों में कुछ लचीलापन आया था। 'स्वोन्दं' श्रेणी की संपत्ति ने अपने बच्चों के लिए कुछ कर सकने की पुरुष की इच्छा को धार्मिक समर्थन तथा वैधता प्रदान की थी।

लेकिन 'शुक्रवार' संपत्ति को 'स्वोन्दं' संपत्ति में बदलने के प्रयासों के खिलाफ लड़ने वाले भी मुख्यतः पुरुष ही होते थे। इस प्रकार वे ही कर्ता भिन्न-भिन्न स्थितियों में विरोधी भूमिका निभा सकते थे। उनकी भूमिका उनके हितों पर निर्भर करती थी। कुछ मातृवंशीय संपत्ति अपने निजी स्वामित्व में लाने की कोशिश में जुटा हुआ पिता तथा मातृवंशीय विरासत की पवित्रता और समूह के मासूम और असहाय सदस्यों के अधिकारों की रक्षा में लगा कार्णवर अथवा तरावाड़ का कोई अन्य सदस्य एक दूसरे के विरोधी प्रतीत होते हैं, लेकिन संभव था कि भिन्न-भिन्न संदर्भों में ये दोनों भूमिकाएँ कोई एक ही व्यक्ति निभा रहा हो। और ये दोनों संदर्भ तथा भूमिकाएँ द्वीप की संस्कृति का हिस्सा थे।

इन लेनदेनों की एक अन्य रोचक विशेषता यह थी कि भिन्न-भिन्न समयबिंदुओं पर कोई व्यक्ति संपत्ति की उसी इकाई के संदर्भ में भिन्न प्रतिमानों तथा मूल्यों के तहत आचरण कर सकता था। अपने तरावाड़ की संयुक्त मातृवंशीय संपत्ति के एक हिस्से को 'स्वोन्दं' संपत्ति में बदलवाने में सफल होने के बाद कोई व्यक्ति अपनी इस संपत्ति को अपने बच्चों और पत्नी को उनकी निजी संपत्ति के रूप में अलग-अलग हिस्सों में देने के बजाय इसे संयुक्त तावज़ी–तरावाड़ संपत्ति के रूप में अपनी पत्नी की शाखा–जिसमें पत्नी और उसके अपने बच्चे शामिल रहते थे–को दे सकता था।

इससे प्रतीत होता है कि यद्यपि लोग अपने लाभ के लिए मातृवंशीय सिद्धांत से हटने को तर्क देकर न्यायोचित ठहराते थे तथापि मातृवंशीय सिद्धांत में द्वीपवासियों की गहरी और दृढ़ आस्था थी। इस तरह के संपत्ति रूपांतरण तथा बाद में उसे भेंट कर दिए जाने के अनेक उदाहरण थे (देखें दुबे 1991, 1994)।

ऐसा प्रतीत होता है कि जिस बात को इस्लामसम्मत माना जाता था उसकी जड़ें एक तरह से मातृवंशीय व्यवस्था के संपत्ति समूहों तथा मातृवंशीय समूहों के विकासात्मक चक्र में और उसमें पुरुष सदस्य की नियति में भी गड़ी थीं। अपने बच्चों को संपत्ति उपहारस्वरूप देने की पुरुष की इच्छा को तार्किक तथा उपयुक्त दोनों माना जाता था। सांस्कृतिक समझ के अनुसार, पुरुष इस बात के प्रति निश्चित रहता था कि उसकी माँ उसकी देखभाल भली प्रकार करेगी और जब तक उसकी बहनें, विशेषकर जो उसकी उम्र की या उससे बड़ी हैं, सक्रिय हैं, उसकी परवाह की जाती रहेगी। लेकिन अपनी भांजियों और भांजों के राज में उसे अपने बच्चों और अपनी पत्नी पर अधिक भरोसा करना पड़ेगा। इसलिए यदि वह चाहता है कि वृद्धावस्था में उसके बच्चे उसकी देखभाल करें तो स्थिति की तार्किक संगति के अनुसार उसका उन बच्चों को कुछ संपत्ति उपहार में देने का रुझान उचित ही था। नातेदारी की विचारधारा के साथ भौतिकता की घालमेल या उनकी मूलभूत अभिन्नता इन प्रक्रियाओं में स्पष्ट रूप से दिखाई देती थी; और इस मातृवंशीय समाज में धर्म ने पिता-संतान बंधन को एक निश्चित वैधता प्रदान की थी। यह महत्त्वपूर्ण है कि पुरुष को प्राप्त इस रियायत ने स्त्रियों को पुरुषों पर किसी तरह से निर्भर नहीं बनाया था।

7

इस प्रकार आवास, आश्रय की सुनिश्चितता, स्थान, संपत्ति, जीविका के संसाधनों और बच्चों पर अधिकार तथा विवाह और उसके विच्छेद का निर्णय लेने के संदर्भ में कल्पेनी की स्त्रियों की स्थिति कुछ नगण्य अपवाद छोड़कर दक्षिण एशिया के शेष हिस्सों की मुसलमान स्त्रियों की स्थिति के विपरीत है। ऐसा प्रतीत होता है कि एक पितृवंशीय, पितृस्थानिक व्यवस्था में कोई पति अथवा अन्य विवाहजन्य संबंधी पुरुष संपत्ति और स्त्रियों के यौनत्व तथा प्रजनन शक्ति पर जिस तरह का संकेंद्रित नियंत्रण हासिल कर सकते हैं—जिसका औचित्य प्रायः धर्म से प्राप्त किया जाता है—वह मातृवंशीय पुरुष नातेदारों को उपलब्ध नहीं है।

मानवविज्ञान में यह स्थापना बहुत प्रचलित है कि मातृवंशपरंपरा की विशेषता है कि उसमें प्राधिकार/सत्ता और वंश की परंपराओं में समायोजन, तालमेल नहीं रहता

क्योंकि सत्ता का उपयोग पुरुष का कार्य होता है और समूह निर्धारण स्त्री का (श्नाइडर, 1961)। इस स्थापना और 'मातृवंशीय पहेली' (रिचर्ड्स, 1950) की धारणा इन दोनों पर पुनर्विचार की जरूरत है। इन दो विद्वानों ने मातृवंशीय व्यवस्थाओं में अंतर्निहित संघर्षों के कारण उनके अस्थायित्व के विषय में भी लिखा है। मातृवंशीय समाजों के अधिकतर विश्लेषणों में उनके तर्कों का प्रभाव सामने आता है। नारीवादी मानवशास्त्रीय आलोचकों में अन्य विद्वानों के अलावा पो (1979), श्वीड (1986, 1989, 1991) तथा वाइनर (1976, 1979, 1980) शामिल हैं। नारीवादियों द्वारा किए गए हाल के शोधकार्यों से पता चलता है कि कैसे अनेक मातृवंशीय समाजों में स्थिरता स्त्रियों के साथ जुड़ी हुई है क्योंकि स्त्रियाँ ही भूमि पर रहती और उसका इस्तेमाल करती हैं, अनुष्ठानों का पालन करती हैं तथा अगली पीढ़ी को पालती-पोसती हैं। जान बायरन थामस (1980) इस मान्यता का खंडन करते हैं कि मातृवंशीय उत्तराधिकार समूहों के भीतर सत्ता प्रमुखतया पुरुषों में निहित है तथा वहाँ घरेलू समूह में पुरुष की अपनी पत्नी और बच्चों के ऊपर सत्ता तथा वंशपरंपरा समूह में मातृवंशीय नातेदार की सत्ता इनके बीच संतुलन स्थापित करने की शाश्वत समस्या बनी रहती है। वह निमोंन्युइटो द्वीप (ट्रक के निकट) के उदाहरण द्वारा 'मातृवंशीय पहेली' का हल सुझाते हैं, जहाँ भूमि पर प्राथमिक अधिकार स्त्रियों का है, 'क्योंकि वे ही वहाँ रहती हैं तथा हमारे बच्चों की सुरक्षा करती हैं', और इसलिए भी क्योंकि वे 'गुप्त कथाओं' अर्थात् कुल द्वारा अधिग्रहीत अथवा त्यागी गई भूमि के सभी भूखंडों की सीमाओं और इतिहासों के ज्ञान का आधिकारिक स्रोत हैं।

यह तर्क दिया गया है कि सभी समाजों में सत्ता पुरुषों के हाथ में रहती है। पितृवंशीय समाजों में सत्ता तथा वंश की परंपराएँ एक में विलीन होती हैं। पुरुषों के हाथ में सत्ता भी रहती है और वे ही वंशक्रम के वाहक होते हैं। लेकिन मातृवंशीय व्यवस्था में पुरुष के पास सत्ता का नियंत्रण तो होता है—चाहे वह बहनों पर तथा अन्य मातृवंशीय स्त्री नातेदारों पर हो अथवा पत्नियों और बच्चों पर—किंतु वंशक्रम स्त्रियों के माध्यम से चलता है। इस प्रकार वंश की परंपरा स्त्रियों के माध्यम से चलती है और सत्ता की परंपरा पुरुषों के माध्यम से चलती है—जिसमें जोड़नेवाली कड़ी स्त्री होती है। जैसे, पुरुष अपनी सत्ता अपने मामा से प्राप्त करता है जिसके साथ उसके संबंध का माध्यम उसकी माँ होती है। उसकी सत्ता उसके पुत्र को हस्तांतरित न होकर उसकी बहन के बेटे (भांजे) को मिलती है। यह एक संघर्ष को जन्म देता है। 'मातृवंशीय पहेली' शब्द का इस्तेमाल इसी स्थिति के संदर्भ में किया गया है जिसमें पुरुष की पिता और मामा इन दो अलग-अलग भूमिकाओं में संघर्ष होता है। स्त्रियों और बच्चों को दो प्रकार के प्रभुत्वों के समक्ष झुकना पड़ता है : पति/पिता के तथा वंशसमूह में मातृवंशीय नातेदार के। तर्क के अनुसार इस स्थिति के परिणामस्वरूप मातृवंशीय व्यवस्थाएँ अस्थिर रहती हैं।

लेकिन क्या सत्ता का प्रयोग सदैव पुरुष का ही कार्य होता है? सत्ता/प्राधिकार/प्रभुत्व के अर्थ क्या हैं? मातृवंशीय समाजों में सत्ता प्रायः विकेंद्रित होती है। कल्पेनी में भी हालाँकि सत्ता का प्रबंधन पुरुषों के हाथ में है किंतु हमें किसी एक व्यक्ति अथवा केवल पुरुषों के हाथ में सत्ता के केंद्रीकरण के साक्ष्य नहीं मिलते हैं। स्त्रियों, विशेषकर सम्मानित नातेदारी-प्रस्थिति वाली स्त्रियों—जैसे परनानी, नानी, माँ, बड़ी बहन, मौसी इत्यादि को पर्याप्त महत्त्व प्राप्त रहा है और उनका काफी प्रभाव भी रहा है। विशेष बात यह है कि मातृवंशीय पुरुष को अपनी बहन के बच्चों पर कठोर नियंत्रण स्थापित करना मुश्किल होता है। किसी पितृवंशीय व्यवस्था में स्थित पिता की तरह वह उन्हें अपनी मुट्ठी में नहीं रख सकता। मामा और भांजे के बीच का संबंध सीधा नहीं बल्कि एक स्त्री के माध्यम से होता है।

ऐसा लगता है कि मातृवंशीय व्यवस्था में स्त्री का यौनत्व उसके मातृकुल के नातेदारों अथवा उसके पति और उसके समूह के दमनात्मक नियंत्रण के अधीन नहीं है। नायर जैसी मातृवंशीय जातियों में जाति की एक अनिवार्य विशेषता, सीमा बनाए रखने के आग्रह (देखें अध्याय चार), के कारण यह सुनिश्चित करने के निश्चित तौर-तरीके जरूरी होते थे कि स्त्रियाँ स्वीकृत जाति-स्तरों से ही अपना साथी चुनें। अतः उनके यौनत्व पर नियंत्रण रखा जाना जरूरी था और इसीलिए उनकी स्वतंत्रता परिसीमित थी तथा वे अपने मातृवंशीय पुरुष नातेदारों की सत्ता के अधीन हो जाती थीं (गफ 1959; दुबे 1988)[18]। लेकिन एक सामान्य स्थापना के रूप में यह सत्य प्रतीत होता है कि मातृवंशीय समाजों में स्त्रियाँ किसी प्रबल और दमनात्मक नियंत्रण के अधीन नहीं रहती हैं। स्त्री और पुरुष के बीच सबसे अंतरंग, घनिष्ठ संबंध, पति-पत्नी का संबंध भी पुरुष की सत्ता और नियंत्रण, तथा उससे सुसंगत, स्त्री द्वारा उसके विशेष आदर की माँग से मुक्त होता है। उसमें अधिकतर विषमता तथा दमन अनुपस्थित रहते हैं।[19]

पितृवंशीय व्यवस्था भी संघर्ष तथा अंतर्विरोधों से घिरी है। बच्चे के जन्म में जिस माता की भूमिका को अस्वीकार नहीं किया जा सकता उसका अपने बच्चों की सामाजिक पहचान तथा समूह निर्धारण से कुछ लेना देना नहीं होता। पितृवंशीय व्यवस्था किसकी कीमत पर काम करती और टिकी रहती है? निश्चय ही स्त्रियों की कीमत पर। स्त्रियों की अपने पैतृक गृह में परिधीय सदस्यता, उनका अपने पति के परिवार में स्थानांतरण—जहाँ वे लंबे समय तक बाहरी तथा संदिग्ध बनी रहती हैं, और अपने पति के कुल के लिए बच्चों की वाहिका के रूप में, एक साधन के रूप में उनका महत्त्व, इन सबके कुछ निश्चित निहितार्थ हैं। संपत्ति, जीविका के साधनों तथा बच्चों पर अधिकारों से वंचित रहने के कारण स्त्रियाँ आसानी से विभिन्न प्रकार के उत्पीड़न का शिकार बन सकती हैं। बाहरी और भीतरी व्यक्ति के बीच की प्रतिकूलता; लड़कियों के सामाजीकरण—जिसमें उनके यौनत्व नियंत्रण पर जोर दिया

जाता है—की प्रक्रिया में समाहित तनाव, भाई और बहन के तथा पति और पत्नी के बीच विषमता, ऐसी भूमिकाओं तथा विचारधारा का आत्मसातीकरण जो स्त्री को सीमाबद्ध करता है तथा उसका अवमूल्यन करता है, हालाँकि उसके साथ अनेक क्षतिपूर्तिकारी उपाय भी जुड़े होते हैं; स्त्रियों को जादू टोने तथा 'बुरी नजर' से जोड़ा जाना—ये सब कठोर पितृसत्तात्मक व्यवस्था में निहित संघर्षों तथा अंतर्विरोधों के सूचक एवं संकेतक हैं।

संपत्ति के संबंध में अनेक कहावतें पितृवंशीय व्यवस्थाओं में घनिष्ठ नातेदारों के बीच—जैसे चचेरे भाइयों के बीच, चाचा/ताऊ व भतीजे के बीच, भाई-भाई के बीच तथा पिता और पुत्र के बीच—पाई जानेवाली प्रतिस्पर्धा और संघर्ष की ओर संकेत करती हैं। विश्व भर के विविध पितृवंशीय समुदायों में मानववैज्ञानिकों द्वारा दर्ज किए गए पितृकुल के नातेदारों के बीच के संपत्ति विषयक विवादों को देखते हुए इस बात में तनिक भी संदेह नहीं रह जाता कि ये सामाजिक जीवन के सर्वव्यापी लक्षण हैं (कामराफ तथा राबर्ट्स 1981)। मातृवंशीय व्यवस्थाओं की तुलना में पितृवंशीय व्यवस्थाओं को जैसी सुचारु रूप से काम करते हुए बताया जाता है, असलियत कदापि वैसी नहीं है।

परंतु इन दो प्रकार की व्यवस्थाओं में जो एक अंतर है वह निश्चय ही गहरी पड़ताल की माँग करता है। पितृवंशीय नातेदारों के बीच संपत्ति तथा अन्य संसाधनों संबंधी प्रतिद्वंद्विताएँ व विवाद सामान्यतया पितृवंशीय सिद्धांत के सारतत्व को नष्ट नहीं करते। इन विवादों में शामिल परवर्ती पीढ़ियाँ आखिरकार उसी वंशपरंपरा की होती हैं। इसके अतिरिक्त, उस वंश में ब्याही गई स्त्री, जिसे अपने पति के यहाँ कोई अधिकार नहीं होते, जब अपने पुत्रों के भविष्य में रुचि लेकर उनके पिता के तथा उनके अपने खानदान की संपत्ति तथा संसाधनों के संदर्भ में कुछ कहती या करती है तो वह पितृवंशीय सिद्धांत को मटियामेट नहीं करती।

दूसरी ओर एक मातृवंशीय व्यवस्था में पुरुष के द्वारा अपने बच्चों में रुचि लेने तथा उनके लिए अपने वंश के संसाधनों तथा संपत्ति के जरिये कुछ करने से वंशपरंपरा तथा उत्तराधिकार का सिद्धांत गड़बड़ा सकता है, क्योंकि उसके बच्चे अपनी माँ के वंशसमूह के होते हैं—उनकी सदस्यता तथा उनके संपत्ति-विषयक अधिकार माता के समूह में होते हैं, पिता के समूह में नहीं। लेकिन ऐसा उच्छेदन कब कब होता है? जैसाकि एलिजाबेथ कोल्सन (1980) ने कहा है, मातृवंशीयता को पैतृक दावों की अपरिहार्य या अनिवार्य उपेक्षा से नहीं जोड़ा जाना चाहिए। कल्पेनी की स्थिति इसकी पुष्टि करती है। सारी मातृवंशीय व्यवस्थाएँ ठीक एक जैसी नहीं हैं अतः उनमें पिता की स्थिति निर्धारित करने के लिए तथा उनमें संभवतः मौजूद व्यवस्थागत सुरक्षा उपायों की जानकारी के लिए उन पर दुबारा निगाह डालना आवश्यक है।

8

अब मैं 1956 में लक्षद्वीप द्वीपसमूह को संघशासित क्षेत्र बना दिए जाने के बाद कल्पेनी की मातृवंशीय सामाजिक व्यवस्था में आए परिवर्तन तथा उसकी निरंतरता की सरसरी तौर पर चर्चा करूँगी। लक्षद्वीप को संघशासित क्षेत्र बना दिया जाना अतीत से एक उल्लेखनीय बदलाव का सूचक था। द्वीप में डाकघर, चिकित्सा-औषधालय, डाकबंगला व कुछ स्कूल बन गए तथा बाद में स्टीमर सेवा भी शुरू हो गई। अन्य द्वीपों तथा प्रायद्वीप पर उच्चतर शिक्षा और तकनीकी प्रशिक्षण (जिसके लिए छात्रवृत्ति दी जाती थी) की सुविधाएँ भी उपलब्ध हो गई थीं। एक नारियल जटा केंद्र तथा मत्स्य विभाग भी स्थापित किया गया था। बिजली और जनसंचार आए, अनेक नए रोजगार के अवसरों का सृजन हुआ तथा भूमिसुधार लागू हुए। इस क्षेत्र से एक सदस्य राष्ट्रीय संसद भेजा जाने लगा तथा प्रशासनिक और राजनीतिक संरचना में बदलाव आया; विशेषकर धीरे-धीरे अमीन और उसकी परिषद की सत्ता व प्राधिकार में कटौती कर दी गई। 1962 में स्थापित सहकारी संस्था ने नारियल और खोपड़ा की बिक्री को अपने नियंत्रण में ले लिया तथा चावल और अनेक प्रकार का उपभोज्य सामान उपलब्ध कराया।

इसका परिणाम हुआ बाहरी दुनिया से अधिक संपर्क। द्वीप में तैनात मुसलमान और गैरमुसलमान अधिकारियों ने द्वीपवासियों के तौर तरीकों के प्रति एक उपहासात्मक रवैया अपनाया। शिक्षा, जनसंचार, राष्ट्रीय राजनीति में भागीदारी के कारण मुख्य भूभाग की यात्राएँ बढ़ीं और वहाँ आवास के कारण वहाँ के लोगों के साथ पारस्परिक अंतःक्रिया हुई। 1960 के दशक के प्रारंभिक वर्षों में कुछ द्वीपवासियों ने द्वीप की सामाजिक संरचना पर सवाल उठाने शुरू कर दिए थे तथा वे उन विशेषताओं के विरुद्ध आवाज उठाने लगे थे जिन्हें गैर इस्लामी माना जाता था। कुछ उन लोगों ने, जो मुख्य भूभाग के तौर-तरीकों के अधिक संपर्क में थे, इस बात पर जोर दिया कि पैतृक संपत्ति के मामले में पक्की तौर पर शरीयत का पालन किया जाए। उन्होंने पुरुष की 'स्वोन्दं' संपत्ति को उसके बच्चों की सामूहिक तावज़ी—तरावाड़ संपत्ति के रूप में बदले जाने के प्रति नाराजी व्यक्त की। ऐसे लोगों में वे भी थे जो उस स्थिति में लाभान्वित होते यदि उनके पिता अपनी निजी संपत्ति के निपटारे में इस्लामी कानूनों का पालन करते। कुछ लोगों ने विवाह और तलाक के प्रति द्वीपवासियों के 'अगंभीर' रवैये के प्रति भी विरोध व्यक्त किया तथा तलाक की बारंबारता को घटाने के लिए कानूनी उपाय लागू करने के प्रशासन के प्रयासों का समर्थन किया। ऐसे लोग अधिक नहीं थे लेकिन ऐसा लगता था कि आर्थिक क्षेत्र में लगातार हो रहे परिवर्तन तथा अखिल इस्लामी आंदोलनों से संपर्क ऐसे सोच को मजबूती प्रदान कर सकता है (दुबे : 1969; कुट्टी : 1972)।

ऐसा प्रतीत होता था कि भूमिसुधार, वेतन और नौकरियों के जरिये स्वतंत्र आय के बढ़ते रास्ते, मछली पकड़ने के तरीकों में परिवर्तन तथा सहकारी संस्था की स्थापना व्यक्तियों तथा अलग-अलग गृहस्थियों की बड़े संपत्ति-समूहों और सामान्यतया मातृवंशीय समूहों पर निर्भरता कम कर देगी। यह भी संभव लगता था कि इससे पारंपरिक आर्थिक कामों में छोटी इकाइयों के लिए उद्यमों/प्रयासों की आजादी में बढ़ोतरी को गति मिलेगी। इसके अतिरिक्त नए रोजगार-अवसरों से लोगों की अपनी पारंपरिक अर्थव्यवस्था पर निर्भरता कम होने की संभावना थी। द्वीप से बाहर रोजगार मिलने से कम से कम कुछ लोगों के भौगोलिक बिखराव की स्थितियाँ बनतीं जिससे उन लोगों के लिए पत्नीस्थानिक आवास संभव नहीं रह जाते। माना गया था कि इस सबसे पति-पत्नी और बच्चों की दांपतिक इकाइयों के गठन को प्रोत्साहन मिलेगा। द्वीप की सामाजिक व्यवस्था और इस्लामी आदर्शों तथा निर्देशों के बीच की असंगतता के बारे में बढ़ती चेतना के परिणामस्वरूप युगों पुरानी मातृवंशीय व्यवस्था के प्रति उदासीनता अथवा विरोध विकसित होने की संभावना थी। अपेक्षा की गई थी कि पहले से मौजूद पिता-संतान बंधन, जिस पर इस्लाम ने जोर दिया था और जिसको संस्थायित किया गया था, इस प्रक्रिया में सहायक होगा (दुबे 1969; कुट्टी 1972)।

परवर्ती घटनाक्रमों ने दर्शाया कि कल्पेनी की मातृवंशीय व्यवस्था में हमने जिन परिवर्तनों का अनुमान लगाया था वे नहीं हुए। 1962 में प्रशासक की अध्यक्षता तथा अमीन, कार्णवरों (वरिष्ठों) की परिषद तथा कुछ अन्य लोगों की उपस्थिति में पारित इस आशय का प्रस्ताव कि अपनी पत्नी को तलाक देने वाले पति को वार्षिक जुर्माना देना पड़ेगा तथा जुर्माने की राशि उसके बच्चे के भरण-पोषण में खर्च होगी, 1969 तक निष्प्रभावी ही रहा था। 1982 से 1985 तक लक्षद्वीप में प्रशासक रहे सैगल (1990) के अनुसार द्वीपसमूह में भी केरल और कर्नाटक के मातृवंशीय समुदायों के लिए जिन्हें स्वीकारा गया था, उनके अनुकरण पर कुछ परिवर्तन और सुधार की माँग उठी थी किंतु यह माँग उन लोगों ने नहीं की थी जो इससे सीधे प्रभावित होते।

1971 में स्थानीय प्रशासक ने उत्तराधिकार व्यवस्था संशोधित करने की व्यवहार्यता की जाँच के लिए न्यायिक अधिकारियों की एक समिति गठित की थी। समिति ने व्यवस्था के विकास का अध्ययन किया तथा 79 लोगों से साक्षात्कार किया। पता चला कि बहुमत परिवर्तन के पक्ष में नहीं था। अंद्रोथ और कल्पेनी में युवा पीढ़ी भी परिवर्तन के विरुद्ध थी। जबर्दस्त बहुमत तरावाड़ संपत्ति के उपभोग और उत्तराधिकार का मौजूदा तरीका बनाए रखने के लिए उत्सुक था। समिति ने सोचा कि जनता के दृष्टिकोण पर कोई ध्यान न देना तर्कसंगत नहीं होगा। मौजूदा व्यवस्था के उन्मूलन के लिए प्रस्तावित विनियम जब नागरिकों के विचार जानने के लिए नागरिक परिषद के सम्मुख रखे गए तो उसमें के अधिकतर लोग किसी एक निर्णय पर नहीं पहुँच सके और परिणामस्वरूप ये विनिमय ठंडे बस्ते में चले गए।

लक्षद्वीप के समाज ने मातृवंशीयता के लचीलेपन तथा पितृवंशीयता पर घोषित रूप से बल देने वाले धर्म के साथ अनुकूलन की उसकी क्षमता का एक उदाहरण प्रस्तुत किया। अन्यत्र हमने मातृवंश और इस्लाम के बीच परस्परक्रिया तथा इन दोनों के बीच समानुकूलन और समायोजन की प्रक्रियाएँ प्रदर्शित की हैं (दुबे 1969; कुट्टी 1972)। हमने तर्क दिया है कि इस्लाम ने कल्पेनी की मातृवंशीय व्यवस्था को अधिक लचीलापन प्रदान किया और इस प्रकार उसे बनाए रखने में मदद दी। सभी सामाजिक व्यवस्थाओं में कोई न कोई संघर्ष होते हैं, हाँ, संघर्ष की मात्रा और किस्म में फर्क हो सकता है। दोनों तरह की एकवंशीय नातेदारी व्यवस्थाओं में अंतर्निहित संघर्ष मौजूद रहते हैं। यह तर्क विवादास्पद है कि बहुत थोड़े बाहरी प्रभाव या आंतरिक संकट भी मातृवंशीय व्यवस्था को असंतुलित कर सकते हैं। अनेक मातृवंशीय समाजों में स्थायित्व को स्त्रियों के साथ जोड़ा जाता है। कोल्सन (1980) ने देखा था कि प्लैटो टोंगा में आर्थिक तथा राजनैतिक परिवर्तनों के संदर्भ में अनुकूलन की उल्लेखनीय क्षमता दिखाई पड़ती है। हमने इस मान्यता पर भी प्रश्नचिह्न लगाया है कि वंशक्रम की व्यवस्था कोई भी हो, सत्ता सदैव पुरुष में ही निहित होती है, क्योंकि उत्पादन अथवा आवास की प्रत्येक इकाई में सत्ता सँभालने के लिए एक पुरुष की उपस्थिति ज़रूरी रहती है। कल्पेनी के लोग अपनी नातेदारी व्यवस्था का रूप क्यों बदलना नहीं चाहते, इस बात को समझने की कोशिश में हमें सबसे पहले अपने को मातृवंशपरंपरा, प्राधिकार या सत्ता आदि के संबंध में आम तौर पर प्रचलित मान्यताओं से मुक्त करना होगा।[20]

जैसाकि सैगल ने बताया, तरावाड़ व्यवस्था तथा उसमें प्रस्तावित परिवर्तनों के बारे में किसी स्त्री से उसके विचार नहीं पूछे गए थे। पुरुषों ने ही, जिनमें नवयुवक शामिल थे, अपने विचार व्यक्त किए कि द्वीपों में मातृवंशीय व्यवस्था जिस तरह चल रही है वे उसके पक्ष में हैं। हमें इस धारणा की पुनः परीक्षा करनी होगी कि इस तरह की व्यवस्था में स्त्रियाँ हर प्रकार से लाभ की स्थिति में और पुरुष हानि की स्थिति में रहते हैं, और इसलिए तनिक भी अवसर मिलते ही पुरुष मातृवंशपरंपरा को त्यागना चाहेंगे।[21] कल्पेनी में मातृवंशीय तरावाड़ संपत्ति में पुरुषों और स्त्रियों को मूलतः समान अधिकार प्राप्त थे। फर्क़ इतना था कि जहाँ स्त्री के अधिकार पर उसके बच्चों का उत्तराधिकार होता था वहीं पुरुष की मृत्यु के बाद उसका हिस्सा उसके नातेदार समूह को वापस मिल जाता था।

इस्लाम ने इस व्यवस्था में कुछ हस्तक्षेप किया था ताकि पुरुष अपने निजी स्वामित्व की संपत्ति अपनी पत्नी और बच्चों को दे सकें। स्वतंत्र रोजगार तथा वेतन अर्जन के बढ़ते अवसर के साथ पुरुष बेहतर स्थिति में लगते थे। उन्हें अपने मातृवंशीय समूहों में निर्विवाद अधिकार प्राप्त होने के साथ-साथ अपनी स्वयं अर्जित आय अपने पास रखने का मान्यताप्राप्त अधिकार भी था। यह अधिकार ऐसा था जो उन्हें तब

मिला था जब ऐसी आमदनी होने की गुंजाइश बहुत कम थी।

इन परिस्थितियों में कोई पुरुष वह सुरक्षा क्यों छोड़ना चाहेगा जिसका उपभोग वह तरावाड़ के एक सदस्य के रूप में करता था? यह सुरक्षा भौतिक और मानसिक दोनों तरह की थी : एक तो तरावाड़ से उसे अपनी एक अलग पहचान मिलती थी और एक बड़े समूह की सदस्यता भी। उसे उत्तराधिकार में भी महत्त्वपूर्ण पद प्राप्त होते थे। मुख्य भूभाग पर नौकरी करने वाले लोग इस बात पर जोर देते थे कि उन्हें अपनी पहचान अपने तरावाड़ से मिलती है। लगता है कि अपनी तरावाड़ पहचानों के उल्लेख से वे मूलविहीनता की भावना से बचते थे।

तरावाड़ से मिलने वाली पहचान के भौतिक आधार, तथा साझे दांपतिक आवास और इस्लामी कानून को तरजीह देकर अपनी सामाजिक व्यवस्था, इन दोनों को त्यागने की द्वीप के लोगों की अनिच्छा को समझने के लिए वहाँ के संसाधनों तथा संपत्ति के स्वरूप पर दृष्टिपात करना जरूरी है। द्वीप में सबसे महत्त्वपूर्ण संसाधन नारियल के वृक्ष थे जो दीर्घकालिकता तथा विभाज्यता की दृष्टि से प्रकृति तथा स्वरूप में भूमि से पूरी तरह भिन्न थे। पेड़ों की निश्चित संख्या का विभाजन किया जा सकता था, उन्हें और छोटी संख्या में पुनः पुनः बाँटा जा सकता था और उनका लाभ अलग से अथवा कुछ मातृवंशीय नातेदारों के पेड़ों के साथ, अथवा पति/पत्नी व बच्चों के हिस्से के पेड़ों के साथ लिया जा सकता था। एक बार मिलाने से उनकी पहचान नष्ट नहीं हो जाती थी व समय आने पर उन्हें अलग कर लिया जा सकता था, किसी दूसरी इकाई के साथ मिलाया जा सकता था। द्वीप में बहुत से व्यक्तियों के हिस्से के पेड़ उनके हवाले कर दिए जा सकते थे। ऐसे अनगिनत उदाहरण थे जहाँ व्यक्तियों को उनका हिस्सा उपयोग के लिए दे दिया गया था। पेड़ों के नियंत्रण तथा उपयोग में आसानी से फेरबदल किया जा सकता था। इस तरह के बँटवारों से सामूहिक मातृवंशीय तरावाड़ संपत्ति की धारणा को कोई खतरा नहीं होता था। इस आधारभूत संसाधन के—नियंत्रण तथा उपयोग की दृष्टि से—लचीलेपन के कारण तरावाड़ के भीतर होते रहने वाले बँटवारों से सामूहिक मातृवंशीयता को कोई खतरा नहीं होता था, न ही इस बात से कोई समस्या उत्पन्न होती थी कि कोई व्यक्ति अपनी पत्नी के साथ रहने लगा।

यहाँ बहुत बड़ी मातृवंशीय इकाइयों की सहकारी गतिविधि पर निर्भरता घटने के साथ अधिकाधिक दांपतिक इकाइयों के गठन की संभावना से संबंधित कारकों की भी पड़ताल करनी जरूरी है। अनेक समाज वैवाहिक जीवन की शुरुआत को एक प्रकार के प्रायोगिक चरण के रूप में देखते हैं। पति अनिवार्यतः अपनी पत्नी और बच्चों के प्रति जिम्मेदारी का पूरा बोझ उठाना ही चाहेगा, यह धारणा अनेक समाजों में वयस्क अवस्था—पौरुषेय गुणों से युक्त पुरुष तथा उस पर निर्भर पत्नी—इन धारणाओं से संबंधित रहती है। कल्पेनी में इस तरह की कोई सांस्कृतिक अवधारणा

नहीं थी। इससे अपने मातृवंशीय घरों की सुरक्षा से अलग होने में पुरुषों की स्पष्ट हिचकिचाहट को समझा जा सकता है। हमें यह भी नहीं मान लेना चाहिए कि जब पत्नी और पति दोनों की स्वतंत्र आमदनी होती है तो वे अपने संसाधनों को एक दूसरे में विलीन कर ही देना चाहेंगे तथा यह भी कि इस नए प्रबंध में निश्चित रूप से पति के हाथ में सत्ता होगी। जैसाकि पैट कैप्लन (1984) ने पूर्वी अफ्रीका के पूर्वी तट के मामले में दिखाया है, यह संभव है कि दोनों अलग आमदनी का जरिया बनाए रखें।[22] अंत में, भौगोलिक रूप से कुछ हद तक तितर-बितर होने से द्वीप की व्यवस्था पर गहरा प्रभाव पड़ना संभव नहीं लगता। इसका एक कारण यह है कि पुरुष घर से दूर बहुत लंबी अवधि के लिए नहीं जाते रहे हैं। दूसरे, द्वीप से दूर जब वैवाहिक इकाइयाँ गठित भी होती हैं तब भी स्त्रियाँ अपनी मातृवंशीय संपत्ति में अपने तथा अपनें बच्चों के अधिकार छोड़ना नहीं चाह सकतीं। इसके विपरीत उदाहरणों की छोटी-सी संख्या किसी तरह का संरचनात्मक बिखराव लाएगी ऐसा नहीं लगता।

पत्नीस्थानिकता की ओर झुकाव अधिक आयु के लोगों के बीच ज्यादा था। उन्नीसवीं सदी के अंत के आसपास के संपत्ति-विवादों तथा लेनदेन के विवरण भी काफी बड़ी उम्र के पुरुषों के अपनी पत्नी तथा बच्चों के साथ रहने के लिए जाने के व्यवहार की ओर संकेत करते हैं। प्रतीत होता है कि एक निश्चित आयु के बाद पत्नीस्थानिकता को सांस्कृतिक समर्थन प्राप्त था। यह संभव है कि बदली हुई परिस्थितियों में 'पुदिया स्वोत्तु' (नई संपत्ति) तथा व्यक्तिगत रूप से निपटाए जा सकने वाले संसाधनों में वृद्धि हुई हो और इससे पत्नीस्थानिकता अथवा नवस्थानिकता को प्रोत्साहन मिला हो। 1969 में मैंने जो आंकड़े संग्रहीत किए थे वे निश्चय ही काफी कम उम्र में ही अन्य द्वीपों पर सरकारी नौकरी अथवा स्वतंत्र आमदनी के कारण पत्नीस्थानिकता अथवा नवस्थानिकता को अपनाए जाने की ओर संकेत करते हैं। यह आवास का अंतरवर्ती तरीका भी बना रह सकता है। किंतु यह संभावना नहीं है कि लोग निजी स्वामित्व वाली संपत्ति को सामूहिक मातृवंशीय संपत्ति में बदलना बंद कर देंगे क्योंकि निपटारे के इस्लामी तरीके में अंतर्भूत संसाधनों के विखंडन का खतरा इतना स्पष्ट है कि उसे अनदेखा नहीं किया जा सकता और, लगभग निश्चित तौर पर, इस खतरे के मुकाबले सामूहिक मातृवंशीय संपत्ति में निहित सुरक्षा को वे नजरअंदाज नहीं कर सकेंगे।

9

अब मैं इस्लाम में मौजूद इबादत (उपासना) तथा मुआमलत (दुनियावी मामले) के

बीच के फर्क पर आती हूँ।[23] कल्पेनी द्वीप वासी लोगों की 'इबादत' में गहरी आस्था थी और वे अपने को सच्चा मुसलमान मानते थे। जन्म, खतना, विवाह तथा मृत्यु के मामलों में वे इस्लामी निर्देशों का पालन करते थे। जहाँ तक सामूहिक संपत्ति का प्रश्न था वे इसे प्रायः वक्फ संपत्ति के समान मानते थे। विवादों में इस विशेषता का हवाला दिया जाता था। यहाँ यह तर्क दिया जा सकता है कि इसने मातृवंश-परंपरा को इस्लाम के अपेक्षतया कठोर आदेशों में से कुछ को नरम करने में मदद दी।

एक गंभीर मुद्दा यह है कि इस्लाम में सामूहिक स्वामित्व वाली खानदानी संपत्ति जैसी कोई चीज नहीं है; समस्त संपत्ति निजी स्वामित्व वाली होती है। यहाँ तक कि किसी विवाहित दंपति की संपत्ति भी सैद्धांतिक दृष्टि से अलग-अलग होती है और तलाक होने पर उसे अलग-अलग किया जा सकता है। कुरान द्वारा विभिन्न नातेदारी प्रस्थितियों में व्यक्तियों के हिस्से आवंटित किए गए हैं। बच्चों को जन्म के समय संपत्ति में कोई हिस्सा प्राप्त नहीं होता। यद्यपि संपत्ति बनाने में कई अन्य लोगों का योगदान रहा हो और वे इस पर निर्भर भी हों, लेकिन व्यक्ति इस्लाम द्वारा इस पर लगाई गई कुछ बंदिशों का पालन करते हुए अपने कब्जे की संपत्ति का निपटारा करने को स्वतंत्र होता है। यह सब कुछ कल्पेनी द्वीपवासियों की इस अवधारणा के ठीक विपरीत है कि संपत्ति एक नातेदारी समूह के सामूहिक हित की चीज है। कार्णवर के हाथ में अधिकार होते थे किंतु वह वास्तव में एक प्रबंधक से अधिक कुछ नहीं होता था जब तक कि वह विशेष रूप से ताकतवर और साहसी न हो।

यह कहना कठिन है कि क्या द्वीपवासी लोग इस्लाम और अपनी मातृवंशीय व्यवस्था के बीच के अंतर पर इतने स्पष्ट रूप से विचार करते थे। उनका अपनी परंपरा से लगाव था और वे स्वयं को सच्चा मुसलमान भी मानते थे। किंतु सुरक्षा व असुरक्षा में, सामूहिक हित और व्यक्ति की निरंकुशता में, और जन्म के समय से अभिन्न अधिकार मिलने तथा पिता पर पूर्ण निर्भरता में अंतर इतना स्पष्ट है कि उसे अनदेखा नहीं किया जा सकता।

टिप्पणियाँ

1. इन उत्प्रवासों की सर्वाधिक युक्तिसंगत अवधि के संबंध में विस्तृत तर्क के लिए देखें दुबे (1978)। लेकिन प्रारंभिक विवरणों में कोई एकरूपता नहीं दिखाई देती। देखें लोगन (1877), मन्नादिआर (1977), सैगल (1990)।
2. कैथलीन गफ ने उत्तरी मलाबार के माप्पिलाओं तथा तिय्यरों और चिरक्कल तथा कोट्टयम के नायरों और दक्षिण मलाबार (मध्य केरल) में वल्लुवनाड के माप्पिलाओं, तिय्यरों और नायरों में प्रचलित नातेदारी शब्दों के जो नमूने इकट्ठे किए हैं उनकी और द्वीपवासियों में प्रचलित नातेदारी शब्दों की तुलना की है। इस तुलना के आधार पर उनका (1973) तर्क है कि इस्लाम में धर्मांतरण की पहली बड़ी लहर 13वीं तथा 14वीं शताब्दी में आई जब केरल में चीनी व्यापार खत्म हुआ

तथा अरब वहाँ के प्रमुख व्यापारी समूह बने। प्रमुख रूप से तिय्यरों तथा मुक्कुवरों में धर्मांतरण हुआ तथा कुछ धर्मांतरण ब्राह्मणों और नायरों के बीच से भी हुआ। कैथलीन तर्क देती हैं कि कल्पेनी के प्रारंभिक निवासियों का मूल जो भी रहा हो, लगता है कि किसी समय उत्तरी मलाबार के मातृवंशीय माप्पिला वहाँ बस गए। उनके अनुसार द्वीप में मौजूद आबादी मात्र के धर्मांतरण की जगह माप्पिलाओं के एक बड़ी संख्या में द्वीप में जाकर बस जाने की संभावना इससे भी सूचित होती है कि द्वीप की तथा उत्तरी मलाबार की नातेदारी संज्ञा व्यवस्थाओं के बीच का आर स्कोर द्वीप की तथा केरल के किसी अन्य समूह के बीच के आर स्कोर की तुलना में कहीं ऊँचा है। उनके अनुसार मध्य केरल के नायरों अथवा तिय्यरों के साथ द्वीपवासियों का स्पष्ट सीधा संबंध जोड़ने के लिए कोई सुस्पष्ट पारिभाषिक/शब्दावली संबंधी साक्ष्य उपलब्ध नहीं है। किंतु हमारा तर्क है कि श्रेणीबद्ध समूहों की व्यवस्था, उच्चतम समूह की पर्याप्त आबादी, सभी द्वीपवासियों में अपने पूर्वजों, अपने वंशक्रमों के संबंध में दृढ़ विश्वास तथा विविध पुरातात्विक साक्ष्यों में हिंदू देवी-देवताओं की मूर्तियाँ मिलना, सर्पपूजा, राम की प्रशस्ति में गाए जाने वाले गीत ये सब वहाँ हिंदू आबादी की प्रबल उपस्थिति का संकेत देते हैं। क्षेत्रकार्य के दौरान संग्रहीत वंशावलियों तथा द्वीप की जनगणना में पिछली दो तीन शताब्दियों के दौरान मुख्य भूभाग से कुछ देशांतरण के साक्ष्य निश्चय ही हैं। इसके अतिरिक्त संभव है कि मुख्य भूभाग के साथ नियमित व्यापार और कुछ द्वीपवासियों के धार्मिक शिक्षा के लिए निरंतर केरल में स्थित पोन्नानी शहर जाने से भी द्वीपवासियों की नातेदारी संबंधी शब्दावली प्रभावित हुई हो।

3. चार रेखाचित्र चार वास्तविक तरावाड़ों के प्रतिनिधि हैं। रेखाचित्र 1 में ऐसा तरावाड़ दिखाया गया है जो संपत्ति समूह भी था तथा गृह्य समूह भी। रेखाचित्र 2 अनेक समूहों से मिलकर बना एक संपत्ति समूह था। रेखाचित्र 3 का तरावाड़ चार संपत्ति समूहों से मिलकर बना था जिनमें से प्रत्येक में एक या एक से अधिक गृह्य समूह शामिल थे। रेखाचित्र 4 ऐसे तरावाड़ का है जिसमें तीन संपत्ति समूह थे और तीनों संपत्ति समूह गृह्य समूह भी थे।
4. एक स्त्री के वंशज उसकी बहन के वंशजों से अलग एक इकाई के रूप में स्थापित होते हैं। इस इकाई को 'तावज़ी' कहते हैं। इस तरह एक तरावाड़ में प्रत्येक स्त्री की अपनी 'तावज़ी' हो सकती है जिसमें उसकी संतानें होती हैं। 'तावज़ी' कुछ लचीला शब्द है जो मध्यवर्ती इकाइयों और दो पीढ़ियों की सबसे छोटी इकाई (माँ और संतान) दोनों के लिए इस्तेमाल किया जा सकता है। 1962 में की जनगणना के अनुसार द्वीप पर 120 'तरावाड़' थे जिनमें 359 गृहस्थियाँ अथवा गृह्य समूह थे जिनकी संरचना विभिन्न प्रकार की थी। इनमें से 46 'तरावाड़' संपत्ति, उत्पादन तथा उपभोग इकाइयाँ थे (कुट्टी 1972)।
5. द्वीपों पर इस बात के साक्ष्य हैं कि वहाँ धान उगाने के प्रयास किए गए थे जो सफल नहीं हुए।
6. अरक्कल शासन के दौरान 1764-65 में नारियल जटाओं का एकाधिकार लागू हुआ और तब से वही सरकारी राजस्व का मुख्य स्रोत था। ब्रिटिश अधिग्रहण की अवधि में सरकारी भूमि 'पंडारम्' पर वृक्ष-कर वसूला जाने लगा। 1922 के आसपास द्वीप पर नारियल जटा के गोदाम स्थापित किए गए और सरकार द्वारा समय-समय पर निर्धारित विनिमय दरों पर नारियल जटा के बदले में चावल की आपूर्ति की जाती थी।
7. समूहों के बीच संबंधों में पारंपरिक तौर पर भेदभाव, सामाजिक दूरी तथा विभिन्न प्रकार की बंदिशें परिलक्षित होती थीं जैसी केरल में प्रचलित रही थीं। लेकिन इनमें कर्मकांडीय पवित्रता और अपवित्रता संबंधी धारणा नहीं थी। विशेषकर बीसवीं शताब्दी में ब्रिटिश शासन के दौरान मेलाचेरियों ने इन बंदिशों तथा भेदभाव को मिटाने के लिए सफल संघर्ष किया। धीरे-धीरे उन्हें

भी मुख्यतः पंडारम् (सरकारी) जमीन से पट्टा मिलने की सुविधा के कारण कुछ जमीन मिल गई। लेकिन तीनों समूह पृथक् और विशिष्ट बने रहे। अनुलोम विवाह के उदाहरण उँगलियों पर गिने जा सकते थे। कुट्टी (1972) ने कल्पेनी में कोया तथा मेलाचेरी के बीच मुठभेड़ों के विस्तृत विवरण दिए हैं। लक्षद्वीप में जाति-तुल्य समूहों का विस्तृत विवरण दुबे (1973, 1978) में दिया गया है।

8. अंद्रोथ तथा कल्पेनी द्वीपों पर शाखाओं के आधार पर बँटवारा प्रचलित था। अन्य द्वीपवासी प्रति व्यक्ति विभाजन की व्यवस्था का अनुसरण करते थे। प्रत्येक स्त्री-पुरुष एक हिस्से का हकदार था। यह अधिकार इस बात से अप्रभावित था कि व्यक्ति स्त्री है या पुरुष, उसकी उम्र क्या है अथवा वह किस पीढ़ी का है। प्रति व्यक्ति बँटवारे की ऐसी ही व्यवस्था मुख्य भूभाग पर नायरों तथा अन्य मातृवंशीय जातियों और समुदायों में भी प्रचलित थी; यद्यपि तरावाड़ की संपत्ति का बँटवारा उसके सभी (वयस्क) सदस्यों की सहमति से ही हो सकता था और तरावाड़ प्रायः शाखाओं में बँटा होता था, लेकिन बँटवारे का हिसाब प्रतिव्यक्ति के आधार पर ही किया जाता था। कल्पेनी में इस्तेमाल के लिए व्यक्ति अपना हिस्सा माँग सकता था और उसे माता के साथ बच्चों के बीच सिद्धांत के अनुसार काल्पनिक बँटवारे के आधार पर उसका हिस्सा दे दिया जाता था। मध्य केरल—मुख्यतया दक्षिणी मलाबार तथा कोचिन—के नायरों में द्विस्थानिक आवास की प्रथा का प्रचलन था किंतु अनुलोम विवाह—जो हिंदू जाति व्यवस्था का अंग है और जिसका परिणाम है स्त्रियों पर सीगाएँ थोपना—भूमि की व्यवस्था, समुदाय का मुख्य धारा की संस्कृति से सपंर्क तथा पश्चिमी शिक्षा का प्रभाव, इन सबके कारण नागरों की कल्पेनी द्वीपवासियों से तुलना करना बहुत कठिन है।

9. 670 वर्तमान विवाहों में से 124 (18.5 प्रतिशत) पत्नीस्थानिक थे, 23 (3.4 प्रतिशत) नवस्थानिक थे और केवल आठ पतिस्थानिक थे। पत्नीस्थानिकता सामान्यतया कुछ वैवाहिक स्थिरता प्राप्त कर लेने के बाद ही अपनाई जाती थी। 1969 में मैंने कुल 775 विवाहों के संबंध में विस्तृत जानकारी इकट्ठा की थी—इसके लिए 400 ऐसे व्यक्तियों का सर्वेक्षण किया गया था जो कभी न कभी विवाह बंधन में बँधे थे। 222 स्त्रियों के कुल 422 विवाह हुए थे और 178 पुरुषों के 355 विवाह हुए थे। इस जानकारी से ज्ञात हुआ कि स्त्रियों और पुरुषों दोनों के लगभग 89 प्रतिशत विवाह अतिथि संरूप के साथ प्रारंभ हुए थे। मौजूदा विवाहों में स्त्रियों के 64 प्रतिशत तथा पुरुषों के 66 प्रतिशत से अधिक विवाह अतिथि संरूप का पालन कर रहे थे। लगता है पत्नीस्थानिक तथा नवस्थानिक/पतिस्थानिक विवाहों का प्रतिशत कुछ हद तक बढ़ा था।

10. लिंगभेद के संदर्भ में कल्पेनी की मातृवंशीय नातेदारी व्यवस्था के अपने मूल्यांकन में मैंने दक्षिण एशिया के, विशेषकर उत्तरी भारत तथा कुछ हद तक बांग्लादेश और पाकिस्तान के, पितृवंशीय मुसलमानों को प्रत्यक्ष या अप्रत्यक्ष रूप से ध्यान में रखा है। इस क्षेत्र के मुसलमान समुदायों में वर्ग, ग्रामीण तथा शहरी स्थानों तथा धर्मांतरणपूर्व विश्वासों और रीतिरिवाजों संबंधित भिन्नताएँ हैं। उदाहरणार्थ, मध्यवर्गीय तथा शहरों के पुराने हिस्सों में रहने वाली स्त्रियाँ पर्दा करती हैं किंतु खेती के कामों में लगी स्त्रियाँ प्रायः पर्दा नहीं करतीं। इस अध्याय में बाद में मातृवंशपरंपरा तथा पितृवंशपरंपरा की तुलना करते समय मूलतः दक्षिण एशियायी पितृवंशपरंपरा पर विचार किया गया है, जिसमें धर्म का ध्यान नहीं रखा है। उत्तरी केरल के मातृवंशीय माप्पिलाओं पर विचार नहीं किया गया है।

11. प्रतीकात्मक आश्रय के रूप में बुरकों के उपयोग को हैना पापानेक (1982) ने विशेषकर भारतीय उपमहाद्वीप के संदर्भ में भलीभाँति स्पष्ट किया है।

12. कुछ अन्य द्वीपों पर तंगलों (धार्मिक नेताओं) की पत्नियों को बुरके का इस्तेमाल करते देखा

गया है। अभी हाल में एक तरह के लबादे ने जो मलेशिया में बहुत लोकप्रिय हो गया है, इन द्वीपों की स्त्रियों पर भी कुछ प्रभाव डाला है, जैसाकि भारत के पूर्व प्रधानमंत्री स्वर्गीय राजीव गाँधी की वहाँ की यात्रा की एक टी.वी. रिपोर्ट से स्पष्ट होता है। सिर ढँकने के कपड़े का ठीक उपयोग अब अधिक नियमित हो गया है, यहाँ तक कि छोटी-छोटी लड़कियाँ भी सिर ढँकने लगी हैं (सैगल 1990)।

13. 1991 की जनगणना के अनंतिम आंकड़ों के अनुसार लक्षद्वीप में स्त्रियों में साक्षरता दर 77 प्रतिशत थी। लड़कियों के स्कूल जाने के मार्ग में मुझे कोई कठिनाई नहीं दिखी। लेकिन अल्प आयु में विवाह तथा मातृत्व उन लड़कियों के आड़े आ सकता है जो एक आयु के बाद अपनी शिक्षा जारी रखना चाहती हैं। उच्च शिक्षा तथा तकनीकी प्रशिक्षण केवल अन्य द्वीपों तथा मुख्य भूभाग पर ही उपलब्ध थे और इन सुविधाओं का लाभ युवतियों की तुलना में युवकों को अधिक मिलता था।

14. कुरान (एस. IV : 34) कहती है कि स्त्री पुरुष के अधिकार के तहत है क्योंकि खुदा ने आदमी को औरत से बेहतर, श्रेष्ठ बनाया है और क्योंकि आदमी उसके लिए भुगतान अदा करता है तथा उसके गुजारे के लिए अपनी दौलत खर्च करता है। स्त्री से पुरुष की आज्ञा मानने की और उसकी इच्छा को पूरा करने की अपेक्षा की जाती है। यदि वह पुरुष की आज्ञा नहीं मानती तो पुरुष को उसे शारीरिक दंड देने का भी अधिकार है। पुरुष गृहस्थी का सहारा है और उसे अपनी पत्नी की देखभाल करनी चाहिए तथा उसे सुरक्षा प्रदान करनी चाहिए। बांग्लादेश से प्राप्त मानवजाति वर्णनात्मक साक्ष्य पर एक नजर डालना दिलचस्प होगा। आम लोगों में पति का अपनी पत्नी पर अधिकार निर्विवाद है और वहाँ पत्नियों के खिलाफ काफी हिंसा है। जहाँ तक अपने बच्चों पर स्त्री के अधिकार की बात है, उसका पति कह सकता है : 'जब तुम इस घर आई थीं तुम्हारे पास बच्चा नहीं था। तुम्हें यह बच्चा मेरा भात खाते हुए मिला है। इसलिए इस बच्चे पर मेरा अधिकार है।' (अज़ीज़ तथा मैलनी 1985)। कल्पेनी की सांस्कृतिक भावभूमि में यह सब अपरिचित लगता है।

15. हमने एक 'कूटम्' की कार्यवाही सुनी थी जिसमें एक पिता, जिसकी पुत्री को तलाक दे दिया गया था, अपनी बेटी की ओर से बहस कर रहा था। इस बात की ओर हमारा ध्यान गया कि चावल और नारियल के बकाये के अतिरिक्त पति से मुर्गे और कुछ उन विशेष खाद्य वस्तुओं और कपड़ों का भी भुगतान करने को कहा जा रहा था जो वह उस समय नहीं लाया था जब उसकी पत्नी ने बच्चे को जन्म दिया था। यह इस बात का सूचक है कि हर चीज को उपहार के रूप में अनूदित करने में हम मध्य केरल के नायरों में प्रचलित रिवाज से प्रभावित थे (देखें गफ 1961)। द्वीप पर 'चिलव' (खर्चा) तथा उपहार दोनों प्रचलित थे। इस्लाम के प्रभाव को समझने के लिए इस विषय की अधिक सावधानीपूर्वक पड़ताल करने की जरूरत है। उल्लेखनीय है कि बकाये की बात करते समय तलाक के बाद की 'इद्दत' के दौरान गुजारे का मुद्दा नहीं उठा। लगता है कि बकाये में इद्दत अवधि के लिए भुगतान शामिल नहीं था। लेकिन वैधव्य के मामलों में यह स्पष्ट था कि विधवा को इद्दत की अवधि का कठोरतापूर्वक पालन करना होता था। इस अवधि में वह घर के भीतर ही रहती थी, बाहर काम नहीं करती थी तथा ऐसे पुरुषों से परहेज करती थी जिनसे वह विवाह कर सकती थी। माना जाता था कि मृत पति का तरावाड़ अथवा कुछ छोटा कार्यरत मातृवंशीय समूह इस अवधि के दौरान विधवा को कुछ सहारा देगा। यदि मृत पति का तरावाड़ गरीब हो अथवा उसके मुख्य भूभाग के होने के कारण द्वीप में कोई नातेदार हो ही नहीं पर स्त्री को घर के बाहर काम करने की मजबूरी हो तो ऐसे मामलों में मृत्युशय्या पर पड़े पति से अनुरोध किया जा सकता था कि वह अपनी पत्नी को

तलाक दे दे ताकि दोनों पक्षों को उन कर्तव्यों तथा बंधनों को लागू करने की जरूरत न हो। 1969 में जब मैं 400 लोगों के नमूना सर्वेक्षण से विवाह के विभिन्न पक्षों के विषय में जानकारी संकलित कर रही थी तब मेरा सामना इस परिघटना से हुआ (देखें दुबे 2000)।

16. यहाँ यह बताना होगा कि द्वीप पर किसी भी तरह की शारीरिक हिंसा बहुत असामान्य रही है। जाति-तुल्य समूहों के बीच विवादों में कभी-कभी हिंसा का समावेश हो जाता था किंतु अधिकतर विवरण द्वीपवासियों की शांतिपूर्ण प्रकृति का उल्लेख करना नहीं भूलते। सैगल(1990) ने घनिष्ठ मातृवंशीय नातेदारों के बीच झगड़े और हत्या के एक हाल के उदाहरण को सर्वाधिक असामान्य घटना के रूप में वर्णित किया है। लक्षद्वीप में आबादी का घनत्व कुछ ज्यादा ही है : 1981 में 1,258/वर्गमील जो बढ़कर 1991 में 1,615 हो गई थी।

17. इस्लामी कानून के अनुसार स्त्री को भी कुछ विशेष परिस्थितियों में काजी द्वारा विवाह की 'समाप्ति' की घोषणा के माध्यम से वैवाहिक बंधन तोड़ने का कानूनी अधिकार प्राप्त है। इसे 'फसाक़' कहा जाता है। कल्पेनी में 'फसाक़' का आश्रय बहुत ही कम, प्रायः तभी लिया जाता था जब किसी कारणवश जैसे पति के पागलपन अथवा अनिश्चितकाल के लिए उसकी द्वीप पर अनुपस्थिति, तलाक मिलना संभव नहीं रहता था। इस्लाम द्वारा अनुमत विवाहविच्छेद के दो अन्य रूप 'खुला', जिसमें पत्नी अपनी स्वतंत्रता खरीदती है तथा 'लिआन'—जब पति अपनी पत्नी पर बदचलनी का आरोप लगाते हुए कसम खाता है, व इसके परिणामस्वरूप विवाह रद्द हो जाता है—कल्पेनी में प्रचलित नहीं थे।

18. 20वीं शताब्दी के लगभग प्रारंभ तक केरल के कुछ क्षेत्रों में नायर स्त्रियाँ एक समय में एक से अधिक पति रख सकती थीं। उन्हें चयन की कितनी स्वतंत्रता थी इस पर बहस हो सकती है। जाति की सीमाओं के भीतर ही वे 'संबंध' रख सकती थीं—या तो अपनी जाति से ऊँची जाति के अथवा अपनी जाति के समान स्तर की जाति के पुरुषों से वे 'संबंध' स्थापित कर सकती थीं, किंतु अपनी जाति से नीची जाति के व्यक्ति के साथ वे ऐसा कभी नहीं कर सकती थीं। कहा जाता है कि नायर स्त्रियों पर उनके मामाओं—उनके तरावाड़ों के कार्णवर—का दबाव रहता था। उनके तरावाड़ को पट्टेदार के रूप में किसी विशेष नम्बूदिरी भूस्वामी परिवार के पुरुष के साथ संबंध से कितना लाभ होगा, कार्णवर द्वारा इस बात का हिसाब किताब स्त्रियों के वैवाहिक संबंधों का महत्त्वपूर्ण आधार होता था (देखें पणिक्कर 1977)। लेकिन, निजी साक्षात्कारों से यह संकेत मिला है कि स्त्रियों की कुछ पसंद तो रहती ही थी। फिर भी, यह तो लगता है कि जाति-व्यवस्था का अंग होने के नाते तथा उत्पादन व्यवस्था, जिसमें भूमि के साथ विभिन्न समूहों के स्तरीकृत हित जुड़े थे, में उसकी संलग्नता के चलते कार्णवर द्वारा पर्याप्त सत्ता का इस्तेमाल किए जाने की संभावना थी। नायरों पर हाल में किए गए कुछ शोधों में अध्येताओं ने तर्क दिया है कि नायर स्त्रियों की स्थिति ऊँची थी तथा उन्हें पर्याप्त सत्ता व अधिकार प्राप्त थे (जी. अरुणिमा 1992; के. सारदामणि 1994, 1999)।

19. उत्तर-पूर्वी भारत में मेघालय की खासी जनजाति में प्रचलित मातृवंशीय व्यवस्था के तिप्लुत नोंगब्री के (1988) विश्लेषण पर विचार करना उपयुक्त होगा। नोंगब्री स्वयं खासी हैं और उन्होंने कुछ संवेदनशील तथा अनुभूतिक्षम टिप्पणियाँ की हैं। उनके अनुसार, खासी स्त्रियाँ विचारधारात्मक दृष्टि से पुरुषों के अधीन मानी जाती हैं। माना जाता है कि उन्हें पुरुषों की सुरक्षा और नियंत्रण की जरूरत है तथा पुरुष शारीरिक शक्ति में उनसे श्रेष्ठ हैं। प्रजनन तथा बच्चों को जीवनी-शक्ति प्रदान करने की प्रक्रियाओं में केंद्रीय होने के कारण स्त्रियों से प्राथमिक रूप से बच्चों के पोषण और देखभाल की जिम्मेदारी निभाने की अपेक्षा की जाती है। वे परिवार के सम्मान की भंडार हैं और इसलिए आदर्श रूप में उन्हें संयमित और मर्यादित आचरण करना चाहिए। खासी लोकनृत्य

स्त्रियों में इन गुणों की अभिव्यक्ति को ओर सुरक्षा तथा मार्गदर्शन प्रदान करने में पुरुष की भूमिका को नाटकीय रूप में प्रस्तुत करते हैं। इसके अतिरिक्त, स्त्रियों को राजनीतिक क्षेत्र के लिए अपरिपक्व तथा अनुपयुक्त माना जाता है। यह क्षेत्र पारंपरिक रूप से पुरुषों के लिए सुरक्षित रहा है। वंशक्रमपरंपरा मातृवंशीय है और विरासत माता से पुत्री को मिलती है। कनिष्ठतम पुत्री पारिवारिक संपत्ति के बड़े हिस्से तथा खानदानी घर की उत्तराधिकारी होती है, वही धर्म की अभिरक्षक होती है तथा अनुष्ठानों के लिए व मातृकुल के जरूरतमंद नातेदारों की सहायता के लिए जिम्मेदार होती है। इसके बावजूद उसे अपनी ओर से कुछ कर सकने का न अधिकार होता है, न स्वतंत्रता। वह अपने मामा के मार्गदर्शन तथा नियंत्रण में रहती है।

नोंगब्री का तर्क है कि पति से, जो अपनी पत्नी के घर रहने जाता है, अपेक्षा की जाती है कि वह अपने बच्चों और पत्नी का भरण-पोषण करेगा तथा उन्हें सुरक्षा प्रदान करेगा किंतु उसका उन पर अधिकार तथा सत्ता सीमित होती है और वह अपनी पत्नी की वंशपंरपरा और उसके खानदानी घर के लिए बाहरी व्यक्ति होता है। पुरुष का अपनी मातृवंशपरंपरा की पुश्तैनी संपत्ति में कोई हिस्सा नहीं होता तथा अभी हाल तक उसकी स्वयं अर्जित संपत्ति पर भी अनेक जटिल नियम लागू होते थे। उसकी संपत्ति उसकी माता और बहनों अथवा उसकी पत्नी और बच्चों में से किनको मिलेगी यह इस बात से तय होता था कि वह यह संपत्ति अर्जित करते समय किसके साथ रहता था। 1986 के 'मेघालय सक्सेशन टु सेल्फ अक्वायर्ड प्रापर्टी ला' से स्थिति बदली है। इस कानून के द्वारा पुरुष को स्वयं अर्जित संपत्ति की वसीयत करने का अधिकार मिल गया है। नोंगब्री ने तर्क दिया है कि पुरुष की एक तरफ पति और पिता की भूमिका तथा दूसरी तरफ भाई व पुत्र के रूप में उसकी भूमिका इन दो भूमिकाओं में टकराव और स्त्री और उसके बच्चों पर अधिकार और सत्ता के लिए उसके पति और भाई के बीच संघर्ष के कारण प्रायः खासी स्त्री को ही अपने बच्चों और गृहस्थी की पूरी जिम्मेदारी उठानी पड़ती है।

नोंगब्री की इस प्रस्तुति पर मातृवंशीय व्यवस्था में अंतर्भूत अंतर्विरोधों के विषय में सुपरिचित स्थापनाओं का प्रभाव दिखाई देता है। उन्होंने अनेक मानवशास्त्रियों का हवाला भी दिया है। लेकिन यह स्थापना संदिग्ध है कि सत्ता प्रभुत्व अनिवार्यतः पुरुष का प्रकार्य है। इसके अतिरिक्त, मातृवंशात्मक व्यवस्थाएँ एकरूप नहीं हैं। पूर्वजों की संपत्ति में पुरुष का कोई अधिकार न होना तथा स्वयं अर्जित संपत्ति में न्यून अधिकार खासी व्यवस्था के विशिष्ट लक्षण हैं। खासियों की भूमि पट्टेदारी व्यवस्था के संबंध में अभिलेखित वाद-विवादों में पुरुषों द्वारा आमतौर पर दिया गया वक्तव्य है कि 'हम अनाथों की तरह हैं।' इस निबंध में नोंगब्री ने बहनों के बीच संसाधनों के असमान वितरण पर चर्चा नहीं की है; कनिष्ठतम पुत्री सर्वाधिक सुविधासंपन्न होती है जबकि अन्य बहनों को संसाधनों के रूप में अपेक्षतया बहुत कम मिलता है। यह देखा गया है कि मामा का प्रभाव अनिवार्यतः कनिष्ठतम पुत्री के मामले में ही काम करता है। इस बात के संकेत मिलते हैं कि भूमि पट्टे की पारंपरिक व्यवस्था में सत्ता के पदों पर बैठे पुरुषों जैसे मुखिया और सरदारों ने प्रायः अपने पदों का लाभ उठाया है तथा आम लोगों को उनके अधिकारों से वंचित किया है।

स्त्री को राजनीति से बाहर रखना उसे घरेलू क्षेत्र में कैद रखने का सूचक नहीं है। वस्तुतः खासी स्त्रियाँ कहीं आने-जाने की अपनी आजादी तथा विपणन में अपनी सक्रिय भूमिका के लिए जानी जाती हैं। आज अर्थव्यवस्था के अनेक क्षेत्रों में खासी स्त्रियों को देखा जा सकता है। वे शिक्षा प्राप्त करती हैं और अपने पुरुषों से अधिक चुस्त और होशियार मानी जाती हैं।

यह स्वीकार करना होगा कि आधुनिक लोकतांत्रिक संस्थाओं के संदर्भ में खासी स्त्रियों को राजनीति से बाहर रखने की परंपरा स्त्रियों से मशविरा किए बिना व्यवस्था में परिवर्तन लाने की

कोशिश के लिए इस नए तंत्र का लाभ उठाने में पुरुषों की अच्छी खासी सहायता कर रही है। 'स्त्रियाँ पुरुषों को अपने जाल में फँसाती हैं।' स्त्रियों की इस छवि के लिए पुरुष का स्नेह और सहारा पाने के लिए उसकी बहन और पत्नी के बीच हितों के टकराव को ही जिम्मेदार नहीं ठहराना चाहिए; अपने क्षेत्र से बाहर खासी स्त्रियों के लिए लंबे अर्से तक यह दृष्टिकोण आम रहा है कि वे पुरुषों को, विशेषकर बाहर से आए पुरुषों को, लुभाने में सिद्ध हैं। इसका कारण यह रहा है कि पितृवंशीय हिंदू और मुसलमान स्त्रियों की तुलना में खासी स्त्रियों को कहीं आने-जाने, लोगों से मिलने-जुलने की काफी आजादी रही है। उनके यौनत्व को बहुत कठोर नियंत्रण की जरूरत नहीं थी क्योंकि खासी लोगों में बच्चे को उसकी सामाजिक पहचान उसकी माँ से मिलती थी और इस बात से कोई प्रयोजन नहीं होता था कि उसका पिता कौन था। खासी स्त्रियों के गैर खासी पुरुषों, जिनमें अंग्रेज पुरुष भी शामिल हैं, के साथ विवाह अथवा संबंध बनाने के उदाहरण बड़ी संख्या में हैं। खासी कानून के अनुसार इन स्त्रियों को अपने पति की संपत्ति का उत्तराधिकार मिलता था।

ईसाई धर्म के प्रभाव, शिक्षा, रोजगार के अवसरों तथा बाहरी प्रभावों के संपर्क के कारण खासी समुदाय में काफी बदलाव आया है। नोंगब्री ने भी इसका उल्लेख किया है। वह कहती हैं कि अनुष्ठानों के महत्त्व के कमजोर पड़ने के साथ ही अब मामा की उपेक्षा कर माँ को सत्ता मिल रही है। प्रवृत्तियाँ संकेत दे रही हैं कि खासी पुरुष खासी स्त्रियों के गैर खासी पुरुषों के साथ विवाह करने से परेशान हैं क्योंकि अक्सर गैर खासी पुरुष अपनी पत्नियों के संसाधनों पर अपनी पहुँच स्थापित करने के लिए विवाह का लाभ उठाने का प्रयास करते हैं। इसके चलते नृजातीय पहचान, अस्मिता तथा जनजातीय भूमि और अन्य जायदाद की सुरक्षा को भी गंभीर खतरा प्रतीत होता है।

'खासी हिल्ल स्वायत्त जिला परिषद' द्वारा पारित एक विधेयक संशोधित-परिष्कृत रूप में मातृवंश-परंपरा को बनाए रखने का प्रयास कर रहा है। किंतु खासी छात्र संघ पितृवंशपरंपरा की ओर जाने के लिए आंदोलन करता रहा है। उनका तर्क है कि जो खासी स्त्रियाँ गैरखासी से विवाह कर लेती हैं उन्हें अपने खासी नाम स्वेच्छा से छोड़ देने चाहिए तथा उनके बच्चों को अपने पिता के नाम अपनाने चाहिए। गैरखासियों की तरह रह रहे लोगों को खासियों की सुविधाओं का उपभोग करने की अनुमति नहीं दी जानी चाहिए क्योंकि इससे खासी संसाधनों का अवक्षय होता है (देखें दुबे 1998, 96-98)।

सुनियोजित अध्ययनों द्वारा खासी स्थिति की पक्षपात तथा पूर्वग्रह रहित पड़ताल करने की जरूरत है। तिप्लुत नोंगब्री के शीघ्र आने वाले निबंध 'स्त्रियाँ तथा मातृवंशपरंपरा : स्त्री-पुरुष संबंधों में रूपांतरण' पर एक नजर डालना रोचक होगा।

20. प्रचलित धारणा के अनुसार मातृवंशीय समाज में पुरुषों की नियति में घाटे में रहना होता है; वे बहुत तनावों और दबावों में रहते हैं क्योंकि वे अपने बच्चों के लिए ज्यादा कुछ नहीं कर पाते तथा उन्हें मातृवंशीय संपत्ति में कोई स्थायी अधिकार नहीं होते, और इसलिए भी कि उन्हें उन मूल्यों और प्रतिमानों का अनुसरण करना पड़ता है जिनके तहत भांजों को उत्तराधिकारी मानना पड़ता है। अतः यह तर्क दिया जाता है कि सत्ता/प्राधिकार के इस्तेमाल—जो वास्तव में बहुत कम पुरुष कर सकते हैं—के बावजूद जब भी अवसर मिलेगा वे इस व्यवस्था को ढहाने का प्रयास करेंगे।

21. वास्तव में कोई भी एकलवंशीय व्यवस्था माता या पिता में से किसी एक की भूमिका को कम महत्त्व देती है तथा उसे वंशपरंपरा की निरंतरता अक्षुण्ण बनाए रखने के लिए विशेष प्रयास करना पड़ता है। उभयवर्तीयता कम से कम कुछ हद तक स्थिति को सुगम बनाती है। कल्पेनी

की मातृवंशीय व्यवस्था का लचीलापन निश्चय ही इस ओर संकेत करता है।

22. अपनी अगली यात्रा में कैप्लन ने स्त्रियों और बच्चों की स्थिति दुखद पाई। उन्होंने माफिया द्वीप पर क्षेत्रकार्य किया है। जब वह 1985 में भोजन, स्वास्थ्य और उर्वरकता के संदर्भ में लिंगगत संबंधों का अध्ययन करने के लिए वहाँ गईं उन्होंने महसूस किया कि पुरुष जीने के लिए जरूरी फसलें उगाने के बजाय नकदी लाने वाली फसलें उगाने में जुटना पसंद करते थे और इस तरह उन्होंने नकदी पर स्त्रियों के मुकाबले कहीं ज्यादा नियंत्रण स्थापित कर लिया था। उनकी पहुँच स्त्रियों के मुकाबले ज्यादा तरह के धंधों तक थी। गृहस्थियाँ मुख्य खाद्य खरीदने के लिए नकदी पर ज्यादा निर्भर थीं। इसके अतिरिक्त, भोजन के ढंग–जिसमें लड़के पिताओं के साथ और लड़कियाँ माताओं के साथ भोजन करते थे और स्त्रियाँ पुरुषों को अधिक तथा बेहतर भोजन परोसती थीं, साथ-साथ पुरुषों द्वारा लड़कों को प्राथमिकता दिए जाने की प्रवृत्ति और लड़कियों के लिए पौष्टिक चीजें खरीदने के प्रति उनकी अनिच्छा भी लड़कियों में अधिक रुग्णता के लिए जिम्मेदार प्रतीत होती थी। कम पौष्टिक भोजन, कई बार गर्भवती होने तथा अनेक प्रसवों और काम के अत्यधिक बोझ के कारण स्त्रियाँ रक्ताल्पता की शिकार हो जाती थीं। इस प्रकार यद्यपि इससे इंकार नहीं कि स्त्रियों को अपेक्षाकृत अधिक स्वायत्तता तथा सत्ता के कुछ,साधन उपलब्ध थे लेकिन यह तर्क अपनी जगह कायम है कि स्त्री-पुरुष संबंध बहुत पेचीदे और जटिल होते हैं तथा वे विषम और संपूरक दोनों ही हो सकते हैं (कैप्लन 1993)।

23. निक्की केडी (1987) ने मातृवंशीय मुस्लिम मिनांगकबाउ के संदर्भ में इस विषय पर विचार किया है। शास्त्रीय दृष्टि से इस्लाम को दो खंडों से बना माना जाता है : 'इबादत' अथवा उपासना, जिसमें इस्लाम के पाँच स्तंभ शामिल हैं, जबकि 'मुआमलात' अथवा लेनदेन/कार्य विवरण के तहत तमाम दुनियावी मामले आते हैं जिन पर कानून और न्यायशास्त्र में चर्चा की गई है।

संदर्भ

अरुणिमा, जी., 1992, 'कलोनियलिज्म एंड द ट्रांसफार्मेशन आफ मैट्रिलिनि इन मलाबार 1850-1940,' पी-एच. डी. शोधप्रबंध, युनिवर्सिटी आफ केंब्रिज, केंब्रिज, यू. के.।

—, 1996, 'मल्टीपल मीनिंग्स : चेंजिंग कंसेप्शंस आफ मैट्रिलीनियल किनशिप इन नाइंटींथ एंड ट्वेंटिएथ सेंचुरी मलाबार,' **इंडियन इकानामिक एंड सोशल हिस्ट्री रिव्यू,** खं. 33, सं. 3, पृ. 285-307।

कैप्लन, पैट्रिशिया, 1984, 'कॉम्नैटिक डिसेंट, इस्लामिक लॉ एंड वीमेंन'स प्रापर्टी आन दि ईस्ट अफ्रीका कोस्ट,' **वीमेन एंड प्रापर्टी, वीमेन ऐज प्रापर्टी** में, सं. आर. हर्शन, लंदन : क्रूम हेल्म।

—, 1993, 'लर्निंग जेंडर : फील्ड वर्क इन ए तंजानियन कोस्टल विलेज, 1965-85,' **जेंडर्ड फील्ड्स : वीमेन, मेन एंड एथ्नोग्राफी** में, सं. डायन बेल, पैट कैप्लन तथा वजीर जहां करीम, लंदन : रटलिज।

कोल्सन, एलिजाबेथ, 1980, 'द रेसिलिअंस आफ मैट्रिलीनियालिटी : ग्वेम्बे एंड प्लैटो टोंगा ऐडैप्टेशंस,' **वर्सैटेलिटी आफ किनशिप** में, सं. एल. एस. कार्डेल तथा एस. बेकरमन, न्यूयार्क : एकेडेमिक प्रेस।

कॉमरॉफ, जान जे. तथा साइमन राबर्ट्स, 1981, **रूल्स एंड प्रोसेसेज : द कल्चरल लाजिक आफ डिस्प्यूट्स इन ऐन अफ्रीकन कांटेक्स्ट**, शिकागो तथा लंदन : युनिवर्सिटी आफ शिकागो प्रेस।

दुबे, लीला, कुट्टी सहित, 1969, **मैट्रिलिनि एंड इस्लाम : रिलिजन एंड सोसाइटी इन लैकदीव्ज**, दिल्ली : नेशनल पब्लिशिंग हाउस।

–, 1973, 1978, 'कास्ट एनोलोग्स अमंग द लैकदीव (लक्षद्वीप) मुस्लिम्स,' **कास्ट एंड सोशल स्ट्रैटिफिकेशन अमंग मुस्लिम्स इन इंडिया**, सं. इम्तियाज अहमद, दिल्ली : मनोहर।

–, 1991 अ **'द नेचर आफ बाउंडेड ग्रुप्स एंड द मैनेजमेंट आफ फीमेल सेक्सुआलिटी : द खासी एंड द नायर,'** मिमियोग्राफ्ड।

–, 1991 ब, **'इन द मदर्स लाइन'** आ स्पेक्ट्स आफ स्ट्रक्चर एंड चेंज इन लक्षद्वीप,' भारतीय समाजविज्ञान अनुसंधान परिषद्, मिमियोग्राफ्ड।

–, 1993, **'किनशिप एंड फैमिली इन साउथ एंड साउथ-ईस्ट एशिया : ए कम्पेरेटिव व्यू'** यूनाइटेड नेशंस युनिवर्सिटी के लिए तैयार किया गया आलेख, मिमियोग्राफ्ड।

दुबे, लीला, 1994, 'कान्फ्लिक्ट एंड काम्प्रोमाइज : डिवाल्युशन एंड डिस्पोजल आफ प्रापर्टी इन ए मैट्रिलीनियल मुस्लिम सोसायटी,' **इकानामिक एंड पोलिटिकल वीकली**, खं. 29, सं. 21, पृ. 1273-84; तथा **सोशल स्ट्रक्चर एंड चेंज** में, सं., ए. एम. शाह, बी. एस. बविस्कर तथा ई. ए. रामस्वामी, नई दिल्ली : सेज प्रकाशन (1998)।

–, 1997, **वीमेन एंड किनशिप : कंपेरेटिव पर्सपेक्टिव्ज आन जेंडर इन साउथ एंड साउथ-ईस्ट एशिया**, टोक्यो : यूनाइटेड नेशंस युनिवर्सिटी प्रेस तथा नई दिल्ली : विस्तार बुक्स।

–, 1998, 'ट्रेंड्स इन किनशिप एंड जेंडर रिलेशंस इन साउथ एशिया,' **निगोसिएशन एंड सोशल स्पेस : ए जेंडर्ड अनालिसिस आफ चेंजिंग किन एंड सिक्यूरिटी नेटवर्क्स इन साउथ एशिया एंड सब-सहारन अफ्रीका**, सं. कार्ला रिसेउ तथा कमला गणेश, नई दिल्ली : सेज पब्लिकेशंस।

–, 1999, 'द मीनिंग एंड कंटेंट आफ मैरिज इन ए मैट्रिलीनियल मुस्लिम सोसाइटी,' **जर्नल आफ दि एशियाटिक सोसायटी आफ बाम्बे**, खं. 74।

गफ, कैथलीन, 1961, 'नायर : सेंट्रल केरल', 'नायर : नार्थ केरल', 'माप्पिला : नार्थ केरल' **मैट्रिलीनियल किनशिप** में, सं. डी. एम. श्नाइडर तथा के. गफ, बर्कली तथा लास एंजिलस : युनिवर्सिटी आफ कैलिफोर्निया प्रेस।

–, 1973, 'किनशिप एंड मैरिज इन सदर्न इंडिया,' **कांट्रिब्यूशंस टु इंडियन सोशियोलाजी**, सं. VII, पृ. 104-34।

इत्तमन, के. पी., 1976, **अमिनि आयलैंडर्स**, नई दिल्ली : अभिनव।

केड्डी, निक्की आर., 1987, **'इस्लाम एंड सोसाइटी इन मिनांगकबाउ एंड इन द मिडिल ईस्ट'** सोजर्न खं. 2, सं. 1।

कुट्टी, ए. आर., 1972, **मैरिज एंड किनशिप इन ऐन आयलंड सोसाइटी,** दिल्ली : नेशनल पब्लिशिंग हाउस।

लोगन, विलियम, 1877, **मलाबार,** मद्रास : गवर्नमेंट प्रेस।

मन्नादियार, एन. एस., सं. 1977, **गैजेटियर आफ इंडिया–लक्षद्वीप,** कोयंबतूर : गवर्नमेंट आफ इंडिया प्रेस।

नोंगब्री, तिप्लुत, 1988, 'जेंडर एंड द खासी फैमिली स्ट्रक्चर : सम इंप्लिकेशंस आफ मेघालय सक्सेशन टु सेल्फ अक्वायर्ड प्रापर्टी एक्ट, 1984,' **सोशियोलाजिकल बुलेटिन,** खं. 37, सं. 1 तथा 2, पृ. 71-82।

पणिक्कर, के. एन., 1977, 'लैंड कंट्रोल, आइडियालाजी एंड रिफार्म : ए स्टडी आफ द चेंजेस इन फैमिली आर्गनाइजेशन एंड मैरिज सिस्टम इन केरल,' **इंडियन हिस्टारिकल रिव्यू,** खं. 4, सं. 1, पृ. 30-46।

पापानेक, हैना, 1982, 'पर्दा : सेपरेट वर्ल्ड्स एंड सिम्बालिक शेल्टर,' **सेपरेट वर्ल्ड्स : स्टडीज आफ पर्दा इन साउथ एशिया** में, सं. एच. पापानेक तथा जी. मिनाल्ट, दिल्ली : चाणक्य।

पो. कार्ला, 1979, 'वीमेन, हार्टिकल्चर एंड सोसाइटी इन सब-सहारन अफ्रीका : सम कमेंट्स,' **अमेरिकन ऐंथ्रोपोलाजिस्ट,** खं. 81, सं. 1, पृ. 115-17।

रिचर्ड्स, ए. आई., 1950, 'सम टाइप्स आफ फैमिली स्ट्रक्चर अमंग्स्ट द सेंट्रल बांटू', **अफ्रीकन सिस्टम्स आफ किनशिप एंड मैरिज में,** सं. ए. आर. रेडक्लिफ-ब्राउन तथा सी. डी. फोर्ड, लंदन : आक्सफर्ड युनिवर्सिटी प्रेस।

सैगल, ओमेश, 1990, **लक्षद्वीप,** नई दिल्ली : नेशनल बुक ट्रस्ट, भारत।

सारदामणि, के., 1994, 'प्रोग्रेसिव लैंड लेजिस्लेशन एंड सबआर्डिनेशन आफ वीमेन,' **वीमेन एंड लॉ : कंटेम्पररी प्राब्लेम्स** में, सं. लोतिका सरकार तथा बी. शिवरामय्या, नई दिल्ली : विकास बुक्स।

–, 1999, **मैटिलिनि ट्रांसफार्म्ड : फैमिली, लॉ एंड आइडियोलाजी इन ट्वेंटिएथ सेंचुरी त्रावनकोर,** नई दिल्ली : सेज पब्लिकेशंस तथा लंदन : अल्टामीरा प्रेस।

श्नाइडर, डी. एम., 1961, 'इंट्रोडक्शन', **मैट्रिलीनियल किनशिप** में, सं. डी. एम. श्नाइडर तथा ई. के. गफ, बर्कली तथा लास एंजिलस : युनिवर्सिटी आफ कैलिफोर्निया प्रेस।

श्वीड, लारेल कैथलीन, 1986 'फैमिली स्ट्रैटेजीज आफ लेबर एलोकेशन एंड डिसिजन–मेकिंग इन ए मैट्रिलीनियल, इस्लामिक सोसाइटी : द मिनांगकबाउ आफ वेस्ट सुमात्रा, इंडोनेशिया,' कार्नेल युनिवर्सिटी पी-एच. डी. शोधप्रबंध।

–, 1989, 'मेल एंड फीमेल अथारिटी इन मिनांगकबाउ', अमेरिकन ऐंथ्रोपोलाजिकल

एसोसिएशन ऐनुअल मीटिंग्स के लिए लिखा गया परचा।
—, 1991, 'फैमिली सस्टेनंस स्ट्रैटेजीज आफ हसबंड-एब्सेंट एंड हसबंड-प्रेजेंट फैमिलीज इन वेस्ट सुमात्रा, इंडोनेशिया,' अप्रकाशित।
टैनर, नैन्सी, 1974, 'मैट्रिफोकैलिटी इन इंडोनेशिया एंड अफ्रीका एंड अमंग ब्लैक अमेरिकन्स,' **वीमेन कल्चर एंड सोसाइटी** में, सं. एम. रोजाल्डो तथा एल. लैंफेर, स्टैनफर्ड : स्टैनफर्ड युनिवर्सिटी प्रेस।
थामस, जान बायरन, 1980, 'द निमोन्युइटो साल्यूशन टु द मैट्रिलीनियल पज़ल,' **अमेरिकन एथ्नोलाजिस्ट**, खं. 7, सं. 1, पृ. 172-77।
यूटास बो, सं., 1983, **वीमेन इन इस्लामिक सोसाइटीज : सोशल ऐटीट्यूड्स एंड हिस्टारिकल पर्स्पेक्टिव्ज़,** उप्साला : कर्जन प्रेस।
वाइनर, ए. बी., 1976, **वीमेन आफ वैल्यू, मेन आफ रिनाउन : न्यू पर्स्पेक्टिव्ज़ आन ट्रोब्रिएंड एक्सचेंज,** आस्टिन : युनिवर्सिटी आफ टेक्सस प्रेस।
—, 1979, 'ट्रोब्रिएंड किनशिप फ्राम अनादर व्यू : द रिप्रोडक्टिव पावर आफ वीमेन एंड मेन,' **मैन,** खं. 14, सं. 1।
—, 1980, स्टैबिलिटी इन बनाना लीव्ज : कोलनाइजेशन एंड वीमेन इन किरिवीना, ट्रोब्रिएंड आयलंड्स', **वीमेन एंड कोलनाइजेशन : ऐंथ्रोपोलाजिकल पर्स्पेक्टिव्ज़** में, सं. एम. इटिएनी तथा ई. लीकॉक, न्यूयार्क : प्रेजर।

6

दक्षिण तथा दक्षिणपूर्व एशिया में नातेदारी और लिंगभाव : संरूप तथा विषमताएँ*

अब हमने पुरुष प्रधानता तथा लिंगगत विषमता की सार्वभौमिकता की पूर्वमान्यता पर सवाल खड़े करने शुरू कर दिए हैं। इस बात का बोध हो गया है कि विभिन्न संस्कृतियों में स्त्री-पुरुष संबंध भिन्न-भिन्न तरह से गढ़े जाते हैं। लेकिन हमें सांस्कृतिक विविधता के स्वरूप तथा स्त्रियों की स्थिति के साथ उसके संबंध को समझने की जरूरत है। सांस्कृतिक विविधता का एक महत्त्वपूर्ण क्षेत्र है नातेदारी जिसमें विवाह और परिवार भी शामिल हैं। नातेदारी व्यवस्थाएँ जो संदर्भ प्रदान करती हैं वह स्त्री-पुरुष संबंधों को समझने के लिए अत्यंत प्रासंगिक हैं, क्योंकि किसी समाज में पाए जाने वाले लिंगगत संबंध उसकी नातेदारी व्यवस्था में महत्त्वपूर्ण रूप से निविष्ट रहते हैं। लिंगभेद-लिंगभाव के अध्ययन प्रायः नातेदारी पर सीधे विचार नहीं करते, संभवतः इसलिए कि उसे अप्रासंगिक अथवा कुछ अपरिवर्तनीय, समाज को मिला हुआ सा माना जाता है। ऐसा भी प्रतीत हो सकता है कि यह एक गुप्त, रहस्यमय तथा कठिन भाषा में अभिव्यक्त है। लेकिन वस्तुतः यह हमारी जिंदगियों से बहुत निकटता से जुड़ा है तथा स्त्रियों की स्थिति को समझने के लिए बहुत प्रासंगिक है।

हमें नातेदारी पर विचार करने के लिए कोई गूढ़ दृष्टिकोण नहीं अपनाना चाहिए। नातेदारी को समूह निर्धारण तथा सामाजिक पहचान, उत्तराधिकार तथा संसाधन-वितरण, सामाजीकरण, विवाहोत्तर आवास तथा स्त्री का रहने के स्थान पर अधिकार, नातेदारी समूहों के स्वरूप, विवाह तथा दांपतिक संबंध, अधिकार तथा सत्ता एवं बच्चों पर

* दो क्षेत्रों के तुलनात्मक अध्ययन के प्रयास की शुरुआत यूनाइटेड नेशंस युनिवर्सिटी की परियोजना 'दक्षिण तथा दक्षिणपूर्व एशिया में स्त्रियों का कार्य तथा पारिवारिक रणनीतियाँ' से हुई थी। इस अध्ययन को संभव बनाने के लिए मैं दो निदेशकों, वीणा मजूमदार तथा हैना पापानेक की आभारी हूँ। विस्तारित तथा अंतर्दृष्टिपूर्ण चर्चाओं के लिए हैना को विशेष रूप से धन्यवाद। इस अवसर पर दक्षिण तथा दक्षिणपूर्व एशिया के अनेक लोगों का मैं कृतज्ञतापूर्वक स्मरण कर रही हूँ। संशोधित पाठ के संपादन के लिए मुकुल दुबे को मेरा धन्यवाद।

अधिकार इन सबके लिए संगठक नियम प्रदान करने वाली संस्था के रूप में देखा जाना चाहिए। विभिन्न प्रकार के संसाधनों—जिनमें भोजन, स्वास्थ्य और पोषण शामिल हैं—पर हकदारी तथा जीवन-व्यापार में समूह के सदस्यों के कर्तव्य एवं उत्तरदायित्व की धारणा को समझने के लिए इस तथ्य को ध्यान में रखना होगा कि नातेदारी व्यवस्था ही है जो इन सबको भाषा तथा वैधता प्रदान करती है।

नातेदारी व्यवस्थाएँ न अहानिकर हैं न ही स्वरूप अथवा समय के संदर्भ में अपरिवर्तनीय; वे आत्मपोषी भी नहीं हैं। चूँकि वे भौतिक संबंधों के जरिये काम करती हैं किंतु उनकी अभिव्यक्ति मूल्यों और विचारधारा के जरिये अधिक प्रभावी ढंग से की जाती है और प्रायः वे धर्म द्वारा समर्थित सी लगती हैं तथा कर्मकांडों और सामाजिक समारोहों के जरिये मजबूती पाती हैं; अतः हमारे लिए जरूरी है कि हम उन पूर्वधारणाओं का मूल्यांकन करें जो लोगों के व्यवहार तथा भाषा का आधार हैं। मेरा तर्क यह है कि पारंपरिक विधि व्यवस्थाओं और प्रथागत विधि में ही नहीं बल्कि स्त्री के पक्ष में आडंबरपूर्वक बनाए गए नए कानूनों के भी सार तथा स्वरूप में नातेदारी की विचारधारा तथा नातेदारी संगठन की स्पष्ट छाप पहचानी जा सकती है।[1]

समाजों में लिंगभाव जिन अत्यंत भिन्न-भिन्न तरीकों से सक्रिय रहता है उसके स्पष्टीकरण नातेदारी व्यवस्थाओं तथा पारिवारिक संरचनाओं की भिन्नताओं में ढूँढ़े जा सकते हैं। समाजों में अनेक प्रकार की लिंगगत असमानताओं तथा समानताओं, जिन पर हम चर्चा कर रहे हैं, को कम से कम आंशिक रूप से ही सही, उनकी नातेदारी व्यवस्थाओं द्वारा स्पष्ट किया जा सकता है। मैं जोर देकर स्पष्ट तौर पर यह कहना चाहती हूँ कि हमें मानव जीवन में नातेदारी के नियमों की पहुँच तथा उन क्षेत्रों में जहाँ प्रकटतया उसकी कोई भूमिका नजर नहीं आती नातेदारी की संभावित भूमिका का बोध होना चाहिए। यह बात दक्षिण तथा दक्षिणपूर्व एशिया के संदर्भ में विशेष रूप से महत्त्वपूर्ण है जहाँ नातेदारी बहुत मजबूत ताकत है। मैं यह दावा नहीं करती कि किसी खास स्थिति अथवा घटना या तथ्य और किसी नातेदारी और परिवार संरूप के बीच मेरे द्वारा दिखाया गया संबंध अपरिहार्य है। मैं सिर्फ यह कहना चाहती हूँ कि जो संबंध तथा जुड़ाव मुझे स्पष्ट रूप से दिखाई पड़ रहे हैं उन्हें गंभीर विचार के योग्य माना जाए।

विविध प्रकार के संरूपों तथा विन्यासों की तुलना करके और उनके बीच के भेदों को परख कर ही हम लिंगभेद तथा विशिष्ट सामाजिक संरूपों की 'स्वाभाविकता', किसी सामाजिक व्यवस्था के औचित्य तथा नातेदारी व्यवस्था की अपरिवर्तनीयता में पक्का विश्वास, इस प्रकार की धारणाओं पर प्रश्नचिह्न लगा सकते हैं, तथा केवल अपनी सांस्कृतिक पहचान बनाए रखने के लिए ही तमाम रीति-रिवाजों और कर्मकांडों को जारी रखने में सन्निहित खतरों की ओर संकेत करने की क्षमता अर्जित कर सकते हैं। जैसाकि पापानेक (1991) कहती हैं : 'हक़दारी की धारणाएँ सीखी जाती

हैं और सिखाई भी जाती हैं।'[2] इसका अर्थ है कि उन्हें भुलाया भी जा सकता है; लेकिन ऐसी धारणाओं को भुलाने के लिए जरूरी है कि हम पहले उनकी जड़ों तक जाएँ, अपनी खुद की नातेदारी व्यवस्था के नियमों को देखें और इन दोनों को एक तुलनात्मक परिप्रेक्ष्य में रखें। केवल तभी हम अपनी व्यवस्था की अपरिवर्तनीयता अथवा परिवर्तन-रोधी विचार को अपने दिमाग से निकाल सकेंगे तथा उसे बदलने के प्रभावशाली तरीके अभिकल्पित कर सकेंगे। यह काम आसान नहीं है। लेकिन करणीय अवश्य है। इसे किया जाना चाहिए। यहाँ नातेदारी और धर्म, अर्थव्यवस्था तथा राजनीतिक व्यवस्था के बीच के संबंधों को अनदेखा नहीं किया जाना चाहिए क्योंकि ये सब जबर्दस्त ढंग से परस्पर गुँथे और उलझे हुए हैं।

एशिया में मुख्यतः तीन प्रकार की नातेदारी व्यवस्थाएँ हैं : पितृवंशीय, मातृवंशीय तथा द्विवर्तीय अथवा उभयवर्तीय। दक्षिण एशिया में पितृवंशीय व्यवस्था की प्रधानता है, साथ ही दो छोटे केंद्रों में—उपमहाद्वीप के दक्षिण-पश्चिम में[3] तथा उत्तर-पूर्व में, मातृवंशपरंपरा पाई जाती है, तथा श्रीलंका की उभयवर्तीयता उल्लेखनीय है। दक्षिणपूर्व एशिया मुख्यतः द्विवर्तीय है जिसमें नातेदारी के लेखा-जोखा के लिए माता और पिता दोनों की संबद्धता या प्रासंगिकता होती है। पश्चिमी सुमात्रा के मिनांगकबाउ लोगों तथा मलेशिया के नेंग्री सेंबिलान[4] के लोगों में मातृवंशपरंपरा की उपस्थिति उल्लेखनीय है। इसके अलावा उस क्षेत्र में कुछ पितृवंशीय समुदाय भी हैं। दक्षिण तथा दक्षिणपूर्व एशिया में पश्चिम में अफगानिस्तान से लेकर पूर्व में फिलिपींस तक के क्षेत्र शामिल हैं। यहाँ मैं बांग्लादेश, भारत, इंडोनेशिया, मलेशिया, नेपाल, पाकिस्तान तथा फिलिपींस और थाईलैंड की कुछ आबादियों के बीच लिंगभेद की दृष्टि से परिवार और नातेदारी के पक्षों पर समानता और भेद के परिप्रेक्ष्य में विचार करूँगी। मेरा परिप्रेक्ष्य स्पष्टतः तुलनात्मक होगा। इनमें से प्रत्येक देश की विशेषता है उनकी आंतरिक विविधता। मैं अपना ध्यान नेपाल और भारत के पितृवंशीय हिंदुओं, बांग्लादेश, भारत और पाकिस्तान के मुलसमानों, द्विवर्तीय मलेशिया के मुसलमानों, इंडोनेशिया के द्विवर्तीय जावावासियों तथा मातृवंशीय पश्चिम सुमात्रावासी मिनांगकबाउ—जो इस्लाम धर्म के ही अनुयायी हैं—फिलिपींस के कैथलिक तगा लोगों तथा बौद्ध थाई लोगों पर केंद्रित करूँगी। दोनों क्षेत्रों की अधिकतर आदिवासी आबादी को छोड़ दिया गया है। मैंने भारतीय ईसाई समुदायों को अधिकतर अनदेखा किया है। इनमें रक्तसंबंध को केंद्रीय तत्त्व मानने वाले पितृनामिक समुदाय और प्रायद्वीपीय तथा पश्चिमी तट के पितृवंशीय समुदाय दोनों शामिल हैं।

पितृवंशीय और द्विवर्तीय नातेदारी व्यवस्थाओं में अंतर दिखाते समय हमें यह बात ध्यान में रखनी चाहिए कि विश्व में पितृवंशीयता अथवा द्विवर्तीयता का कोई एक समान बिना भेद वाला संरूप मौजूद नहीं है। यही बात मातृवंशीयता पर भी लागू होती है। इसलिए तुलना करते समय केवल व्यापक विशेषताओं को ही लिया

गया है और केवल कुछ ऐसी विशिष्ट विलक्षणताओं का उल्लेख किया गया है जिनकी जड़ें धर्म अथवा अतीत में हैं।

2

एक ओर पितृवंशीय तथा दूसरी ओर मातृवंशीय और द्विवर्तीय/उभयवर्तीय समाजों में पाई जानेवाली पुत्र और पुत्री की प्रस्थिति में बुनियादी भिन्नताएँ वंशक्रम समूहों तथा पारिवारिक और नातेदारी इकाइयों में उनकी सदस्यता के स्वरूप में ही निहित हैं। पितृवंशपरंपरा में लड़के और लड़कियों दोनों को अपनी सामाजिक पहचान पिता से मिलती है और वे उसके खानदान या कुटुंब, वंश तथा परिवार में स्थान पाते हैं। लेकिन जहाँ पुत्र इन इकाइयों का स्थायी सदस्य होता है, वहीं पुत्री को एक अल्पकालिक अथवा अस्थायी सदस्य माना जाता है। पुत्र में पिता का वंश चलाने की क्षमता होती है लेकिन पुत्री में वह क्षमता नहीं होती। उसकी संतानें अपने पिता के वंश की होती हैं। यह अपेक्षित रहता है कि वह अपने पितृगृह में थोड़े समय के लिए ही रहेगी। विवाह को दिया जाने वाला सांस्कृतिक महत्त्व तथा विवाह पर अपने पितृगृह से लड़की की विदाई की अपरिहार्यता दक्षिण एशियायी पितृवंशीय समाजों में गहरी पैठी हुई है। नज़दीकी नातेदारों के बीच विवाह की संभावनाएँ—जैसे दक्षिण भारत के हिंदू समुदायों में प्रचलित भाई-बहन की संतानों के बीच तथा मामा और भांजी के बीच विवाह और उपमहाद्वीप में अधिकतर मुसलमान समुदायों में चचेरे, मौसेरे, और फुफेरे-ममेरे बहन-भाइयों के बीच विवाह की संभावनाएँ पुत्री के घर से बाहर जाने संबंधी विवशता के तत्त्व को खत्म नहीं करतीं। पुत्री के लिए विवाह का अर्थ है अब अपने पितृगृह की सदस्यता खत्म होना। और सामान्यतया विवाह को अनिवार्य माना जाता है।

दूसरी ओर मातृवंशीय समुदायों में पुत्र तथा पुत्रियाँ दोनों माता के वंशक्रम समूह की स्थायी सदस्यता प्राप्त करते हैं। माता के वंशक्रम समूह में वे सब नातेदार शामिल रहते हैं जो स्त्रियों के माध्यम से परस्पर जुड़े होते हैं या कहें अपनी अपनी माताओं के जरिये जुड़े होते हैं। माना जाता है कि उनका रक्त एक है। इस प्रकार बच्चे को अपनी सामाजिक पहचान अपनी माता से मिलती है। जबकि बहन वंशपरंपरा की वाहक होती है और उसका संवर्धन करती है—जैसे केरल के नायरों तथा लक्षद्वीप के मुसलमानों में 'तरावाड़' अथवा उत्तर-पूर्व के खासियों में क्पोह (गर्भाशय)—वहीं भाई के बच्चे उसकी पत्नी की वंशपरंपरा के होते हैं। प्राकृतिक जन्म-प्रक्रिया को देखने के तरीके तथा उनका अर्थ भी मातृवंशीय तथा पितृवंशीय समाजों में अलग-अलग है। मातृवंश के तहत समूह की सदस्यता विवाह के समय बदलती नहीं है। द्विवर्तीय

समाजों में माता अथवा पिता किसी के महत्त्व को कम दिखाने का कोई प्रयास नहीं होता, किंतु माता की जैविकीय भूमिका तथा बच्चे के साथ उसके घनिष्ठ संबंध के कारण उसे अधिक महत्त्व देने की तथा उसका खुद अपने बच्चों पर अधिकार जमाने की तरफ रुझान रहता है। पुत्री या पुत्र किसी को भी ऐसा महसूस नहीं कराया जाता कि वे अपने परिवार के अस्थायी अथवा परिधीय सदस्य हैं। बच्चों को माता-पिता दोनों से सामाजिक पहचान मिलती है तथा दोनों ओर के पुरखों को नातेदार माना जाता है। इन समाजों में एकलवंशीय परंपरा वाले समूह नहीं होते। विभिन्न नातेदारों से संबंध निबाहने में व चलाने में अपनी पसंद भी होती है; जावा के 'त्राह'[5] में यह भलीभाँति अभिव्यक्त होता है। फिलिपींस में नातेदारी का एक ढीला-ढाला संजाल कार्य करता है। विवाह पहले की पहचान मिटा नहीं देता। विवाह के बाद जोड़ीदार के नातेदार अपने पहले के नातेदारों में शामिल कर लिए जाते हैं। इन समाजों में वैध पैतृकता का महत्त्व है लेकिन यदाकदा बिना विवाह से पैदा हुए बच्चों को भी प्रायः त्यागा नहीं जाता। यहाँ तक कि मुस्लिम मलेशिया तथा इंडोनेशिया में भी हम बिना विवाह के पैदा हुए बच्चे को लेकर उस तरह का गर्जन तर्जन और शिकवा-शिकायत नहीं देखते जैसाकि ऐसी घटनाओं पर दक्षिण एशिया के पितृवंशीय समुदायों में दिखाई पड़ता है। थाईलैंड और फिलिपींस में अचीन्ही पैतृकता वाले बच्चों का पालन-पोषण प्रायः उनके नाना-नानी करते हैं। इस दृष्टि से थाईलैंड अधिक उदार प्रतीत होता है, संभवतः इसलिए कि बौद्धधर्म में पारिवारिक मामलों से संबंधित विधि-निषेध अपेक्षतया कम ही होते हैं।

समूह की सदस्यता तथा सामाजिक पहचान के संबंध में पाई जानेवाली भिन्नताएँ संपत्ति के उत्तराधिकार तथा संसाधन वितरण के संरूपों से गहरे जुड़ी हैं। अधिकांश हिंदू दक्षिण एशिया में, संपत्ति का उत्तराधिकार पुरुष सदस्यों को मिलता है और यह उनके माध्यम से ही अगली पीढ़ी को हस्तांतरित होता है। पारंपरिक धारणा के अनुसार पुत्रियों को केवल अपने गुजारे तथा परिवार की हैसियत के अनुरूप विवाह संपन्न किए जाने का अधिकार है। इस विवाह में उपहार तथा गृहस्थी जमाने के लिए जरूरी सामान शामिल हैं। सहदाय अधिकार, अर्थात् पुरखों की संपत्ति में जन्म से मिल जाने वाले अधिकार, केवल पुत्रों को प्राप्त हैं। सन् 1956 के कानून के अनुसार पुत्रियाँ सहदाय नहीं हैं। वे, अपने भाइयों के साथ, पुरखों की संपत्ति में अपने पिता के हिस्सों के एक अंश की हकदार हैं। लेकिन अधिकतर पुत्री के दहेज तथा उसके विवाह पर होने वाले खर्च को पिता की संपत्ति में उसके अंश/हिस्से का बदला माना जाता है। हाल के वर्षों में आंध्र प्रदेश, हरियाणा, कर्नाटक तथा महाराष्ट्र में पुत्रियों को भी पुरखों की जमीन तथा अन्य संपत्ति में हिस्सा देने के लिए कानून बनाए गए हैं लेकिन उन पर अमल एक जैसा नहीं होता।

उत्तरी, गैर प्रायद्वीपीय भारत में भूमि को पुरुष के हक की संपत्ति के रूप

में देखा जाता है, अतः यद्यपि पुत्री को अचल संपत्ति—पुरखों की संपत्ति—में से पिता के हिस्से अथवा पिता की स्वअर्जित संपत्ति में हिस्सा पाने का अधिकार है तथापि प्रायः उसे इस संपत्ति में कोई हिस्सा नहीं मिलता। शिक्षित वर्गों के बीच किए गए हाल के सर्वेक्षणों में माता-पिता की ओर से पुत्रियों को अपनी संपत्ति में हिस्सा देने की ओर अधिक रुझान दिखाई पड़ता है। वैसे यह धारणा आम है कि यदि बेटी अपना हिस्सा माँगेगी तो उसे मायके बुलाए जाने, समय-समय पर मिलने वाले उपहार के साथ-साथ जरूरत पड़ने पर भाइयों का सहारा मिलने जैसे पारंपरिक विशेषाधिकार भी खतरे में पड़ जाएँगे। इस तरह कानूनी अधिकारों पर जोर देने से वह उस नैतिक अधिकार से वंचित हो जाएगी जो हमारी नातेदारी व्यवस्था का अंग है।

यह धारणा बहुत बलवती है कि विवाहित पुत्रियों को जो कुछ भी दिया जाता है वह दूसरे परिवार में चला जाता है। यह दिलचस्प बात है कि मातृवंशीय लक्षद्वीप समूह में इसके ठीक विपरीत विचार प्रचलित है। वहाँ यह माना जाता है कि पुरुष द्वारा अपने बच्चों को उपहारस्वरूप दी गई संपत्ति विखंडित हो जाती है।[6] पितृवंशीय दक्षिण एशिया में कुछ जागरूक तथा शिक्षित लोगों के अपवाद को छोड़कर यह धारणा आज तक कायम है कि पुत्रियाँ केवल चल उपहारों की ही अधिकारी हैं, अचल संपत्ति के हिस्से की नहीं। नेपाल में भी ऐसा ही है। यहाँ तक कि दक्षिण भारत में भी, जहाँ कुछ समुदायों में पुत्री को भूमि दी जाती है, इसे पैतृक अथवा पुरखों की संपत्ति में हिस्सा नहीं माना जाता। इसे उपहार माना जाता है। यदि किसी दंपति के पुत्र नहीं है तो वे अपनी जमीन पुत्री को दे सकते हैं और वह अपने पति और बच्चों सहित अपने माता-पिता के साथ रहने आ सकती है। उत्तर की तुलना में यह दक्षिण में आसान है। उत्तर भारत में पुत्रहीन स्वजनों की संपत्ति पर पितृवंशीय नातेदारों द्वारा अपना दावा जताने की दबंग प्रवृत्ति है।

भारत के विभिन्न क्षेत्रों में स्त्रीधन के अलग-अलग निहितार्थ हैं और अब उसका स्थान दहेज ले रहा है। धुर दक्षिण में, अपने स्त्रीधन तथा अपने दहेज के कुछ हिस्से पर स्त्री का अधिकार होता है, किंतु उत्तर भारत में स्थिति जटिल है। पुत्रियों का उत्तराधिकार न होना अथवा अप्रभावी होना निश्चय ही दहेज प्रथा को मजबूत करता है। जाति-व्यवस्था विवाह को लेकर जिस तरह के प्रतिबंध और विवशताएँ आरोपित करती है उसके कारण भी दहेज प्रथा को बल मिलता है। इस तरह लड़कों तथा लड़कियों के सामने चुनाव के लिए बहुत कम विकल्प रह जाते हैं। वास्तव में, जहाँ तक स्त्री की स्थिति का सवाल है पितृवंशपरंपरा तथा जाति का संयोग बहुत मारक है। छोटी अंतर्विवाही जातियों के मिलकर बड़े विवाहयोग्य समूहों का रूप ले लेने (जैसे सभी तमिल ब्राह्मण समूहों अथवा सभी उत्तर भारतीय ब्राह्मण जातियों को एक वैवाहिक इकाई माना जाए) तथा वर्ग पर अधिक जोर दिए जाने के साथ दहेज ने भी बहुत विशाल रूप ग्रहण कर लिया है क्योंकि अब उपयुक्त वर ढूँढ़ने के लिए

नवयुवतियों के माता-पिताओं के बीच कड़ी प्रतिस्पर्धा होती है तथा युवकों के माता-पिताओं का प्रयास इस सौदेबाजी से यथासंभव अधिकतम लाभ उठाने का रहता है।[7]

विधवाओं को उत्तराधिकार के कुछ अधिकार प्राप्त हैं (जिन पर अमल अलग बात है) किंतु, 'दांपतिक संपत्ति' के प्रावधानों की अनुपस्थिति में विवाहित स्त्री अपने पति पर पूरी तरह निर्भर रहती है। यदि वह कमाती है तथा अपनी आय पर उसका कुछ नियंत्रण होता है अथवा उसके पास कुछ अपने मायके की संपत्ति है तो यह निर्भरता कुछ कम होती है।

व्यवहार में, दक्षिण एशिया के पितृवंशीय मुसलमान कुरान में दिए गए विरासत संबंधी नियमों से काफी दूर हैं। पैतृक संपत्ति को अक्षुण्ण रखने के लिए बेटी को उसके पिता की जायदाद में उसके हक से प्रायः पूरी तरह वंचित रखा जाता है। बांग्लादेश में स्त्री सामान्यतया पैतृक संपत्ति में हिस्सा नहीं पाती, न ही वह उसके लिए कोई दावा करती है। इसके बदले वह 'नैयोर' को सुरक्षित रखना पसंद करेगी, जिसका अर्थ है समय-समय पर अपने मायके, नैहर जाने का अधिकार, पर्व और त्यौहारों के अवसरों पर उपहार पाने का अधिकार, तथा तलाक या वैधव्य की स्थिति में अथवा बीमारी जैसी मुसीबतों के समय अपने भाइयों से सहारा पाने का अधिकार पसंद करेगी। अपने पितृगृह की अचल संपत्ति में हिस्से के विवाहित पुत्री के अधिकार को मान्यता देने में एक अव्यावहारिकता का बोध भी रहता है क्योंकि आवासीय नियमों के तहत वह अपने पितृगृह से दूर चली जाती है। यह भावना बहुत आम है। पश्चिम पंजाब तथा पाकिस्तान के अन्य क्षेत्रों में जमीन पर पुत्री का नियत हक तब तो माना जाता है यदि वह अपने चाचा/ताऊ के बेटे से विवाह करती है अन्यथा उसके इस हक पर कोई ध्यान नहीं दिया जाता। उपमहाद्वीप के उन मुस्लिम समुदायों में, जिनकी जीविका का मुख्य साधन व्यापार, वाणिज्य तथा तनख्वाह है, पुत्रियों के लिए रीति-रिवाज और कायदे कुछ अलग-अलग हैं। ईसाइयों में पुत्री पुत्र के बराबर हिस्से की हकदार होनी चाहिए। लेकिन इसमें क्षेत्रीय भिन्नताएँ हैं। केरल के सीरियायी तथा गोआ के ईसाइयों जैसे समूहों के, जो सारतः पितृवंशीय तथा पितृस्थानिक हैं, कानूनी तौर पर भी संपत्ति में पुत्री के अधिकार को अनदेखा करने की प्रवृत्ति है। दहेज को इस अज्ञापित हिस्से की भरपाई माने जाने की प्रवृत्ति है। (जैकब 1986, जोसेफ 1993, राबिन्सन 1994)[8]

मातृवंशीय समुदायों में स्त्री अपने समूह के संसाधनों का इस्तेमाल कर सकती है व उसका हिस्सा फिर उसके बच्चों को हस्तांतरित हो जाता है। पुरुष भी अपने समूह के संसाधनों का प्रयोग कर सकता है किंतु उसे ये संसाधन अपने बच्चों को देने का कोई अधिकार नहीं होता क्योंकि वे बच्चे उसकी पत्नी के समूह के होते हैं।[9] लक्षद्वीप में पुरुष अपने बच्चों को केवल वही संपत्ति भेंट कर सकता है जो उसने स्वयं अर्जित की हो या उसे भेंट में मिली हो। पश्चिम सुमात्रा के मिनांगकबाउओं

में भूमि पर नातेदारी समूह का नैगमिक रूप से अधिकार होता है। स्त्री का निश्चित भूखंडों पर एकांतिक अधिकार होता है जिस पर वह अपने नातेदार स्त्री-पुरुषों तथा पति की मदद से खेती करती है। उभयवर्तीय मलेशिया तथा इंडोनेशिया में आदत (प्रथा) का व्यादेश है कि संपत्ति पुत्रों और पुत्रियों के बीच बराबर-बराबर बाँटी जाए। वहाँ प्रायः इस्लामी शरीयत के मुकाबले 'आदत' का अनुसरण करने की प्रवृत्ति है। केवल वही लोग संपत्ति के बँटवारे में इस्लामी नियमों का पालन करना चाहते हैं जो इस्लाम के अनुसरण के प्रति अधिक सचेत हैं अथवा वे जिनके पास पर्याप्त स्वअर्जित धन है। जावा (इंडोनेशिया) में सबसे अच्छे धान के खेत सामान्यतया पुत्रियों को दिए जाते हैं और जो पुत्री अपना अलग स्वतंत्र घर बसाती है उसे बागवानी के लिए जमीन सहित एक नया घर तथा कृषीय भूमि के इस्तेमाल का अधिकार दिया जा सकता है। इस जमीन पर उसका पति बटाईदार के रूप में खेती कर सकता है।

लिंगगत समानता तथा संसाधनों के आंबटन में और संपत्ति के हस्तांतरण में बहनों और भाइयों के बीच भेदभाव न होना फिलिपिनो तथा थाई संस्कृतियों की विशिष्टता है। इन समाजों में द्विवर्तीयता प्रतिष्ठापित है।

3

अब हम आवास के संरूपों और स्थान पर अधिकार के मुद्दे पर आते हैं। आवास के कम से कम दो संदर्भ अथवा अर्थ हैं : गृहस्थी अथवा घरेलू या गृह्य समूह तथा स्थान या इलाका अथवा सामीप्य। हिंदू भारत तथा नेपाल के अधिकांश भागों में धर्म द्वारा विहित आदर्श व्यवस्था है पितृवंशीय, पितृस्थानिक संयुक्त परिवार की। सामाजिक-आर्थिक स्तरों, जाति समूहों, पेशों-व्यवसायों तथा क्षेत्रों के अनुसार इसका वास्तविक रूप भिन्न-भिन्न है। पारिवारिक विघटन के अलग-अलग प्रतिमान तथा जनसांख्यिकीय कारक जैसे औसत प्रत्याशित आयु, विवाह की आयु तथा प्रथम शिशु के जन्म के समय की आयु, ये सब यहाँ उल्लेखनीय हैं।[10]

प्रायः संयुक्त परिवारवाली गृहस्थी के बिखराव में व्यवसायों की विविधता, आप्रवास अथवा स्थानांतरण, और घर व कार्यालय के बीच दूरी जैसे पेशागत कारणों का भी योगदान रहता है। आर्थिक क्षमता तथा स्त्री शिक्षा भी प्रायः अलग रहने का कारण बनती है और उसका औचित्य भी सिद्ध करती है। ऐसे जटिल संयुक्त परिवारों की संख्या कम है जिनमें भाई, उनकी पत्नियाँ, बच्चे सभी साथ रहते हैं, लेकिन अन्वेषण से पता चलता है कि छोटा संयुक्त परिवार (जिसमें माता-पिता और एक पुत्र की दांपतिक इकाइयाँ साथ रहती हैं), तथा आंशिक संयुक्त परिवार (या जिन्हें अनुपूरक एकल परिवार कहा जाता है) अब भी प्रचलित हैं।

संयुक्त गृहस्थी न होने के बावजूद नजदीकी पैतृक पुरुष नातेदार, उनकी पत्नियाँ और बच्चे एक 'परिवार' के माने जाते हैं। एक समान पितृवंश से संबद्ध गृहस्थियाँ प्रायः घरों के झुंडों में (कुछ इकाइयाँ अलग हो सकती हैं) रहती हैं तथा अनेक कर्तव्यों और दायित्वों का निर्वहन करती हैं। अनुष्ठानों और समारोहों में इकट्ठा होने, एक साथ जुटने के अतिरिक्त वे खेती भी साथ-साथ कर सकती हैं। इस प्रकार एक एकल परिवार-गृहस्थी भी एक बड़ी पितृवंशीय पारिवारिक इकाई में शामिल रह सकती है। अनुपूरक एकल परिवार में सामान्यतया पुरुष की विधवा माता अथवा पिता, उस पर निर्भर छोटे भाई-बहन इत्यादि उसके साथ रहते हैं। इस प्रकार अधिकतर लोगों को एक आंशिक संयुक्त परिवार-गृहस्थी का कम से कम कुछ अनुभव तो होता ही है।[11]

यह गौरतलब है कि लड़की का सामाजीकरण एक काल्पनिक सास की छाया तले होता है। दुल्हन अपने नए घर में एक बाहरी व्यक्ति के रूप में प्रवेश करती है जिसे परिवार में शामिल किया जाना होता है। उसे एक अविश्वसनीय प्राणी समझा जाता है जो यों तो शुभ है लेकिन जिसे उसकी सीमा के भीतर और काबू में रखा जाना है। परिवार में भेद डालने की संभावना के सदर्भ में उसकी उपस्थिति संदिग्ध रहती है। विशिष्ट सदस्यों या संबंधियों को लेकर आदर तथा वर्जना व दूरी की प्रथाओं—जो स्त्रियों पर अनेक तरह के निर्बंध लगाती हैं—का उद्देश्य बहू के संदर्भ में एक 'बाहरी' व्यक्ति को संयुक्त परिवार या कुटुंब में झगड़े या विघटन लाए बिना 'भीतरी' व्यक्ति बनाना रहा है। मुख्य संघर्ष अधिक व कम समाहित स्त्रियों के बीच विशेषकर सास तथा बहू के बीच होता है। समय गुजरने के साथ प्रभुत्व का संबंध उलट सकता है, अथवा सदस्यों के अलग-अलग व्यक्तित्व और परिवार को चलाने में विविध सदस्यों के योगदान के चलते कोई कम उम्र वाली स्त्री करीब-करीब शुरू से ही प्रभुत्व पा सकती है। संस्कृतिजन्य समझ के अनुसार यह सत्ता के लिए होने वाली कशमकश है। लेकिन मुझे लगता है सास और बहू के बीच के संबंधों की गढ़ी गढ़ाई धारणाओं का काफी बड़ा कारण आवास का अनिवार्य स्वरूप है। मुख्यतः स्त्रियों द्वारा गाए जाने वाले लोकगीत तथा स्त्रियों द्वारा किए जाने वाले वैवाहिक लोकाचार लड़की को एक दूसरे परिवार में स्थानांतरित किए जाने और अपनी ससुराल में उसकी संभावित दुर्दशा के विरुद्ध उसकी कुढ़न तथा रोष अभिव्यक्त करने में मदद देते हैं और इस प्रकार एक भावनात्मक निकास का काम करते हैं। साथ ही वे कुछ बनी बनाई धारणाओं को जारी रखने का काम भी करते हैं। लेकिन, यहाँ यह भी स्पष्ट करना होगा कि दांपत्य संबंधों पर बढ़ते जोर के कारण बहुओं को—विशेषकर शिक्षित लोगों के बीच तथा शिक्षित बहुओं के संदर्भ में—अधिक आजादी तथा प्रभाव की स्थिति संभव होने लगी है। इसलिए अब उन वैयक्तिक समीकरणों पर विचार करना अधिक आवश्यक हो गया है जो सास-ससुर तथा बहू के बीच विकसित होते हैं।

दक्षिण एशिया के पितृवंशीय, पितृस्थानिक समुदायों में आवास का एक महत्त्वपूर्ण अर्थ है स्त्री का उसके मायके में अधिकारों का छिनना तथा स्थान के नाम पर उसके पास किसी प्रकार के अधिकार का अभाव। नए घर में उसका रहना एक तरह से सशर्त होता है जो उसको 'उचित' व्यवहार, घर, गृहस्थी के कामकाज में दक्षता, मैत्रीपूर्ण संबंध, बड़ों की सेवा, पति की खुशी, मायके से लाए गए उपहारों तथा संभवतः उसकी कमाई पर निर्भर होता है। विवाह के बाद मिले घर से किसी स्त्री को गंभीर अथवा हल्के-फुल्के कारणों से निकाल दिया जाना कोई असामान्य बात नहीं है। यह बात एकल परिवार पर भी लागू होती है। यह महत्त्वपूर्ण है कि उस घर में रहते हुए स्त्री ने जो कुछ कमाया होता है वह दांपतिक परिवार का माना जाता है। छत्तीसगढ़ में पुरुष स्त्री की कमाई पर यह कहकर दावा जताता है : 'जब तुम यह कमाई कर रही थीं तब तुम किसके घर में रह रही थीं और किसका भात खा रही थीं?' कोई बांग्लादेशी ग्रामीण अपने बच्चों पर इस तरह दावा कर सकता है : 'जब तुम इस घर में आईं तब तो तुम्हारे कोई बच्चा नहीं था, ये तो तुम्हें इसी घर में मिले। इसलिए तुम्हें इन बच्चों को अपने साथ ले जाने का कोई हक नहीं है।'[12] नवस्थानिक आवास का वास्तव में अर्थ है पुरुष का घर अर्थात् पति का आवास। यहाँ तक कि घर स्त्री का हो तो भी स्त्री को इस बात का विशेष ध्यान रखना होता है कि कहीं पति को इस बात का बुरा न लगे और ऐसा ख्याल करने के लिए स्त्री की खास तौर पर सराहना भी की जाती है। अपने पति के घर में बेटों की तुलना में विधवा को केवल सीमित कब्जे का अधिकार देने वाले कानून की जड़ें वस्तुतः हमारी नातेदारी व्यवस्था में हैं। इससे यह भी स्पष्ट होता है कि जब अविवाहित स्त्रियाँ काम करके अपने माता-पिता तथा छोटे सहोदरों को सहारा देती हैं तब इससे क्यों वे प्रायः ऐसे जाल में फँस जाती हैं जहाँ विवाह का विकल्प रह ही नहीं जाता। विवाहिता स्त्री को कोई नैतिक अधिकार नहीं है कि वह अपनी आमदनी का इस्तेमाल अपने माता-पिता या भाई-बहनों को सहारा देने के लिए करे। वह कुछ जोड़-तोड़ कर किसी तरकीब से, या अपने पति और ससुराल के सदस्यों को खुश करके, अथवा प्रतिमानों का उल्लंघन करके ही उनके लिए कुछ कर सकती है; अथवा वह अपनी सहायता को उपहारों के आदान-प्रदान के आवरण में छिपाने का प्रयास कर सकती है।

आवास के विषय में विचार कितने रूढ़ तथा कट्टर हैं इसका संकेत एक अन्य विशेषता से मिलता है। वह है पत्नी के मायके में रहने वाले घर जमाई के प्रति समाज का नजरिया। उसके लिए इस्तेमाल किए जाने वाले विशेषण स्पष्ट रूप से अपमानजनक हैं। इसको तमाम नाम दिए जाते हैं : परिया (एक अछूत जाति), कुत्ता, खूब बोझा लादे जाने लायक गधा, अथवा आलसी, निकम्मा। इकलौती पुत्री के माता-पिता को अपने दामाद को अपने साथ रहने पर राजी करने में बहुत कठिनाई होती है। इस तरह की व्यवस्था पूरी तरह अनुपस्थित नहीं है, विशेषकर दक्षिण भारत में जहाँ नातेदारी

के भीतर विवाह करने की प्रथा है, लेकिन कुल मिलाकर इसे नीची निगाह से देखा जाता है। इसके अतिरिक्त अनेक पुत्रियों के माता-पिता इस बात के प्रति आशंकित भी रहते हैं कि उनका जामाता उनकी वृद्धावस्था में कहीं तानाशाह व शोषक न बन जाए। मातृवंशीय समाजों में भी अपनी पत्नी के घर आकर रहने वाले दामाद के लिए विशेषण हैं किंतु वे प्रायः हँसी-मजाक में इस्तेमाल किए जाते हैं और वे कभी-कभी उसके परिधि पर होने की स्थिति के सूचक होते हैं। जहाँ पत्नीस्थानिक आवास की स्थापित प्रथा है वहाँ पति को तानाशाह बनने की इजाजत नहीं दी जाती हो। लेकिन इसके साथ ही उसे नीचा भी नहीं दिखाया जाता।

मातृवंशीय मिनांगकबाउ में, घरों तथा भूमि पर परंपरागत रूप से नातेदारी समूह का निगमिक स्वामित्व होता है। 'दीर्घगृहों' पर स्त्रियों का एकांतिक अधिकार होता है। विवाह होने पर पुरुष अपनी पत्नी के घर में रहने लगता है लेकिन इस घर में पत्नी के स्त्री नातेदार और उनके पति भी रहते हैं। इन दीर्घगृहों में अनेक 'चावल के बर्तन' (चूल्हे) अथवा दांपतिक इकाइयाँ होती हैं। इन 'चावल के बर्तन' इकाइयों की सदस्यता निश्चित नहीं है बल्कि यह इच्छा पर निर्भर है। अक्सर पत्नी की अविवाहित बहन, माँ अथवा किसी अन्य नजदीकी रिश्तेदार को इस तरह की गृहस्थी में शामिल किया जा सकता है। कमाने के लिए पुरुषों का मियादी उत्प्रवास एक मानक गतिविधि है।

लक्षद्वीप में पुरुष अपने मातृवंशीय नातेदारों (जैसे अपनी माँ, बहनों, उनके बच्चों, भाइयों यहाँ तक कि नानी, नानी की बहनों आदि) के साथ रहता है जबकि उसकी पत्नी अपने मातृवंशीय नातेदारों के साथ रहती है : वह अपनी पत्नी के घर में सिर्फ रात गुजारता है। कुछ ही पुरुष बाद में अपनी पत्नी के साथ रहने लगते हैं। विवाह का प्रारंभ रात की मेहमानी के नमूने पर ही होता है। बच्चों पर स्त्री का अधिकार होता है। घर पर भी स्त्री का ही अधिकार होता है। घर का निर्माण तथा बँटवारा स्त्रियों के संदर्भ में ही किया जाता है जो घरों की मुख्य निवासी होती हैं और वहाँ अपने बच्चों का पालन-पोषण करती हैं।

वैवाहिक आवास के संदर्भ में भी द्विवर्तीय दक्षिणपूर्व एशिया पितृवंशीय दक्षिण एशिया से भिन्न है। अजहेनी समुदाय तथा उत्तर एवं उत्तर-पूर्वी थाईलैंड के लोगों जैसे कुछ समूहों, जहाँ मातृस्थानिकता की मानक प्रथा मौजूद है, को छोड़कर इस क्षेत्र में आवास के संदर्भ में विकल्प अथवा इच्छा का बुनियादी सिद्धांत लागू है। वहाँ पीढ़ी दर पीढ़ी एक ही परिवार/खानदान की निरंतरता अथवा एक ही वंशक्रम परंपरा चलते रहने की कोई सांस्कृतिक बाध्यता नहीं है। दंपति पत्नी अथवा पति के माता-पिता के साथ अथवा उनके निकट रह सकते हैं। विवाह के प्रारंभिक कुछ वर्षों में उनका आवास पत्नी के घर में अथवा उसके घर के निकट होने की संभावना

रहती है। किसी विवाहित युगल के लिए यह बात असामान्य नहीं है कि वे अपने वैवाहिक जीवन की शुरुआत एक के माता-पिता से करें और बाद में दूसरे के माता-पिता के पास चले जाएँ अथवा अपनी खुद की अलग गृहस्थी बसा लें। लेकिन वहाँ कम से कम एक साथी—अधिकतर पत्नी—के स्वजनों के पड़ोस में रहने की प्रवृत्ति है। स्त्री नातेदारों के बीच की एकता पर भरोसे के परिणामस्वरूप पत्नीस्थानिक आवास के प्रति अधिक रुझान है। पुरुष माता-पिता की संपत्ति में अपने अधिकार प्रायः अपनी बहनों के हाथ बेच देते हैं और अपनी पत्नियों के घर में रहने लगते हैं। माता-पिता का आशा करना कि उनकी वृद्धावस्था में उनकी बेटियाँ उनकी देखभाल करेंगी, इन दक्षिणपूर्व एशियायी लोगों के बारे में सामान्यतया सत्य है। इसके कारण पुत्रियों को तात्कालिक के साथ-साथ दूरगामी महत्त्व भी मिलता है। जावा के एक सुप्रसिद्ध मानवशास्त्री, कोएंजरनिंग्राट अपने समाज के बारे में कहते हैं कि यह तो तर्कसंगत ही है कि माता-पिता अपनी बहू के बजाय अपनी बेटी के साथ रहना पसंद करें।[13]

दक्षिणपूर्व एशियायी समाजों के अनेक निरीक्षकों ने इस बात की ओर संकेत किया है कि पति और पत्नी दोनों के नातेदारों के लिए गृहस्थी में एक खास खुलापन है और दंपति जहाँ आय और आवास उपलब्ध हो उसके अनुसार अपना स्थान निर्धारित करने की ओर प्रवृत्त रहते हैं। आवास के उनके चयन में औचित्य और सुविधा की महत्त्वपूर्ण भूमिका रहती है। इन समाजों में लड़कियाँ अपने भाइयों के सापेक्ष एक हीनतर प्रस्थिति की भावना के साथ बड़ी नहीं होतीं न ही उन्हें यह डर होता है कि अब उनका मायके पर कोई अधिकार नहीं रह जाएगा अथवा अपने खुद के जीवन पर उनका कोई नियंत्रण नहीं रहेगा। यहाँ स्त्रियों के लिए विवाह के वे निहितार्थ नहीं हैं जो दक्षिण एशिया की स्त्रियों के लिए हैं। यहाँ दूर-दूर तक ऐसा कुछ नहीं है जिससे लगे कि विवाह के साथ स्त्री का 'स्वामित्व' बदल जाता है।

दक्षिणपूर्व एशिया में निवास के संरूपों का एक महत्त्वपूर्ण पक्ष है किसी समय विशेष पर गृहस्थी की संरचना के स्वरूप तथा उसकी सीमाओं का लचीलापन। बुनियादी तौर पर एकल परिवार में बूढ़े, युवा तथा/अथवा हाल में तलाकशुदा विच्छिन्नविवाह नातेदार हो सकते हैं जो अपने श्रम अथवा संसाधनों से गृहस्थी में अपना योगदान करते हैं व उसमें आश्रय और भरण-पोषण पाते हैं। बच्चों को गोद लेने या मुँहबोले बच्चों को अपने साथ रखने का रिवाज यहाँ बहुत आम है। इस संदर्भ में यह स्मरणीय है कि इस्लाम में बच्चा गोद लेने का कोई वैधानिक प्रावधान नहीं है। फिर भी, जावा और मलेशिया में पोषित बच्चे आम हैं, हालाँकि यह संभव है कि उन्हें अपने पालक माता-पिता से उनकी पूर्वजों की भूमि न मिल पाए। थाईलैंड में भी बच्चे आसानी से अपने नातेदार के घर रहने जा सकते हैं। बच्चों को गोद लेने अथवा उन्हें पालने का रिवाज तथा नातेदारों के घर लंबी अवधि तक रह जाने के स्वीकृत चलन के कारण तलाक/विवाहविच्छेद कम समस्यामूलक तथा तनावरहित हो जाता है।

मैक्किनूले (1975)[14] ने मलय सहोदरों के पारस्परिक संबंधों में मौजूद सुनिश्चितता पर बल दिया है। सहोदरों के बीच परस्पर प्रगाढ़ संबंध से बँधे होने का भाव साधारण बातचीत, लोकगीत, नातेदारी-शब्दावली, जन्म के अनुष्ठानों तथा बच्चों को दी जाने वाली सलाहों में अभिव्यक्त होता है। एक मलय कहावत इस प्रकार है :

पानी को काटने से
वह अलग नहीं होता
चूजे के पंखों को अलग करो
वे फिर इकट्ठे हो जाएँगे।

ऐसा प्रतीत होता है कि सहोदर संबंध काफी संघर्ष व तनाव सोख ले सकते हैं। सहोदरों के बीच एक-दूसरे के बच्चे गोद लेने का अनुरोध आम बात है। निश्चय ही इसमें एक दूसरे के प्रति दायित्व निर्वाह का भाव रहता है। इसके साथ ही इन द्विवर्तीय समाजों में नातेदारी संजाल अहंकेंद्रित है : और इसलिए संबंधों को सक्रिय अथवा निष्क्रिय करने की गुंजाइश भी अधिक रहती है।

4

दक्षिणपूर्व एशियायी स्त्रियाँ अपनी अत्यंत महत्त्वपूर्ण आर्थिक भूमिका के लिए जानी जाती हैं। पत्नी और माता होने के साथ-साथ वे सदैव आय अर्जित करने वाली गतिविधियों में लगी रहती रही हैं। अनेक तरह के कामों में लगे रहने से वे आर्थिक रूप से आत्मनिर्भर हुई हैं तथा उन्हें काफी स्वायत्तता तथा सत्ता प्राप्त है। अधिकतर थाई, मलेशियायी, इंडोनेशियायी तथा फिलिपिनो स्त्रियों के लिए यह बात सत्य है। अजेहनी जैसे समाजों में जहाँ पुरुष अधिकांश समय घर से दूर रहते हैं, कृषि कार्य तथा पारिवारिक मामले—दोनों स्त्रियाँ सँभालती हैं।

सामान्यतया, स्त्रियाँ कृषि आधारित अर्थव्यवस्था का अविच्छिन्न अंग हैं। मलेशिया तथा इंडोनेशिया की बात करते हुए मैंडरसन (1983)[15] इस बात पर जोर देती हैं कि पौधशालाएँ बनाने और उनकी देखभाल करने, धान की रोपनी, निराई, कटाई, मड़ाई आदि सभी काम स्त्रियों की ही जिम्मेदारी हैं। उन्होंने रबड़ जैसी अन्य फसलों की खेती तथा नारियल के उत्पादन में स्त्रियों की भूमिका का उल्लेख किया है। पालतू जानवरों, वनवर्धन तथा सब्जियों के व्यावसायिक उत्पादन की जिम्मेदारी लगभग पूरी तरह स्त्रियों की ही है। जावा की गृहस्थी स्त्री का साम्राज्य है, जहाँ महत्त्वपूर्ण संसाधनों पर उसका लगभग पूर्ण नियंत्रण है। घरेलू मामलों में वही निर्णय लेती है।

दक्षिण एशिया के अनेक हिस्सों में भी स्त्रियों का उत्पादक गतिविधियों में

पर्याप्त योगदान रहता है, लेकिन वे खुद अपने पति तथा विवाहजन्य स्वजनों के नियंत्रण तथा सांस्कृतिक दृष्टि से उनकी सत्ता के अधीन होती हैं; उनका निवास स्थान या जगह पर कोई अधिकार नहीं होता न ही उनका और किसी प्रकार के संसाधनों पर मान्यता प्राप्त स्वामित्व अथवा नियंत्रण होता है। कहना आवश्यक नहीं कि दक्षिण एशिया में भी हर जगह स्थिति एक जैसी नहीं है। स्त्रियों की वास्तविक स्थिति अनेक बातों पर निर्भर होती है, जैसे स्त्री की गृहस्थी का मौजूदा गठन, उसकी शिक्षा तथा रोजगार, मायके का सहयोग व समर्थन, दांपतिक संबंध और उसका खुद का आत्मविश्वास। दक्षिणपूर्व एशियायी स्त्रियाँ जो कुछ पैदा करती हैं या कमाती हैं उस पर अपना नियंत्रण रखती हैं। प्रतीत होता है कि उत्तराधिकार के नियमों तथा स्त्रियों द्वारा विवाह के बाद भी अपने माता-पिता तथा नातेदारों से सहायता लेने की स्वीकृत प्रथा के अतिरिक्त इस क्षेत्र में वैवाहिक संपत्ति के संस्थायीकरण ने भी संसाधनों पर स्त्रियों के नियंत्रण को प्रोत्साहित किया है। यह सब दक्षिण एशियायी स्त्रियों की स्थिति के ठीक विपरीत है।

दक्षिणपूर्व एशिया में स्त्रियाँ व्यापार में अपनी महत्त्वपूर्ण उपस्थिति के लिए जानी जाती हैं। वे अधिशेषों का व्यापार करती हैं, भोजन, कपड़ा तथा अनेक प्रकार की चीजें बनाती और बेचती हैं। इस क्षेत्र की कढ़ाई, कला तथा बातिक का काम इसके सुपरिचित उदाहरण हैं। ग्रामीण और शहरी बाजारों में स्त्रियों की उपस्थिति जबर्दस्त है। स्त्रियों ने अनेक क्षेत्रों में अपनी यह भूमिका आधुनिक अर्थव्यवस्था में भी दर्ज कराई है। उदाहरणार्थ थाईलैंड में स्त्रियों का बड़े व्यवसायों पर स्वामित्व है और उनके प्रबंधन से वे गहरे जुड़ी हुई हैं।

दक्षिणपूर्व एशियायी स्त्रियों का आय अर्जित करने वाली हर तरह की गतिविधियों में व्यस्त होना निश्चय ही उनकी मिलने-जुलने की सापेक्ष आजादी, कहीं जाने की उनकी क्षमता (प्रायः बच्चों को छोड़कर), उनके नातेदारों के समर्थन, संसाधनों पर उनके नियंत्रण, तथा स्थान पर उनके अधिकार से जुड़ा है। इस तरह की गतिविधियाँ वस्तुतः आवश्यक होती हैं क्योंकि प्रायः अपने बच्चों को पालने-पोसने और अपने बच्चों तथा माता-पिता की देखभाल का बोझ स्त्रियों को अकेले ही उठाना पड़ता है। स्त्रियों के आर्थिक योगदान को केवल नातेदारी की अनुकूल संरचनात्मक विशेषताओं का परिणाम मात्र नहीं माना जा सकता। ये विशेषताएँ अर्थव्यवस्था में स्त्रियों की सक्रिय भागीदारी के लिए सहायक प्रतीत होती हैं किंतु इस बात का पूरी तरह स्पष्टीकरण नहीं देतीं। हाँ, हम इस बात पर सहमत हो सकते हैं कि यह योगदान, पुरुषों और स्त्रियों के बीच लगभग समानता तथा आवास के संरूप—ये सभी मिलकर उभयवर्तीय समाजों में स्त्रियों को एक विशिष्ट मूल्य प्रदान करते हैं।

पूरे दक्षिणपूर्व एशिया में स्त्रियों को 'पैसों के मामले में चतुर और समझदार' (पापानेक तथा श्वीड 1988)[16], तथा वित्तीय प्रबंधन और व्यवसाय के मामलों से

निपटने में आमतौर पर पुरुषों से श्रेष्ठ माना जाता है। अपने इन गुणों से स्त्री को वास्तव में कितना लाभ होता है यह उसके संसाधनों तथा उस वर्ग पर निर्भर है जिसकी वह सदस्य है। अनेक स्त्रियाँ आश्वस्त रहती हैं कि उन्हें अपने परिवार की जरूरत भर की नियमित आय तो मिल ही जाएगी। इससे प्राप्त स्वायत्तता तथा सत्ता के विषय में ऐन स्टोलर (1977)[17] की जावा के एक भाग के विषय में टिप्पणी है कि जबकि गरीबों में स्त्रियों की आय उन्हें गृहस्थी में पर्याप्त महत्त्व का स्थान प्रदान करती है वहीं समृद्ध स्त्रियों की आय उन्हें सामाजिक सत्ता प्राप्ति का भौतिक आधार प्रदान करती है।

मैंने आवास की जिन विशेषताओं की चर्चा की है उनमें से कुछ घरेलू क्षेत्र में दक्षिणपूर्व एशियायी स्त्रियों की मजबूत स्थिति का स्पष्टीकरण देने में सहायक हो सकती हैं। वित्तीय मामलों पर स्त्रियों के नियंत्रण तथा गृहस्थी के भीतर उनके अधिकार पर विविध मानवजातिवर्णनात्मक अध्ययनों ने भिन्न-भिन्न तरह से जोर दिया है।[18] मातृस्थानीयता को भी इस क्षेत्र से अनेक लेखकों ने जोड़ा है। पत्नीस्थानिक आवास में पुत्री के आर्थिक योगदान को स्पष्ट मान्यता प्राप्त है। विवाह से वह एक वयस्क पुरुष श्रमिक को घर लाती है तथा उससे अपेक्षा की जाती है कि अब अपनी प्रजनन क्षमता के जरिये वह और अधिक श्रमिक पैदा करेगी। इसे दूसरी तरह से यों कहा जा सकता है कि वह वही करती है जिसकी अपेक्षा पितृवंशीय, पितृस्थानिक व्यवस्थाओं में पुत्र से की जाती है। अतः इस बात में कोई आश्चर्य नहीं होना चाहिए कि परंपराओं ने स्त्रियों को एक विशेष महत्त्व प्रदान किया है।

उत्तरी तथा मध्य क्षेत्र के थाई लोगों में एक प्रथा बच्चे के जन्म के बाद की कर्मकांडीय अवधि से संबंधित है। यदि यह अवधि एक माह से कम होती है तो माना जाता है कि बच्चे के घर छोड़ देने की संभावना है। लड़के के लिए अनुष्ठान अवधि कम कर दी जाती है ताकि उपयुक्त उम्र और विवाह होने पर वह दूसरे घर जाने के लिए उत्साहित रहे।[19] इसके विपरीत लड़की के लिए इस अवधि को एक माह या उससे अधिक तक बढ़ाकर माता-पिता यह सुनिश्चित करने की आशा करते हैं कि वह उसी घर में रहकर उनकी वृद्धावस्था में देखभाल करेगी तथा घर में बसी आत्माओं की देखरेख करेगी। कंडोमिनस[20] ने थाई लोगों में प्रचलित सीमाक्षेत्र रक्षक आत्माओं की उपासना पद्धति के विषय में लिखा है। आत्माओं की विभिन्न कोटियाँ हैं और घरेलू क्षेत्र की आत्माओं की देखभाल का उत्तरदायित्व स्त्रियों पर होता है। अतः इस क्षेत्र के भीतर पत्नीस्थानिक या नवस्थानिक आवास को वरीयता दी जाती है। अधिकतर धर्मों में स्त्री को स्पष्ट रूप से हीनतर स्थिति प्रदान की गई है, किंतु पुरुषों की प्रधानता वास्तव में नाममात्र की हो सकती है। यहां गृहिणी और माँ के रूप में स्त्री गृहस्थी की अर्थव्यवस्था पर सीधा नियंत्रण रखती है। उसे शारीरिक तथा मानसिक रूप से एक मजबूत व्यक्ति के रूप में देखा जाता है जो कठिन परिश्रम

कर सकती है तथा प्रसववेदना सह सकती है। जीवन व्यापार में तथा नातेदारी संबंधों को बनाए रखने में उसका स्थान निर्विवाद है।

5

वैवाहिक संबंधों के प्रश्न पर आने से पहले मैं स्त्री के यौनत्व के बारे में संक्षेप में कुछ कहना चाहूँगी। स्त्री के यौनत्व के प्रति दक्षिण और दक्षिणपूर्व एशिया के रवैये में व्यापक भिन्नताएँ हैं। स्त्री की प्रजनन शक्ति के प्रति उनका संस्थागत दृष्टिकोण भी बहुत भिन्न है। विचारधारागत तथा संस्थागत कारकों के संयुक्त प्रभाव के कारण स्त्री यौनत्व के प्रबंधन में भी दोनों में स्पष्ट विरोध दिखाई पड़ता है।

चूँकि दक्षिण एशिया में नातेदारी/पारिवारिक समूहों में स्थान निर्धारण मूलतः पितृत्व का काम है अतः स्त्री के यौनत्व को कठोरतापूर्वक नियंत्रित रखने की जरूरत होती है। प्रथम विवाह के समय अक्षत कौमार्य एक ऐसा मूल्य है जिसकी आकांक्षा हिंदू और इस्लाम दोनों धर्मों में की जाती है। कौमार्य की चिंता अनेक रूपों में व्यक्त होती है : नेपाल के नेवाड़ियों में वयःसंधि पूर्व के छद्म विवाह[21] राजस्थान, उत्तर प्रदेश और मध्य प्रदेश के हिंदुओं में प्रचलित छोटे बच्चों के विवाह अथवा वयःसंधि के पहले या थोड़ा ही बाद में होने वाले विवाह जिनमें—सहवास देर से प्रारंभ होता है, किशोरावस्था में ही लड़की का विवाह कर देने की व्यापक प्रथा तथा वयःसंधि के आगमन का आनुष्ठानीकरण जैसा कि नेपाल[22] तथा दक्षिण भारत में और कम हद तक पूर्वी तथा पश्चिमी भारत में होता है। वयःसंधि वह समय-बिंदु है जब से लड़की पर कठोर नियंत्रण स्थापित करना जरूरी हो जाता है; ये नियंत्रण उसके विवाह तक लागू रहते हैं। वयःसंधि तथा विवाह के बीच की अवधि को देहरी के रूप में देखा जाता है जब लड़की को पुरुषों से तथा खुद अपनी कामनाओं से सुरक्षित रखने की जरूरत होती है।

दक्षिण एशिया में स्त्रियों को विवाह के बाद भी सुरक्षित रखने की जरूरत महसूस की जाती है। माना जाता है कि निकाह और हिंदू विवाह दोनों स्त्री के शरीर और अस्तित्व पर पुरुष का नियंत्रण स्थापित करते हैं। स्त्री के यौनत्व को उसकी प्रजनन शक्ति से अभिन्न माना जाता है। इससे जुड़ी है यह धारणा कि स्त्रियों की पवित्रता आसानी से भंग होती है। जाति-व्यवस्था—जो व्यक्ति/परिवार की प्रस्थिति निर्धारित करती है तथा प्रत्येक जाति को सीमाबद्ध बनाती है—की उपस्थिति के चलते प्रजनन में स्त्री की भूमिका, जो गर्भधारण और स्तनपान की प्रक्रियाओं के कारण मातृत्व की अस्वीकृति को असंभव बना देती है, जाति की सीमाएँ सुरक्षित रखने का उत्तरदायित्व पूरी तरह स्त्री पर डाल देती है। अतः मोटे तौर पर यह कहा जा

सकता है कि मुसलमानों की तुलना में हिंदुओं में स्त्री की पवित्रता की धारणा अधिक कट्टर है। लेकिन स्त्री की देह और उसके अस्तित्व पर एकांतिक स्वामित्व का विचार पितृवंशीय मुसलमानों को भी स्त्री के यौनत्व की अभिरक्षा के संदर्भ में बहुत ईर्ष्यालु बना देता है। स्त्रियों के संबंध में 'जूठा' अर्थात् किसी अन्य व्यक्ति द्वारा इस्तेमाल करने से अशुद्ध/नापाक होने की अवधारणा हिंदुओं और मुसलमानों दोनों में पायी जाती है।

स्त्री यौनत्व के संदर्भ में सुरक्षा का तत्त्व बुनियादी है। पुरुषों की इज्जत उनकी स्त्रियों में निहित होती है। पाकिस्तान में भाई अपनी बहनों के सम्मान की निगरानी किस तरह करते हैं यह बात सभी जानते हैं। उपमहाद्वीप में अवैध प्रेम की अपराधिनी या अपने मन से, विशेषकर जाति, समुदाय अथवा प्रस्थिति-समूह से बाहर विवाह करने की इच्छुक बहन की भाई द्वारा हत्या के प्रकरणों की कमी नहीं है। सुरक्षा का यह उत्तरदायित्व पुरुषों को अपने अधिकार-क्षेत्रों में आने वाली स्त्रियों पर ताकत का इस्तेमाल करने तथा उनके जीवन और आचरण के हर पक्ष को अनुशासित करने का अधिकार प्रदान करता है। सुरक्षित रहने तथा किसी कलंक से ऊपर रहने के लिए उचित आचार-व्यवहार जरूरी है। पुरुष और स्त्री के यौनत्व में एक उल्लेखनीय असमानता है। जैसाकि इस कहावत में अभिव्यक्त है : 'मट्ठे को क्या हो सकता है? खराब तो दूध ही हो सकता है।' इज्जत बनाए रखने के लिए किसी संरक्षक का प्रावधान सामान्य है। अकेली चलने वाली स्त्रियों को 'आसानी से प्राप्त हो सकने वाली' माना जाता है। यह इस कहावत में अच्छी तरह अभिव्यक्त होता है : 'खड़ी खाट और खड़ी लड़की को जो चाहे बिछा ले।' स्त्रियों के बहकने और दुर्व्यवहार का तथा उनके यौन उत्पीड़न का भय सदा बने रहने का तथ्य उन पर लगाए जाने वाले विभिन्न नियंत्रणों में अभिव्यक्त होता है। नियंत्रण लागू करने के प्रमुख तरीके हैं उन्हें अलग रखना, एकांत में रखना तथा उनके आने-जाने, उठने-बैठने पर तथा पुरुषों से मिलने-जुलने पर रोक लगाना। इस सबसे स्त्री की शिक्षा, रोजगार, घर के भीतर के कामों के अलावा इतर काम करने, इलाज, तथा बाहरी दुनिया से संपर्क के अवसर प्रभावित होते हैं जबकि यही वे कारक हैं जो उसे आत्मनिर्भर बना सकते हैं। स्त्रियों को नारी सुलभ कुशलताओं में व्यस्त रखने के प्रयास किए जाते हैं ताकि उनका मन इधर-उधर न भटके।

नारी यौनत्व पर पुरुषों के एक खास तरह के नियंत्रण को निगमिक नियंत्रण कहा जा सकता है जिसकी जड़ें पितृवंशीय विचारधारा तथा सामूहिक संहति में होती हैं। बांग्लादेशी गाँवों में परिवार के पुरुषों के बजाय गाँव के बुजुर्ग यह तय कर सकते हैं कि स्त्रियों को कहाँ और क्या काम करना चाहिए क्योंकि स्त्रियों के काम करने तथा उनकी गतिविधियों के साथ गाँव की 'इज्जत' जुड़ी होती है। एक अन्य तरह का निगमिक नियंत्रण स्त्री के यौनत्व तक पहुँच के अधिकारों को दर्शित करता है।

समान पितृवंशीय रक्त की अवधारणा—जिसके तहत रक्त-संबंधी, विशेषकर भाई, एक दूसरे का स्थान ले सकते हैं—एक भाई से विवाहित स्त्री को अन्य भाइयों के लिए भी उपलब्ध बनाती है। खासा भातृ-बहुपति प्रथा तथा जाट भाइयों की प्रायः लुक-छिपकर स्त्री में साझेदारी निगमिक नियंत्रण के अच्छे उदाहरण हैं। स्त्री के यौनत्व पर एक अन्य ज्यादातर अप्रचलित किस्म के अधिकार में उसके पति द्वारा धनोपार्जन के लिए उसका इस्तेमाल करना शामिल है। पुरुषों द्वारा अपनी पत्नियों को दूसरे आदमियों के साथ सोने पर मजबूर करने के मामलों के अतिरिक्त उत्तराखंड के डोम कर्ज को अदा करने के लिए—जो मुख्यतया वधू-मूल्य देने के कारण उन पर चढ़ा होता है—अपनी पत्नियों से वेश्यावृत्ति करवाने के लिए जाने जाते हैं। इन स्त्रियों से जन्मे बच्चे उनके पतियों के कहलाते हैं।

भारत में असंबद्ध स्त्रियों के बच्चे पूर्णरूपेण अस्वीकार्य होते हैं। यह बात देश में अनाथालयों की बड़ी संख्या में प्रतिबिंबित होती है। सामाजिक कार्यकर्ताओं का आकलन है कि अनाथालयों के 85 प्रतिशत बच्चे अवैध होते हैं। अंत में एक और बात : बलात्कार को उनके पुरुषों के सम्मान पर हमले के रूप में देखा जाता है। स्त्रियों के यौनत्व का अतिक्रमण उनके आदमियों पर श्रेष्ठता प्रदर्शित करने के सर्वाधिक प्रभावशाली तरीकों में से एक है। इस प्रकार जाति तथा सांप्रदायिक संघर्षों और भूस्वामी-असामी-मजदूर संघर्षों में स्त्रियों को लगातार दारुण कष्ट उठाना पड़ता है।

दक्षिणपूर्व एशिया में यौनत्व पर इतने कठोर प्रतिबंध नहीं हैं। स्त्रियों की सुरक्षा तथा उन पर कठोर नियंत्रण की धारणाएँ उभयवर्ती नातेदारी में विकसित होने वाली भावभूमि से असंगत सी लगती हैं। वयःसंधि का आगमन परिलक्षित नहीं होता। मलेशिया और इंडोनेशिया में विवाह या निकाह किसी स्त्री के शरीर और जीवन-अस्तित्व पर पूर्ण अधिकार स्थापित नहीं करता। इस्लामी प्रभाव के कारण इन समाजों ने युवतियों पर कुछ प्रतिबंध लगाए हैं, लेकिन जैसाकि वज़ीर जहाँ करीम (1987)[23] मलेशिया के बारे में बताती हैं, लड़कियों और लड़कों पर यौन आचार-व्यवहार की कमोबेश समान संहिता लागू होती है और विवाह हो जाने के बाद स्त्रियाँ अधिक स्वतंत्र होती हैं। फिलिपींस में स्पानी संस्कृति से ली गई 'माचिज्मों' तथा 'फेमिनिज्मों' की धारणाओं के बावजूद स्त्रियों को अपनी देखभाल करने में पर्याप्त समर्थ माना जाता है। युवतियों पर निगाह रखी जाती है, लेकिन नियंत्रण, कठोर संरक्षण तथा पुरुष की प्रतिष्ठा स्त्री के यौनत्व में निहित होने के विचार बहुत प्रबल नहीं हैं।

हिंदुओं में जहाँ कहीं भी पर्दा है उसका उद्देश्य है परिवार में समरसता बनाए रखने के लिए पुरुष सदस्यों की 'इच्छुक' निगाहों से बचना, बुजुर्गों की सत्ता और दर्जे को बनाए रखना, तथा आमतौर पर स्त्रियों के यौनत्व की पुरुषों से रक्षा। यद्यपि भारत के दक्षिणी क्षेत्र में एकदम अलग रखना या पर्दा नहीं है तथापि अलगाव एक आम बात है।

दक्षिण एशिया में मुसलमान समुदायों में स्त्रियों का अलगाव तथा परदा (जिसका रिवाज सभी वर्गों में बहुत प्रचलित नहीं है, इसके लिए वर्ग और शिक्षा महत्त्वपूर्ण कारक हैं) को धार्मिक मान्यता प्राप्त है ऐसा माना जाता है तथा इनकी जड़ें पितृवंशीय विचारधारा में हैं : स्त्री 'फित्ना' है—जिससे पुरुषों को, जिन्हें स्त्री के आकर्षण के प्रति अत्यधिक कमजोर माना जाता है, बचाने की जरूरत होती है। लेकिन मिनांगकबाउ स्त्रियों पर अथवा लक्षद्वीप की स्त्रियों पर इस तरह के प्रतिबंध नहीं हैं। द्विवर्तीय नातेदारी वाले मुसलमान समाजों में स्त्रियों पर अलगाव, एकांत का प्रतिबंध नहीं रहा है और उन्हें कहीं आने-जाने, उठने-बैठने की पर्याप्त स्वतंत्रता रही है। इस्लामी व्यादेशों के अनुरूप व्यवहार की मांग करने वाली हाल की प्रवृत्तियों ने स्त्रियों के लिए एक तरह का चोगा लागू कर दिया है। यह बुर्के जैसा प्रतिबंध नहीं लगाता लेकिन फिर भी स्त्रियाँ, विशेषकर वे स्त्रियाँ जो मलय परंपरा में पली-बढ़ी हैं, इस बात को नहीं मान पातीं कि यह कुरान के आदेशों के अनुरूप है। एक कशमकश चल रही है। इस तरह का आवरण लक्षद्वीप की स्त्रियाँ विशेष अवसरों के लिए इस्तेमाल कर रही हैं।

6

इस बिंदु पर इस क्षेत्र में युवतियों द्वारा अपनाए जा रहे एक धंधे का हवाला देना अनुचित न होगा। संभवतः ऐतिहासिक घटनाओं तथा सांस्कृतिक और सामाजिक संरचनात्मक विशेषताओं के संयुक्त प्रभाव के फलस्वरूप दक्षिणपूर्व एशिया, विशेषकर थाईलैंड और फिलिपींस में यौन संबंधों का व्यवसायीकरण हुआ है और इसके कारण यह क्षेत्र बदनाम भी हुआ है। लंबे समय तक चला वियतनाम युद्ध, अमेरिका द्वारा फिलिपींस का अधिग्रहण तथा थाईलैंड और फिलीपींस में मजबूत अमेरिकी सैनिक अड्डों की स्थापना के चलते इस क्षेत्र में श्वेत फौजियों के झुंड आए जिन्हें यौन संतुष्टि की तलाश थी। भुगतान करने की क्षमता होने के कारण उनकी जरूरतों ने बार, मालिश पार्लर, नृत्य और भोजशालाओं, होटलों, विशेष समुद्री तटों पर तथा कहीं दूर बने अवकाश-गृहों जैसे विविध प्रकार के प्रबंधों और सुविधाओं को बढ़ावा दिया। थाईलैंड ने भुगतान के बदले यौन क्रीड़ा तथा कोमल, आकर्षक युवतियों की भरपूर आपूर्ति के लिए एक विशिष्ट पहचान बनाई। ये लड़कियाँ मुख्यतः गाँवों और अर्धशहरी क्षेत्रों की थीं। स्त्रियों की आने-जाने, मिलने-जुलने की स्वतंत्रता, घर से बाहर की विभिन्न प्रकार की आर्थिक गतिविधियों में उनकी सक्रिय भागीदारी तथा स्त्री-पुरुष संबंधों की एक कम अतिवादी व्यवस्था जिसके भीतर बच्चे की सामाजिक पहचान ज्ञात पितृत्व पर ही निरपवाद रूप से निर्भर नहीं रहती—देह-व्यापार के

फलने-फूलने में इन सब तथ्यों का भी योगदान है। देह-व्यापार को गरीबी दूर करने तथा भाई-बहनों और माता-पिता की देखभाल के अपने दायित्व को पूरा करने के साधन के रूप में देखा जाने लगा। ऐसा प्रतीत होता है कि आसानी से कलंकित होने वाले यौनत्व की प्रबल धारणा और 'सदाचारी' स्त्री और 'बुरी' स्त्री के बीच का तीव्र अंतर यहाँ नहीं है। (इसी से संबंधित यह तथ्य भी है कि इस्लाम के बावजूद दक्षिणपूर्व एशिया में स्त्री-पुरुष के बीच अलगाव लगभग अनुपस्थित रहा है हालाँकि इस्लामी आबादी में देह-व्यापार का स्वरूप थाईलैंड अथवा फिलिपींस जैसा नहीं हुआ है)[24]। किसी स्त्री के लिए यह पेशा छोड़कर विवाह कर घर बसा लेना कठिन नहीं है। मैंडरसन के शब्दों में—वेश्याएँ अपनी जीवनयात्रा के बीच किसी समय अपने गाँव लौट सकती हैं अथवा धर्मप्रचारिका (भिक्षुणी) बन सकती हैं।[25]

फिलिपींस की स्थिति भी ऐसी ही है यद्यपि सिद्धांततः कौमार्य को यहाँ अपेक्षतया अधिक महत्त्व दिया जाता रहा है। सदियों से पश्चिमी जगत् से व्यापक संपर्क, और अमेरिका के सांस्कृतिक प्रभाव तथा उसकी शिक्षा-व्यवस्था के रिसाव के कारण फिलीपिनो लड़कियाँ आस्ट्रेलियायी, अमेरिकी तथा यूरोपीय पुरुषों को आकृष्ट करने में अधिक सक्षम हैं। इनमें से अनेक श्वेत पुरुषों से विवाह भी कर लेती हैं, विशेषकर आस्ट्रेलियायी पुरुषों से। इनमें से कुछ स्त्रियों के आत्मकथात्मक वृत्तांतों में इस बात का स्पष्ट संकेत है कि उनकी निर्धनता, शिक्षा के नीचे स्तर—जिसके कारण वे प्रतिष्ठित नौकरियों के लिए अयोग्य थीं—तथा अपने माता-पिता, भाई-बहनों और खुद अपने पालन-पोषण की जिम्मेदारियों ने उन्हें इस पेशे की ओर धकेला। इसे जीविकोपार्जन का एक साधन, काम का एक अवसर माना जाता है। इसीलिए वहाँ यह अभिव्यक्ति प्रचलित है : 'यह पैसा बहुत आसानी से मिलता है। मेरे सामने कोई विकल्प नहीं था लेकिन जिम्मेदारियाँ बहुत थीं।' ग्रामीण क्षेत्रों में कठिन कामों से अथवा घरेलू कामों या छोटे-मोटे व्यापार से वेश्यावृत्ति की तुलना में यह तथ्य प्रासंगिक है कि वेश्यावृत्ति पर कोई स्थायी कलंक नहीं लगा है। ऐसे मामले भी हैं जहाँ माता-पिता खुद अपनी पुत्रियों को इस धंधे में भेज देते हैं।[26]

एक थाई वेश्या की यह टिप्पणी वस्तुतः उद्‌घाटक है : 'संभोग करो, तीन मिनट लगते हैं, धान से चावल बनाने में ग्यारह घंटे धूप में खड़े रहो, चमड़ी काली पड़ जाती है, शरीर दुखने लगता है।'

थाईलैंड और फिलिपींस दोनों सरकारें स्त्री यौनत्व को राष्ट्रीय विकास के लिए एक आर्थिक निधि की तरह देखती हैं। यौन पर्यटन फल-फूल रहा है। इस प्रकार इस परिघटना को राजनीतिक अर्थव्यवस्था के संपूर्ण संदर्भ में देखा जाना चाहिए।

श्रम के अंतरराष्ट्रीय आप्रवास में यौनकर्मी भी शामिल हैं। उदाहरण के लिए, नेदरलैंड जाने वाले आप्रवासी देहकर्मियों में सबसे बड़ी संख्या थाईलैंड के लोगों की है। इसके बाद आता है फिलिपींस। फिर मलेशिया, इंडोनेशिया तथा ताइवान आते

हैं। थाई और फिलिपिनो वेश्याएँ जापान में भी काम करती हैं। दूसरी ओर ग्राहक यौन पर्यटकों के रूप में दूसरे देशों में खास तौर पर थाईलैंड और फिलिपींस आते हैं। यूरोपीय, अमेरिकी तथा आस्ट्रेलियायी पुरुष स्वीकार करते हैं कि वे अपने देश की वेश्याओं के मुकाबले इन कोमलांगिनी स्त्रियों को अधिक पसंद करते हैं जो उनकी जरूरतों और इच्छाओं को बेहतर ढंग से पूरा करती हैं, निजी तौर पर उनकी सुख-सुविधा का ध्यान रखती हैं तथा तुलनात्मक दृष्टि से वे कहीं कम खर्चीली हैं। इसके अतिरिक्त, अधिक आनंद और सेवा शुश्रूषा पाने के साथ-साथ इन देशों में प्रवास भी बहुत सस्ता है।

दक्षिणपूर्व एशिया में यौन पर्यटन की परिघटना एड्स की समस्या के कारण अब एक ऐसी गंभीर समस्या के रूप में देखी जाने लगी है जिसका समाधान शीघ्रातिशीघ्र होना चाहिए। फिलिपिनो यौनकर्मियों की एक असामान्य रूप से बड़ी संख्या एच आई वी संक्रमण से ग्रस्त पाई गई है।[27] इस पेशे में लगी स्त्रियों को संक्रमण से सुरक्षित रहने के तरीके सिखाने के प्रयास भी किए जा रहे हैं। एड्स के बढ़ते डर के साथ अक्षत कौमार्य वाली, स्वच्छ लड़कियों की माँग बढ़ रही है जिसका नतीजा है बाल-वेश्यावृत्ति।

यौन व्यापार के असामान्य रूप से अत्यधिक व्यवसायीकरण की परिघटना परेशानीतलब है। यह इस बात का संकेत है कि जिसे स्त्रियों के अधिकार और विशेषाधिकार के रूप में देखा जा सकता है वह उन्हें व्यापकतर आर्थिक तथा राजनीतिक ताकतों के कारण नुकसानदेह परिणामों का शिकार भी बना सकता है। इस बात की अधिक गहरी पड़ताल जरूरी है।

7

पितृवंशीय दक्षिण एशिया तथा उभयवर्तीय दक्षिणपूर्व एशिया के बीच असमानता का एक और क्षेत्र वैवाहिक संबंधों तथा विवाह के स्वरूप का है। हिंदू दक्षिण एशिया में विवाह का एक पवित्र चरित्र है। अनुष्ठान वधू को एक योग्य, गुणी वर को सौंपने पर जोर देते हैं तथा पूरकता (जो समानता की द्योतक नहीं है) के साथ-साथ वर-वधू के बीच असमान संबंधों को विभिन्न अनुष्ठानों और भाषायी व व्यवहारजन्य अभिव्यक्तियों के माध्यम से जोरदार ढंग से संप्रेषित किया जाता है। हिंदू विवाह की अनुल्लंघनीयता तथा अटूटता में बहुतों की दृढ़ आस्था होती है और यद्यपि अब कानून द्वारा सबको विवाहविच्छेद तथा पुनर्विवाह की अनुमति प्राप्त है, तथापि ये मसले, विशेषकर ऊंची जातियों के लिए, अभी भी बहुत गंभीर मामले हैं। शिक्षित शहरी वर्गों में विवाहविच्छेद को विशेष परिस्थितियों में अपरिहार्य स्थिति के रूप में स्वीकृति मिल रही है।

जिन जातियों में विवाहविच्छेद तथा पुनर्विवाह हमेशा से स्वीकृत रहा है उनमें लोग़ अब भी पुनर्विवाह के परंपरागत रिवाजों का अनुसरण कर सकते हैं : जैसे स्त्री को चूड़ियाँ अथवा सिंदूर भेंट करना, उसे चादर उढ़ाना, अथवा उसे नथ पहनाना। ये द्वितीयक विवाह या संबंध हैं। संपूर्ण अनुष्ठानों के साथ समारोहपूर्वक हुए प्रथम विवाह तथा द्वितीयक संबंधों, जो नीचे स्तर के माने जाते हैं, में स्पष्ट विभेद किया जाता है। परंपरा की दृष्टि से संपूर्ण अनुष्ठानों सहित स्त्री का विवाह जहाँ एक बार ही हो सकता है, वहीं पुरुष इस प्रकार जितने चाहे उतने विवाह कर सकने का अधिकारी है।

वैवाहिक स्थिति का स्तुतिगान होता है। वैधव्य भयावह है न सिर्फ इसलिए कि सहारे का संकट सामने खड़ा हो जाता है बल्कि इसलिए भी कि उसे अशुभ माना जाता है तथा उसके साथ अनेक वर्जनाएँ जुड़ी हैं जैसे चटख रंग के कपड़े पहनने, जेवरात, पुष्प, शृंगार आदि पर तथा कुल मिलाकर अपने को यौनगत रूप से आकर्षक बनाने पर प्रतिबंध। सती प्रथा—जिसके तहत स्त्री अपने पति की चिता पर उसके शव के साथ जल जाती है—को प्रायः पुनरुत्थानवाद के एक पक्ष के रूप में देखा जाता है लेकिन इस बात पर ध्यान देने की जरूरत है कि सती को महिमामंडित करना सभी जाति-स्तरों पर सदियों से चला आ रहा है। अनेक क्षेत्रों में नवविवाहित युगल परंपरागत रूप से सती चौरे का दर्शन करते हैं; वहाँ पति की दीर्घायु तथा संतान और समृद्धि की मनौती मानी जाती है।

बाल-बच्चों वाली विधवाओं और विच्छिन्नविवाह स्त्रियों के लिए पुनर्विवाह करना प्रायः कठिन होता है। यह तब कठिन नहीं रहता है जब उनके रीति-रिवाज उन्हें अपने दिवंगत पति के परिवार अथवा खानदान-परंपरा के किसी व्यक्ति से विवाह करने की अनुमति देते हैं। जिन समूहों में आम तौर पर पुनर्विवाह होता है—विशेषकर विधवा के युवा होने की स्थिति में—तो पुनर्विवाह करने पर माता को प्रायः अपने बच्चे छोड़ जाने होते हैं। जिस व्यक्ति का बच्चों से कोई संबंध नहीं है वह विधवा के बच्चों के लिए पिता की भूमिका का निर्वाह करने के प्रति अनिच्छुक हो सकता है। यह भी संभव है कि पूर्व पति का परिवार स्त्री को अपने बच्चे साथ न ले जाने दे क्योंकि वे उस परिवार का 'खून' हैं। (वे उन बच्चों का पालन पोषण भली प्रकार करते हैं अथवा नहीं या वे उन्हें अपने मृत पिता के हिस्से से बेदखल कर देते हैं यह और बात है)। लेकिन अपने दिवंगत पति के भाई अथवा पितृवंशीय चचेरे नज़दीक के या दूर के भाई से विधवा के पुनर्विवाह का एक और पक्ष भी है। जहाँ यह प्रथा अनिवार्य है (जैसाकि उत्तर भारत में जाटों में यह परंपरा रही है) वहाँ स्त्री के समक्ष विवाह करने के अतिरिक्त और कोई विकल्प नहीं होता। कभी-कभी तो उसे पति के काफी छोटी उम्र के भाई के साथ विवाह करना पड़ता है और फिर उसके बड़े होने की प्रतीक्षा करनी होती है। स्त्री का श्रम उसके वैवाहिक परिवार के लिए महत्त्वपूर्ण

होता है। प्रथम विवाह पर घर आने वाली स्त्री पर वैवाहिक परिवार का पूर्ण अधिकार स्थापित हो जाता है।

नेपाल के पर्वतीयों और भारत के हिंदुओं में दांपत्य संबंधों का आदर्श स्वरूप गंभीर असमानता का है। यह अनुष्ठानों तथा सामाजिक अंतःक्रियाओं दोनों में अभिव्यक्त होता है। यह उल्लेखनीय है कि दहेज दक्षिण एशिया में है, दक्षिणपूर्व एशिया में लगभग नहीं है।[28] दक्षिण एशिया में निम्नतर सामाजिक-आर्थिक स्तरों पर दांपत्य संबंध प्रतिमानों, मूल्यों और विचारधारा के संदर्भ में चाहे ऊँची जातियों में पाए जाते हैं उतने असमान न हों लेकिन प्रायः उनके साथ आदेश, अधिकार और शारीरिक हिंसा जुड़े रहते हैं। एक तमिल कहावत है कि 'क्या अपनी पत्नी को पीटने के लिए मुझे किसी की इजाजत लेनी होगी?' एक मराठी कहावत है : 'बारिश से और पति से पिटने की शिकायत किससे करें।' उच्चतर सामाजिक-आर्थिक स्तरों पर भी शारीरिक हिंसा असामान्य नहीं है।[29]

दक्षिण एशिया के हिंदुओं में एक से अधिक पत्नी का रहना संज्ञेय अपराध नहीं है। यदि पूर्व पत्नी को कोई वित्तीय सहारा उपलब्ध नहीं है तो वह शिकायत न भी करे क्योंकि वह अपने बच्चों को पिता के सहारे से वंचित नहीं कर सकती। बृहदाकार पीपुल आफ इंडिया परियोजना हमें बताती है कि अनेक ऐसे जाति समूह हैं जो बहुपत्नी प्रथा का निषेध नहीं करते। वस्तुतः मृत पति के छोटे भाई—विवाहित अथवा अविवाहित—से विवाह करने की प्रथा प्रायः बहुपत्नी विवाहों का कारण बन सकती है।

दांपत्य संबंधों के मामले में दक्षिण एशियायी तथा दक्षिणपूर्व एशियायी मुसलमानों में तीखा अंतर है। दक्षिण एशिया के पितृवंशीय मुसलमानों में पति और पत्नी के बीच श्रेष्ठता और हीनता का संबंध रहता है। पति को भर्ता और सहारा देने वाला माना जाता है। पत्नी की ओर से आदर, आज्ञापालन तथा सेवा विवाह का महत्त्वपूर्ण हिस्सा है। निकाह में दिया जाने वाला मेहर पत्नी के शरीर पर विशेषतर उसके गुप्तांगों पर पुरुष का अधिकार स्थापित करता है। माना जाता है कि पत्नी के दुर्व्यवहार करने की स्थिति में धर्म ने पुरुष को उसे सजा देने का हक दिया हुआ है। पत्नी उसे संभोग करने से न रोके। उदाहरण के लिए पाकिस्तान से ऐसे मामले सामने आए हैं जहाँ पति ने पत्नी को इसलिए जला कर मार दिया क्योंकि उसने संभोग से इनकार किया था। मुस्लिम दक्षिण एशिया में यह अनुल्लंघनीय अधिकार के रूप में स्वीकृत है।

स्त्री और बच्चे दोनों पुरुष के होते हैं। विवाह के अवसर पर अधिकार का स्पष्ट हस्तांतरण होता है। स्त्री का विवाहविच्छेद का अधिकार सीमित है किंतु पुरुष कोई कारण बताए बिना ही पत्नी को तलाक दे सकता है। पत्नी केवल 'इद्दत' की अवधि के दौरान गुजारे की अपेक्षा कर सकती है और अपने बच्चों को तब

तक ही अपने साथ रख सकती है जब तक कानून इसकी इजाजत देता है : पुत्र को सात वर्ष की उम्र तक तथा बेटी को वयःसंधि तक। मुसलमान स्त्रियों के लिए बांग्लादेश, पाकिस्तान और भारत में, विशेषकर उच्च और मध्य सामाजिक-आर्थिक स्तरों पर, तलाक के साथ कुछ सामाजिक लांछन जुड़ा रहता है। इसके अतिरिक्त, सहारे के अभाव में और शिक्षित-प्रशिक्षित न होने तथा कहीं आने जाने और बाहरी लोगों से मिलने-जुलने पर प्रतिबंध होने के कारण भी तलाकशुदा तथा विधवा औरतों को बहुत कठिनाइयों का सामना करना पड़ता है। पुनर्विवाह का अर्थ ज्यादातर पूर्व पति से हुए अपने बच्चों को छोड़ जाना होता है। बांग्लादेश के सांख्यिकी आंकड़ों से पता चलता है कि पुनर्विवाह न करने वालों में विधुरों के मुकाबले विधवाओं की संख्या कहीं ज्यादा है हालाँकि यह अंतर उतना बड़ा नहीं है जितना भारतीय हिंदुओं में है। इस्लाम में बहुपत्नीत्व की अनुमति है और बांग्लादेश में ऐसी स्थिति में स्त्रियाँ लगभग असहाय होती हैं। स्त्रियों के संगठित प्रयासों के जरिये लाए गए कुछ कानूनी सुधारों ने पति द्वारा दुर्व्यवहार किए जाने, गैर-जिम्मेदाराना तलाक अथवा बहुपत्नीत्व के मामलों में कुछ बंदिशें तथा शर्तें लगाने का प्रयास किया गया है।[30] लेकिन इन बंदिशों और शर्तों को प्रभावी बनाने के लिए जरूरी है कि स्त्रियाँ इनके बारे में जानें और इस विषय में उन्हें नातेदारों और संगठनों की मदद मिले।

दक्षिण एशिया तथा दक्षिणपूर्व एशिया के मातृवंशीय और द्विवर्तीय समाजों में विवाह, तलाक, विवाह विच्छेद तथा पुनर्विवाह एकदम भिन्न हैं। मुसलमानों में वे मूलतः शरिया से संचालित होते हैं लेकिन अनेक संदर्भों में लोग 'आदत' से दिशा निर्देश लेते हैं। कुल मिलाकर तलाक के साथ कोई कलंक नहीं जुड़ा है और पुनर्विवाह प्रचलित हैं—वस्तुतः उसे प्रोत्साहित किया जाता है। मातृवंशीय समुदायों में, जिनमें लक्षद्वीप शामिल है, मेहर पुरुष को उसके बच्चों पर अधिकार प्रदान नहीं करता। उभयवर्तीय जावावासियों तथा मलयों में कानून कुछ भी कहे, बच्चे या तो माँ के साथ रहते हैं या, अगर वे बड़े हैं तो खुद तय करते हैं कि वे किसके साथ रहेंगे। यद्यपि धार्मिक आदेशों की जरूरी बुनियादी बातों का पालन किया जाता है लेकिन यहाँ दांपत्य संबंधों का स्वरूप भिन्न है। निकाह स्त्री के शरीर और अस्तित्व पर पति का वास्तविक अधिकार स्थापित नहीं करता। दांपत्य संबंध लिंगगत गैरबराबरी और पत्नी की गुलामी पर आधारित नहीं रहते। धर्म और कानून बहुपत्नीत्व की इजाजत देते हैं किंतु पत्नी ज्यादातर ऐसी स्थिति को बहुत दिनों तक स्वीकार नहीं करती।

विशेषकर मातृवंशीय समाजों में स्त्री द्वारा पति की सेवा की धारणा के स्पष्ट प्रमाण नहीं मिलते। द्विवर्तीय जावा के लोगों में दंपति युगल परिवार का केंद्र होते हैं लेकिन, जैसाकि पहले उल्लेख किया जा चुका है, गृहस्थी के गठन में काफी लचीलापन होता है। बच्चे एक परिवार से दूसरे में जा सकते हैं, उनकी देखभाल नातेदार करते हैं। दांपत्य संबंधों और तलाक के लिए इसके महत्त्वपूर्ण निहितार्थ होते हैं। जरूरी

नहीं कि तलाक के कारण संबंधित व्यक्तियों के जीवन में कोई गंभीर उथल-पुथल हो। जावा की स्त्री का घरेलू क्षेत्र पर पूरा नियंत्रण रहता है तथा बच्चों के लिए वह सत्ता की मुख्य प्रतिनिधि होती है। सामान्यतया उसकी अपनी स्वतंत्र आय होती है। उससे अपने पति के प्रति सम्मान प्रदर्शित करने की अपेक्षा अवश्य की जाती है किंतु कुल मिलाकर उनके संबंध समानता के होते हैं। पति के प्रति कुछ औपचारिक सम्मान प्रदर्शित किया जा सकता है क्योंकि प्रायः उम्र में वह बड़ा होता है तथा शिक्षा, दर्जा, आय तथा वर्ग का भी कुछ प्रभाव हो सकता है किंतु दांपत्य संबंध पत्नी की हीनतर प्रस्थिति पर आधारित नहीं होते। जावा में लोग यह नहीं मानते कि पति-पत्नी में लगातार झगड़े होते रहने की स्थिति में भी विवाह संबंध को बनाए रखना चाहिए, वे तलाक को तरज़ीह देते हैं। ग्रामीण क्षेत्रों में तलाक बहुत आम है। विवाह संबंध तथा विवाह से छुटकारा, दोनों मामलों में स्त्री की इच्छा की भूमिका महत्त्वपूर्ण रहती है ऐसा लगता है। विवाह विच्छेद की स्थिति में स्त्रियाँ अपने नातेदारों के समर्थन तथा पुनर्विवाह के मौकों के प्रति आश्वस्त रहती हैं और बच्चों पर अधिकार का दावा करना भी उनके लिए आसान रहता है। वे स्वयं अपनी ओर से अनौपचारिक रूप से तलाक़ की पहल भी कर सकती हैं।

मलयों में भी तलाक सरल है तथा पत्नी की ओर से तलाक के लिए पहल की जा सकती है। वैवाहिक बंधन विशेषकर विवाह के प्रारंभिक वर्षों में कमजोर होते हैं। गृहस्थी में बुनियादी तौर पर पति-पत्नी तथा बच्चे होते हैं लेकिन सहारा देने वाले नातेदारों का संजाल भी हो सकता है जिसमें स्त्रियाँ अपने नातेदारों के साथ घनिष्ठ संबंध बनाए रख सकती हैं। गृहिणी होने के साथ-साथ मलय स्त्री सामान्यतया कमाती भी है। पति को पालनकर्ता के रूप में देखा जाता है, जो संभवतः इस्लामी प्रभाव के कारण है लेकिन इससे स्त्री स्वयं को उस पर निर्भर नहीं समझती। वह पति से इजाजत लिए बिना अपने कामकाज के लिए जाती रहती है। विवाह विच्छेद का सर्वाधिक प्रचलित रूप 'तलाक' है। यद्यपि औपचारिक रूप से 'तलाक' पति ही देता है लेकिन इसे वस्तुतः एकपक्षीय नहीं माना जाता। स्त्री विवाह के चलाते रहने के प्रति अपनी अनिच्छा प्रदर्शित कर सकती है और मलय सांस्कृतिक मूल्य ऐसे व्यक्ति की गंभीर रूप से भर्त्सना करते हैं जो अपनी पत्नी को उसकी इच्छा के विरुद्ध बाँधे रखे। इसके अतिरिक्त आम तौर पर विवाह के करार में ऐसी शर्तें रखी जाती हैं जिनका उल्लंघन स्त्री को विवाह के बंधन से मुक्त कर देता है। शर्तों के उल्लंघन में शामिल हैं शारीरिक हिंसा, पत्नी का परित्याग, दांपतिक परिवार का पालन-पोषण करने में पति की अक्षमता। एक रोचक उल्लंघन यह भी होता है कि पत्नी को उसके नातेदारों से दूर ले जाना अथवा दूर रखना। दक्षिण तथा दक्षिणपूर्व एशिया के बीच का अंतर यहाँ अत्यंत स्पष्ट रूप से नजर आता है। मलेशिया तथा इंडोनेशिया दोनों देशों में स्त्रियाँ, तलाक, बहुपत्नीत्व, गुजारा आदि से संबंधित कानूनों के खिलाफ

संघर्षरत हैं और उन्हें उसमें कुछ सफलता भी मिल रही है, किंतु दक्षिण एशिया से तुलना किए जाने पर यहाँ की स्थिति निश्चय ही उतनी गंभीर नहीं लगती।

थाई लोगों में विवाह का चरित्र व्यावहारिक तथा प्रायोगिक होता है। घर से भाग जाना बिना किसी समारोह के वैवाहिक संबंध की स्थापना कर सकता है। स्त्रियों की हीनता संबंधी कुछ धारणाएँ उनकी दैहिक प्रक्रियाओं के कारण हैं, जो स्पष्टतः बौद्ध धर्म से व्युत्पन्न हैं; किंतु प्रतिमान और वास्तविकता के बीच जबर्दस्त अंतर है। दांपत्य संबंध में अधिक असमानता नहीं है। विवाह विच्छेद गंभीर मामला नहीं माना जाता। पुनर्विवाह करने के बावजूद स्त्री के लिए अपने बच्चों को छोड़ने की मजबूरी नहीं होती। यह भी सत्य है कि पुरुष विवाह के प्रति प्रायः गैर-जिम्मेदार तथा कम प्रतिबद्ध होते हैं। दोहरे मानदंड भी मौजूद हैं जिसके अंतर्गत विवाहित पत्नी के अलावा उससे कम दर्जे की 'पत्नियाँ' रखने के विरुद्ध बने नए कानूनों के बावजूद यह प्रथा जारी है। लेकिन यह कहा जा सकता है कि निर्धनता की स्थिति छोड़कर थाई स्त्रियों की स्थिति काफी मजबूत है। निर्धनता एक और अलग आयाम सामने लाती है : स्त्री को प्रायः जीवनयापन और बच्चों के पालन-पोषण का भार किसी पुरुष की मदद के बिना अकेले ही वहन करना पड़ता है। पुरुष इधर-उधर घूम सकता है तथा एक ही समय में दो या तीन संबंध रख सकता है। लेकिन फिर भी व्यक्तिगत स्वायत्तता तथा दमन या सामाजिक कलंक से मुक्ति के संदर्भ में थाई स्त्री को दक्षिण एशिया की निर्धन स्त्री की तुलना में बहुत बेहतर स्थिति में माना जाना चाहिए।

फिलिपींस में स्पानी तथा कैथलिक प्रभाव–जिसके कारण विवाह को केवल रद्द करने की ही अनुमति रही है, विवाह विच्छेद की नहीं, और नैतिकता के दोहरे मानदंडों के बावजूद उभयवर्तीय नातेदारी की भावभूमि बनाए रखी जाती है। गृहस्थी के वित्तीय/आर्थिक मामलों में स्त्री की स्थिति मजबूत रहती है। घर हो अथवा घर से बाहर दोनों जगह फैसले वही लेती है। फिलिपिनों दांपत्य संबंध समानतावादी भावबोध का परिचय देते हैं। सत्ता मिली-जुली रहती है। जैसा कि जीन इल्लो कहती है, वहाँ यह प्रश्न कमोबेश निरर्थक लगता है कि परिवार का मुखिया कौन है?

व्यापक रूप से कहा जाए तो इन सभी समाजों में सत्ता पुरुषों के हाथों में केंद्रित नहीं रहती। द्विवर्तीय समाजों में स्त्रियों व पुरुषों की भूमिकाओं में कुछ लचीलापन है, जरूरत पड़ने पर अनेक काम आपस में बदले जा सकते हैं। यहाँ अक्सर पुरुषों पर आरोप लगाया जाता है कि विवाह तथा परिवार के प्रति वे गैरजिम्मेदार तथा कम प्रतिबद्ध हैं। स्त्रियों को कहीं अधिक भारी बोझ उठाना पड़ता है। स्त्रियों की तुलना में पुरुषों के लिए जीविकोपार्जन, नौकरियों और पदों पर बने रहने तथा रुतबा और सत्ता हासिल करने के बेहतर अवसर उपलब्ध रहते हैं। इस संदर्भ में उनकी

हक़दारी भी स्पष्टतः अधिक होती है। स्त्री-पुरुष संबंध इन विशेषताओं से भी प्रभावित हो सकते हैं। इसके साथ ही यह भी कहना होगा कि पुरुषों और स्त्रियों की भूमिकाओं एवं अधिकारों तथा स्त्री-पुरुष संबंधों के विषय में व्यापकतर विश्व में उभरते विचारों तथा धारणाओं के प्रभाव के संदर्भ में दक्षिणपूर्व एशियायी स्त्रियों को अपनी संस्कृति के मजबूत व अनुकूल पक्षों को बनाए रखने के लिए विशेष प्रयास करने पड़ सकते हैं।[31]

8

द्विवर्तीयता में लचीलेपन का सिद्धांत प्रतिष्ठापित प्रतीत होता है, किंतु मानव के सुख के लिए उसकी उपयोगिता का मूल्यांकन अत्यंत सावधानीपूर्वक करना होगा। इसमें निहित लाभ और हानि के संतुलन का प्रश्न महत्त्वपूर्ण है[32] जिसे स्त्रियों की स्थिति की दृष्टि से विभिन्न नातेदारी व्यवस्थाओं के निहितार्थों की तुलना करते समय सुलझाना होगा। मैंने इस आलेख के अंत में दक्षिण तथा दक्षिणपूर्व एशिया की आबादी की साक्षरता, शिक्षा, पोषण, स्वास्थ्य, रोजगार, उत्प्रवास आदि के महत्त्वपूर्ण तुलनात्मक आंकड़ों द्वारा लिंगगत संबंधों में पाई जानेवाली विषमताओं की जड़ों तथा स्त्रियों की स्थिति के विश्लेषण की पृष्ठभूमि प्रस्तुत की है। इसके अतिरिक्त यहाँ अंत में मैं कुछ बुनियादी सवाल उठा रही हूँ : क्या 'परिवार' (संस्था) की निरंतरता के लिए स्थायी-सुस्थिर विवाह एकदम जरूरी है? यह स्थिरता प्रायः किसकी कीमत पर बनाई रखी जाती है? क्या बच्चों के लिए उनके माता-पिता का विवाह विच्छेद हमेशा विनाशकारी ही होता है? क्या कठोर सीमाओं वाला छोटा/एकल परिवार मानव संबंधों के लिए अच्छा है, या उसमें खुलेपन तथा सहायता/समर्थन देने वाले नातेदारों और स्त्रियों के संजाल के लिए कुछ स्थान होना चाहिए? क्या एकल परिवार पुरुषों के लिए तथा स्त्रियों के लिए अनुकूल भी है? क्या नारीवादी हितों के लिए परिवार का उन्मूलन करने की जरूरत है? क्या बच्चों को माता-पिता या माता की धरोहर होना चाहिए जैसा कि एकल परिवार में अक्सर होता है? (मतलब किसी और का बच्चों पर कोई हक नहीं होना चाहिए?) अपनी पत्नी और बच्चों के प्रति जिम्मेदारी का भाव पनपने के लिए क्या पुरुष में उनके ऊपर अधिकार की भावना का होना जरूरी है? क्या स्त्री की सुरक्षा तथा उसके ऊपर नियंत्रण—विशेषकर उसके यौनत्व के संदर्भ में—को एक दूसरे से अलग किया जा सकता है?

तालिका-1

स्त्री की प्रस्थिति के संकेतक

देश	जन्म के समय जीवन संभावना (1992)	प्रथम विवाह के समय औसत आयु (1989-90)	15-24 आयु वर्ग में साक्षरता का प्रतिशत (1989-90)	विज्ञान और विकास में स्त्रियों के तृतीयक वर्ग का प्रतिशत	प्रबंधकों और प्रशासकों के रूप में स्त्रियों के तृतीयक वर्ग का प्रतिशत (1980-89)	संसद में स्त्रियों के प्रतिनिधत्व का प्रतिशत (1992)
दक्षिण एशिया						
बांग्लादेश	51.9	16.7	27	24	2	10
भारत	59.9	18.7	40	25	2	7
नेपाल	52.2	17.9	15	उपलब्ध नहीं	उपलब्ध नहीं	3
पाकिस्तान	58.3	19.8	25	41	उपलब्ध नहीं	1
श्रीलंका	73.4	24.4	90	26	7	5
दक्षिणपूर्व एशिया						
इंडोनेशिया	63.8	21.1	82	21	7	12
मलेशिया	72.6	23.5	83	16	8	8
फिलिपींस	66.5	22.4	92	उपलब्ध नहीं	25	11
थाइलैंड	73.3	22.7	96	उपलब्ध नहीं	21	4

स्रोत : मानव विकास रिपोर्ट, 1994, संयुक्त राष्ट्र विकास कार्यक्रम तथा आक्सफर्ड युनिवर्सिटी प्रेस, 1994।

तालिका-2

प्रौढ़ साक्षरता दर

देश	15+ आयु में साक्षरता का प्रतिशत			25+ आयु में पाठशाला जाने के औसत वर्ष		
	कुल	स्त्री	पुरुष	कुल	स्त्री	पुरुष
दक्षिण एशिया						
बांग्लादेश	37	23	49	2.0	0.9	3.1
भारत	50	35	64	2.4	1.2	3.5
नेपाल	27	14	39	2.1	1.0	3.2
पाकिस्तान	36	22	49	1.9	0.7	2.9
श्रीलंका	89	85	94	7.2	6.3	8.0
दक्षिणपूर्व एशिया						
इंडोनेशिया	84	77	91	4.1	3.1	5.3
मलेशिया	80	72	89	5.6	5.2	5.9
फिलिपींस	90	90	90	7.6	7.2	8.0
थाइलैंड	94	92	96	3.9	3.4	4.4

स्रोत : मानव विकास रिपोर्ट, 1994, संयुक्त राष्ट्र विकास कार्यक्रम तथा आक्सफर्ड युनिवर्सिटी प्रेस, 1994।

तालिका-3

पुरुष की तुलना में महिलाओं का प्रतिशत

देश	जीवन 1992	आबादी 1992	साक्षरता 1970	साक्षरता 1992	पाठशाला वर्ष 1992	श्रम शक्ति 1990-92
दक्षिण एशिया						
बांग्लादेश	99	94	33	47	29	69
भारत	101	93	43	55	34	41
नेपाल	107	103	उपलब्ध नहीं	उपलब्ध नहीं	23	56
पाकिस्तान	100	92	37	45	23	उपलब्ध नहीं
श्रीलंका	106	99	81	90	79	49
दक्षिणपूर्व एशिया						
इंडोनेशिया	106	101	64	85	58	67
मलेशिया	106	98	68	80	89	56
फिलिपींस	106	99	96	100	90	59
थाइलैंड	108	99	84	96	77	89

स्रोत : मानव विकास रिपोर्ट, 1994, संयुक्त राष्ट्र विकास कार्यक्रम तथा आक्सफर्ड युनिवर्सिटी प्रेस, 1994।

तालिका-4

कुल प्रतिशत के संदर्भ में ग्रामीण आबादी

देश	प्रतिशत
दक्षिण एशिया	
बांग्लादेश	82
भारत	74
नेपाल	88
पाकिस्तान	67
श्रीलंका	78
दक्षिणपूर्व एशिया	
इंडोनेशिया	70
मलेशिया	55
फिलिपींस	56
थाइलैंड	77

स्रोत : मानव विकास रिपोर्ट, 1994, संयुक्त राष्ट्र विकास कार्यक्रम तथा आक्सफर्ड युनिवर्सिटी प्रेस, 1994।

तालिका-5

बच्चा-माता मृत्यु दर

देश	प्रति 100,000 जीवित जन्मों पर माता की मृत्यु दर 1988	शिशु मृत्यु दर 1992	5 वर्ष से कम में मृत्यु दर
दक्षिण एशिया			
बांग्लादेश	650	109	150
भारत	550	89	130
नेपाल	850	100	155
पाकिस्तान	600	99	130
श्रीलंका	180	24	30
दक्षिणपूर्व एशिया			
इंडोनेशिया	300	66	95
मलेशिया	120	14	18
फिलिपींस	250	40	55
थाइलैंड	180	26	34

स्रोत : मानव विकास रिपोर्ट, 1994, संयुक्त राष्ट्र विकास कार्यक्रम तथा आक्सफर्ड युनिवर्सिटी प्रेस, 1994।

तालिका-6
स्त्री प्रौढ़ शिक्षा

देश	स्त्री प्रौढ़ शिक्षा		प्राथमिक स्तर पर स्त्रियों की भर्ती		माध्यमिक स्तर पर स्त्रियों की कुल भर्ती		तृतीयक स्तर पर छात्राएँ		विज्ञान विषयों में तृतीयक स्तर पर स्त्रियों की भर्ती
	दर% 1997	पुरुष दर का % 1997	अनुपात (प्रासंगिक आयु समूह का %) 1997	पुरुष दर का % 1997	अनुपात (प्रासंगिक आयु समूह का %) 1997	पुरुष दर का % 1997	प्रति 100,000 स्त्रियाँ 1996	पुरुषों का % 1996	तृतीयक स्तर की छात्राओं के प्रतिशत के संदर्भ में
दक्षिण एशिया									
बांग्लादेश	27.4	55	69.6	87	15.6	58			
भारत	39.4	59	71.0	86	48.0	68	481	61	
नेपाल	20.7	37	62.5	67	39.7	58			
पाकिस्तान	25.4	46							
श्रीलंका	87.6	93	99.9	100	79.3	109	388	69	
दक्षिणपूर्व एशिया									
इंडोनेशिया	79.5	88	98.6	99	53.4	91	812	53	23
मलेशिया	81.0	90	99.9	100	68.5	115			
फिलिपींस	94.3	99	99.9	100	78.5	102	3404	133	27
थाइलैंड	92.8	96	89.2	103	46.9	97			23

स्रोत : मानव विकास रिपोर्ट, 1999, संयुक्त राष्ट्र विकास कार्यक्रम तथा आक्सफर्ड युनिवर्सिटी प्रेस।

तालिका-7

स्त्री-पुरुष संबंधी विकास सूचकांक

देश	जी. डी. आई. रैंक 1997	जन्म के समय जीवन संभावना (वर्ष) 1997		प्रौढ़ शिक्षा दर (%) 1997		प्रथम, द्वितीय तथा तृतीय स्तर पर भर्ती का अनुपात %1997	
		स्त्री	पुरुष	स्त्री	पुरुष	स्त्री	पुरुष
दक्षिण एशिया							
बांग्लादेश	123	58.2	58.1	27.4	49.9	30	40
भारत	112	65.9	62.3	39.4	66.7	47	62
नेपाल	121	57.1	57.6	20.7	55.7	49	69
पाकिस्तान	116	65.1	62.9	25.4	55.2	28	56
श्रीलंका	76	75.4	70.9	87.6	94.0	67	65
दक्षिणपूर्व एशिया							
इंडोनेशिया	88	67.0	63.3	79.5	90.6	61	68
मलेशिया	52	74.3	69.9	81.0	90.2	66	64
फिलिपींस	65	70.2	66.5	94.3	94.8	85	80
थाइलैंड	58	72.0	65.8	92.8	96.7	59	58

स्रोत : मानव विकास रिपोर्ट, 1999, संयुक्त राष्ट्र विकास कार्यक्रम तथा आक्सफर्ड युनिवर्सिटी प्रेस।

तालिका-8

स्त्री-पुरुष सशक्तीकरण उपाय

देश	श्रेणी/क्रम	संसद में महिला सांसदों की संख्या (कुल सीटों का%)	स्त्री प्रशासक तथा प्रबंधक (कुल का%)	स्त्री व्यावसायिक तथा तकनीकी कर्मी (कुल का%)
दक्षिण एशिया				
बांग्लादेश	83	9.1	4.9	34.7
भारत	95	8.3	2.3	20.5
नेपाल	–	4.5	–	–
पाकिस्तान	101	2.0	4.3	21.0
श्रीलंका	80	5.3	17.6	30.7
दक्षिणपूर्व एशिया				
इंडोनेशिया	71	11.4	6.6	40.8
मलेशिया	52	10.3	19.2	43.2
फिलिपींस	45	12.9	34.8	65.1
थाइलैंड	64	6.6	20.4	54.5

स्रोत : मानव विकास रिपोर्ट, 1999, संयुक्त राष्ट्र विकास कार्यक्रम तथा आक्सफर्ड युनिवर्सिटी प्रेस।

तालिका-9
आर्थिक गतिविधि में लिंगगत अंतर

देश	स्त्री आर्थिक गतिविधि दर (आयु 15+)		वे स्त्रियाँ जो परिवार में काम करती हैं और वेतन नहीं पातीं (कुल का %) 1990-97
	दर (%) 1997	पुरुष दर 1997 का %	
दक्षिण एशिया			
बांग्लादेश	44.4	77.2	71
भारत	29.0	50.3	—
नेपाल	37.9	69.6	61
पाकिस्तान	20.8	40.3	33
श्रीलंका	30.5	55.4	53
दक्षिणपूर्व एशिया			
इंडोनेशिया	37.9	66.9	71
मलेशिया	30.5	60.6	71
फिलिपींस	31.4	60.8	56
थाइलैंड	55.5	86.3	69

स्रोत : मानव विकास रिपोर्ट, 1999, संयुक्त राष्ट्र विकास कार्यक्रम तथा आक्सफर्ड युनिवर्सिटी प्रेस।

टिप्पणियाँ

1. यह बात विचाराधीन विभिन्न देशों में हुए कानूनी सुधारों में देखी जा सकती है : उनकी सीमाओं में और उनमें अंतर्निहित मान्यताओं में तथा साथ ही नए कानूनों को लागू करने में मिली असफलता अथवा केवल आंशिक सफलता में।
2. हैना पापानेक, 'सोशलाइजेशन फार इनइक्वालिटी : एनटाइट्लमेंटस, द वैल्यू आफ वीमेन एंड डोमेस्टिक हाइरार्कीज,' अप्रकाशित, 1991।
3. दक्षिण-पश्चिम भारत में प्रसिद्ध नायर, तिया, मुसलमान माप्पिला तथा अन्य अनेक मातृवंशीय जातियाँ और जनजातीय समूह हैं। दक्षिण-पश्चिम तट के निकटवर्ती लक्षद्वीप के निवासी इसी क्षेत्र से वहाँ जाने वाले उत्प्रवासियों के वंशज हैं। केरल के अनेक समूहों ने कानूनी सुधारों, अर्थव्यवस्था, राजनीति और शिक्षा में हुए परिवर्तनों, रोजगार के नए अवसरों तथा पाश्चात्य संस्कृति और भारत की मुख्यधारा वाली संस्कृति के संपर्क के कारण अपने सामाजिक संगठनों में आमूलचूल परिवर्तन देखे हैं। लेकिन अनुसूचित जनजातियों के रूप में विशेष सुरक्षा प्राप्त जनजातीय समूहों तथा जनजाति में समाहित लक्षद्वीपवासियों ने तथा केरल के माप्पिलाओं ने भी काफी हद तक अपने मूलभूत मातृवंशीय संरूपों को बचाए रखा है। उत्तर-पूर्व में जानी मानी मातृवंशीय जनजातियाँ, जैसे खासी, गारो तथा लालुंग, रहती हैं। उन्होंने भी परिवर्तन देखे हैं किंतु वहाँ भी मातृवंशपरंपरा जीवित है।
4. कीबेट वोन बेंडा बेकमन, *'द ब्रोकन स्टेयरवेज टु कन्सेन्सस : विलेज जस्टिस एंड स्टेट कोर्ट्स इन मिनांगकबाउ'।*
5. सेरीन स्जाफरी, *जावनीज त्राह : किन बेस्ड सोशल आर्गनाइजेशन।*
6. लीला दुबे, 'इन द मदर्स लाइन,' अप्रकाशित पांडुलिपि, 'कान्फ्लिक्ट एंड कांप्रोमाइज़ : डिवाल्यूशन एंड डिस्पोजल आफ प्रापर्टी इन ए मैट्रिलीनियल मुस्लिम सोसाइटी,' *इकनामिक एंड पोलिटिकल वीकली,* खं. 29, सं. 21, पृ. 1273-84, 1994।
7. दहेज की समस्या जटिल है तथा उस पर अधिक विस्तार से विचार करने की जरूरत है जो यहाँ संभव नहीं है। दक्षिण एशिया में दहेज तथा उसके विविध रूप और अभिव्यक्तियाँ पितृवंशीय पितृस्थानिक नातेदारी, स्त्री की निर्भरता तथा जातिगत और समूहगत अंतर्विवाह का प्रकार्य हैं लेकिन वर्ग, बातचीत व मंत्रणा द्वारा तय विवाह तथा स्त्री यौनत्व की सुरक्षा पर काफी बल दिया जाता है। उपभोक्तावाद का बढ़ना, इस बात की बढ़ती संभावना कि पुत्र के अलग घर बसा लेने के कारण पुत्रों का सहारा नहीं रह जाएगा, परिणामतः माता-पिता द्वारा अपने पुत्रों की शिक्षा-दीक्षा पर किए गए पूंजीनिवेश को दहेज के माध्यम से वसूलना—ये सभी बातें इस विषय पर चर्चा की दृष्टि से महत्त्वपूर्ण हैं। इसके अतिरिक्त, पुत्रियाँ इस बात के प्रति सचेत हैं कि अपने मायके से कुछ सामान और नकदी प्राप्त कर सकने का एकमात्र साधन दहेज है। दक्षिणपूर्व एशिया के साथ तुलना करने से यह बहुत अच्छी तरहं स्पष्ट हो जाता है। दहेज ने दक्षिण एशिया की स्त्रियों की कीमत और गिरा दी है। बढ़ता पुत्रमोह, कन्या भ्रूण हत्या तथा कन्या शिशुओं की उपेक्षा भी दहेज की कुप्रथा से घनिष्ठ रूप से जुड़े हैं।

   भारतीय पितृवंशीयता का पितृकेंद्रित, पदसोपानात्मक और दमनात्मक स्वरूप कन्या शिशु-हत्या में बहुत स्पष्ट रूप से प्रतिबिंबित होता है। कन्या शिशु-हत्या का प्रचलन मध्य और उच्चस्तरीय जातिसमूहों में भारत के व्यापक हिस्से में था। अंग्रेजों ने इसे रोकने के कानूनी और दंडात्मक उपाय किए किंतु यह प्रथा आज भी जारी है। उदाहरण के लिए राजस्थान के जैसलमेर जिले में प्रतिवर्ष लगभग 300 बालिकाओं को मौत के घाट उतार दिया जाता है। तमिलनाडु के कल्लार

लोग कन्या शिशु हत्या के कारण समाचारपत्रों की सुर्खियाँ बने हैं। उनमें विवाह के समय के दहेज के अतिरिक्त पुत्री के प्रति प्रथागत दायित्वों जैसे—पुत्री के प्रसव का खर्चा तथा उसकी देखभाल और उसकी संतान के जन्म, त्योहारों और बच्चे के जीवन चक्र के संस्कारों के अवसरों पर उपहार दिए जाने की प्रथा से उनके अल्प संसाधनों पर लगातार दबाव बना रहता है। भारत में स्त्रियों के अवमूल्यन के लिए वधू पक्ष की हीन प्रस्थिति तथा दहेज, जो बढ़ता ही जा रहा है, जैसे कारण जिम्मेदार प्रतीत होते हैं और स्त्रियों के इस अवमूल्यन के कारण कन्या शिशुओं से जीवन छीन लिया जाता है। सिर्फ यही नहीं है कि पुत्रियाँ अपने मायके के भविष्य काल के लिए किसी तरह उपयोगी नहीं होतीं, बल्कि वे पथभ्रष्ट होकर परिवार की प्रतिष्ठा को तबाह भी कर सकती हैं। उत्तरी भारत में राजपूत और जाट कन्या शिशुओं की हत्या कर देने के लिए जाने जाते थे।

नवजात शिशुओं की हत्या के लिए अनेक तरीके काम में लाए जाते रहे हैं : शिशु के मुँह/चेहरे की खेड़ी से दबाना, उसका दम घोंटना, धान के कुछ दाने उसके मुँह में डालना अथवा माँ के स्तन पर अफीम का लेप करना, जंगली पौधों का जहरीला दूध देना या जहरीली कनेर की फली का रस पिलाना आदि। नई तकनीकी खोजें जैसे एम्नियोसिंटेसिस का दुरुपयोग लिंग परीक्षण के लिए किया जा रहा है। इस परीक्षण से यदि पता चलता है कि भ्रूण कन्या है तो उसकी हत्या कर दी जाती है। 1978 से 1983 के बीच भारत में लिंग परीक्षण के बाद लगभग 78,000 कन्या भ्रूण गिरा दिए गए थे। 1986-87 में इस तरह कराए गए गर्भपातों की संख्या तीस से चालीस हजार के बीच थी। लिंग परीक्षण के विरुद्ध पारित कानून बेअसर रहे हैं। एम्नियोसिंटेसिस से माँ के जीवन को खतरा होता है लेकिन यह तकनीक काफी कम खर्चीला हो गया है और श्रमिक वर्ग के लोग भी लिंग परीक्षण आसानी से करा सकते हैं।

8. सीरियाई ईसाई समुदाय की स्त्री **मेरी राय** के प्रकरण ने व्यापक रूप से लोगों का ध्यान आकृष्ट किया है। एलिस जैकब, 'इक्वल इनहेरिटेंस टु इंडियन क्रिश्चियन वीमेन आफ केरल'; एम. जे. जोसेफ, 'जेंडर्ड जस्टिस'; रोवेना राबिन्सन, *कन्वर्शन, कंटिन्युइटी एंड चेंज : लिवृड क्रिश्चियनिटी इन सदर्न गोआ।*
9. उत्तराधिकार तथा संसाधनों पर अधिकार के संरूपों के संदर्भ में दक्षिण-पश्चिम तथा उत्तर-पूर्व के मातृवंशीय समुदायों में बहुत अंतर है। वीना अगरवाल, *'ए फील्ड आफ वन्स ओन : जेंडर एंड लैंड राइट्स इन साउथ एशिया'*; लीला दुबे, *वीमेन एंड किनशिप : कंपेरेटिव पर्स्पेक्टिव्ज़ आन जेंडर इन साउथ एंड साउथ-ईस्ट एशिया;* तिप्लुत नोंगब्री, 'जेंडर एंड द खासी फैमिली स्ट्रक्चर : सम इंप्लिकेशंस आफ द मेघालय सक्सेशन टु सेल्फ अक्वायर्ड प्रापर्टी ऐक्ट, 1984'। इन संदर्भों में अन्य प्रासंगिक संदर्भ भी शामिल हैं।
10. आर. के. मुखर्जी, 'फैमिली इन इंडिया : ए पर्स्पेक्टिव,' पाउलिन कोलेंदा, *रीजनल डिफरंसेज इन फैमिली स्ट्रक्चर इन इंडिया।*
11. लीला दुबे, *सोशियोलाजी आफ किनशिप : ऐन एनालिटिकल सर्वे आफ लिटरेचर;* रजनी पालरीवाला, *चेंजिंग किनशिप, फैमिली एंड जेंडर रिलेशंस इन साउथ एशिया : प्रोसेसेज, ट्रेंड्स, इश्यूज।*
12. के. एम. ए. अजीज तथा क्लैरेंस मैलनी, *लाइफ स्टेजेस, जेंडर एंड फर्टिलिटी इन बांग्लादेश।*
13. कोएंजरनिंग्राट, *'जावनीज़ कल्चर'*।
14. राबर्ट एच. मैकूकिनूले, 'ए नाइफ कटिंग वाटर : चाइल्ड ट्रांसफर्स एंड सिबलिंगशिप अमंग अर्बन मलायाज्'।
15. लेनोर मैंडर्सन, (सं.) *वीमेन्स वर्क एंड वीमेन्स रोल्स : इकनामिक्स एंड एवरी डे लाइफ इन इंडोनेशिया, मलेशिया एंड सिंगापुर।*

16. हैना पापानेक तथा लारेल श्वीड, 'वीमेन आर गुड विद मनी : अर्निंग एंड मैनेजिंग इन ऐन इंडोनेशियन सिटी'।
17. ऐन स्टोलर, क्लास स्ट्रक्चर एंड फीमेल आटोनामी इन रूरल जावा।
18. ए. जी. डयुई, *'पेजंट मार्केटिंग इन जावा'*; जूडिथ जमूर, *मलय किनशिप एंड मैरिज इन सिंगापुर;* हिल्ड्रेड गर्ट्ज़, *द जावनीज़ फैमिली : ए स्टडी आफ किनशिप एंड सोशलाइजेशन;* मेरी आर होल्स्टाइनर; 'माडर्नाइजेशन, चेंजिंग रोल्स आफ वीमेन एंड एक्सपेक्टेशंस फ्राम डेवलपमेंट इन साउथ ईस्ट एशिया,' जीन फ्रांसिस इल्लो तथा जेम बी पोलो की *फिशर्स, ट्रेडर्स, फार्मर्स, वाइव्स : द लाइफ स्टोरीज आफ टेन वीमेन इन ए फिशिंग विलेज* में; आर. आर. जे, *जावनीज विलेजर्स : सोशल रिलेशंस इन रूरल मोड्जोकुटो;* एफ. एल. जोकानो, *द फिलिपिनो फैमिली : टु किनशिप सिस्टम्स;* वजीर जहां करीम, 'द स्टेटस आफ मलय वीमेन इन मलेशिया : फ्राम कल्चर टु इस्लाम एंड इंडस्ट्रियलाइजेशन'; कोएंट्जरनिंग्राट, *जावनीज कल्चर;* एम. एफ. आर मैनीवोन, 'द सोशलाइजेशन आफ द रूरल थाई चाइल्ड इन फैमिली एंड स्कूल'; हर्बर्ट फिलिप्स, *थाई पर्सनैलिटी;* स्टीवन पाइकर, *पेजंट कम्युनिटी इन चेंजिंग थाईलैंड;* सुलामिथ हेन्स पाटर, *फैमिली लाइफ इन ए नादर्न थाई विलेज : ए स्टडी इन द स्ट्रक्चरल सिग्निफिकंस आफ वीमेन;* हीथर स्ट्रेंज, *रूरल मलय वीमेन इन ट्रैडिशन एंड ट्रांजिशन;* नेन्सी टैनर, 'मैट्रिफोकैलिटी इन इंडोनेशिया एंड अफ्रीका एंड अमंग ब्लैक अमेरिकंस' बारबरा ई. वार्ड (सं.), *'वीमेन इन द न्यू एशिया : चेंजिंग सोशल रोल्स आफ मेन एंड वीमेन इन साउथईस्ट एशिया'* में।
19. रिचर्ड डेविस, 'मुआंग मैट्रिफोकैलिटी,' जेन आर हैंक्स, 'मैटर्निटी एंड इट्स रिचुल्स इन बांग चान'।
20. जार्जेस कंडोमिनस, 'फिबन कल्ट्स इन रूरल लाओस,' *चेज एंड पर्सिस्टंस इन थाई सोसाइटी : एसेज इन आनर आफ लारिसन शार्प में।*
21. माइकेल आर. ऐलन, 'गर्ल्स' प्रिप्यूबर्टी राइट्स अमंग्स्ट द नेवार्स आफ काठमांडू वैली'।
22. लिन बेनेट, *डेंजरस वाइव्स एंड सेक्रेड सिस्टर्स : सोशल एंड सिम्बोलिक रोल्स आफ हाइ-कास्ट वीमेन इन नेपाल।*
23. वजीर जहां करीम, 'द स्टेटस आफ मलय वीमेन इन मलेशिया : फ्राम कल्चर टु इस्लाम एंड इंडस्ट्रियलाइजेशन'।
24. समाजशास्त्रियों ने वहाँ के निवासियों के साथ यौन संपर्कों के स्वरूप तथा प्रजातीय मिश्रण के संदर्भ में मलेशिया, पश्चिमी इंडोनेशिया तथा सुमात्रा में ब्रिटेन और हालैंड के उपनिवेशीकरण के इतिहास पर ध्यान दिया है। उदाहरणार्थ देखें, ऐन स्टोलर, 'रीथिंकिंग कलोनियल कैटेगरीज : यूरोपियन कम्युनिटीज एंड द बाउंडरीज आफ रूल'।
25. पासुक फोंगपाइचित, 'फ्राम पेजंट गर्ल टु बैंकाक मैसूयूज'; आइ एल ओ 1982; लेनोर मैंडर्सन, 'पब्लिक पर्फार्मेंसेस इन पैटपोंग एंड एक्सप्लोरेशंस आफ द एजेस आफ इमैजिनेशन,' लेनोर मैंडर्सन तथा मागरिट जोली (सं.), *साइट्स आफ डिजायर : इकानामीज आफ प्लेजर : सेक्सुआलिटीज इन एशिया एंड द पैसिफिक।*
26. लीसा लॉ, 'ए मैटर आफ 'च्वायस' : डिस्कोर्सेस आन प्रास्टिट्यूशन इन द फिलिपींस'।
27. देखें टिप्पणियाँ 24 से 26 तक, जूलिया डेविडसन, 'ब्रिटिश सेक्स टूरिस्ट्स इन थाईलैंड'; क्लिओ ओड्जर, *पैटपोंग सिस्टर्स : ऐन अमेरिकन वूमन'स व्यू आफ द बैंकाक सेक्स वर्ल्ड।*
28. दक्षिणपूर्व एशिया में विवाह के अवसर पर धन संपत्ति का आदान-प्रदान या तो वधू और वर दोनों परिवारों के बीच दोनों ओर से होता है अथवा वधू पक्ष के मुकाबले वर पक्ष को वधू-संपदा के रूप में अधिक खर्चा उठाना पड़ता है। यह वधू-संपदा वर अथवा वर के परिवार की ओर

से वधू तथा उसके परिवार को प्रदान की जाने वाली सेवाओं, या बहुमूल्य वस्तुओं के रूप में होती है। इस पूरे क्षेत्र में पुत्रियाँ अपने माता-पिता के लिए पुत्रों के मुकाबले अधिक भारी बोझ नहीं हैं (देखें एरिंगटन, 1990 : 4)।

29. दांपतिक तथा पारिवारिक संबंधों के लिए देखें, एस. सी. दुबे, *इंडियन विलेज;* टी एन. मदन, *फैमिली एंड किनशिप : ए स्टडी आफ द पंडित्स आफ रूरल कश्मीर;* सिल्विया वटुक, *किनशिप एंड अर्बनाइजेशन : व्हाइट कॉलर माइग्रेंट्स इन नार्थ इंडिया;* सारा हाब्सन, *द फैमिली वेब : ए स्टोरी आफ इंडिया;* वीना दास, 'मास्क्स एंड फेसेज : ऐन एसे आन पंजाबी किनशिप'। भारतीय उपमहाद्वीप में नातेदारी तथा पारिवारिक संरचना, आंतरिक प्रबंधन व व्यक्तियों के बीच के संबंधों में निरंतरता तथा परिवर्तन और उभयपक्षीयता व पितृवंशीयता के समांगीकरण के प्रति रुझान की परस्परविरोधी प्रवृत्तियों के लिए देखें, कमला गणेश, 'जेंडर एंड किनशिप स्टडीज : इंडियन मैटेरियल एंड कांटेक्स्ट,' तथा लीला दुबे, 'ट्रेंड्स इन किनशिप एंड जेंडर रिलेशंस इन साउथ एशिया'; करीन कपाड़िया, 'मैरिज मनी : चेंजिंग प्रेफरंस एंड प्रैक्टिस इन तमिल मैरिज'; तथा रजनी पालरीवाला, *चेंजिंग किनशिप, फैमिली एंड जेंडर रिलेशंस इन साउथ एशिया : प्रोसेसेज, ट्रेंडस, इश्यूज।*

30. फरीदा शाहीद, 'लीगल सिस्टम्स, इस्लाम एंड वीमेन इन पाकिस्तान'; एम ए कासिम शेख, 'मैरिज डिजाल्यूशन इन ए रूरल एरिया आफ बांग्लादेश, लतीफा अकंदा तथा इशरत शमीम, *वीमेन एंड वायलैंस : ए कंपेरेटिव स्टडी आफ रूरल एंड अर्बन वायलेंस अगेंस्ट वीमेन इन बांग्लादेश,* सलमा सोभन, *लीगल स्टेटस आफ वीमेन।*

31. अपेक्षाकृत हाल के नए शोधों ने इस क्षेत्र में उपनिवेशवाद, राष्ट्रवाद, नवउपनिवेशवाद तथा विश्व आर्थिक व्यवस्था के संदर्भ में भी स्त्री-पुरुष संबंधों के बदलते स्वरूप पर बल दिया है : आधुनिकीकरण तथा कट्टरपंथ और मीडिया विस्तार—बड़ी फिल्में, टेलीविजन, विज्ञापन साहित्य आदि का प्रभाव—अंतरराष्ट्रीय अधिकरणों की गतिविधियाँ, तथा अधिक बड़ी दुनिया, जिसमें विस्तृत इस्लामी दुनिया शामिल है, के साथ अधिक अंतःक्रिया हुई है। वजीर जहां करीम, सं., *मेल एंड फीमेल इन डेवलपिंग साउथईस्ट एशिया;* करीम, 'बाइलैटरलिज्म एंड जेंडर इन साउथईस्ट एशिया'; करीम, 'द स्टेटस आफ मलय वीमेन इन मलेशिया : फ्राम कल्चर टु इस्लाम एंड इंडस्ट्रियलाइजेशन'; नोइलीन हेजर, *वर्किंग वीमेन इन साउथईस्ट एशिया : डेवलपमेंट सबआर्डिनेशन एंड इमैन्सिपेशन;* मैला स्टीवंस, *मैट्रिलिनि एंड माडर्निटी : सेक्सुअल पालिटिक्स एंड सोशल चेंज इन रूरल मलेशिया।*

32. गत दो दशक दक्षिणपूर्व एशिया के संदर्भ में स्त्री और पुरुष के बीच समतावादी संबंध विषयक प्रसिद्ध स्थापनाओं के बारे में पर्याप्त पुनर्विचार के साक्षी रहे हैं। यह तर्क दिया जाता है कि सत्ता और प्रस्थिति के संदर्भ में जो सूक्ष्म अंतर हैं उनका सावधानीपूर्वक, पश्चिमी अवधारणाओं से मुक्त रहकर परीक्षण किया जाना चाहिए। इस प्रकार आर्थिक नियंत्रण आदि के रूप में स्त्रियों के पास जो कुछ रहता है और जो वे करती हैं वह पश्चिमी संदर्भ में उन्हें शक्तिशाली बना सकता है लेकिन दक्षिणपूर्व एशियायी संदर्भ में नहीं। दक्षिणपूर्व एशिया के अनेक हिस्सों में शक्ति की अवधारणा आर्थिक आधार पर मानने के बजाय उसे आध्यात्मिक माना जाता है। इसका आधार 'आध्यात्मिक' को निर्विवाद रूप से श्रेष्ठ दर्जा देने में है (एरिंगटन 1990 : 5-7, 42-43)। थाईलेंड में उद्यमी गतिविधियों में स्त्रियों की स्थिति केंद्रीय हो सकती है, लेकिन सार्वजनिक निर्णयकारी प्रक्रिया में ऐसा नहीं है, संभवतः इसलिए क्योंकि बौद्ध धर्म पुरुषों को अधिक महत्त्व देता है (करीम, 1995 : 55)। सत्ता और हैसियत के अतिरिक्त प्रतिष्ठा का विचार भी महत्त्वपूर्ण है। जावा की स्त्रियाँ अपनी वाणिज्यिक गतिविधियों में अनेक तरह के संबोधनों, आचरण तथा अपरिष्कृत भाषा का इस्तेमाल करने के कारण अपनी प्रतिष्ठा खो देती हैं जबकि पुरुष की प्रस्थिति

का स्रोत अधिक ज्ञान, परिष्कृत आचार-व्यवहार और भाषा तथा आध्यात्मिक परिष्कार है। शायद राजनीतिक सत्ता तथा बाहरी दुनिया की जानकारी के कारण पुरुषों का पलड़ा भारी रहता है। कुछ समाजों में पुरुषों की पहचान उनकी बहादुरी से होती है। दक्षिणपूर्व एशियायी क्षेत्र में मानवशास्त्रीय तथा नारीवादी परिप्रेक्ष्य का इस्तेमाल करते हुए अनेक अध्ययन किए गए हैं (उदाहरणार्थ जे. एम. एटकिंसन तथा एस. एरिंगटन, सं., *पावर एंड डिफरेंस : जेंडर इन आयलंड साउथईस्ट एशिया*)। दुर्भाग्यवश इनमें से कुछ अध्ययन केवल दक्षिणपूर्व एशिया पर ही ध्यान देते हैं और केवल पश्चिमी नजरियों से चीजों को देखते हैं। पूर्व, दक्षिण और पश्चिम एशिया को दक्षिणपूर्व एशिया की तुलना में देखने से एक भिन्न तस्वीर सामने आ सकती है तथा अंतर्दृष्टिपूर्ण समझ विकसित हो सकती है। यहाँ इस तथ्य से इन्कार नहीं है कि दक्षिणपूर्व एशिया की सांस्कृतिक तथा ऐतिहासिक जटिलता और इन देशों का व्यापकतर दुनिया के घेरे में आना, दोनों इस क्षेत्र को समझने की दिशा में जबर्दस्त समस्याएँ खड़ी करते हैं। वजीर जहां करीम, *मेल एंड फीमेल इन डेवलपिंग साउथईस्ट एशिया;* ए. ओंग तथा एम पेलेट्ज, सं. *बिविचिंग वीमेन, पायस मेन : जेंडर एंड बाडी पालिटिक्स इन साउथईस्ट एशिया।*

संदर्भ

अगरवाल, बी., 1994, **ए फील्ड आफ वन'स ओन : जेंडर एंड लैंड राइट्स इन साउथ एशिया,** केंब्रिज : केंब्रिज युनिवर्सिटी प्रेस।

अकंदा, लतीफा तथा इशरत शमीम, 1985, **वीमेन एंड वायलेंस : ए कंपेरेटिव स्टडी आफ रूरल एंड अर्बन वायलेंस अगेंस्ट वीमेन इन बांग्लादेश,** वीमेन फॉर वीमेन।

ऐलन माइकेल, आर, 1982, 'गर्ल्स' प्रीप्युबर्टी राइट्स अमंग्स्ट द नेवार्स आफ काठमांडू वैली', **वीमेन इन इंडिया एंड नेपाल** में, सं. एम ऐलन तथा एस. एन. मुखर्जी, आस्ट्रेलियन नेशनल युनिवर्सिटी मोनोग्राफ्स आन साउथ एशिया, सं. 8।

ऐटकिंसन, जे. एम. तथा एरिंगटन एस., (सं.), 1990, **पावर एंड डिफरंस : जेंडर इन आयलंड साउथईस्ट एशिया,** स्टैनफर्ड : स्टैनफर्ड युनिवर्सिटी प्रेस।

अज़ीज़, के. एम. ए. तथा क्लैरेंस मैलनी, 1985, **लाइफ स्टेजेस, जेंडर एंड फर्टिलिटी इन बांग्लादेश,** इंटरनेशनल सेंटर फार डायरियल डिजीज, रिसर्च मोनोग्राफ सं. 3।

बेंडा-बेकमन, कीबेट वोन, 1984, **द ब्रोकन स्टेयरवेज टु कंसेन्सस : विलेज जस्टिस एंड स्टेट कोर्ट्स इन मिनांगकबाउ,** फोरिस पब्लिकेशंस।

बेनेट, लिन, 1983, **डेंजरस वाइब्ज एंड सेक्रेड सिस्टर्स : सोशल एंड सिंबालिक रोल्स आफ हाइकास्ट वीमेन इन नेपाल, न्यूयार्क** : कोलंबिया युनिवर्सिटी प्रेस।

कंडोमिनस, जार्जेस, 1975, 'फिबन कल्ट्स इन रूरल लाओस,' **चेंज एंड पर्सिस्टंस इन थाई सोसायटी : एसेज इन आनर आफ लारिसन शार्प** में, सं., जी. डब्ल्यू. स्किनर तथा ए. टी. किर्श, कार्नेल युनिवर्सिटी प्रेस।

दास, वी., 1976, 'मास्क्स एंड फेसेज : ऐन एसे आन पंजाबी किनशिप,' **कांट्रिब्यूशंस टु इंडियन सोशियोलाजी,** खं. 10, सं. 7, पृ. 1-30।

डेविडसन, जे., 1995, 'ब्रिटिश सेक्स टूरिज्म इन थाईलैंड,' **(हेटरो) सेक्सुअल पालिटिक्स**

में, सं. एम. मेनार्ड तथा जे. पूर्विस, लंदन : टेलर तथा फ्रांसिस।
डेविस, रिचर्ड, 1973, 'मुनांग मैट्रिफोकैलिटी' **जर्नल आफ द सियाम सोसाइटी,** खं. 61, सं. 2।
डयूई, ए. जी., 1962, **पेजंट मार्केटिंग इन जावा,** द फ्री प्रेस।
जमूर, जूडिथ, 1959, **मलय किनशिप एंड मैरिज इन सिंगापुर,** युनिवर्सिटी आफ लंदन, दि ऐथ्लोन प्रेस।
दुबे, एल., 1974, **सोशियोलाजी आफ किनशिप : ऐन एनालिटिकल सर्वे आफ लिटरेचर,** मुंबई, पापुलर प्रकाशन।
—, 1991, 'इन द मदर्स लाइन' अप्रकाशित पांडुलिपि।
—, 1994, 'कानफ्लिक्ट एंड कांप्रोमाइज : डिवाल्यूशन एंड डिस्पोजल आफ प्रापर्टी इन ए मैट्रिलीनियल मुस्लिम सोसाइटी' **इकनामिक एंड पोलिटिकल वीकली,** खं. 29, सं. 21।
—, 1997, **वीमेन एंड किनशिप : कंपेरेटिव पर्स्पेक्टिव्ज आन जेंडर इन साउथ एंड साउथईस्ट एशिया,** टोक्यो : युनाइटेड नेशंस युनिवर्सिटी प्रेस तथा नई दिल्ली : विस्तार।
—, 1998, 'ट्रेंड्स इन किनशिप एंड जेंडर रिलेशंस इन साउथ एशिया,' **निगोसिएशन एंड सोशल स्पेस : ए जेंडर्ड अनालिसिस आफ चेंजिंग किन एंड सिक्यूरिटी नेटवर्क्स इन सब-सहारन अफ्रीका** में, सं. कार्ला रिसेउ तथा कमला गणेश, नई दिल्ली : सेज।
दुबे, एस. सी., 1995, **इंडियन विलेज,** लंदन : रटलिज एंड केगन पाल।
एरिंगटन, एस., 'रिकास्टिंग सेक्स, जेंडर एंड पावर : ए थियरेटिकल एंड रीजनल ओवरव्यू,' **पावर एंड डिफरंस : जेंडर इन आयलंड साउथईस्ट एशिया** में, सं. जे. एम. ऐटकिंसन तथा एस. एरिंगटन, स्टैनफर्ड : स्टैनफर्ड युनिवर्सिटी प्रेस।
गणेश, के., 1998, 'जेंडर एंड किनशिप स्टडीज : इंडियन मटेरियल एंड कांटेक्स्ट,' **निगोसिएशन एंड सोशल स्पेस : ए जेंडर्ड अनालिसिस आफ चेंजिंग किन एंड सिक्यूरिटी नेटवर्क्स इन साउथ एशिया एंड सब-सहारन अफ्रीका** में, सं. कार्ला रिसेउ तथा कमला गणेश, नई दिल्ली : सेज।
गर्ट्ज, हिल्ड्रेड, 1961, **द जावनीज़ फैमिली : ए स्टडी आफ किनशिप एंड सोशलाइजेशन,** द फ्री प्रेस आफ ग्लेंको।
हैंक्स, जेन आर., 1963, 'मैटर्निटी एंड इट्स रिचुअल्स इन बांग चान,' कार्नेल युनिवर्सिटी साउथईस्ट एशिया प्रोग्राम डाटा पेपर सं. 51।
हेजर, एन., 1986, **वर्किंग वीमेन इन साउथईस्ट एशिया : डेवलपमेंट, सबआर्डिनेशन एंड इमैन्सिपेशन,** ओपन युनिवर्सिटी प्रेस।
हाब्सन, सारा, 1978, द **फैमिली वेब : ए स्टोरी आफ इंडिया,** लंदन : जान मरे।

होल्स्टाइनर, मेरी, आर., 1981, 'माडर्नाइजेशन, चेंजिंग रोल्स आफ वीमेन एंड एक्स्पेक्टेशंस फ्राम डेवलपमेंट इन साउथईस्ट एशिया,' **साउथईस्ट एशिया : वीमेन, चेंजिंग सोशल स्ट्रक्चर एंड कल्चरल कंटिन्युइटी में**, सं. जी. बी. हेन्सवर्थ आदि, युनिवर्सिटी आफ ओटावा प्रेस।

इल्लो, जीन फ्रांसिस तथा जेम, बी. पोलो, 1990, **फिशर्स, ट्रेडर्स, फार्मर्स वाइव्स : द लाइफ स्टोरीज आफ टेन वीमेन इन ए फिशिंग विलेज,** वीमेन्स' वर्क एंड फैमिली स्ट्रैटेजीज, मोनोग्राफ सं. 1, एटिनियो द मनीला युनिवर्सिटी।

जैकब, एलिस, 1986, 'ईक्वल इनहेरिटंस टु इंडियन क्रिश्चिन वीमेन इन केरल,' **जर्नल आफ द इंडियन लॉ इंस्टीट्यूट,** खं. 28।

जे., आर. आर., 1969, **जावनीज विलेजर्स : सोशल रिलेशंस इन रूरल मोडजोकूटो,** एम. आई. टी. प्रेस।

जोकानो, एफ. एल. 1972, **द फिलिपिनो फैमिली : टू किनशिप सिस्टम्स,** युनिवर्सिटी आफ द फिलिपींस इंस्टीट्यूट आफ मास कम्युनिकेशन।

जोसेफ, एम. जे., 1993, 'जेंडर्ड जस्टिस,' **इकनामिक एंड पोलिटिकल वीकली,** खं. 28, सं. 50।

कपाड़िया, के., 1993, 'मैरिज मनी : चेंजिंग प्रेफरंस एंड प्रैक्टिस इन तमिल मैरिज,' **कांट्रिब्यूशंस टु इंडियन सोशियोलाजी,** खं. 27, सं. 1।

करीम, वजीर जहां, 1987, 'द स्टेटस आफ मलय वीमेन इन मलेशिया : फ्राम कल्चर टु इस्लाम एंड इंडस्ट्रियलाइजेशन,' **इंटरनेशनल जर्नल आफ सोशियोलाजी आफ द फैमिली,** खं. 17, सं. 1।

—, सं., 1995 अ, **मेल एंड फीमेल इन डेवलपिंग साउथईस्ट एशिया,** आक्सफर्ड तथा वाशिंगटन : बर्ग।

—, 1995 ब, 'बाइलैटरैलिज्म एंड जेंडर इन साउथईस्ट एशिया,' **मेल एंड फीमेल इन डेवलपिंग साउथईस्ट एशिया में,** सं. डब्ल्यू. जे. करीम, आक्सफर्ड तथा वाशिंगटन : बर्ग।

कर्वे, आई, 1968, **किनशिप आर्गनाइजेशन इन इंडिया,** मुंबई : एशिया पब्लिशिंग हाउस।

कोएंजरनिग्रांट, 1985, **जावनीज कल्चर,** आक्सफर्ड युनिवर्सिटी प्रेस तथा इंस्टीट्यूट आफ साउथईस्ट एशियन स्टडीज।

कोलेंदा, पी., 1987, **रीजनल डिफरंर्सस इन फैमिली स्ट्रक्चर इन इंडिया,** जयपुर : रावत पब्लिकेशंस।

लॉ, एल., 1997, 'ए मैटर आफ च्वायस : डिस्कोर्सेस आन प्रास्टिट्यूशन इन द फिलिपींस,' **साइट्स आफ डिजायर, इकनामिक्स आफ प्लेजर : सेक्सुआलिटीज इन एशिया एंड द पैसिफिक,** सं. एल मैंडरसन तथा एम जॉली, शिकागो तथा

लंदन : शिकागो युनिवर्सिटी प्रेस।

मदन, टी. एन., 1965, **फैमिली एंड किनशिप : ए स्टडी आफ द पंडित्स आफ रूरल कश्मीर,** बाम्बे : एशिया पब्लिशिंग हाउस।

मैंडर्सन, लेनोर, सं., 1983, **वीमेंस वर्क एंड वीमेंस रोल्स : इकनामिक्स एंड एवरीडे लाइफ इन इंडोनेशिया, मलेशिया एंड सिंगापुर,** आस्ट्रेलियन नेशनल युनिवर्सिटी प्रेस।

—, 1992, 'पब्लिक पर्फार्मेंसेस इन पैटपांग एंड एक्सप्लोरेशंस आफ द एजेस आफ इमैजिनेशन,' **जर्नल आफ सेक्स रिसर्च,** खं. 29, सं. 4।

मैंडर्सन, एल. तथा एम. जोली, सं., 1997, **'साइट्स आफ डिजायर, इकनामिक्स आफ प्लेजर : सेक्सुआलिटीज' इन एशिया एंड द पैसिफिक,** शिकागो और लंदन : शिकागो युनिवर्सिटी प्रेस।

मैक्किनूले, राबर्ट एच., 1975, 'ए नाइफ कटिंग वाटर : चाइल्ड ट्रांसफर्स एंड सिबलिंगशिप अमंग अर्बन मलायाज़,' युनिवर्सिटी आफ मिशिगन, पी-एच. डी. शोधप्रबंध।

मैनीवोन, एम. एफ. आर., 1974, 'द सोशलाइजेशन आफ द रूरल थाई चाइल्ड इन फैमिली ऐंड स्कूल,' क्लेयरमांट ग्रेजुएट स्कूल, पी-एच.डी. शोधप्रबंध।

मुखर्जी, आर., 1969, फैमिली इन इंडिया : ए पर्स्पेक्टिव, कलकत्ता : इंडियन स्टैटिस्टिकल इंस्टीट्यूट।

नोंगब्री, तिप्लुत, 1998, 'जेंडर एंड द खासी फैमिली स्ट्रक्चर : सम इंप्लिकेशंस आफ मेघालय सक्सेशन टु सेल्फ अक्वायर्ड प्रापर्टी ऐक्ट,' **'सोशियोलाजिकल बुलेटिन,'** खं. 37, सं. 1 तथा 2।

ओड्जर, सी., 1994, **पैटपोंग सिस्टर्स : ऐन अमेरिकन वूमन्स व्यू आफ द बैंकाक सेक्स वर्ल्ड,** न्यूयार्क : ब्लू मून बुक्स एंड आर्केड पब्लिशिंग।

ओंग, ए, तथा एम. पेलेट्ज सं., 1995, **बिविचिंग वीमेन, पायस मेन : जेंडर एंड बाडी पालिटिक्स इन साउथईस्ट एशिया,** बर्कली तथा लास एंजिलस : युनिवर्सिटी आफ कैलिफोर्निया प्रेस।

पालरीवाला, आर., 1994, **चेंजिंग किनशिप, फैमिली एंड जेंडर रिलेशंस इन साउथ एशिया : प्रोसेसेस, ट्रेंड्स, इश्यूज** वीमेन एंड आटोनामी सीरीज, लाइडन : लाइडन युनिवर्सिटी प्रेस।

पापानेक, हैना, 1991, 'सोशलाइजेशन फार इनइक्वालिटी : एनटाइट्लमेंट्स, द वैल्यू आफ वीमेन एंड डोमेस्टिक हाइरार्कीज,' अप्रकाशित पांडुलिपि।

—, तथा लारेल श्वीड, 1988, 'वीमेन आर गुड विद मनी : अर्निंग एंड मैनेजिंग इन ऐन इंडोनेशियन सिटी'। **ए होम डिवाइडेड : वीमेन एंड इनकम इन द थर्ड वर्ल्ड** में, सं. डी. डवायर तथा जे. ब्रूस, स्टैनफर्ड : स्टैनफर्ड युनिवर्सिटी प्रेस।

हरबर्ट, फिलिप्स, 1965, **थाई पेजंट पर्सनैलिटी,** युनिवर्सिटी आफ कैलिफोर्निया प्रेस।

फोंगपेइचित, पी., 1982, 'फ्राम पेजंट गर्ल टु बैंकाक मैस्यूज,' आई एल ओ।

पाइकर, स्टीवन, 1983, **पेजंट कम्युनिटी इन चेंजिंग थाईलैंड,** अरिजोना स्टेट युनिवर्सिटी ऐंथ्रोपोलाजिकल रिसर्च पेपर सं. 30।

पाटर, सुलामिथ हेंस, 1977, **फैमिली लाइफ इन ए नादर्न थाई विलेज : ए स्टडी इन द स्ट्रक्चरल सिग्नीफिकंस आफ वीमेन,** युनिवर्सिटी आफ कैलिफोर्निया प्रेस।

राबिन्सन, आर., 1998, **कन्वर्शन, कंटिन्यूइटी एंड चेंज : लिवूड क्रिश्चियनिटी इन सदर्न गोआ, नई दिल्ली : सेज।**

स्जाफरी, सेरिन, 1982, **जावनीज त्राह : किन बेस्ड सोशल आर्गनाइजेशन,** गजमदा युनिवर्सिटी प्रेस।

शाहीद, फरीदा, 1985, 'लीगल सिस्टम्स, इस्लाम एंड वीमेन इन पाकिस्तान,' **एथ्निक स्टडीज रिपोर्ट,** खं 3, सं. 1।

शेख, एम. ए. काशिम, 1982, 'मैरिज डिजाल्यूशन इन ए रूरल एरिया आफ बांग्लादेश,' आस्ट्रेलियन नेशनल युनिवर्सिटी एम. ए. शोधप्रबंध।

सोभन, सलमा, 1978, **लीगल स्टेटस आफ वीमेन : बांग्लादेश,** बांग्लादेश इंस्टीट्यूट आफ लॉ एंड इंटरनेशनल अफेयर्स।

स्टाइवंस, एम., 1996, **मैट्रिलिनि एंड माडर्निटी : सेक्सुअल पालिटिक्स एंड सोशल चेंज इन रूरल मलेशिया,** सिडनी : ऐलन एंड अलविन।

स्टोलर, ऐन, 1977, 'क्लास स्ट्रक्चर एंड फीमेल आटानॉमी इन रूरल जावा,' **वीमेन एंड नेशनल डेवलपमेंट : द काम्प्लेक्सिटीज आफ चेंज** में, सं. वेलस्ली एडिटोरियल कमेटी, यूनिवर्सिटी आफ शिकागो प्रेस।

—, 1989, 'रीथिंकिंग कलोनियल कैटेगरीज : युरोपियन कम्युनिटीज एंड द बाउंडरीज आफ रूल,' **कंपेरेटिव स्टडीज इन सोसाइटी एंड हिस्टरी,** खं 31, सं. 1।

स्ट्रेंज, हीथर, 1981, **रूरल मलय वीमेन इन ट्रैडिशन एंड ट्रांजिशन,** प्रेगर।

टैनर, नैन्सी, 1974, 'मैट्रिफोकैलिटी इन इंडोनेशिया एंड अफ्रीका एंड अमंग ब्लैक अमेरिकन्स', **वीमेन, कल्चर एंड सोसाइटी** में, सं. एम. रोजाल्डो तथा एल. लैंफेर, स्टैनफर्ड युनिवर्सिटी प्रेस।

वार्ड, बारबरा ई., सं., 1963, **वीमेन इन द न्यू एशिया,** यूनेस्को।

शब्दावली

Actor (ऐक्टर)	कर्ता
affinal kin (अफाइनल किन)	विवाह जन्य नातेदार/रिश्तेदार
affinity (ऐफिनिटी)	विवाहजन्य संबंध
agent (एजंट)	अभिकर्ता
agnate (ऐग्नेट)	समवंशी नातेदार
alliance (अलायंस)	विवाहजन्य संबंध
ancestor (ऐन्सेस्टर)	पूर्वज
ancestral (ऐन्सेट्रल)	पुरखों से, वंश, कुल से मिली
ancestry (ऐन्सेस्ट्री)	कुलपरंपरा
anthropological (ऐंथ्रोपोलाजिकल)	मानववैज्ञानिक, मानवशास्त्रीय
anthropologist (ऐंथ्रोपोलाजिस्ट)	मानवविज्ञानी, मानववैज्ञानिक, मानवशास्त्री
anthropology (ऐंथ्रोपोलाजी)	मानवविज्ञान, मानवशास्त्र
authority (अथोरिटी)	प्राधिकार, अधिकार, वैध सत्ता
autonomy (आटोनामी)	स्वायत्तता
bilateral (बाइलैटरल)	द्विवर्ती/द्विवर्तीय, उभयवर्ती/उभयवर्तीय
bilaterality (बाइलैटरैलिटी)	द्विवर्तीयता, उभयवर्तीयता
bilateral affiliation (बाइलैटरल अफीलिएशन)	उभयपक्षीय संबद्धता
birth-status group (बर्थ-स्टेटस ग्रुप)	जन्मना-प्रस्थिति समूह
caste (कास्ट)	जाति
category (कैटेगरी)	श्रेणी
clan (क्लैन)	कुल, गोत, गोत्र, क्लैन
class (क्लास)	वर्ग, श्रेणी
code, coded (कोड, कोडेड)	संहिता, संहिताबद्ध
cognatic kinship (काग्नैटिक किनशिप)	उभयपक्षीय नातेदारी

concept (कानसेप्ट)	अवधारणा, संकल्पना
culture (कल्चर)	संस्कृति
customary (कस्टमरी)	प्रथागत
descent (डीसेंट)	वंशक्रम, वंशपरंपरा
diagram (डाइग्राम)	आरेख, रेखाचित्र
dissertation, thesis (डिसर्टेशन, थीसिस)	शोधप्रबंध
divorce, or broken marriage (डिवोर्स, डाइवोर्स)	विवाहविच्छेद
divorcee or with broken marriage (डिवोर्सी)	विच्छिन्नविवाह
domain (डोमेन)	क्षेत्र
domestic group (डोमेस्टिक ग्रुप)	गृहस्थी, गृह्य समूह, घर
duolocal residence (डयुओलोकल रेसिडंस)	पति-पत्नी का दो जगह रहना
endogamy (एंडोगामी)	अंतर्विवाह
entitlement (एन्टाइटलमेंट)	हकदारी
equality/inequality (इक्वालिटी/इनइक्वालिटी)	बराबरी/गैरबराबरी
ethnicity (एथ्निसिटी)	जातीयता
ethnographer (एथ्नोग्राफर)	मानवजातिविवरणकर्ता
ethnographic (एथ्नोग्राफिक)	मानवजातिविवरणात्मक
ethnography (एथ्नोग्राफी)	मानवजातिविवरण/चित्रण/वर्णन–शास्त्र
ethnology (एथ्नालाजी)	नृजातिशास्त्र मानवजातिशास्त्र
exogamy (एक्जोगामी)	बहिर्विवाह
exploration (एक्सप्लोरेशन)	अन्वेषण
extended (एक्सटेंडेड)	विस्तृत, विस्तारित
family (फैमिली)	परिवार
feminine (फेमिनिन)	स्त्रियोचित, स्त्री-सुलभ
femininity (फेमिनिनिटी)	नारीत्व, स्त्रीत्व
feminism (फेमिनिज़म)	स्त्रीवाद
feminist (फेमिनिस्ट)	स्त्रीवादी
fieldwork (फील्डवर्क)	क्षेत्रकार्य, क्षेत्रीय शोधकार्य
fission (फिशन)	विखंडन, पृथक्करण

folklore (फौकलोअर)	लोकवार्ता, लोकसाहित्य
function (फंक्शन)	प्रकार्य
functional (फंक्शनल)	प्रकार्यात्मक
gender (जेंडर)	लिंग, लिंगभाव
gender based (जेंडर बेस्ड)	लिंग-आधारित, लिंगगत
gender related (जेंडर रिलेटेड)	लिंगगत
gender relations (जेंडर रिलेशंस)	स्त्री-पुरुष संबंध
gendered (जेंडर्ड)	लिंगभावायित, लिंगगत
gendered person (जेंडर्ड पर्सन)	लिंगभावायित व्यक्ति
genealogy (जीनिआलाजी)	वंशावली
generalization (जनरलाइजेशन)	सामान्यीकरण
grade (ग्रेड)	स्तर, श्रेणी
group placement (ग्रुप प्लेसमेंट)	विभिन्न इकाइयों—जैसे वंश, खानदान, परिवार, गृहस्थी, संपत्ति समूह, जाति आदि में पहचान मिलना
hierarchical (हाइरार्किकल)	श्रेणीगत, श्रेणीकृत, श्रेणीबद्ध
hierarchy (हाइरार्की)	पदक्रम, श्रेणीबद्धता
household (हाउसहोल्ड)	गृहस्थी, गृह्य समूह, घर
hypergamy (हाईपरगैमी)	अनुलोम विवाह
hypogamy (हाईपोगेमी)	प्रतिलोम विवाह
Idea (आइडिया)	विचार, धारणा
ideology (आइडिओलाजी)	विचारधारा
inheritance (इनहेरिटंस)	उत्तराधिकार
identity (आइडेंटिटी)	अस्मिता, पहचान
institutionalization (इन्स्टीट्यूशनलाइजेशन)	संस्थायीकरण, संस्थानीकरण
institutionalized (इंस्टीट्यूशनलाइज्ड)	संस्थायित
kin (किन)	नातेदार
kinship (किनशिप)	नातेदारी
kinship system (किनशिप सिस्टम)	नातेदारी व्यवस्था
law (लॉ)	विधि, कानून
legal (लीगल)	विधिक
life cycle rituals (लाइफ साइकल रिचुअल्स)	जीवन-चक्रीय अनुष्ठान, संस्कार

line (लाइन)	पंक्ति, वंश
lineage (लिनिएज)	वंश, वंशपरंपरा, वंशसमूह
masculinity (मैस्क्युलिनिटी)	पुरुषत्व
metaphar (मेटैफर)	रूपक
materiality (मटेरियालिटी)	भौतिकता
matrilateral (मैट्रिलैटरल)	मातृवर्ती
matrilineage (मैट्रिलीनिएज)	मातृवंश, मातृवंशीय समूह
matrilineal (मैट्रिलीनिअल)	मातृवंशीय
matrilineality (मैट्रिलीनिआलिटी)	मातृवंशीयता
matriliny (मैट्रिलिनि)	मातृवंशपरंपरा
matrilocal (मैट्रिलोकल)	मातृस्थानिक
methodology (मेथाडोलाजी)	अनुसंधान-पद्धतिशास्त्र
monogamy (मोनोगामी)	एकल विवाह
monograph (मोनोग्राफ)	मानवजातिविवरणात्मक वृत्तांत, विनिबंध
neolocal (नीओलोकल)	नवस्थानिक
network (नेटवर्क)	संजाल
nuclear family (न्युक्लीअर फैमिली)	नाभिकीय परिवार, एकल परिवार
objectification (आब्जेक्टिफिकेशन)	वस्तुकरण
objectivity (आब्जेक्टिविटी)	वस्तुनिष्ठता
organization (आर्गनाइजेशन)	संगठन
participant observation (पार्टिसिपंट आब्जर्वेशन)	समाज विशेष के जीवन में भागीदार बनकर अवलोकन करना
patriarchal (पैट्रिआर्कल)	पितृसत्ता प्रधान
patriarchy (पैट्रिआर्की)	पितृसत्ता
patrilateral (पैट्रिलैटरल)	पितृवर्ती
patrilineage (पैट्रिलीनिएज)	पितृवंशीय समूह, पितृवंश
patrilineal (पैट्रिलीनिअल)	पितृवंशीय
patrilineality (पैट्रिलीनिआलिटी)	पितृवंशीयता
patriliny (पैट्रिलिनि)	पितृवंशपरंपरा
patrilocal (पैट्रिलोकल)	पितृस्थानिक
pattern (पैटर्न)	संरूप
property transactions (प्रापर्टी ट्रांजैक्संस)	संपत्ति का विनिमय, लेनदेन, हस्तांतरण
pollution-purity (पोल्यूशन/प्यूरिटी)	अशुचिता-शुचिता/अपवित्रता-पवित्रता

polyandry (पोलिएंड्री)	बहुपति प्रथा
polygyny (पोलिजिनि)	बहुपत्नी प्रथा
post-modernist (पोस्ट-माडर्निस्ट)	उत्तर-आधुनिक
power (पावर)	सत्ता, शक्ति, प्रभुत्व
process (प्रोसेस)	प्रक्रिया
pure, impure (प्युअर/इंप्युअर)	शुचि-अशुचि/पवित्र-अपवित्र
research (रिसर्च)	अनुसंधान, गवेषणा, शोध, खोज
residence (रेसिडंस)	निवास, आवास
ritual (रिचुअल)	कर्मकांडीय, आनुष्ठानिक
rituals (रिचुअल्स)	कर्मकांड, अनुष्ठान, संस्कार
ritual status (रिचुअल स्टेटस)	कर्मकांडीय प्रास्थिति स्थिति
role (रोल)	भूमिका
sacralize and sanctify (सैक्रलाइज एंड सैंक्टिफाय)	संस्कारित तथा पुनीत करना
sexual (सेक्सुअल)	यौनगत
sexuality (सेक्सुआलिटी)	यौनत्व
social science (सोशल सायंस)	समाज विज्ञान, सामाजिक विज्ञान
socialization (सोशलाइजेशन)	सामाजीकरण
sociology (सोशिआलाजी)	समाजशास्त्र
status (स्टेटस)	प्रास्थिति
stratification (स्ट्रैटिफिकेशन)	स्तरीकरण
structure (स्ट्रक्चर)	संरचना
subject (सब्जेक्ट)	कर्ता, व्यक्ति
subjective (सब्जेक्टिव)	आत्मपरक, व्यक्तिनिष्ठ
symbol (सिम्बल)	प्रतीक
symbolism (सिम्बोलिज़्म)	प्रतीकवाद
unit (युनिट)	इकाई
universalization (युनिवर्सलाइज़ेशन)	सार्वभौमीकरण
unilineal descent (युनिलिनियल डीसेंट)	एकलवंशक्रम
unilineality (यूनिलिनिआलिटी)	एकलवंशीयता
uxorilocal (अक्ज़ौरिलोकल)	पत्नीस्थानिक
value (वैल्यू)	मूल्य
value neautrality (वैल्यू न्यूट्रैलिटी)	मूल्यनिरपेक्षता
virilocal (विरिलोकल)	पतिस्थानिक

लेखक के बारे में

लीला दुबे ने अनेक विश्वविद्यालयों में मानवविज्ञान तथा समाजशास्त्र का अध्यापन किया है, और मध्यवर्ती एवं उत्तर भारत में तथा केंद्रशासित क्षेत्र लक्षद्वीप के एक द्वीप पर क्षेत्रकार्य किया है। वस्तुतः लिंगभाव तथा नातेदारी के क्षेत्र में उनके विस्तृत व अंतर्दृष्टिपूर्ण अन्वेषण से स्त्रीवादी मानवविज्ञान बहुत लाभान्वित हुआ है।

लीला दुबे नेहरू मेमोरियल म्यूज़ियम एंड लाइब्रेरी की सीनियर फेलो, इंडियन कौंसिल आफ सोशल सायंस रिसर्च की नेशनल फेलो, इंटरनेशनल यूनियन आफ ऐन्थ्रोपोलाजिकल एंड ऐथ्नोलाजिकल सायंसेस के कमीशन आन वीमेन की अध्यक्ष (1976-93) तथा सेंटर फार वीमेन्स डेवलपमेंट स्टडीज की जे.पी. नाईक अतिविशिष्ट फेलो रही हैं। पत्रिकाओं तथा संपादित पुस्तकों में अनेक आलेखों के अतिरिक्त उनके प्रकाशनों में निम्नलिखित पुस्तकें शामिल हैं : **मैट्रिलिनि एंड इस्लाम : रिलिजन एंड सोसाइटी इन लैकदीव्ज** (ए.आर.कुट्टी के साथ), **सोशिआलाजी आफ किनशिप : ऐन एनालिटिकल सर्वे आफ लिटरेचर, विजिबिलिटी एंड पावर : एसेज आन वीमेन इन सोसाइटी एंड डेवलपमेंट** (सहसंपादित), **स्ट्रक्चर्स एंड स्ट्रैटेजीज : वीमेन, वर्क एंड फैमिली** (सहसंपादित), और **वीमेन एंड किनशिप : कंपेरेटिव पर्स्पेक्टिव्ज आन जेंडर इन साउथ एंड साउथ–ईस्ट एशिया।**

कमला गणेश बाम्बे युनिवर्सिटी के सोशियालाजी डिपार्टमेंट में प्रोफेसर हैं। वे जाति, नातेदारी तथा लिंगभाव में अंतर्हित विषयों और मुद्दों पर अनुसंधान तथा लेखन करती हैं। उनके प्रकाशनों में शामिल हैं : **बाउंडरी वाल्स : कास्ट एंड वीमेन इन ए तमिल कम्युनिटी** और **निगोसिएशन एंड सोशल स्पेस** (सहसंपादित)।

अनुवादक के बारे में

अनुवादक **वंदना मिश्र** पेशे से पत्रकार होने के साथ-साथ मौलिक लेखन तथा समाजशास्त्र की कुछ स्तरीय पुस्तकों के अनुवाद के लिए भी जानी जाती हैं।

●●●